Mit Beiträgen von
Olaf Böhnke · Matthias Dornfeldt · Astrid Pusch
Nicola Dolores Schmidt · Tobias Teuscher

Zwischen Wilhelmstrasse und Bellevue

Bernd Fischer (Hrsg.)
Anja Knott · Enrico Seewald

Zwischen Wilhelmstrasse und Bellevue

500 Jahre Diplomatie in Berlin

Henschel Verlag

Der Herausgeber:
Dr. Bernd Fischer,
Jahrgang 1950, internationale Diplomatenlaufbahn,
von 1993 bis Anfang 1998 Protokollchef des Landes Berlin und
Leiter der Auslandsabteilung der Senatskanzlei;
seitdem wieder im Auswärtigen Amt; Lehrbeauftragter am Otto-Suhr-Institut der
Freien Universität Berlin zu Themen der Diplomatie

Die Mitherausgeber:
Anja Knott,
Studium der Kunstgeschichte in Münster, Salamanca und Berlin,
Studium der Politologie am Otto-Suhr-Institut der Freien Universität Berlin
Enrico Seewald,
Studium der Politologie am Otto-Suhr-Institut der Freien Universität Berlin,
Stipendiat der Friedrich-Ebert-Stiftung

Weitere Autoren:
Olaf Böhnke, Studium der Politikwissenschaft, der Volkswirtschaftslehre und der Medienwissenschaft an den Universitäten Marburg und Berlin
Matthias Dornfeldt, Jura-Studium und Studium der Politologie am Otto-Suhr-Institut der Freien Universität Berlin, nebenbei publizistische Tätigkeiten
Astrid Pusch, Diplom-Politologin, Studium der Politologie am Otto-Suhr-Institut der Freien Universität Berlin
Nicola Dolores Schmidt, Studium der Politologie am Otto-Suhr-Institut der Freien Universität Berlin, Redakteurin bei Radio audiOmax
Tobias Teuscher, Studium der Politologie am Otto-Suhr-Institut der Freien Universität Berlin

Bildnachweis:
Bildarchiv Preußischer Kulturbesitz (39), Ullstein Bilderdienst (20),
Süddeutscher Bilderdienst (1), Landesbildstelle Berlin (1), Associated Press (1),
Bundespresseamt (4)

Die Deutsche Bibliothek – CIP Einheitsaufnahme
Zwischen Wilhelmstrasse und Bellevue :
500 Jahre Diplomatie in Berlin / Bernd Fischer ... (Hrsg.).
[Mit Beitr. von Olaf Böhnke ...]. - Berlin : Henschel, 1998
ISBN 3-89487-312-4

ISBN 3-89487-312-4

Lektorat: Jürgen Spiegel, Berlin
Umschlaggestaltung: Morian und Bayer-Eynck, Coesfeld
Gestaltung und Satz: Ingeburg Zoschke, Berlin
Druck und Binden: Westermann Druck Zwickau
Printed in Germany
Gedruckt auf alterungsbeständigem Papier mit chlorfrei gebleichtem Zellstoff

Inhalt

Geleitwort 9
Vorwort 10

Diplomatie in der Geschichte Europas 12

Die Anfänge der Diplomatie in Berlin 13
Die ersten diplomatischen Ereignisse in Berlin 13
Berühmte Besucher im mittelalterlichen Berlin 14
Der Ausbau Berlins zur ständigen Residenz 14
Außenpolitik 15
Die erste ständige diplomatische Vertretung Kurbrandenburgs 15
»Staatsbesuch« in Berlin 15
Der Geheime Rat 16
Die erste ständige diplomatische Vertretung Kurbrandenburgs am Kaiserhof 17
Der Beginn des Dreißigjährigen Krieges 17
Die schwedische Brautwerbung 17
Das Ende der Neutralität 17
Neue ständige diplomatische Vertretungen Kurbrandenburgs 18

Die Regierungszeit des Grossen Kurfürsten 19
Der Westfälische Frieden 19
Der Geheime Rat als Zentralregierung 20
Die Erlangung der Souveränität im Herzogtum Preußen 20
Die Ansiedelung der Hugenotten 20
Die diplomatischen Vertreter Kurbrandenburgs 21
Das Diplomatische Corps in Berlin im 17. Jahrhundert 21
Der weitere Ausbau der Residenzstadt Berlin bis zum Tod des Großen Kurfürsten 22

Die Regierungszeit Kurfürst Friedrichs III. von Brandenburg 23
Die Eroberung von Bonn 23
Der erste Besuch eines russischen Zaren in Brandenburg-Preußen 23
Die Erlangung der Königswürde 24
Der weitere Ausbau der Residenzstadt Berlin 25
Das Diplomatische Corps in Berlin zu Beginn des 18. Jahrhunderts 25
Ein Treffen auf höchster Ebene 26
Das politische System unter Graf Wartenberg 27

Die Regierungszeit des Soldatenkönigs 28
Das Leben am preußischen Hof zur Zeit des Soldatenkönigs 28

Innenpolitik 29
Außenpolitik und Diplomatie 29
Das Bernsteinzimmer 31
Besuch in Dresden 32
Vorgeschichte und Gründung des preußischen Ministeriums der auswärtigen Angelegenheiten 32
Der weitere Ausbau der Residenzstadt Berlin 33

DIE REGIERUNGSZEIT FRIEDRICHS DES GROSSEN 34
Der Erste Schlesische Krieg 34
Der weitere Ausbau der Residenzstädte Berlin und Potsdam 36
Der Zweite Schlesische Krieg 36
Der Siebenjährige Krieg 36
Die Außenminister Friedrichs des Großen 38
Das Diplomatische Corps in Berlin zur Zeit Friedrichs des Großen 38
Der Tod Friedrichs des Großen 41

DIE REGIERUNGSZEIT KÖNIG FRIEDRICH WILHELMS II. VON PREUSSEN 43
Das diplomatische Leben in Berlin gegen Ende des 18. Jahrhunderts 43

DIE REGIERUNGSZEIT KÖNIG FRIEDRICH WILHELMS III. VON PREUSSEN 44
Das Diplomatische Corps in Berlin zu Beginn des 19. Jahrhunderts 44
Außenpolitik 46
Die Franzosen in Berlin 47
Der Frieden von Tilsit und seine Folgen 47
Die Zeit der Befreiungskriege 48
Die Zeit der Restauration 49
Das Diplomatische Corps in Berlin um die Mitte des 19. Jahrhunderts 50
Die Unterbringung der obersten Behörden 50
Die Residenzen der Diplomaten in Berlin 51
Das gesellige Leben im biedermeierlichen Berlin 52

DIE REGIERUNGSZEIT KÖNIG FRIEDRICH WILHELMS IV. VON PREUSSEN 53
Die Revolution von 1848/49 53

DIE REGIERUNGSZEIT WILHELMS I. 55
Der Beginn der Ära Bismarck 56
Der Deutsch-Dänische Krieg und der Preußisch-Österreichische Krieg . . . 57
Die Gründung des Norddeutschen Bundes 59
Die Bildung des Auswärtigen Amtes 60
Der Deutsch-Französische Krieg 61
Die Unterbringung der obersten Behörden des Deutschen Reiches 63
Die Geselligkeit im Berlin der Kaiserzeit 64
Die deutsche Diplomatie nach der Reichsgründung 69
Das Diplomatische Corps in Berlin in der Zeit des Kaiserreiches 70
Das Drei-Kaiser-Treffen 86
Der Berliner Kongreß 89
Die Kongo-Konferenz 101
Intrigen 102

DIE REGIERUNGSZEIT KAISER FRIEDRICHS III. 103

Die Regierungszeit Kaiser Wilhelms II. 105
Der Sturz Bismarcks und seine Nachfolger 107
Der Schulterkrieg 108
Das diplomatische Leben in Berlin zur Zeit der Reichskanzler Caprivi und Hohenlohe 110
Die Ära Bülow 110
Der Kaiser und China 111
Die höfischen Rituale 112
Der Ausbruch des Ersten Weltkrieges 116
Der Kriegseintritt der USA 121
Der Frieden an der Ostfront 122
Die Novemberrevolution 122

Die Zeit der Weimarer Republik 125
Die politische Umwälzung 125
Die Verhandlungen zum Beitritt Österreichs 126
Die Nationalversammlung in Weimar 127
Versailles 127
Die Unterbringung der obersten Reichsbehörden in Berlin 128
Das Protokoll in der Weimarer Republik 129
Die diplomatischen Aktivitäten der Reichspräsidenten 129
Das gesellschaftliche Leben in Berlin und Potsdam 132
Das diplomatische Leben in Berlin 138
Der Kapp-Putsch und die Diplomaten 139
Das Diplomatische Corps in Berlin 140
Geselligkeit in der Sowjetischen Botschaft 155
Die Deutsche Außenpolitik 167
Das Ende der Weimarer Republik 178

Die Zeit der nationalsozialistischen Gewaltherrschaft *(Astrid Pusch)* . . 179
Die Machtergreifung 179
Der Reichstagsbrand und der Tag von6 Potsdam 180
Veränderungen in der deutschen Außenpolitik 182
Veränderungen für das Diplomatische Corps in Berlin 186
Die Diplomaten und die NSDAP 187
Die privaten Kontakte der Diplomaten zu den Nationalsozialisten 189
Die Wiedereinführung der Allgemeinen Wehrpflicht 190
Die Olympischen Spiele in Berlin 191
Der Besuch von Mussolini 192
Der Personalwechsel in der Führung des Auswärtigen Amtes 194
Veränderungen im Diplomatischen Corps in Berlin 195
Die Besetzung Österreichs und des Sudetenlandes 196
Die Auswirkungen der baulichen Umgestaltung Berlins auf die Diplomatie 197
Die Neue Reichskanzlei 199
Das Ende der Tschechoslowakei 201
Der Besuch des jugoslawischen Prinzregentenpaares 202
Der Beginn des Zweiten Weltkrieges 204
Das Schicksal der baltischen Staaten 209
Der Krieg gegen die Westmächte 210
Diplomatisches Leben in Berlin während des Zweiten Weltkrieges 210
Der Besuch von Molotow in Berlin 211

Der Besuch von Matsuoka in Berlin . . . 213
Die kroatische Gesandtschaft . . . 214
Der Beginn des Krieges gegen die Sowjetunion . . . 214
Das letzte Diplomatentreffen in Berlin . . . 214
Der Beginn des Krieges gegen die USA . . . 215
Die Diplomaten und die Spionage . . . 215
Die Diplomaten und der Widerstand . . . 216
Die Auswirkungen des Krieges auf die Diplomaten in Berlin . . . 216
Das Ende des Dritten Reiches . . . 218

DIPLOMATIE IM GETEILTEN BERLIN *(Tobias Teuscher und Nicola Dolores Schmidt)* 220
Die bedingungslose Kapitulation . . . 220
Die Alliierte Militärkommandantur . . . 220
Das Treffen von Potsdam . . . 221
Die politische Situation nach dem Krieg . . . 222
Diplomatie in den ersten Jahren nach Kriegsende . . . 222
Die Bestimmungen des Alliierten Kontrollrates zur deutschen Diplomatie . . 224
Blockade und Luftbrücke . . . 226
Berlin nach der Gründung der Bundesrepublik Deutschland . . . 227
Die Diplomatie und die Mauer . . . 228
Das Vier-Mächte-Abkommen über Berlin . . . 230
Die gesellschaftlichen Kontakte . . . 231

DIPLOMATIE IN DER »HAUPTSTADT DER DDR«
VON 1949 BIS 1990 *(Matthias Dornfeldt)* . . . 233
Der Neuanfang . . . 233
Die Gründung der DDR . . . 234
Die sowjetische Repräsentanz in Ost-Berlin und das Verhältnis UdSSR - DDR 235
Das Ministerium für Auswärtige Angelegenheiten der DDR (MfAA) . . . 235
Die Gestaltung des diplomatischen Lebens in Ost-Berlin . . . 237
Diplomatie in Ost-Berlin nach dem Mauerbau . . . 239
Die deutsch-deutschen Beziehungen . . . 242
Der Umgang der DDR mit den Befreiungsbewegungen . . . 243
Das Dienstleistungsamt für die ausländischen Vertretungen in der DDR (DAV) 244
Die Diplomaten und die Staatssicherheit . . . 245
Die Diplomatie und das kulturelle Leben . . . 246
Diplomatie kurz vor und während der Wendezeit . . . 246

DIPLOMATIE IM WIEDERVEREINIGTEN BERLIN *(Olaf Böhnke)* . . . 249
Veränderungen im Status der in Ost-Berlin akkreditierten Diplomaten . . . 249
Der Abzug der Alliierten . . . 249
Der Umzug des Auswärtigen Amtes . . . 250
Der Umzug der diplomatischen Vertretungen . . . 251

Liste der Diplomaten . . . 265
Zeittafel . . . 278
Schlußwort . . . 280
Literaturverzeichnis . . . 281
Personenregister . . . 282

Geleitwort

Der Beschluß des Bundestages, das Parlament und die Regierung nach Berlin zu verlegen, veranlaßte mich schon 1995, als erster Vertreter der Bundesregierung, zum Umzug an die Spree.

Aus einem doppelten Grund begrüße ich dieses Buch, einmal als langjähriger Staatsminister im Auswärtigen Amt und zum anderen als begeisterter Neuberliner. Es bildet eine Bereicherung und Anregung und ist ein hilfreiches Instrument und guter Leitfaden.

Hier wird nicht nur ein spannendes Stück Geschichte kompetent und fesselnd erzählt, sondern es liegt hier auch die erste und einzige umfassende Darstellung dieses Themas vor. Das angefügte komplette Verzeichnis der Diplomaten macht das Buch zu einem hervorragenden Nachschlagewerk für alle an der Diplomatie, Politik und Gesellschaft Interessierten.

Dank der topographischen Hinweise kann jeder Berliner und Berlin-Besucher die Geschichte der Diplomatie vor Ort nachvollziehen. Die exzellenten Bildbeigaben liefern anschauliche Beispiele aus dem diplomatischen Leben in Vergangenheit und Gegenwart.

Ich bin Herrn Dr. Bernd Fischer und seinen Mitarbeitern sehr dankbar für die Herausgabe dieses Werkes und wünsche allen Lesern viel Vergnügen!

Helmut Schäfer
Staatsminister a. D.

Vorwort

Am 15. November 1999 werden im Auswärtigen Amt am Werderschen Markt in Berlin die Lichter angehen. Dann werden dort über 2000 Beamte ihre Arbeit aufnehmen. Berlin wird dann wieder das diplomatische Zentrum Deutschlands sein.

Rechtzeitig zum Beginn dieses neuen Abschnitts liegt dieses Buch vor, das einen Rückblick in die Geschichte der Diplomatie in Berlin gibt. Es berichtet über das erste Aufblühen der Diplomatie am Hofe Friedrichs des Großen, über Bismarcks Bündnispolitik auf dem glatten diplomatischen Parkett des ausgehenden 19. Jahrhunderts, es schildert die Schwierigkeiten, die deutsche Diplomaten damit hatten, die Scherben des Ersten Weltkriegs zu kitten, es beschreibt, wie das nationalsozialistische Unrechtsregime mit falschem äußerem Glanz die tiefe innere Verwerflichkeit zu überstrahlen suchte; es berichtet über die unwirklich scheinende Diplomatie im geteilten Berlin der Nachkriegszeit, wo der Westteil der Stadt unter der Oberhoheit der alliierten Schutzmächte stand, während der Ostteil eine Hauptstadtfunktion ohne demokratische Legitimation erhielt, und es dokumentiert schließlich den zögernden Beginn des neuen diplomatischen Lebens in der Hauptstadt des wiedervereinigten Deutschlands in der Zeit des Übergangs, die für die Diplomatie am 15.11.1999 enden wird. Am Schluß steht ein Ausblick auf das zukünftige Berlin, als diplomatisches Zentrum Deutschlands und eines der großen diplomatischen Zentren der Welt.

Ganz zwangsläufig mußte sich der einstige Protokollchef des Landes Berlin mit der Frage nach dem Woher der Diplomatie in Berlin befassen. In ungezählten Gesprächen mit bereits in Berlin ansässigen ausländischen Diplomaten wurde oft danach gefragt, wie die Diplomatie in Berlin früher aussah. Antworten fand ich bei Gesprächen mit Persönlichkeiten der Berliner Gesellschaft, von denen hier besonders der von mir hochverehrte, kürzlich verstorbene Dr. Wolfgang Stresemann, der Sohn des Reichsaußenministers Gustav Stresemann, genannt sein soll. Weitere Antworten lieferten mir die vielen subjektiven und objektiven Quellen, darunter meine eigene umfangreiche Literatursammlung und die Bibliotheken, sowie eine Seminarfolge, die ich als Lehrbeauftragter am Otto-Suhr-Institut der Freien Universität Berlin mit interessierten Studenten über vier Semester durchführte. Aus all diesem entstand ein komplexes Wissenspaket, das in das vorliegende Buch aufgenommen wurde.

Das Buch wendet sich zunächst an alle Freunde Berlins; an alle Menschen im In- und Ausland, die mit großen Erwartungen sein Wiedergewinnen der Rolle als Hauptstadt und Regierungsmetropole begrüßen. Vielleicht können damit aber auch die Skeptiker des neuen Berlin für die Stadt etwas begeistert werden. Das Buch soll den in Berlin tätig werdenden Diplomaten genauso hilfreich sein wie allen politisch Interessierten, um nur zwei mögliche Nutzergruppen zu nennen.

Darüber hinaus soll sich das Buch an alle Liebhaber des immer wieder faszinierenden und bei aller Transparenz in der heutigen Mediengesellschaft doch mit einem geheimnisvollen Hauch umgebenen diplomatischen Lebens wenden. Wohl an keiner anderen Stadt kann die wechselhafte Geschichte mit allen Licht- und Schattenseiten so studiert werden, wie im Falle der Geschichte der Diplomatie in Berlin bis heute.

Zu Dank verpflichtet bin ich meinen Dienstherren während der Zeit der Entstehung des Buches, dem Regierenden Bürgermeister von Berlin, Eberhard Diepgen, und dem Bundesminister des Auswärtigen, Dr. Klaus Kinkel, die mir den nötigen Freiraum für die Erstellung dieses Werkes eingeräumt haben. Besonderer Dank gebührt meinem Mitherausgeber Enrico Seewald, dessen umfangreiche Recherchen und dessen organisatorisches Engagement das Erscheinen dieses Buches erst ermöglicht haben. Danken möchte ich auch meiner Mitherausgeberin Anja Knott für ihre intensive Recherchearbeit und ihre Textgestaltung. Den anderen Autoren, Olaf Böhnke, Matthias Dornfeldt, Astrid Pusch, Nicola Dolores Schmidt und Tobias Teuscher, danke ich für ihre wertvollen Beiträge. Allen Autoren gemeinsam war die Begeisterung für das Thema. Die Hilfsbereitschaft und Kollegialität innerhalb der Gruppe war ein für mich menschlich wertvolles Erlebnis. Sehr herzlich danke ich außerdem unserem Lektor, Herrn Jürgen Spiegel, für sein großes Engagement bei der Bearbeitung des Werkes.

Das vorliegende Werk gewinnt zusätzlich durch die vielen bildlichen Darstellungen, die das diplomatische Leben illustrieren. Deshalb danke ich besonders Frau Heidrun Klein vom Bildarchiv Preußischer Kulturbesitz und Herrn Ulrich Ramershoven vom Ullstein Bilderdienst für ihre engagierte Hilfe bei der Bereitstellung des Bildmaterials.

Mein Dank gilt ebenso den vielen Persönlichkeiten aus der Berliner Gesellschaft, die mir mit ihren Kenntnissen und ihrer praktischen Hilfe zur Seite standen, stellvertretend sei hier der Generalsekretär der Union der Honorarkonsuln in Deutschland, Hermann Gerbaulet, genannt. Danken möchte ich Frau Christine Hehle für die Übersetzung der lateinischen Originalzitate und Frau Violetta Wolf für die technische Unterstützung.

Die Freie Universität Berlin ermöglichte die Drucklegung durch einen substantiellen finanziellen Beitrag, ebenso die vielen Großabnehmer.

Last but not least möchte ich meiner Ehefrau Jutta Fischer für ihr Verständnis und für ihre Mitarbeit an der Sache der Diplomatie in Berlin danken, besonders für ihr fortdauerndes Engagement für die ausländischen Diplomatenfrauen bei »Welcome to Berlin – Berliner Club der Diplomatenfrauen«.

Berlin, im November 1998 DR. BERND FISCHER

Diplomatie in der Geschichte Europas

Die Tradition der europäischen Diplomatie läßt sich bis ins Altertum zurückverfolgen. Die friedliche Regelung zwischenstaatlicher Konflikte war in Mesopotamien schon im zweiten vorchristlichen Jahrtausend üblich. Im Alten Griechenland und im Römischen Reich gab es ein intensives Gesandtschaftswesen, das sich nach festen, vereinbarten Regeln abspielte. Seit Karl dem Großen unterhielten die Könige und Territorialherren im Heiligen Römischen Reich Deutscher Nation sowohl untereinander als auch zu ihren Nachbarn diplomatische Beziehungen. Die Einzelheiten wurden durch Kaiser Karl IV. 1356 in der Goldenen Bulle, dem Grundgesetz des Heiligen Römischen Reiches Deutscher Nation, geregelt. Die ersten ständigen diplomatischen Vertretungen in Europa gab es in den italienischen Stadtstaaten im 15. Jahrhundert, wo die Akkreditierung des von Francesco Sforza entsandten Diplomaten Nicodemo Tranchedini am Hofe von Cosimo von Medici in Florenz im Jahre 1446 das früheste urkundlich belegte Datum darstellt. Zu Beginn des 16. Jahrhunderts übernahmen die Großmächte Frankreich, England und Spanien diesen Brauch. Allerdings wurde der Begriff Diplomatisches Corps erst ab Mitte des 18. Jahrhunderts verwendet. Er taucht erstmals am Kaiserhof in Wien auf. Der preußische Gesandte Carl Fürst von Kupferberg schrieb darüber in einem Bericht an Friedrich den Großen: »nom, qu'une dame donna un jour a ce corps nombreux de ministres etrangers a Vienne« (der Name, den eine Dame dem zahlreichen Corps ausländischer Minister in Wien einst gab).

Zur ersten Gründung eines Außenministeriums kam es, als am 1.1.1589 gemäß einem Reglement König Heinrichs III. von Frankreich der Sekretär Louis de Revol die Zuständigkeit für die gesamte französische Außenpolitik übertragen bekam. Erst 130 Jahre später wurde eine weitere derartige Behörde geschaffen, und zwar in Berlin, der Hauptstadt des Königreiches Preußen.

Die Anfänge der Diplomatie in Berlin

Die ersten diplomatischen Ereignisse in Berlin

Im 12. Jahrhundert hatte die deutsche Fürstenfamilie Askanien das Land zwischen Elbe und Oder, die Mark Brandenburg, erworben, und zur Sicherung ihrer Herrschaft neue Ortschaften anlegen lassen, so auch Berlin und Kölln als Handelsplätze an einem wichtigen Spreeübergang an der Fernstraße Magdeburg – Posen. So war also die Gründung Berlins, wie die vieler anderer Städte, ein politischer Akt.

Das erste nachweisbare diplomatische Ereignis in der Mark Brandenburg fand in Berlin statt. Im August 1280 trafen sich die gemeinsam regierenden Markgrafen Otto V., Albrecht III. und Otto VI. mit über hundert Adligen zu einer Beratung über Steuerangelegenheiten. Man wählte Berlin als Veranstaltungsort, wohl wegen der ausreichenden angemessenen Unterkunftsmöglichkeiten für die Markgrafen und ihre Gäste. Die Landesherren bewohnten wahrscheinlich das Hohe Haus, ein neues Gebäude, das als landesherrliche Residenz diente und das später, unter den Hohenzollern, durch das Berliner Stadtschloß abgelöst wurde. Das Hohe Haus stand ungefähr an der Stelle, wo sich heute das Postamt am Alexanderplatz befindet.

Nach dem Aussterben der Brandenburgischen Linie des Herrscherhauses Askanien Anfang des 14. Jahrhunderts kam es zum Kampf um die Mark Brandenburg zwischen der Sächsischen Linie des Hauses Askanien und den Familien Habsburg, Wittelsbach und Luxemburg. Zu dieser Zeit, im Sommer 1363, besuchte mit Karl IV. zum ersten und einzigen Mal ein Kaiser des Heiligen Römischen Reiches Deutscher Nation Berlin. Karls Sohn, Kaiser Sigismund, übertrug am 30.4.1415 auf dem Konzil von Konstanz die Mark Brandenburg mit dem Kurrecht und der Erzkämmererwürde an seinen politischen Berater, den Burggrafen Friedrich VI. von Nürnberg aus der Familie Hohenzollern, zu erblichem Besitz. Die feierliche Belehnung erfolgte am 18.4.1417 in Konstanz.

Die Hohenzollern bauten allmählich die Doppelstadt Berlin-Kölln zu ihrem zentralen Regierungssitz aus. Am 31.7.1443 legte Kurfürst Friedrich II. von Brandenburg »mit seiner eigen handt« den Grundstein für das Berliner Stadtschloß. Damit war der Rang von Berlin-Kölln als Haupt- und Residenzstadt fixiert. Das Schloß ist oft als Zwingburg gegen die Berliner bezeichnet worden. Diese Funktion hat das Gebäude aber höchstens im übertragenen Sinne gehabt, denn es war an der Seite zur Stadt Kölln hin nicht befestigt. Es ist als Residenz errichtet worden, ohne militärische Funktion. Das erste große Fest im Stadtschloß war nach unserer Überlieferung die prunkvolle Hochzeit des Kurprinzen Johann mit einer Tochter des Herzogs von Sachsen am 25.8.1476.

Berühmte Besucher im mittelalterlichen Berlin

Berlin war nicht immer so anziehend auf Fremde, wie uns das heute geläufig ist. In den ersten Jahrhunderten seiner Geschichte waren nicht viele bedeutende Gäste in der Stadt. Einer der ersten berühmten Berlin-Besucher war Johann Trittheim, der Abt des Klosters Spanheim, der Anfang des 16. Jahrhunderts einige Monate als Gast des Kurfürsten Joachim I. Nestor hier weilte. Trittheims Briefe enthalten interessante Beschreibungen der Berliner Bevölkerung. In einem Brief vom 20.10.1505 an den Kanonikus des Augustiner-Ordens in Belgien, Rogerius Sicamber, steht: »Dank der Gnade Gottes lebe ich hier in guter Gesundheit, stehe in der Achtung des Fürsten nicht gerade an letzter Stelle, entbehre aber fast ganz der Tröstung, die die Gesellschaft gelehrter Männer gewährt. Die Leute sind ganz gut, aber doch allzu ungeschliffen und ungebildet und dem Fressen und Saufen mehr ergeben als der Pflege der Wissenschaften. Selten widmet sich hier ein Mensch dem Studium der Heiligen Schrift, sondern sie verharren in ihrer angeborenen bäuerischen Unkultiviertheit und freuen sich nur am Nichtstun und am Trinken. Dennoch gefällt mir der Charakter der Leute hier ganz gut, denn sie sind von glühendem Eifer und großer Frömmigkeit in der Ausübung der christlichen Religion. Sie besuchen sehr fleißig die Gotteshäuser, begehen die Feste der Heiligen mit Ehrfurcht und halten die Fasttage mit großer Ausdauer, und die sind am eifrigsten im Gottesdienst, von denen wir wissen, daß sie erst mit den letzten Völkern Germaniens zum Glauben an Christus bekehrt wurden. Allein das Übermaß im Trinken gilt nicht als Sünde, wenngleich man auch viele unter ihnen findet, die mäßig sind; und die zugewanderten Franken und Schwaben schlagen, wie ich häufig festgestellt habe, beim Trinken öfter über die Stränge als die hier geborenen Leute.«

Der Ausbau Berlins zur ständigen Residenz

Kurfürst Joachim II. Hektor von Brandenburg war ein Renaissancefürst, der zu seiner Hofhaltung einen glanzvollen Rahmen brauchte. Deshalb veranlaßte er umfangreiche Baumaßnahmen am Stadtschloß, die er nach den Plänen des sächsischen Architekten Konrad Krebs ausführen ließ. Dessen Mitarbeiter war der berühmte Baumeister Caspar Theyß, der die Arbeiten in Berlin leitete. Theyß errichtete hier außerdem ein Jagdschloß, zu dem der Kurfürst am 7.3.1542 selbst den Grundstein legte und das er »Zum grünen Wald« nannte, wonach später der ganze umliegende Forst den Namen Grunewald erhielt. Als Verbindung zwischen dem Stadtschloß und dem Jagdschloß wurde ein Reitweg angelegt, der später unter dem Namen Kurfürstendamm berühmt wurde.

Joachim II. konzentrierte die Verwaltung der Mark Brandenburg ganz in Berlin. Dazu gehörte eine kirchliche Neuordnung in seiner Residenz. In den Statuten des neuen Domstiftes steht der Ortsvermerk »Colonia cis Suevam, ubi continuam nostram residentiam agimus«. (Kölln an der Spree, wo wir unsere ständige Residenz haben.)

Außenpolitik

In den auswärtigen Angelegenheiten standen dem Kurfürsten Joachim II. von Brandenburg die Räte Eustach von Schlieben und Lambrecht Diestelmeyer zur Seite. Sie wirkten an dem wichtigen außenpolitischen Erfolg für die brandenburgischen Hohenzollern mit, nämlich der Sicherung der Erbfolge in Preußen.

Die Gebiete an der Ostsee waren im 13. Jahrhundert vom Deutschen Ritterorden mit Feuer und Schwert christianisiert worden. Doch mußten die Ordensritter in der Schlacht bei Tannenberg gegen die Polen am 15.7.1410 eine Niederlage hinnehmen und die Oberhoheit des Königs von Polen über das Ordensland anerkennen. Der Hochmeister Markgraf Albrecht von Brandenburg-Ansbach wandelte im Jahre 1525 den Ordensstaat in ein weltliches Herzogtum um und wurde am 10.4.1525 bei einer feierlichen Zeremonie in Krakau von König Sigismund I. von Polen damit belehnt. Die brandenburgischen Diplomaten bemühten sich um eine Mitbelehnung des Kurfürsten von Brandenburg, der die Erbfolge in Preußen antreten wollte. Am 4.3.1563 war dieses Ziel erreicht. König Sigismund II. August von Polen unterzeichnete die entsprechende Urkunde.

Die erste ständige diplomatische Vertretung Kurbrandenburgs

Wegen der besonderen politischen Beziehungen zu Polen im Zusammenhang mit der Erbfolge in Preußen wurde der erste ständige diplomatische Vertreter Kurbrandenburgs nach Warschau entsandt. Am 1.11.1594 bestellte Kurfürst Johann Georg von Brandenburg den Köllnischen Einwohner Daniel Nöpfel zum Agenten mit der Instruktion, »daß er unserer und unseres Hauses Brandenburg sachen des orts in guter Aufacht haben solle«.

»Staatsbesuch« in Berlin

Das wichtigste diplomatische Ereignis in Berlin zur Zeit der Regierung des Kurfürsten Johann Georg von Brandenburg war der Besuch König Christians IV. von Dänemark am 10.10.1595. Der König kam zur Pflege der gutnachbarlichen Beziehungen nach Berlin. Ihm zu Ehren wurden größere Feierlichkeiten veranstaltet, so »ein schön Fewrwerck auf dem Werder fürm Schloße«, »herrliche prechtige Mummereien«, »Hirßjagden« und »Hasenhetzen«.

Aus Anlaß des Staatsbesuches von König Christian IV. von Dänemark am 10.10.1595
wurden größere Feierlichkeiten veranstaltet,
so auch »ein schön Fewrwerck auf dem Werder fürm Schloße«.

Der Geheime Rat

Der Anfang des 17.Jahrhunderts regierende Kurfürst Joachim Friedrich von Brandenburg hatte große politische Probleme zu bewältigen, besonders die Frage der Erbfolge in Preußen. Weil er »guten reifen Raths und getreuer Leut wohl bedörftigk« sei, entschloß sich der Kurfürst, einen Geheimen Rat nach dem »Exempell anderer wohlbestelten Politien und Regimenten« einzusetzen. Die Ratsordnung der ersten brandenburgischen Regierung wurde am 13.12.1604 von ihm unterzeichnet. Dem ersten Geheimen Rat im Kurfürstentum Brandenburg gehörten neun Personen an. Dieser Geheime Rat traf sich jeweils Dienstags und Donnerstags in der Ratsstube im Stadtschloß, weil am Montag, Mittwoch und Freitag das Kammergericht im gleichen Raum tagte. Bestimmte Dezernate gab es im Geheimen Rat noch nicht, so daß sich alle Räte mit allen Vorgängen zu befassen hatten. Das Gremium hatte nur eine im wahrsten Sinne des Wortes beratende Funktion, denn die Entscheidungen traf der Kurfürst selbst. Für die Sitzungen des Geheimen Rates bestand Protokollpflicht, so daß man noch heute, anhand dieser Dokumente, einen guten Einblick in die damalige Politik und Landesverwaltung erhält. Der größte Erfolg der brandenburgischen Politiker und Diplomaten war die Belehnung des Kurfürsten Johann Sigismund von Brandenburg mit dem Herzogtum Preußen am 16.11.1611 durch König Sigismund III. von Polen.

Die erste ständige diplomatische Vertretung Kurbrandenburgs am Kaiserhof

Mit Kreditiv vom 26.9.1609 bestellte Kurfürst Johann Sigismund von Brandenburg den »hochgelarten ... Philipp Eger, der Rechte Doctorn, zu unserem Rath und Bestaltem am Kay Hoff«. Damit war die erste ständige diplomatische Vertretung Kurbrandenburgs am Kaiserhof in Wien installiert.

Der Beginn des Dreißigjährigen Krieges

Zu Beginn des Dreißigjährigen Krieges verfolgte Kurfürst Georg Wilhelm von Brandenburg eine Politik der strikten Neutralität. Deshalb hatte der Krieg zunächst keine direkten Auswirkungen auf Berlin.

Die schwedische Brautwerbung

Mitte 1620 war Berlin Schauplatz einer kühnen Brautwerbung. Zu dieser Zeit weilte der Pfalzgraf Johann Kasimir hier, in dessen Begleitung sich der Hauptmann Gars befand. Hinter diesem Inkognito verbarg sich Gustavus Adolphus Rex Sueciae, der junge schwedische König, der die Schwester des Kurfürsten von Brandenburg kennenlernen wollte. Georg Wilhelm weilte in Königsberg, während seine Mutter die schwedischen Gäste am 25.5.1620 im Berliner Stadtschloß empfing. Gustav Adolf sah hier seine spätere Braut zum ersten Mal. Am nächsten Tag gab es für beide noch Gelegenheit zur Konversation, und am 27.5.1620 reisten die schwedischen Gäste weiter nach Süddeutschland. Genau einen Monat später, am 27.6.1620, war Gustav Adolf inkognito wieder in Berlin und nahm im Gasthof »Zum Schwarzen Mohren« in der Klosterstraße Quartier. Am nächsten Vormittag hatte er im Stadtschloß die entscheidende Unterredung mit der Kurfürstin und hielt am folgenden Tag im Schloßgarten bei der Braut selbst um ihre Hand an. Maria-Eleonore zögerte nicht, so fand die Hochzeit am 5.12.1620 in Stockholm statt.

Das Ende der Neutralität

Die Politik der strikten Neutralität mußte im Sommer 1626 aufgegeben werden, weil schwedische Truppen in die Mark Brandenburg vordrangen. Etwa zur gleichen Zeit verlegte auch der Generalissimus Albrecht von Wallenstein mit seinen kaiserlichen Truppen sein Hauptquartier nach Bernau und stellte für Berlin eine Bedrohung dar. Mitte November 1627 weilte Wallenstein selbst in Berlin, wo ihm zu Ehren der Statthalter Markgraf Sigismund von Brandenburg im Stadtschloß ein Fest gab. Zu weiteren Verhandlungen kam Wallenstein im Juni 1628 und im Februar 1630 wieder nach Berlin. Im folgenden Jahr bedrohten die Schweden Berlin direkt. Am 13.5.1631 trafen König Gustav II. Adolf von Schweden und Kurfürst Georg Wilhelm von Brandenburg im Wald bei Treptow zu politischen Gesprächen zusammen, die jedoch ergebnislos verliefen. Die folgende Nacht verbrachte der Schwedenkönig auf Einladung des brandenburgischen Kurfürsten im Berliner Stadtschloß, wo die Verhandlungen am Tag darauf fortgesetzt wurden. Auch jetzt kam man zu keiner Einigung. Gustav Adolf schlug sein Lager daraufhin bei Potsdam und danach nahe der Stadt Spandau auf. Als nach weiteren intensiven Verhandlungen immer noch kein Erfolg absehbar war, verlor der Schwede die Geduld. Am 20.6.1631 ließ er seine Armee in Schlachtordnung aufmarschieren und seine Kanonen auf die brandenburgische Residenz richten. Nun erst gab der Brandenburger nach und noch am gleichen Tag wurde ein Abkommen unterzeichnet, in dem der Kurfürst von Brandenburg den schwedischen Oberbefehl anerkannte und den Schweden die Benutzung der Festungen Spandau und Küstrin genehmigte. Am 16.11.1632 trafen Gustav Adolf und Wallenstein mit ihren Truppen in der Schlacht bei Lützen aufeinander. Die Schweden siegten, aber ihr König verlor sein Leben in der Schlacht. Bei der Überführung des Leichnams nach Schweden passierte man im Winter 1632 auch Spandau. Der schwedische Kanzler Graf Axel Oxenstierna versuchte das Werk seines gefallenen königlichen Herrn fortzusetzen und verhandelte Anfang 1633 in Berlin mit Kurfürst Georg Wilhelm über eine Allianz. Die Brandenburger waren jedoch unschlüssig und paktierten auch mit den Kaiserlichen, so daß verschiedene Gebiete der Mark in den folgenden Jahren immer wieder unter der durchziehenden Soldateska zu leiden hatten. Berlin blieb von den Unruhen verschont. Zu einer gefährlichen Situation kam es Ende August 1639, als schwedische Truppen vor der Stadt lagerten, die aber dann gegen Zahlung von Lösegeld abzogen. Der Statthalter in Berlin, Graf Adam zu Schwarzenberg, ließ wegen der besseren Verteidigung die Berliner Vorstädte in den Jahren 1640 und 1641 niederbrennen.

Neue ständige diplomatische Vertretungen Kurbrandenburgs

Während der Regierungszeit des Kurfürsten Georg Wilhelm von Brandenburg wurden die ersten ständigen diplomatischen Vertretungen Kurbrandenburgs bei den Generalstaaten im Haag, am britischen Hof in London und beim König von Schweden eingerichtet. Der erste ständige diplomatische Vertreter Kurbrandenburgs im Haag war der Sohn des Bürgermeisters der holländischen Stadt Deventer, Heinrich Sticke. Kurfürst Georg Wilhelm von Brandenburg berief am 24.12.1625 den kurpfälzischen Diplomaten Johann Joachim von Rusdorf »zu Unnseren Rhat unndt Residenten ann Königlichen Hoffe in Gross Britannien«. Als einer der ersten Diplomaten nutzte Rusdorf die »Printmedien«, um mit den politischen Wünschen des Kurfürsten durchzudringen. Im August 1631 wurde Erasmus Langenheim zum ersten ständigen diplomatischen Vertreter Kurbrandenburgs beim König von Schweden ernannt.

Die Regierungszeit des Grossen Kurfürsten

Vier Jahre seiner Jugendzeit hatte der brandenburgische Thronfolger Friedrich Wilhelm bei oranischen Verwandten in Holland verbracht. Sein politisches Denken wurde dort wesentlich geprägt. Die Niederlande waren damals wirtschaftlich, militärisch, geistig und künstlerisch eine führende Macht in Europa. Als Friedrich Wilhelm im Alter von zwanzig Jahren am 1.12.1640 die Regierungsgeschäfte übernahm, besaß er großen Gestaltungswillen und Schaffensdrang, aber er trat ein schweres Erbe an.

Der Westfälische Frieden

Ende 1645 begannen in den westfälischen Städten Münster und Osnabrück die Verhandlungen zur Beendigung des Dreißigjährigen Krieges. Der brandenburgische Prinzipalgesandte war Graf Johannes von Sayn-Wittgenstein, der über große militärische und diplomatische Erfahrungen verfügte. Äußerst kompliziert waren bei diesem ersten gesamteuropäischen politischen Kongreß die Rangfragen zwischen den einzelnen Gesandten. Nach schwierigen und langwierigen Verhandlungen wurden am 24.10.1648 die Friedensverträge unterzeichnet. Der Kurfürst von Brandenburg ratifizierte das Vertragswerk am 10.12.1648. Besonders wichtig für ihn war die Regelung über Pommern, wo – gemäß dem Vertrag vom 30.7.1571 – nach dem Tode des letzten Herzogs am 10.3.1637 der Kurfürst von Brandenburg die Erbfolge hätte antreten sollen. Die Schweden hielten Pommern aber besetzt. Die brandenburgischen Diplomaten konnten nur die Räumung Hinterpommerns erreichen. Dazu erhielt der Kurfürst von Brandenburg die Bistümer Kammin, Halberstadt und Minden und die Anwartschaft auf das Erzstift Magdeburg, das dann im Jahre 1680 brandenburgisch wurde.

Die wichtigste verfassungsrechtliche Bestimmung der westfälischen Friedensverträge war die Anerkennung der vollen und uneingeschränkten Souveränität der Landesherren durch Kaiser Ferdinand III., der mit Schreiben vom 15.9.1645 auf die alleinige Souveränität verzichtet hatte und dadurch diese Verhandlungen ermöglicht hatte. Da fast alle europäischen Herrscher Vertreter nach Westfalen entsandt hatten, waren die Vertragsbestimmungen für ganz Europa wirksam. Durch die westfälischen Friedensverträge völkerrechtlich abgesichert, verstärkten die Fürsten jetzt ihre Außenpolitik. Als Konsequenz expandierte der Bereich Auswärtige Beziehungen. In dieser Zeit gab es im Heiligen Römischen Reich Deutscher Nation etwa 300 souveräne Staaten mit eigenen Staatsapparaten, Höfen, Hauptstädten und Bürokratien.

Die Rechte der Diplomaten der deutschen Fürsten wurden von den Kaisern seitdem nicht mehr angetastet, sondern in entsprechenden Dokumenten bestätigt. So steht in der Wahlkapitulation Kaiser Franz I. vom 13.9.1745 in Artikel III § 21, daß »denen Churfürstlichen Gesandten primi Ordinis ... gleiche Honores in allem, wie denen Königlichen Gesandten gegeben werden«.

Der Geheime Rat als Zentralregierung

Der Verbesserung der politischen Zustände im Kurfürstentum Brandenburg diente die Neuorganisation des Geheimen Rates gemäß der Verordnung des Kurfürsten vom 4.12.1651. Dabei wurden 19 feste Ressorts nach regionalen und sachlichen Aspekten gebildet. Zum Geschäftsbereich gehörten nun alle Angelegenheiten aller Territorien des Kurfürsten. Der Geheime Rat war somit zur Zentralregierung des Gesamtstaates Brandenburg-Preußen geworden.

Die Erlangung der Souveränität im Herzogtum Preußen

Nach dem Dreißigjährigen Krieg bemühten sich die brandenburgischen Diplomaten weiter um die Erlangung der Souveränität im Herzogtum Preußen. Sie wurden in dieser Bemühung sogar vom kaiserlichen Gesandten in Berlin, Freiherrn Franz Paul von Lisola, unterstützt. Er sollte die kurbrandenburgische Stimme für die Wahl Leopolds von Habsburg zum Kaiser sichern. Nach langen Verhandlungen unterzeichneten schließlich die Vertreter des Königs von Polen, des Kurfürsten von Brandenburg und der kaiserliche Gesandte am 19.9.1657 in Wehlau den entsprechenden Vertrag. Die Ratifizierung dieses Vertrages erfolgte durch König Johann Kasimir von Polen und Kurfürst Friedrich Wilhelm von Brandenburg bei einem Treffen am 6.11.1657 in Bromberg. Der König von Polen entließ mit einer Urkunde vom gleichen Tag seine preußischen Untertanen aus ihrem Eid ihm gegenüber. Der Kurfürst von Brandenburg unterzeichnete am 14.9.1658 im Berliner Stadtschloß das Manifest über die Erlangung der Souveränität im Herzogtum Preußen.

Die Ansiedelung der Hugenotten

Wichtig für die Entwicklung von Stadt und Land war die Bevölkerungspolitik des Großen Kurfürsten. Er förderte nach Kräften die Ansiedelung Fremder. Besonders segensreich sollte sich die Aufnahme der französischen Glaubensflüchtlinge für Brandenburg-Preußen erweisen. Im Edikt vom Potsdam vom 8.11.1685 sicherte der Große Kurfürst allen französischen Flüchtlingen Glaubensfreiheit und wirtschaftliche Vorteile zu. Besonders wichtig waren die wirtschaftlichen und kulturellen Impulse, die von den Zuwanderern ausgingen. »Durch sie kam der Geschmack an Künsten und Wissenschaften zu uns. Sie milderten unsere rauhen Sitten, sie setzten uns in den Stand, uns mit den aufgeklärtesten Nationen zu vergleichen.« So schätzte der zeitgenössische Literat Freiherr Karl Ludwig von Pöllnitz die im Zusammenhang mit der Aufnahme der Hugenotten in Brandenburg erfolgten positiven Veränderungen ein. Doch verschlechterten sich hierdurch die politischen Beziehungen zu Frankreich. Der Große Kurfürst intensivierte daher die diplomatischen Kontakte zum Kaiser. Am 4.1.1686 unterzeichneten der brandenburgische Rat Paul von Fuchs und der kaiserliche Gesandte Freiherr Franz Heinrich von Fridag den Vertrag über eine geheime Defensiv-Allianz.

Die diplomatischen Vertreter Kurbrandenburgs

Der Große Kurfürst bemühte sich intensiv um den weiteren Ausbau der kurbrandenburgischen Diplomatie. Dabei verpflichtete er nicht nur fähige Leute aus seinen deutschen Besitzungen, sondern auch einige Ausländer. Die wichtigste ausländische diplomatische Vertretung Kurbrandenburgs war die in Paris. Sie wurde von 1646 bis 1659 von dem gebürtigen Holländer Abraham van Wicquefort geleitet, einem Mann mit diplomatischem Geschick und hoher Intelligenz, der gleichzeitig mehreren Herren diente, so auch dem französischen Kardinal Jules Mazarin. Wicquefort war einer der ersten Theoretiker der Diplomatie, der über dieses Thema das Buch »L'Ambassadeur et ses fonctions« geschrieben hatte. Nachfolger von Wicquefort auf diesem Posten in Paris war der gebürtige Genfer Ezechiel Spanheim, dessen diplomatische Fähigkeiten sich bei den Hugenottenkonflikten bezahlt machten.

Weitere wichtige diplomatische Auslandsposten Kurbrandenburgs nach dem Dreißigjährigen Krieg befanden sich im Haag, in London, in Stockholm, in Kopenhagen, in Moskau, in Polen und bei den Schweizer Kantonen. Daneben gab es noch die innerdeutschen diplomatischen Vertretungen am Kaiserhof in Wien, beim Reichstag in Regensburg, am sächsischen Hof in Dresden, am braunschweigischen Hof in Celle und in Wolfenbüttel, am bayerischen Hof in München, am kurpfälzischen Hof in Heidelberg sowie Agenten in Hamburg, in Frankfurt am Main, in Köln, in Nürnberg, in Bremen und beim Reichskammergericht in Speyer.

Das Diplomatische Corps in Berlin im 17. Jahrhundert

Vor dem Dreißigjährigen Krieg gab es keine ständigen diplomatischen Vertretungen in Berlin. Erst nach dem Regierungsantritt des Großen Kurfürsten wurden Gesandte von den Großmächten in Berlin akkreditiert. Die wichtigsten Diplomaten in Berlin zu dieser Zeit waren die kaiserlichen Gesandten Freiherr Johann von Goess und Freiherr Franz Heinrich von Fridag sowie der Gesandte des Königs von Frankreich, Francois de Pas Graf von Rebenac. Daneben residierten Gesandte aus Holland, England, Schweden, Polen, Dänemark und Spanien am brandenburgischen Hof. In größeren Zeitabständen kamen Sondergesandte der russischen Zaren und der Tataren-Khane nach Berlin.

Als erster russischer Sondergesandter traf der Kanzlist Fjodor Fjodorowitsch Poroschin am 7.6.1654 in Berlin ein und nahm im Marstallgebäude Quartier. Am 9.7.1654 wurde Poroschin vom Großen Kurfürsten im Stadtschloß mit großem zeremoniellen Aufwand in Audienz empfangen. Nach zehntägigem Aufenthalt in Berlin reiste Poroschin nach Rußland zurück. Bis zum Tode des Großen Kurfürsten weilten noch viele russische Sondergesandte am brandenburgischen Hof.

Großes Aufsehen erregten die Gesandten der Khane der Tataren in Berlin. Über die Gesandtschaft von Aga Astan, der am 10.12.1679 vom Großen Kurfürsten im Stadtschloß empfangen wurde, steht in einem zeitgenössischen Bericht: »Exzellenz selber waren nur unverhältnismäßig gekleidet, und die Attachés mit elenden Lumpen, welche kaum die Blöße bedeckten, behangen, so daß man zunächst darauf denken mußte, diese vollständig uncourfähige Blöße zu melioriren, damit die Ehrbarkeit nicht beleidigt würde.« Über den Dolmetscher der Gesandtschaft ist vermerkt, daß »er sich nicht mehr in dem ursprünglichen und durch das allgemeine Menschenrecht ihm angeborenen Besitze seiner Nase und seiner Ohren befand, sondern statt der ersteren eine hölzerne von der Stirn herabhangen hatte, was seiner äußeren Erscheinung wohl nicht vorteilhaft gewesen sein mag.«

Der weitere Ausbau der Residenzstadt Berlin bis zum Tod des Großen Kurfürsten

Der Große Kurfürst hatte den weiteren Ausbau Berlins vorangetrieben. Vor allem hatte er Berlin zur Garnisonstadt gemacht und einen gewaltigen Stadtwall errichten lassen. Kurz zuvor hatte er die Straße Unter den Linden anlegen lassen, an deren Seiten neue Baugebiete erschlossen wurden. In Potsdam wurde als weitere Residenz ein Schloß errichtet. Hier sollte er seine letzten Lebenstage verbringen. Am 7.5.1688 versammelte er noch einmal den Geheimen Rat um sich und mahnte in Gegenwart des Kurprinzen, einiger Räte und Diplomaten, auch künftig nach seinen Grundsätzen zu handeln. »Niemand konnte sich der Tränen enthalten«, schrieb der kaiserliche Gesandte Fridag nach Hause. Am Vormittag des 9.5.1688 starb Kurfürst Friedrich Wilhelm von Brandenburg im Potsdamer Stadtschloß.

Dieser Kurfürst war der Begründer des brandenburgisch-preußischen Gesamtstaates. Durch seinen Unternehmungsgeist und seinen Tatendrang, durch seine Zielstrebigkeit und Flexibilität im politischen Handeln wurde Brandenburg innerhalb einer Generation zu einer anerkannten Macht in Deutschland.

Die Regierungszeit Kurfürst Friedrichs III. von Brandenburg

Dem neuen Kurfürsten Friedrich III. von Brandenburg fehlten die politischen Talente seines Vaters, deshalb regierten zwei mächtige Günstlinge das Land. Friedrich III. berief zunächst seinen Erzieher, Eberhard von Danckelmann, zum Leiter der brandenburgischen Politik. Nach dessen Sturz im Jahre 1697 erwarb sich der Karrierist Johann Kasimir Kolb von Wartenberg das Vertrauen des Kurfürsten und ließ sich nach und nach alle wichtigen Ämter am Hofe übertragen.

Die Eroberung von Bonn

Im Jahre 1689 beteiligten sich brandenburgische Truppen am Reichskrieg gegen Frankreich. Die Franzosen hatten zahlreiche Städte am Rhein besetzt, darunter auch Bonn, das sie sogar zur Festung ausgebaut hatten. Zur Erstürmung dieser Festung begab sich im Sommer 1689 Kurfürst Friedrich III. von Brandenburg an den rheinischen Kriegsschauplatz. Am Nachmittag des 9.10.1689 gab er von der Batteriestellung im Poppelsdorfer Garten aus das Signal zum Angriff. Schon am nächsten Morgen schlugen die Bonner Chamade, das Zeichen der Kapitulation. In der Meldung nach Berlin wurde der kurfürstliche Befehl übermittelt, daß »in allen Kirchen nach gehaltener Frühpredigt das Te Deum laudamus gesungen« werden solle, was auch sogleich am 13.10.1689 geschah.

Der erste Besuch eines russischen Zaren in Brandenburg-Preußen

Das Hauptproblem der russischen Außenpolitik in den ersten Jahren der Regierung Peters des Großen waren die Auseinandersetzungen mit den Türken am Schwarzen Meer. Ein großer Erfolg für den Zaren war die Einnahme der Festung Asow am 18.7.1696, an der auch brandenburgische Ingenieure beteiligt waren. Der militärischen Entscheidung ließ der Zar eine diplomatische Initiative folgen. Er wollte, als erster russischer Herrscher, in persönlichen Begegnungen mit den Monarchen Europas Verbündete gewinnen. Ein weiterer Grund der Reise war das enorme Bildungsbedürfnis des jungen Zaren. Die große Gesandtschaft von fast 300 Personen brach am 9.3.1697 von Moskau auf, der Zar reiste inkognito mit. In Königsberg verhandelte er wochenlang mit Kurfürst Friedrich III. von Brandenburg. Das Ergebnis war ein Freundschafts- und Handelsvertrag. Danach reisten die Russen weiter, während der brandenburgische Herrscher in Königsberg blieb. Am 27.7.1697 erreichte die russische Gesandtschaft Küstrin an der Oder. Das Interesse der Einwohner an den Fremden war so groß, daß der Zar von nun an unauffälliger weiterreiste. Sein weiterer Weg führte ihn über Berlin, das er aber nur durchquerte. Er blieb dabei unerkannt, da er seine Kutsche nicht verlassen mußte.

Die Erlangung der Königswürde

Der größte politische Wunsch Friedrichs III. war die Erlangung der Königswürde im Herzogtum Preußen. Die Zustimmung des Kaisers zur Standeserhöhung war formal nicht erforderlich, weil das Herzogtum Preußen nicht zum Heiligen Römischen Reich Deutscher Nation gehörte. Friedrich III. wollte sich aber die kaiserliche Anerkennung sichern. Deshalb entsandte er den Juristen Christian Friedrich von Bartholdi zu Verhandlungen nach Wien. Die Habsburger, die sich zu jener Zeit auf die Durchsetzung ihres Anspruchs auf die Erbfolge in Spanien vorbereiteten, waren dankbar für jeden Verbündeten. Bartholdi war somit im Vorteil. Am 16.11.1700 unterzeichneten er sowie der Reichsvizekanzler Graf Dominik Andreas von Kaunitz und der österreichische Außenminister Graf Ferdinand Bonaventura von Harrach den Krontraktat. Der wichtigste Satz darin steht in Artikel 7, nach dem der Kaiser zustimmt, wenn der Kurfürst von Brandenburg »über kurz oder lang, zu welcher zeit es Ihro gefallen wirdt, wegen ihres herzogtumbs Preussen sich vor einen König proclamiren und crönen lassen« wird. Der Abschluß dieses Vertrages kam für die Österreicher zum richtigen Zeitpunkt, denn schon zwei Tage später traf in Wien die Nachricht vom Tode des Königs von Spanien ein, dessen Testament den Enkel König Ludwigs XIV. von Frankreich, Herzog Philipp von Anjou, als Erben des Königreiches Spanien bestimmte. So kam es zum Spanischen Erbfolgekrieg, in dem die brandenburgischen Truppen, getreu dem Vertrag, an der Seite der Habsburger kämpften.

Mit Manifest vom 16.12.1700 verkündete der Kurfürst von Brandenburg die Annahme der königlichen Würde. Da die Krönung in Preußen stattfinden mußte, begab sich der Hof nach Königsberg. Dort wurde am 17.1.1701 der Hohe Orden vom Schwarzen Adler gestiftet, die höchsten Auszeichnung des künftigen Königreiches Preußen. Der erster Ordensträger wurde der Premierminister Graf Wartenberg. Die prunkvolle Krönungszeremonie fand am darauffolgenden Tag im Königsberger Schloß statt. Es waren eigens neue Kroninsignien angefertigt worden. Die aus purem Gold gefertigten Gestelle der Kronen befinden sich heute im Schloß Charlottenburg, ebenso das komplett erhaltene Zepter.

Der erste preußische König Friedrich I. zog am 6.5.1701 feierlich in seiner Haupt- und Residenzstadt Berlin ein. Die wichtigste Handlung des Königs für die Stadt war die Vereinigung von Berlin und Kölln mit den Vorstädten zu einer Einheitsgemeinde. Am 17.1.1709 erließ Friedrich I. das »Rescript, von Combinirung derer Rathhäußlichen Collegiorum und Einrichtung des neuen Magistrats in Berlin, Cölln, Friderichs-Werder, Dorotheen- und Friderichs-Stadt«, dessen wichtigster Satz lautet: »Von nun an und hinführo in Unsern hiesigen Residentzien, Berlin, Cölln, Friderichs-werder, Dorotheen- und Friderichs-Stadt, und allen deren Vorstädten, nur ein Stadt-Rath seyn« soll. Diese Verfügung sollte sich für die weitere Entwicklung der Stadt günstig auswirken.

Der weitere Ausbau der Residenzstadt Berlin

König Friedrich I. von Preußen war ein Barockfürst, der großen Wert auf eine angemessene Hofhaltung legte. Er betrieb den Ausbau seiner Residenzstadt Berlin in großem Stil. Sein Berliner Stadtschloß ließ er von dem berühmten Barock-Architekten Andreas Schlüter nach dem Vorbild eines römischen Palazzo umbauen, und er ließ den Schloßplatz städtebaulich zu einem Zentrum gestalten. Hier sei erwähnt, daß das Berliner Stadtschloß nicht erhalten geblieben ist. Es brannte im Zweiten Weltkrieg weitgehend aus und wurde 1950, auf Befehl der Regierung der DDR, abgerissen.

Unweit des Schlosses, auf der anderen Seite des Spree-Nebenarms, hatte sich in dem Neubaugebiet Friedrichswerder der Minister Eberhard von Danckelmann von dem führenden Architekten Johann Arnold Nering ein prachtvolles Palais errichten lassen. Nach Danckelmanns Sturz diente es fürstlichen und vornehmen Gästen des Hofes als Absteigequartier. Sein weiteres Schicksal ist aus der Sicht der Diplomatie interessant und sei deshalb hier kurz berichtet. Das Palais wurde im Jahre 1886 wegen des Baus der Neuen Münze abgerissen. In der Zeit des Nationalsozialismus errichtete man auf diesem Areal nach einem Entwurf des Reichsbankbaudirektors Heinrich Wolff einen Erweiterungsbau der Reichshauptbank. In der DDR diente das Gebäude als Sitz des Zentralkomitees der SED und der SED-Bezirksleitung Berlin. In der Zeit der Wende fanden hier die letzten Sitzungen der Volkskammer der DDR statt. Nach der Sanierung wird in dem Gebäude das Auswärtige Amt der Bundesrepublik Deutschland untergebracht sein. Dienstbeginn ist der 15.11.1999.

Zur Zeit der Errichtung des Palais Danckelmann baute der Architekt Nering auch ein Sommerschloß für die Kurfürstin Sophie Charlotte am Westrand des Tiergartens, das zu einem Treffpunkt des geistig-kulturellen Lebens in Brandenburg-Preußen wurde. Nach dem Tode der Hausherrin im Jahre 1705 erhielt das Schloß und die umliegende Siedlung ihr zu Ehren den Namen Charlottenburg. Der bedeutendste Gast war hier der Universalgelehrte Georg Wilhelm Leibniz, der im Sommer 1700 die Gründung der Akademie der Wissenschaften zu Berlin initiierte.

Das Diplomatische Corps in Berlin zu Beginn des 18. Jahrhunderts

Die Regierung des ersten preußischen Königs führte trotz der Annahme der Königswürde nicht zu einer Erhöhung der internationalen Bedeutung Preußens. Es blieb bei den bestehenden diplomatischen Vertretungen Brandenburg-Preußens im Ausland, wie auch innerhalb des Deutschen Reiches.

Der erste ständige diplomatische Vertreter Großbritanniens am preußischen Hof war Thomas Wentworth Baron Raby. Er war zuvor am Hofe von Versailles, wo er der

Herzogin Elisabeth Charlotte von Orleans aufgefallen war, die ihn in einem Brief an ihre Stiefschwester, die Raugräfin Amalie Elisabeth von der Pfalz, im Zusammenhang mit dem amourösen Treiben am Hofe erwähnt. Unter dem 3.12.1705 berichtet sie ihr: »Es seindt deren allerhandt gattungen; es seindt, die die weiber wie den todt haßen undt nichts alß mansleutte lieben können; andere lieben mäner undt weiber, von denen ist mylord Raby ...« Rabys Amtsantritt in Berlin ist in den »Frankfurter Relationen« so beschrieben: »Am 7.4.1706 hat der Königlich Englische Ambassadeur Mylord Raby seinen öffentlichen und sehr prächtigen Einzug in Berlin gehalten. Als er nun in dem Fürstenhause, dem ehemaligen Palais Danckelmanns, drei Tage auf des Königs Kosten sehr magnifique tractiret worden, hat er den 10. die öffentliche Audienz. Die Anrede geschah von dem Ambassadeur in englischer Sprache, wurde aber nachgehends von dem Englischen Legationssekretär in deutscher Sprache verlesen, in welcher auch der König geantwortet. Und weil der Ambassadeur solche gar wohl verstand, wurde keine Dollmetschung gebraucht.« Der »Ambassadeur« mietete sich ein Quartier in einem Bürgerhaus in der Breiten Straße, nahe dem Berliner Stadtschloß.

Zu jener Zeit wurde auch die erste ständige diplomatische Vertretung Rußlands in Berlin eingerichtet. Da Peter der Große mit seinen Sondergesandten keinen Erfolg in Bündnisangelegenheiten mit den Preußen hatte, berief er mit Kreditiv vom 15.3.1707 den bremischen Adligen Albert von der Lith zum ersten ständigen diplomatischen Vertreter Rußlands am preußischen Hof. Der Diplomat bekam ein Jahresgehalt in Höhe von 2.700 Rubel und mietete sich das Haus des Kriegsrates Georg Friedrich Moller in der Burgstraße, nahe dem Berliner Stadtschloß. Da der Gesandte seine diplomatischen Aufgaben aber ungeschickt erledigte, wurde er schon nach zwei Jahren wieder abberufen. Sein Nachfolger wurde Graf Alexander Gawrilowitsch Golowkin, dessen Kreditiv Peter der Große am 20.2.1713 unterzeichnete. Graf Golowkin mietete sich ein Bürgerhaus in der Heiliggeiststraße.

Ein Treffen auf höchster Ebene

Seit dem Jahre 1700 tobte zwischen dem russischen Zarenreich und den Königreichen Polen, Schweden und Dänemark der Kampf um die Vormachtstellung in Nordeuropa. Da König Friedrich IV. von Dänemark und König August II. von Polen bemüht waren, den preußischen König in die antischwedische Allianz mit einzubeziehen, brachen sie zu einem Zusammentreffen Anfang Juli 1709 nach Potsdam auf. Über den Einzug der drei Monarchen in Berlin am 12.7.1709 stand im »Theatrum Ceremoniale historico-politicum«: »Diese Entree geschahe unter dreymahliger Lösung der Stücke von denen Wällen gegen 11 Uhr Mittags. Alle 3 Könige sassen in einer Magnifiquen Carosse mit 8 Isabell-Farbe Pferden bespannet ...« Die drei Herrscher unterzeichneten am 15.7.1709 im Berliner Stadtschloß einen Vertrag, der die preußische Neutralität fixierte.

Das politische System unter Graf Wartenberg

Der Leiter der preußischen Politik, Graf Johann Kasimir Kolb von Wartenberg, hatte als talentierter Karrierist nach und nach alle wichtigen Ämter am Hof übernommen. Zur Zeit der Erlangung der preußischen Königswürde war Graf Wartenberg Wirklicher Geheimer und erster Staatsminister, Oberkämmerer, Oberstallmeister, Generalökonomiedirektor, Oberhauptmann aller Schatullämter, General-Erbpostmeister, Marschall von Preußen und Protektor aller königlichen Akademien. An seiner Seite standen Obermarschall Graf Augustus zu Sayn-Wittgenstein und Generalfeldmarschall Graf Alexander Hermann von Wartensleben. Gegen die Mißwirtschaft dieses »Dreigrafenministeriums« bildete sich bald eine starke Opposition am preußischen Hof, die sich um den Kronprinzen Friedrich Wilhelm gruppierte. Dieser veranlaßte die Einsetzung einer Untersuchungskommission, deren Ergebnisse für die Beschuldigten erdrückend waren. Korruption, Veruntreuung und Urkundenfälschung waren die schlimmsten Vergehen des Dreigrafenministeriums. In einem Brief vom 30.12.1710 schrieb König Friedrich I. an seine Schwiegermutter, Kurfürstin Sophie von Hannover: »daß ich wieder viel verdruß von meinen Bedienten habe, indehm der Graf Wittgenstein meine Cammer in solcher schuldt und confou Gesetzt, daß ich bin bewogen worden, den graf nacher Spando im arrest bringen zu laßen. Ich fürchte, es werden noch viele andere mehr herein kommen.« Die Kurfürstin bemerkte in einem Brief vom 7.4.1711 an den kurhannoverschen Gesandten in London, Hans Kaspar von Bothmer: »Ses affaires ne peuvent changer, sans qu'il se mette lui-meme a Spando.« (Seine Affären können sich nur ändern, wenn er sich selbst nach Spandau bringt.)

Die verrufenste Frau am Hofe des ersten preußischen Königs war die Gemahlin des Premierministers, Gräfin Katharina von Wartenberg. Man beschuldigte sie, gleichzeitig die Mätresse des Königs und Geliebte des englischen Gesandten in Berlin, Baron Raby, zu sein. Als sie am 29.6.1704 einen Sohn gebar, kommentierte Königin Sophie Charlotte von Preußen in einem Brief an Bothmer vom 8.7.1704 den Vorgang so, »que Milord Rabby a fait present a ce pays ici d'un Anglais«. (daß Mylord Raby dem Land einen Engländer geschenkt hat.)

Verbündete des Kronprinzen in der Opposition gegen den Grafen Wartenberg waren Paul Anton von Kameke und Ernst Boguslav von Kameke. Letzterer leitete die preußische Politik nach dem Sturz Wartenbergs. Der König finanzierte ihm aus Dank den Bau eines prachtvollen Palais in der Dorotheenstadt. Baumeister war der Schloßbau-Architekt Andreas Schlüter, der mit diesem architektonischen Meisterwerk zugleich sein letztes Gebäude in Berlin errichtete. Es wurde später als Sitz der Freimaurerloge Royal York genutzt und wurde im Zweiten Weltkrieg zerstört.

Der erste preußische König starb am 25.2.1713 im Berliner Stadtschloß. Das Urteil, das sein Enkel, der spätere König Friedrich der Große, in seinen »Denkwürdigkeiten« über ihn abgab, lautet: »Wenn Friedrich I. Lob verdient, so geschieht es deshalb, weil er seinen Staaten immer den Frieden erhalten hat, während die seiner Nachbarn vom Krieg verwüstet wurden; weil sein Herz im Grunde gut war und, wenn man will, weil er die eheliche Treue nicht verletzt hat. Alles in allem: er war groß im Kleinen und klein im Großen.«

Die Regierungszeit des Soldatenkönigs

Mit dem Regierungsantritt des zweiten preußischen Königs begann eine Epoche tiefgreifender Reformen. Man hat Friedrich Wilhelm I. oft als »Soldatenkönig« bezeichnet, und zu recht, denn er liebte seine Armee. Jedoch war er nicht auf kriegerische Unternehmungen oder Eroberungen fremder Länder aus. Der einzige Gebietszuwachs für Preußen in seiner Regierungszeit wurde friedlich erreicht: die Erwerbung von Stettin und der Odermündung von Schweden mit Vertrag vom 21.1.1720 gegen die Zahlung von 2 Millionen Talern. Friedrich Wilhelm I. war aber auch ein Reformkönig und ein Bürgerkönig. Seit dem ersten Tag seiner Regierung bemühte er sich um die Verbesserung der wirtschaftlichen und sozialen Zustände.

Das Leben am preußischen Hof zur Zeit des Soldatenkönigs

Das Leben am Hofe Friedrich Wilhelms I. war den Erfordernissen des Militärs untergeordnet. Der Soldatenkönig suchte seine Entspannung vor allem bei der Jagd und im Tabakskollegium, einer Tischrunde ohne Etikette, aber mit festen Regeln. Höhere Militärs, die Minister und die Diplomaten saßen mit dem König zwanglos um einen großen Tisch, auf dem Tabaksbüchsen und Kohlebecken neben Bierkrügen und kalten Speisen standen. Jeder bediente sich selbst. Zeitungen und Journale dienten der Unterhaltung. In angeregter Stimmung wurden allerlei Späße getrieben.

Königin Sophie Dorothea gab in ihrem Schloß Monbijou an der Spree gelegentlich kleine Assembleen, zu denen sie lieber Diplomaten als Offiziere lud. Komödien, Bälle und Redouten gab es in Berlin kaum. Dafür war der Soldatenkönig zu sparsam. Außerdem entsprachen derartige Vergnügungen nicht seinen moralischen Anschauungen.

Diese Ordnung am preußischen Hof ist von vielen bewundert worden, so von dem deutschen Politiker und Schriftsteller Johann Michael von Loen, der im Winter 1717/18 in Berlin weilte. Er schildert seine Eindrücke folgendermaßen: »Die Lebensart in Berlin hat mir besser gefallen als an einem Ort in der Welt. Die französischen Manieren haben sich daselbst mit den deutschen auf das glücklichste vereinbart und machen zusammen ein solch vernünftiges Temperament, daß man bei Hof weder die ausschweifende Lebhaftigkeit der Franzosen noch das steife und gezwungene Wesen der Deutschen bemerkt ...

Man macht keine Komplimente, die nichts heißen. Man hält nichts auf ein törichtes Gepränge und große Zeremonien, welche heut zu Tag fast die halbe Welt zu Komödianten machen. Man kommt zusammen, man ißt, man trinkt, man spielt und geht wieder von einander, ohne daß man sich ängstigen darf, wie man das Zeremoniel beobachten und was man für eine Rede halten soll. Die wahre Höflichkeit ist leicht, angenehm und natürlich ...

Was im übrigen die Lustbarkeiten bei Hof betrifft, so kommen dieselben mit denjenigen des wienerischen und dresdnischen Hofs in keinen Vergleich. Ja ich muß schier sagen, man findet hier gar keine, wenn man solche nicht in einem artigen Gespräch, kleinen Spiel, in einer guten Tafel, in angenehmen Gesellschaften und Spaziergängen, in mittelmäßigen Konzerten, in Künsten und Wissenschaften und dergleichen Dingen zu suchen gewohnt ist.

Schauspiele sieht man in Berlin gar nicht, es sei denn, man verstehe darunter die schöne Mannschaft, die täglich auf die Parade zieht und welche für einen Liebhaber der Soldaten alles übertrifft, was man schönes in der Welt sehen kann.«

Innenpolitik

Die größten Leistungen vollbrachte Friedrich Wilhelm I. im Inneren. In der Einsamkeit des Jagdhauses Schönebeck in der Schorfheide verfaßte er im Dezember 1722 eigenhändig die Instruktion für eine neue oberste Staatsbehörde, das General-Ober-Finanz-Kriegs- und Domänendirektorium. Gemäß dieser Ordnung wurden vier Departements nach regionalen und sachlichen Zuständigkeiten unter Führung von Dirigierenden Ministern gebildet. Nomineller Präsident dieser Behörde war der König, der wegen seiner gigantischen Arbeitskraft bei den Beamten gefürchtet war. »Wer es nicht sieht, kann es nicht glauben, daß ein Mensch in der Welt, von was Verstand er auch ist, so viel differente Sachen in einem Tage expedieren und selbst tun könnte, wie dieser König täglich tut«, schrieb der kaiserliche Gesandte in Berlin, Graf Friedrich Heinrich von Seckendorff, in einem Brief vom 25.4.1723 an den Prinzen Eugen von Savoyen.

Außenpolitik und Diplomatie

Für die Außenpolitik und die Diplomatie hatte der Soldatenkönig wenig Gespür. Dennoch wollte er auch hier alles selbst leisten, so daß seine Mitarbeiter wenig Eigeninitiative entwickeln konnten. Die preußische Politik leitete Friedrich Wilhelm von Grumbkow. Für die auswärtigen Angelegenheiten war Heinrich Rüdiger von Ilgen zuständig, der noch vom Großen Kurfürsten dazu auserwählt worden war. Ilgen baute sich eine eigene Behörde auf, die in einem Erlaß vom 9.8.1714 zum ersten Mal als »Departement der Auswärtigen Affairen« genannt wurde. Da dem Soldatenkönig der gesellige Verkehr zwischen seinen Politikern und den Diplomaten suspekt war, verbot er solche Kontakte kurzerhand mit dem eben erwähnten Erlaß: »Wir haben aus verschiedenen triftigen Ursachen nöthig erachtet, daß zwischen Unsern Wirklich Geheimbten Etatsräthen ... und denen an Unserm Hofe anwesenden frembden Ministris aller Umbgang und Conversation in privato hinfüro gänzlich eingestellet werden soll, dergestalt, daß ... Unsere Wirklich Geheimbten Räthe weder den frembden Ministris einige Visiten geben, noch auch sie und ihre Ehegattinnen und Familien dergleichen Visiten von frembden Ministris annehmen, noch auch bei Gastereien und Mahlzeiten sich bei einander einfinden oder schriftlich mit einander correspondieren und Briefe wechseln sollen, zumalen Wir solches alles hiermit auf das ernstlichste, auch bei Vermeidung Unserer Ungnade und anderer Bestrafung gedachten Unsern Wirklich Geheimbten Räthen schlechterdings verboten haben wollen.«

Friedrich Wilhelm I. selbst hielt ebenfalls wenig Kontakt zum Diplomatischen Corps in Berlin. Befreundet war er nur mit dem kaiserlichen Gesandten Graf Friedrich Heinrich von Seckendorff, dem russischen Gesandten Graf Alexander Gawrilowitsch Golowkin und dem holländischen Gesandten Baron Reinhard van Reede-Ginckel. Graf Golowkin wurde am 6.11.1721 als erster fremder Diplomat in den Hohen Orden vom Schwarzen Adler aufgenommen. Baron Ginckel wurde diese Ehre im August 1738 zuteil. In einem Brief vom 14.4.1730 hatte Friedrich Wilhelm I. an seinen Freund Fürst Leopold von Anhalt-Dessau geschrieben: »Ginckel der Hollender ist ein ordentlicher feiner lieber Man.«

Ansonsten war dem Soldatenkönig das diplomatische Leben unangenehm, wie er in dem bereits erwähnten Brief an Leopold von Anhalt-Dessau klagt: Es »sein so viell gesante in Berlin das wen man gehet so stolperdt man über einen«.

Der wichtigste Diplomat am Hofe des Soldatenkönigs war Graf Friedrich Heinrich von Seckendorff, der die Interessen des Kaisers vertrat. Seckendorff war jedes Mittel recht, um seine Ziele zu erreichen, und so hatte er sich eine Liste mit den Namen der bestechlichen Beamten angelegt. Der Soldatenkönig fühlte sich entschieden als deutscher Fürst und wollte dem Kaiser die Treue bewahren. So wurden am 12.10.1726 im Schloß von Wusterhausen und am 23.12.1728 im Berliner Stadtschloß Verträge abgeschlossen, in denen der Soldatenkönig die Pragmati-

Graf Friedrich Heinrich von Seckendorff, der kaiserliche Gesandte in Berlin zur Zeit des Soldatenkönigs.

sche Sanktion, die Erbfolgeregelung zugunsten der Töchter des söhnelosen Kaisers Karls VI., anerkannte. Zur Pflege der gutnachbarlichen Beziehungen reiste der Soldatenkönig im Sommer 1732 nach Böhmen, wo er in Kladrub und in Prag mit Kaiser Karl VI. zusammentraf.

Gute persönliche Beziehungen unterhielt Friedrich Wilhelm I. besonders zu Peter dem Großen und zu August dem Starken. Schon in seiner Kronprinzenzeit war er mehrere Male mit dem Zaren von Rußland zusammengetroffen. Das erste Mal sah er ihn im Oktober 1711 in Crossen. Im Jahr darauf hatte der Zar auf der Reise nach Karlsbad der preußischen Hauptstadt einen Besuch abgestattet. Er hatte sich in der Wohnung seines Gesandten Golowkin in der Heiliggeiststraße einquartiert. Der König hatte ihn im Stadtschloß empfangen und es hatte einen Gegenbesuch Friedrichs I. tags darauf in der Wohnung des russischen Gesandten gegeben. Weitere Programmpunkte des Zaren waren eine Besichtigung des Zeughauses Unter den Linden und eine Fahrt nach Köpenick. Sein Besuch endete mit einem festlichen Bankett im Stadtschloß. Auf der Rückreise von Karlsbad war der Zar im November 1712 wieder in Berlin. Diesmal hatte ihn der Kronprinz empfangen, weil der König wegen Krankheit verhindert war. Der Zar besichtigte bei diesem Berlin-Besuch die Kunstkammer, den Marstall, die Goldmanufaktur in der Stralauer Straße und die Windmühle vor dem Stralauer Tor, wo man beim Müller speiste. Er unternahm noch eine Besichtigung von Schloß Charlottenburg in Begleitung des Kronprinzen und hatte ein Gespräch mit dem holländischen Gesandten in Berlin, Baron Christiaan Karel van Lintelo.

Schon wenige Monate später war Kronprinz Friedrich Wilhelm an die Regierung gelangt und kurz darauf, vom 9. bis zum 14.3.1713, war Peter der Große erneut zu Besuch in Berlin. Der Zar residierte im Schloß Schönhausen. Im September 1717 weilte Peter der Große zum letzten Mal in Berlin.

Das Bernsteinzimmer

Im obersten Geschoß des Berliner Stadtschlosses war in einem Eckzimmer eine Wandtäfelung aus Bernstein eingebaut worden, die König Friedrich I. nach seiner Krönung bei Danziger Künstlern in Auftrag gegeben hatte. Da aber der Soldatenkönig wenig Gefallen an derlei Prunk fand, verschenkte er die Täfelung bei einem Treffen mit Peter dem Großen Ende November 1716 in Havelberg. Er schenkte ihm auch die prachtvolle Jacht Liburnica, die sich der erste preußische König für die Fahrten zwischen Berlin und Charlottenburg hatte bauen lassen. Beides wurde nach Sankt Petersburg verbracht. Peter der Große ließ das Bernsteinzimmer in sein hölzernes Winterhaus einbauen. Als dann unter Kaiserin Elisabeth von Rußland ein neuer Sommerpalast in Zarskoje Selo errichtet wurde, ließ sie das Bernsteinzimmer im Jahre 1755 dorthin übertragen. Über sein weiteres Schicksal ist uns bekannt, daß es im Zweiten Weltkrieg von deutschen Soldaten ausgebaut, in Kisten verpackt und in die Keller des Königsberger Schlosses verbracht wurde, wo sich seine Spur verliert. Das Gegengeschenk Peters des Großen waren 55 große russische Soldaten für die Riesengarde des Soldatenkönigs.

Besuch in Dresden

Zur Verbesserung der politischen Beziehungen zum Kurfürsten von Sachsen und König von Polen weilten der Soldatenkönig und sein ältester Sohn Friedrich Anfang 1728 vier Wochen am Dresdener Hof. August der Starke ließ allerlei Lustbarkeiten für seine Gäste veranstalten. Aber Friedrich Wilhelm I. fehlte der Sinn für derlei Amüsements. Am Ende des Besuches schrieb er in einem Brief an den Grafen Seckendorff: »... Gott ist mein Zeuge, daß ich kein Plaisir daran gefunden ...« Als dann von Ende Mai bis Mitte Juni 1728 August der Starke zum Gegenbesuch am preußischen Hof weilte, ließ der sonst so sparsame Soldatenkönig neben den militärischen Aktivitäten hier auch zahlreiche Feste mit Illuminationen und Feuerwerken veranstalten. Zur Unterbringung der Gäste waren eigens Räume im Berliner Stadtschloß hergerichtet worden.

Vorgeschichte und Gründung des preußischen Ministeriums der auswärtigen Angelegenheiten

Bei einem Besuch des Soldatenkönigs am 8.10.1728 auf dem Gut seines Außenministers Heinrich Rüdiger von Ilgen in Britz bei Berlin wurde in Anbetracht des hohen Alters des Gastgebers auch über dessen Nachfolge gesprochen. Der Minister erhielt vom König den Auftrag, Vorschläge zu unterbreiten, wie er künftig seine »affaires publiques am besten führen könnte«. Ilgen verfaßte zwei schriftliche Ausarbeitungen. In der Denkschrift vom 26.10.1728 erörterte er die personellen Fragen, und in dem Aufsatz vom 5.11.1728 beschrieb er die außenpolitische Situation Preußens und stellte die künftige Geschäftsordnung auf. Der König akzeptierte die Vorschläge seines Ministers.

Am 6.12.1728 starb Ilgen. Zwei Tage später erließ der König die »Instruction vor den Generallieutenant von Borcke und den Wirklich Geheimten Etats-Ministre von Knyphausen, auf was Art die Affaires étrangères und Reichssachen sollen geführet und traktieret werden«. Dieses Dokument ist die Gründungsurkunde des Königlich Preußischen Ministeriums der auswärtigen Angelegenheiten. Da Adrian Bernhard von Borcke und Freiherr Friedrich Ernst zu Innhausen und Knyphausen schon hochbetagt waren, erließ der Soldatenkönig am 28.10.1730 eine Kabinettsorder zur Bestellung von Heinrich von Podewils als Mitarbeiter im Departement der auswärtigen Beziehungen: »Weil Ich den bißherigen Geheimen Finanzrath von Podewils von aufgeweckten und munteren Kopfe und zu Affären capabel gefunden, so habe Ich solchen zum würklichen Etatsrath ernennet und will, daß Er unter Euch arbeite und Ihr Ihm bei publiqen Sachen und affaires etrangeres anziehen sollet.« Podewils leitete fast 30 Jahre lang die preußische Außenpolitik.

Der weitere Ausbau der Residenzstadt Berlin

Beim Ausbau der Residenzstadt Berlin kümmerte sich der Soldatenkönig um viele Details persönlich. Am 13.11.1728 berichtete der braunschweigische Resident in Berlin, Wilhelm Stratemann, an seinen Premierminister Hieronymus von Münchhausen, es haben »Seine Majestät auf der Friedrichstadt verschiedene zu bebauende Plätze in hoher Gegenwart abstechen lassen«. Der König bemühte sich um Bauherren für die neuen Straßen und schenkte einigen die Grundstücke und die Baumaterialien. So wurden damals in der nach ihm benannten Wilhelmstraße bedeutende Gebäude errichtet, das Palais Wilhelmstraße 73, später als Dienstsitz für den Reichspräsidenten genutzt, das Palais Wilhelmstraße 76, später vom Auswärtigen Amt genutzt, und das Palais Wilhelmstraße 77, später als Dienstsitz für den Reichskanzler genutzt.

Der Soldatenkönig starb am 31.5.1740 im Potsdamer Stadtschloß. Er war für Preußen zum Vorbild geworden, weil er treu nach dem Grundsatz gelebt hatte, daß »Jeder seine verfluchte Pflicht und Schuldigkeit zu tun habe«. Das Leben des Soldatenkönigs war überschattet von dem tragischen Konflikt mit seinem ältesten Sohn Friedrich, der die Ausrichtung auf die bestimmende Rolle des Militärs ablehnte. Friedrich hatte mit Hilfe englischer Diplomaten fliehen wollen, was aber scheiterte. Nach der Bestrafung und Bewährung schenkte der König dem Kronprinzen die Besitzung Rheinsberg, wo Friedrich einen Hof nach eigenen Vorstellungen hielt, an dem auch der französische Gesandte Joachim Jacques Trotti Marquis da La Chetardie und der dänische Gesandte Andreas August von Praetorius verkehrten.

Die Regierungszeit Friedrichs des Grossen

Die Huldigungsfeier für den neuen König erfolgte am 2.8.1740 im Berliner Stadtschloß. Anschließend begab sich Friedrich II. auf den Balkon und nahm den Treu-Eid der auf dem Schloßplatz versammelten Bürger entgegen. Über dieses Ereignis berichtete der dänische Gesandte Praetorius: »Gegen die Gewohnheit und Etikette blieb der König nach der Zeremonie noch eine halbe Stunde auf dem Balkon, mit festem aufmerksamen Blick auf die unermeßliche Menge vor dem Schloß. Er schien in tiefer Betrachtung verloren.«

Der Erste Schlesische Krieg

Die politische Situation in Mitteleuropa änderte sich grundlegend mit dem Tod Kaiser Karls VI. am 20.10.1740. Mit ihm erlosch die Dynastie Habsburg im Mannesstamm. Die Todesnachricht wurde mit einer Stafette nach Berlin überbracht, die am 25.10.1740 beim Außenminister Podewils eintraf. Er schickte unverzüglich einen Kurier nach Rheinsberg, wo der König mit Fieber zu Bette lag. Die Meldung aus Wien änderte dessen Leben. In einem Brief an Voltaire schrieb er noch am gleichen Tag: »Dieser Todesfall zerstört alle meine friedlichen Gedanken ... Jetzt ist der Zeitpunkt einer völligen Änderung des alten politischen Systems ...« Friedrich II. beorderte Außenminister Podewils und Generalfeldmarschall Graf Kurd Christoph von Schwerin zu sich nach Rheinsberg. Der König war entschlossen, die österreichische Provinz Schlesien zu besetzen und erst danach mit den Österreichern zu verhandeln. Am 7.11.1740 schrieb Friedrich II. von Rheinsberg aus an den nach Berlin zurückgekehrten Podewils: »Die Rechtsfrage ist die Sache der Minister, also die Ihrige; es ist Zeit, im Geheimen daran zu arbeiten, denn die Befehle an die Truppen sind gegeben.« In einem Brief an den gleichen Empfänger schrieb der König am 15.11.1740: »... ich gedenke meinen Schlag am 8. Dezember auszuführen und damit die kühnste, schnellste und größte Unternehmung zu beginnen, die jemals ein Fürst meines Hauses unternommen hat.« Podewils entwarf die entsprechende Deklaration, die an das Diplomatische Corps in Berlin und an die preußischen diplomatischen Vertretungen im Ausland verschickt werden sollte. An den Rand des Entwurfes schrieb der König: »Bravo, das ist das Werk eines guten Scharlatans.«

Um die Diplomaten zu verwirren, wurden an die Armee falsche Befehle ausgegeben. In den politischen Kreisen gab es viel Rätselraten, gegen wen die unübersehbaren militärischen Aktivitäten gerichtet seien. Sogar Voltaire, der in Rheinsberg für den französischen Premierminister Kardinal Andre Hercule de Fleury spionieren sollte, erfuhr nichts Konkretes. Am 29.11.1740 traf der Sondergesandte der österreichischen Thronfolgerin Maria Theresia, Marchese Antonio Botta Adorno, in Berlin ein. Er hatte am 5.12.1740 seine erste Audienz beim König, der seine Absichten auf Schlesien leugnete. In der zweiten Audienz am 9.12.1740 gab Friedrich II. seine Pläne zu. Die Offiziere der Berliner Garnision verabschiedete der König mit den Worten: »Leben Sie wohl! Brechen Sie auf zum Rendezvous des Ruhmes, wohin ich Ihnen ungesäumt folgen werde.«

Am 12.12.1740 fand ein Maskenball im Berliner Stadtschloß statt, an dem der König teilnahm und wo er mit einigen Gesandten sprach. Tags darauf begab er sich zu Wagen nach Frankfurt an der Oder. Am Morgen des 16.12.1740 überschritt der preußische König mit seinen Armeen bei Crossen die schlesische Grenze. Von seinem ersten Quartier auf dem Gut Schweinitz schrieb er am gleichen Tag an seinen Außenminister Podewils nach Berlin: »... ich habe den Rubikon überschritten mit fliegenden Fahnen und Trommelschlag.«

Am 17.12.1740 traf der preußische Sondergesandte Graf Gustav Adolph von Gotter in Wien ein, der den Österreichern ein verlockendes Angebot seines Königs zu überbringen hatte. Friedrich II. versprach Maria Theresia, sie in ihrem Kampf um die Erbfolge zu unterstützen, wenn im Gegenzug Schlesien preußisch würde. Einige österreichische Minister erklärten sich bereit, Friedrichs Angebot wohlwollend zu prüfen. »Dieses Königs süße Worte und kräftigste Versprechungen machten sogar meine Ministres irre ...«, schrieb Maria Theresia später in einer Denkschrift. Die junge Herrscherin war aber fest entschlossen, auf den Überfall der Preußen militärisch zu antworten. Graf Gotter mußte Wien ohne Erfolg wieder verlassen.

Da in Schlesien keine österreichischen Truppen standen, konnten die Preußen das Land schnell besetzen. Am 3.1.1741 hielt Friedrich II. seinen feierlichen Einzug in der schlesischen Hauptstadt Breslau. Nachdem österreichische Truppen nach Schlesien verlegt worden waren, kam es zur militärischen Entscheidung, die am 10.4.1741 in der Schlacht bei Mollwitz zugunsten der Preußen fiel.

Der Friedensvertrag zwischen Preußen und Österreich wurde am 28.7.1742 in Berlin von dem in österreichischem Auftrag handelnden englischen Diplomaten John Carmichael Graf von Hyndford und dem preußischen Außenminister Podewils unterzeichnet. Gemäß diesem Vertrag wurden Niederschlesien, der größte Teil von Oberschlesien und die Grafschaft Glatz preußisch.

Friedrich II. hatte von seinem Vater die wichtigen Werkzeuge der Macht geerbt, volle Schatzkammern, geordnete Finanzen, treue Beamte und eine der besten und stärksten Armeen Europas. Trotzdem war der Erste Schlesische Krieg ein Vabanquespiel. Der König war jung und militärisch unerfahren, und Preußen hatte keine Verbündeten. Der Angriff galt der größten Militärmacht Europas. So war der Überfall auf Schlesien tollkühn und eigentlich verantwortungslos. Aber Friedrich II. hatte Glück gehabt. In einem Brief vom 3.3.1741 an seinen Freund Charles Etienne Jordan schilderte er seine Motive für den Ersten Schlesischen Krieg: »Meine Jugend, die Glut der Leidenschaft, die Gier nach Ruhm, ja selbst die Neugier ... hat mich getrieben. Die Genugtuung, meinen Namen in den Zeitungen und später in der Geschichte zu sehen, hat mich verführt.«

Der weitere Ausbau der Residenzstädte Berlin und Potsdam

Unter der Herrschaft Friedrichs II. wurde die Residenzstadt Berlin weiter ausgebaut. Im Tiergarten errichtete der Architekt Michael Philipp Daniel Boumann ein großes Schloß für den Prinzen Ferdinand von Preußen, den Bruder des Königs. Wegen der schönen Aussicht auf den Tiergarten nannte man dieses Schloß Bellevue. Heute dient das Gebäude als Amtssitz des Bundespräsidenten der Bundesrepublik Deutschland.

Sanssouci Das Kronjuwel märkischer Garten- und Baukunst sind Park und Schloß Sanssouci; sie wurden nach Ideen und Plänen Friedrichs des Großen gestaltet. In den »Berlinischen Nachrichten von Staats- und gelehrten Sachen« vom 2.5.1747 steht zu lesen: »Gestern haben Se. Majestät der König Dero bei Potsdam ganz neu erbauetes, ungemein prächtiges Sommer-Palais Sanssouci bezogen und allda des Mittags an einer Tafel von 200 Couverts gespeiset, worauf gegen Abend von der Königlichen Kapelle ein Concert ist gehalten worden.«

Der Zweite Schlesische Krieg

Maria Theresia von Österreich hatte die Ergebnisse des Ersten Schlesischen Krieges nicht akzeptiert und wollte Schlesien zurückerobern. Diesen Plänen kam Friedrich II. mit einem Präventivschlag zuvor. Er drang im Sommer 1744 durch Sachsen nach Böhmen und Schlesien siegreich vor. Am 25.12.1745 wurde in Dresden der Frieden zwischen Österreich und Preußen geschlossen, der die preußische Herrschaft über Schlesien bestätigte. Am 28.12.1745 zog Friedrich II. wieder in Berlin ein, wo er wegen dieses Erfolges zum ersten Mal Friedrich der Große genannt wurde.

Auf Einladung des Königs traf am 10.7.1750 Voltaire zu seinem dritten Besuch in Potsdam ein und war begeistert von den Veränderungen, die er hier vorfand. In einem Brief gleich nach seiner Ankunft schrieb der Philosoph an seine Nichte Marie Louise Denis: »Nun bin ich endlich in Potsdam. (...) Heute ist es der Palast des Augustus, der Sitz der Legionen und der Schöngeister, der Lust und des Ruhmes, der Pracht und des Geschmacks.« Über Berlin äußerte sich Voltaire in einem Brief an Henri Lambert d'Herbigny Marquis de Thibouville vom 1.8.1750: »Wer hätte vor zwanzig Jahren geglaubt, daß Berlin die Heimstätte der Künste, der Pracht und des Geschmacks sein werde? Nur ein Mann war nötig, um das trübselige Sparta in ein glanzvolles Athen zu verwandeln.«

Der Siebenjährige Krieg

Friedrich der Große hatte nach der Annexion von Schlesien kein Interesse an weiteren Kriegen. In einem Gespräch mit dem Sekretär des französischen Gesandten in Berlin, Claude Etienne Darget, kurz vor Abschluß des Dresdener Friedens, hatte der

König gesagt, er wolle in Zukunft keine Katze mehr angreifen, außer um sich zu verteidigen. Die Österreicher akzeptierten den Verlust Schlesiens jedoch nicht. Der seit dem 29.8.1755 amtierende Staatskanzler Graf Wenzel Anton von Kaunitz bemühte sich um eine große Koalition gegen Preußen. Ein erster Schritt war ihm gelungen, als am 1.5.1756 der österreichische Gesandte in Paris, Graf Georg Adam von Starhemberg, und die französischen Unterhändler Francois Joachim de Pierre de Bernis und Antoine Louis Rouille Graf von Jouy den Vertrag von Versailles unterzeichneten. Kaiserin Elisabeth von Rußland schloß sich mit Vertrag vom 2.2.1757 der antipreußischen Koalition an. Doch kam Friedrich der Große der Einkreisung zuvor, indem er am 29.8.1756 an der Spitze seiner Armeen die sächsische Grenze überschritt. An seine Schwester Wilhelmine schrieb er über diesen Krieg am 19.2.1757 aus Dresden, es sei schmählich für ihn, sich in seinem Alter »noch mit vier wütenden Weibern herumschlagen« zu müssen, womit er neben den Regentinnen Maria Theresia von Österreich und Elisabeth von Rußland auch die einflußreichen Frauen Kurfürstin Maria Josepha von Sachsen und die Marquise von Pompadour meinte.

In der Schlacht bei Kolin in Böhmen erlitt Friedrich der Große am 18.6.1757 seine erste militärische Niederlage, die schlimme Folgen für die preußische Hauptstadt und ihre Bewohner hatte. Unter dem Kommando des Feldmarschalleutnants Andreas Hadik von Futak drangen leichte österreichische Verbände nach Brandenburg vor und bedrohten Berlin. Als Hadik vom Anmarsch preußischer Truppen erfuhr, begnügte er sich mit einer Kontributionszahlung und zog wieder ab. Zu Beginn des Jahres 1759 verschlechterte sich die Lage für Friedrich den Großen. Die Reserven waren aufgebraucht. Österreichische und russische Truppen hatten sich an der Oder vereinigt. Friedrich II. griff sie dort am Morgen des 12.8.1759 an und kämpfte verzweifelt mit seinen Soldaten. Zwei Pferde wurden unter dem König erschossen, er selbst durch Kugeln mehrfach verletzt. Die Preußen verloren die Schlacht bei Kunersdorf und flohen. Von einem elenden Lager in einer Bauernhütte in dem Dorf Öltscher schrieb der König an seinen Außenminister Graf Karl Wilhelm Finck von Finckenstein einen Abschiedsbrief: »Man wird in Berlin gut tun, an seine Sicherheit zu denken. (...) Leben Sie wohl für immer!« Die Sorgen des Königs um seine Hauptstadt waren berechtigt. Anfang Oktober erreichten österreichische und russische Truppen die Mauern Berlins. Nach kurzer Verteidigung kapitulierte der Kommandant Hans Friedrich von Rochow. Die Besatzer forderten eine Kontributionszahlung in gigantischer Höhe, zerstörten kriegswichtige Anlagen und plünderten die Schlösser Charlottenburg und Schönhausen. Weiter nutzten die Sieger ihre militärischen Erfolge nicht aus, die Stadt wurde nicht besetzt, so daß sich die preußischen Truppen wieder sammeln konnten. In einem Brief vom 1.9.1759 schrieb Friedrich der Große an seinen Bruder Heinrich: »Ich verkündige Dir das Mirakel des Hauses Brandenburg.« Für die Preußen geschah abermals ein Wunder, als am 5.1.1762 die Kaiserin Elisabeth von Rußland starb. Ihr Neffe und Nachfolger, Peter III., war ein Bewunderer Friedrichs des Großen. So sandte dieser unverzüglich den Freiherrn Bernhard Wilhelm von der Goltz nach Rußland, der mit dem neuen Zaren am 5.5.1762 einen Friedensvertrag und am 9.6.1762 eine Allianz abschloß. Wenige Tage später wurde Peter III. in einer Palastrevolution ermordet. Die Witwe Katharina II. übernahm die Regierung, setzte aber den Krieg gegen Preußen nicht fort. Die antipreußische Koalition war damit zerbrochen.

Am 15.2.1763 unterzeichneten der sächsische Diplomat Freiherr Thomas von Fritsch für Österreich und Ewald von Hertzberg für Preußen im sächsischen Jagdschloß Hubertusburg den Friedensvertrag. So konnte Friedrich der Große am 30.3.1763 nach sechsjähriger Abwesenheit wieder in seiner Hauptstadt Berlin einziehen. Seine Hauptsorge galt nun der wirtschaftlichen Stärkung seines Landes.

Im Park von Sanssouci ließ Friedrich der Große von den Architekten Johann Gottfried Bühring und Heinrich Ludwig Manger ein neues Schloß errichten, das nur der Repräsentation dienen sollte und Neues Palais genannt wurde.

Die Außenminister Friedrichs des Großen

Friedrich der Große wollte nach seinen eigenen Worten auch selbst Außenminister sein. Seine außenpolitischen Berater konnten deshalb wenig Eigeninitiative entwickeln. Graf Heinrich von Podewils versuchte, mäßigend auf den waghalsigen König einzuwirken. Friedrich II. bezeichnete seinen Außenminister in einem Gespräch am 21.7.1756 als »Monsieur de la timide politique«. Nach dem Tode des Grafen Podewils leitete Graf Karl Wilhelm Finck von Finckenstein die preußische Außenpolitik. Graf Finckenstein hatte sich auf schwierigsten diplomatischen Missionen in Rußland und Frankreich bewährt.

Das Diplomatische Corps in Berlin zur Zeit Friedrichs des Großen

Friedrich der Große war kein begeisterter Freund der Diplomaten, von Ausnahmen abgesehen. In seinem Buch »Der Antimachiavell« hatte er geschrieben: »Gesandte ... sind privilegierte Spione ...« Die Diplomaten sahen den König zwischen den Antritts- und Abschiedsaudienzen nur zu den Hoffesten und im Theater, wobei er manchmal mit einigen sprach. An seine Tafel bat er sie selten. Sehr beliebt beim König war der französische Gesandte Guy Louis Henri de Valory, der von 1740 bis 1750 in Berlin amtierte. Er konnte auf die Sarkasmen des Königs mit der erforderlichen Schlagfertigkeit und Würde reagieren. Vertrauten Umgang pflegte Friedrich der Große auch mit dem englischen Gesandten Sir Andrew Mitchell.

Zu den Großmächten Österreich und Rußland bestanden wegen der kriegerischen Verwicklungen nur sporadische diplomatische Beziehungen. Manchmal wurden die preußischen Diplomaten beauftragt, Kunstwerke für die Sammlungen des Königs zu erwerben.

Die kriegerischen Auseinandersetzungen mit Rußland zwangen Friedrich den Großen zur Suche nach Verbündeten im Rücken des Feindes. Deshalb wurden diplomatische Kontakte zu den Tataren und zu den Türken hergestellt. Im Sommer 1750 empfing der preußische König den tatarischen Oberst Mustapha Aga, der im Auftrag des Großkhans der Krimtataren, Aslan Geray, nach Berlin kam.

Größeres Aufsehen erregte eine türkische Gesandtschaft, die unter Leitung von Achmed Effendi im Herbst 1763 in Preußen eintraf. Die Delegation wurde zunächst im Schloß am Weißen See bei Berlin untergebracht. Mit Schreiben vom 28.10.1763

Der türkische Sondergesandte Achmed Effendi,
der 1763/64 am Hofe Friedrichs des Großen weilte.

wies der König den Akzisedirektor Johann Samuel von Klinggräff an, daß »alle und jede Bagage dieses Türkischen Gesandten und seiner Suite, bey deren Eingange zu Berlin gantz frey und ohne im geringsten anzuhalten, noch auch zu fragen, oder am allerwenigsten zu visitiren, passiren zu laßen und sich darnach sehr stricte zu achten, auch nicht die allergeringste Gelegenheit zu geben, daß deshalb einiger Verdruß oder Unwillen mit gedachten Türkischen Gesandten oder Suite und Leute geschehen könne«.

So konnte die Gesandtschaft unbehelligt am 9.11.1763 ihren Einzug in Berlin halten. Darüber berichtete Achmed Effendi: »Die Preußen, die zeitlebens keinen Moslem gesehen, und von solcher Pracht und solchem Pomp eines Gesandten auch nie dem Namen nach gehört hatten, ein Seltsamkeit liebendes Volk, kamen mit ihren Familien drei bis fünf Tagereisen herbei, und sammelten sich in den Märkten und Dörfern, wodurch unser Weg führte, gingen von der Stunde unserer Ankunft bis zur Stunde unseres Aufbruchs nicht von unserer Seite und gafften unaufhörlich jede unserer Handlungen und Bewegungen an, so daß sie uns auf eine unaussprechliche Art bedrängten. Am Tage unseres Einzuges selbst waren nicht nur die beiden Seiten der Straßen, wodurch wir zogen, sondern auch alle Fenster der drei bis fünf Stock hohen Häuser mit Zuschauern über und über besetzt, und das Gedränge, um das Schauspiel unseres Einzuges zu sehen, war über alle Beschreibung; so wie das frohe Gesicht und die Ehren, mit denen sie uns bewillkommten und uns ihre Freundlichkeit und Leutseligkeit an den Tag legten, alle Maßen übersteigt.«

Über den Einzug stand in den »Berlinischen Nachrichten von Staats- und gelehrten Sachen« vom 10.11.1763 zu lesen: »Nachdem der Türkisch-Kayserliche Bothschafter, Achmed Effendi, nebst seinem Gefolge vom 2ten bis den 9ten dieses Monaths sich auf den mit Berlin gränzenden Ritter-Gute Weissensee so lange, bis sein öffentlicher Einzug regulieret worden, aufgehalten; so hat derselbe immittelst daselbst nicht allein alle diejenigen, welche Ihn sehen wollen, vor sich, sondern auch Personen von Distinction auf der vor Ihn in dem adelichen Hause angefertigten Estrade setzen lassen. Hiernächst hat Er Sich mit Spatzierengehen in denen dasigen Gärten divertiret, und über deren schönen Lage an der See und rings um dieselbe befindlichen Passages, besonders aber über das Ihm zu Ehren von dem Königlichen Gärtner Weigel und Prinzlichen Gärtner Lucas mit dem Türckischen Wapen nach der neuesten Art angelegten Lust-Stücke sein Vergnügen bezeuget, wie er denn in selbigen, auf einem Stuhl oftermahlen gesessen, und unter wiederholter Janitscharen-Music, deren Anwesenden Coffee präsentiren lassen. Hiernächst sind hochgemeldeter Herr Gesandter den 9ten dieses Monaths, Morgens um 10 Uhr, nachdem Sie öffentlich gespeiset, in fünf Kutschen mit 6 Pferden bespannet, mit Ihrer ganzen Suite in der bis dahin führenden Weyden-Alee nach Berlin gegangen, und nachdem Sie unter eine, vor den Thore aufgeschlagenen Türckischen Gezelt, mit Coffee serviret worden, haben der Herr Bothschafter durch die Bernauer Landwehre, Königsstrasse, über die lange Brücke, dem Königlichen Schlosse und der Schloß-Freyheit vorbey, unter den Linden durch die Wilhelmsstrasse, bis nach dem ehemaligen Vernezoberschen Palais Ihren prächtigen Einzug gehalten …« Am 21.11.1763 empfing der König den türkischen Gesandten in Audienz im Berliner Stadtschloß. Der für die Etikette zuständige Kammerherr Karl Ludwig von Pöllnitz hatte die Zeremonie vorbereitet. Der König saß im Rittersaal unter einem Thronhimmel auf einem Sofa. Der Gesandte hielt seine Ansprache und überreichte danach dem König das Kreditiv des Sultans. Außenminister Finckenstein antwortete. Nach der Audienz ließ der König dem Gesandten in seinem Quartier ein Festmahl geben. Nach längeren, aber ergebnislosen Verhandlungen mit dem König und seinen Ministern mußten die Türken unverrichteter Dinge wieder abreisen. Ein Vertrag kam nicht zustande.

Die türkischen Diplomaten hatten mit ihrem exotischen Auftreten das Interesse der Berliner erweckt, was sich sofort auf die Mode auswirkte. Darüber machte sich der König lustig. So schrieb er in einem Brief an seinen Bruder Heinrich vom 14.11.1763: »Datteln essen gehört zum guten Ton in Berlin; die Gecken pflanzen sich einen Turban aufs Haupt, und die, die es sich leisten können, richten sich Harems ein. Man muß die Türken gesehen haben, um mit der Mode zu sein … Ich habe die Unkosten für die ganze Angelegenheit. Es kostet mich Siebentausend Ecus im Monat.«

Im April 1764 wurde der König noch deutlicher, als er sich in einem Brief an denselben Empfänger beklagte, der Türke würde ihm noch die Ohren vom Kopf fressen.

Der Verbesserung der politischen Beziehungen zwischen Preußen und Österreich dienten zwei Treffen zwischen Friedrich dem Großen und dem Sohn von Maria Theresia, Kaiser Joseph II., im August 1769 in Neiße in Schlesien und im September 1770 in Neustadt in Mähren.

Die Aufnahme der diplomatischen Beziehungen zum Königreich Spanien und zu den Vereinigten Staaten von Amerika

Aus wirtschaftspolitischen Gründen wünschte Friedrich der Große die Aufnahme diplomatischer Beziehungen zum König von Spanien. Erster ständiger spanischer Gesandter in Berlin war Simon de las Casas, der von 1782 bis 1784 amtierte. Er residierte im Palais Kameke Unter den Linden, wo heute das »Hotel Adlon« steht.

Friedrich der Große bemühte sich sofort nach der Bildung der Vereinigten Staaten von Amerika um die Aufnahme diplomatischer Beziehungen dorthin. Im Unabhängigkeitskrieg hatte der preußische Offizier Friedrich Wilhelm von Steuben, der einst Adjutant Friedrichs des Großen gewesen war, wesentlich zum militärischen Erfolg der Nordamerikaner beigetragen. Nach diesem Krieg kam es zu entsprechenden Verhandlungen, und im Sommer 1785 schlossen die amerikanischen Gesandten in Paris, Benjamin Franklin und Thomas Jefferson, der amerikanische Gesandte in London, John Adams, und der preußische Gesandte im Haag, Friedrich Wilhelm von Thulemeyer, einen Freundschafts- und Handelsvertrag.

Zur Zeit König Friedrich Wilhelms III. von Preußen kam dann John Adams als erster Gesandter der Vereinigten Staaten von Amerika nach Berlin und amtierte hier von 1797 bis 1801. Er wohnte im Haus Behrenstraße 48. Nach seiner Rückkehr in die Vereinigten Staaten von Amerika wurde John Adams zum 2. Präsidenten der USA gewählt.

Der Tod Friedrichs des Großen

Ein kurzer Feldzug im Bayerischen Erbfolgekrieg 1778 war die letzte militärische Aktion Friedrichs des Großen. Aber auch danach vernachlässigte er die Armee nicht. An den Manövern nahm der König noch im hohen Alter selbst teil. Die Rückkehr von einer solchen Truppenrevue am 21.5.1785 schilderte der spätere General und Politiker Friedrich August Ludwig von der Marwitz in seiner Lebensbeschreibung. Der Einzug erfolgte durch das Hallesche Tor, weil der König seine Schwester Amalie in deren Palais, Wilhelmstraße 102, besuchen wollte. Die Menschen jubelten dem König zu und blieben auch noch stehen, als dieser das Palais schon betreten hatte. »Und doch war nichts geschehen! Keine Pracht, kein Feuerwerk, keine Kanonenschüsse, kein Trommeln und Pfeifen, keine Musik, kein vorangegangenes Ereignis! Nein, nur ein dreiundsiebzigjähriger Mann, schlecht gekleidet, staubbedeckt, kehrte von seinem mühsamen Tagewerk zurück. Aber jedermann wußte, daß dieser Alte auch für ihn arbeitet, daß er sein ganzes Leben an diese Arbeit gesetzt und sie seit fünfundvierzig Jahren noch nicht einen einzigen Tag versäumt hatte! Jedermann sah auch die Früchte seiner Arbeiten, nah und fern, rund um sich her, und wenn man auf ihn blickte, so regte sich Ehrfurcht, Bewunderung, Stolz, Vertrauen, kurz alle edleren Gefühle des Menschen.«

Friedrich der Große starb am 17.8.1786. Kurze Zeit später traf sein Neffe, der neue König Friedrich Wilhelm II. von Preußen, in Sanssouci ein, der den Tod seines Onkels den Ministern mitteilte: »Der König Mein Oncle ist heute früh mit Tode abgegangen und Ich bin dadurch zur Regierung gelanget ...«

Der französische Schriftsteller Gabriel de Riqueti Graf von Mirabeau weilte im Auftrag seiner Regierung in jenem Sommer 1786 in Berlin und beschrieb die Reaktion in der Öffentlichkeit auf den Todesfall so: »Alles ist düster, niemand ist traurig, alles ist beschäftigt, niemand ist bekümmert. Kein Gesicht, das nicht ein Gefühl der Erleichterung und der Hoffnung ausdrückte, nicht ein Bedauern, nicht ein Seufzer, nicht ein Lob. Dahin also führen die vielen gewonnenen Schlachten, der hohe Ruhm, eine beinahe ein halbes Jahrhundert währende Regierung, voll kriegerischer Großtaten? Alle Welt sehnte ihr Ende herbei, alle Welt beglückwünscht sich dazu.«

Der russische Gesandte, Graf Sergej Petrowitsch Rumjanzew, kommentierte in einem Bericht: »Die Todesnachricht hat hier nicht das Aufsehen gemacht, das man hätte erwarten können.«

Die Beisetzung Obwohl Friedrich der Große testamentarisch bestimmt hatte, daß man ihn in einer Gruft auf der Terrasse von Sanssouci beisetzen sollte, hielt sich sein Nachfolger nicht daran, sondern ließ die sterblichen Überreste des großen Königs an der Seite von dessen Vater in der Gruft der Garnisonkirche in Potsdam bestatten. Die Särge wurden im Zweiten Weltkrieg ausgelagert und in den fünfziger Jahren auf die Burg Hohenzollern gebracht. Erst nach dem Fall der Mauer wurde in der Nacht vom 17. auf den 18.8.1991 der Sarg Friedrichs des Großen, entsprechend seinem Testament, in der Gruft, die er einst für sich bauen ließ, niedergesetzt.

Die Regierungszeit König Friedrich Wilhelms II. von Preussen

Der französische Diplomatietheoretiker Gabriel de Mably hatte in seinem 1757 erschienenen Werk »Diplomatische Verhandlungen« über Friedrich den Großen geschrieben: »Könnte dieser Fürst seinen Geist den Nachfolgern vererben oder seine Einrichtungen unerschütterlich festigen, dann würde sich der Berliner Hof, heute noch eine Macht zweiten Ranges, bald an der Spitze aller europäischen Angelegenheiten sehen.« Die Hoffnungen de Mablys erfüllten sich nicht. König Friedrich Wilhelm II. von Preußen war ein schwacher Herrscher. Das Land regierten zwei Günstlinge des Königs, Hans Rudolf von Bischoffwerder und Johann Christof von Woellner. Sowenig der König Interesse für die Politik zeigte, soviel trug er Sorge um die Verschönerung der Residenzstadt Berlin. In jener Zeit wurden Bauwerke errichtet, die Berlin als Stadt des Klassizismus weltberühmt machten, wie das Brandenburger Tor von Carl Gotthard Langhans. Auf dem Tor wurde eine Quadriga nach Entwürfen von Johann Gottfried Schadow aufgestellt, das erste monumentale Viergespann seit dem Altertum.

Das diplomatische Leben in Berlin gegen Ende des 18. Jahrhunderts

Am 19.4.1789 traf der neue dänische Gesandte, Graf Friedrich Leopold zu Stolberg, in Berlin ein. Nach den Antrittsbesuchen schrieb er in einem Brief an die Gräfin Magdalene Hedwig von Bernstorff: »Im corps diplomatique, meiner natürlichsten und gewöhnlichsten Societät, herrscht Bonhomie, und es besteht großen Teils aus Männern von Verstand.« Die politische Lage in Europa änderte sich im Sommer 1789 vollständig durch die französische Revolution. Über die Reaktion beim Diplomatischen Corps in Berlin auf die Nachricht vom Sturm auf die Bastille in Paris schrieb Graf Stolberg in einem Brief vom 27.7.1789 an seine Schwägerin Luise: »Ich soupierte gestern bei Nesselrode ... ganz allein mit Alopeus und seinem Bruder. Die Feier des anbrechenden Tages der Freiheit ward mit lebendigem Anteil vom russischen und dänischen Gesandten und den beiden anderen Russen gefeiert.« Die preußischen Außenpolitiker sahen in dem Ereignis ein innenpolitisches Problem Frankreichs, dem man zunächst würde gelassen gegenüberstehen können.

König Friedrich Wilhelm II. von Preußen starb nach langer Krankheit im Marmorpalais bei Potsdam am 16.11.1797.

Die Regierungszeit König Friedrich Wilhelms III. von Preussen

Der neue preußische König Friedrich Wilhelm III. war von nüchternem, sachlichem und schlichtem Charakter. Die Günstlingswirtschaft seines Vaters beendete er sofort nach der Regierungsübernahme und entließ die Minister Hans Rudolf von Bischoffwerder und Johann Christof von Woellner.

Das Diplomatische Corps in Berlin zu Beginn des 19. Jahrhunderts

Kaiserlicher Gesandter in Berlin war zu Beginn des 19. Jahrhunderts für kurze Zeit der spätere österreichische Staatskanzler Fürst Clemens von Metternich. Ausländische diplomatische Vertretungen in Berlin waren die Gesandtschaften von Rußland, Großbritannien, Frankreich, Schweden, Dänemark und der Türkei.

Der Türkische Begräbnisplatz Am 4.6.1797 traf der erste ständige Gesandte der Türkei, Ali Aziz Effendi, in Berlin ein. Er verstarb hier aber schon am 29.10.1798. So ergab sich erstmalig in Berlin das Problem einer moslemischen Beerdigung. Zu diesem Zweck erwarb der König ein Grundstück auf der Tempelhofer Feldmark. Dort wurde auf dessen Kosten eine Gruft errichtet. Nach Ali Aziz Effendi ist später dort noch der 1804 verstorbene türkische Geschäftsträger Mohammed Assad Effendi beigesetzt worden. Nach den Befreiungskriegen geriet die Grabstelle in Vergessenheit, bis 1836 der Knecht eines Bauern mit dem Pferd beim Pflügen in das Gewölbe einbrach. Der König ließ daraufhin den kleinen Friedhof wieder herrichten und zwei Grabsteine aufstellen. Später wurden noch andere Moslems dort beerdigt. Nachdem in der Nähe die Kaserne des Kaiser-Franz-Garde-Grenadier-Regimentes errichtet worden war, wurde der türkische Friedhof mit Genehmigung des Sultans in die Hasenheide verlegt und die Gebeine dorthin überführt. Bei der Einweihung des neuen Friedhofs am 29.12.1866 hielt der türkische Gesandte Aristarchi Bey eine Ansprache, in der er sagte: »Mit Dankbarkeit hebe ich hervor, daß ... die Bevölkerung der königlichen Residenzstadt, so wie es einem großen zivilisierten Volke geziemt, stets den mohammedanischen Gräbern die gebührende Achtung und Ehre erwiesen hat.« Der türkische Friedhof befindet sich noch heute an dieser Stelle.

Die ersten Gesandten der Republik Frankreich Die Gesandten der französischen Republik hatten am preußischen Hof einen schweren Stand. Die Schreckensherrschaft der Jacobiner und die Hinrichtung König Ludwigs XVI. von Frankreich erregten in Berlin Abscheu und Empörung. Der erste Gesandte der Republik Frankreich in Berlin, Antoine Bernard Caillard, genoß jedoch aus persönlichen Gründen ein hohes Ansehen. Über ihn schrieb Prinzessin Friederike von Preußen, die Schwester der Königin, in einem Brief vom 11.8.1798 an ihre Schwestern Prinzessin Charlotte von Sachsen-Hildburghausen und Prinzessin Therese von Thurn und Taxis: »Er genoß die allgemeinste Achtung wegen seines zurückhaltenden Benehmens und da er es gegen niemand an Rücksicht fehlen ließ.«

Am 22.6.1798 traf Caillards Nachfolger Emmanuel Joseph Sieyès in Berlin ein. Sieyès war einer der bedeutendsten Theoretiker in der Frühphase der französischen Revolution und Verfasser der berühmten Schrift »Was ist der Dritte Stand?«. 1789 war er Abgeordneter und Präsident der Verfassunggebenden Nationalversammlung und hatte am 14.1.1793 im Konvent für die Hinrichtung König Ludwigs XVI. von Frankreich gestimmt. König Friedrich Wilhelm III. von Preußen war deshalb die Ernennung eines solchen Mannes zum Gesandten an seinem Hof unangenehm. Er empfing Sieyès erst am 5.7.1798 im Schloß Charlottenburg zur Antrittsaudienz. Tags darauf erfolgte im Weißen Saal des Stadtschlosses die Huldigung für Friedrich Wilhelm III., der das Diplomatische Corps beiwohnte. Dabei wurde der neue Gesandte von der Hofgesellschaft mißtrauisch gemustert. In dem bereits erwähnten Brief von Prinzessin Friederike von Preußen steht über ihn: »Unser diplomatisches Corps hat sich um einen Teufel vermehrt, nämlich Sieyès ... Unter tausend Personen würde ich, ohne ihn zu kennen, sagen: das ist ein Verbrecher!« Der ebenfalls anwesende Leutnant im Regiment Gens d'Arms, Friedrich August Ludwig von der Marwitz, berichtete in seiner Lebensbeschreibung über den »Kerl mit einem wahren Kanaillengesicht«, daß »der Abscheu vor den Revolutionsmännern und vorzüglich gegen die, welche wie er nicht nur die Umwälzung durch Schriften herbeigeführt und befördert, sondern auch für alle jene Blutgesetze und für den Tod des Königs gestimmt hatten, in den höheren Zirkeln noch so groß und entschieden war, daß niemand mit dem Sieyès und seinen Gesandtschaftssekretären jemals ein Wort sprach, diejenigen ausgenommen, welche es ihrer Stellung wegen tun mußten ...« Sieyès blieb nur wenige Monate in Berlin. Wieder zurück in Frankreich, wurde er zum Präsidenten des Direktoriums gewählt und initiierte am 9.11.1799 den Staatsstreich des Generals Napoleon Bonaparte.

Unter der Herrschaft des Ersten Konsuls Bonaparte drangen französische Truppen weit nach Osten vor und besetzten deutsche und italienische Gebiete. Dieser Machtzuwachs veranlaßte Bonaparte zur Annahme neuer Titel. Am 2.12.1804 krönte er sich in der Kathedrale Notre-Dame in Paris mit einem goldenen Lorbeerkranz zum Kaiser der Franzosen und am 26.5.1805 im Mailänder Dom mit der Eisernen Krone der Langobarden zum König von Italien.

Außenpolitik

Napoleon bemühte sich zunächst um gute Beziehungen zu Preußen. Mit Schreiben vom 21.3.1805 verlieh er Friedrich Wilhelm III. als erstem ausländischen Souverän die höchste Auszeichnung Frankreichs, das Großkreuz der Ehrenlegion. Ebenso geehrt wurden der Onkel des Königs, Prinz Ferdinand von Preußen, die Politiker Karl August von Hardenberg und Kurt von Haugwitz sowie die Militärs Wichard von Möllendorff und Friedrich Wilhelm von der Schulenburg. Am 7.4.1805 überreichte der französische Gesandte in Berlin, Graf Antoine Mathurin von Laforest, dem König die Dekoration während einer Audienz in Potsdam. Friedrich Wilhelm III. revanchierte sich, indem er am gleichen Tag den Hohen Orden vom Schwarzen Adler an Napoleon wie auch an dessen Außenminister Charles Maurice de Talleyrand, an den Erzkanzler Jean Jacques Régis de Cambacérès und an die Marschälle Bernadotte, Berthier, Duroc und Murat verlieh. Die Dekoration wurde Napoleon vom preußischen Gesandten in Paris, Marchese Girolamo Lucchesini, am 12.5.1805 in Mailand überreicht.

Um König Friedrich Wilhelm III. von Preußen für ein antifranzösisches Bündnis zu gewinnen, traf Kaiser Alexander I. von Rußland am 25.10.1805 in Berlin ein. Die preußische Hauptstadt ehrte bei dieser Gelegenheit den fremden Monarchen und benannte am 2.11.1805 den zentralen Platz in der Königstadt nach ihm Alexanderplatz. Am 3.11.1805 wurde in Potsdam der Bündnisvertrag geschlossen. Auf Wunsch des Zaren begaben sich die beiden Monarchen in die Gruft der Garnisonkirche und beschworen am Sarg Friedrichs des Großen ihr Bündnis.

Die militärische Entscheidung fiel am 2.12.1805 in der Dreikaiserschlacht bei Austerlitz in Mähren zugunsten der Franzosen. Daraufhin zerbrach die antifranzösische Koalition. Die militärischen Erfolge der Franzosen führten auch dazu, daß das Staatsgebilde des ersten deutschen Reiches zerstört wurde. Am 12.7.1806 unterzeichneten die Vertreter von 16 süd- und südwestdeutschen Fürsten in Paris die Rheinbundakte und beendeten damit faktisch die Existenz des Heiligen Römischen Reiches Deutscher Nation. Kaiser Franz II. legte gemäß einem Ultimatum Napoleons am 6.8.1806 die Reichskrone nieder.

König Friedrich Wilhelm III. von Preußen hielt zunächst an seiner Politik der Neutralität fest, aber die öffentliche Meinung in Berlin war antifranzösisch. So zogen manchmal die Offiziere, wenn sie angeheitert waren, an der französischen Gesandtschaft Unter den Linden vorbei und wetzten dort unter den Fenstern ihre Säbel am Bordstein. Am 9.8.1806 befahl der König die Mobilmachung der Armee, um Napoleon zum Rückzug seiner Truppen zu bewegen. In der Entscheidungsschlacht bei Jena und Auerstedt am 14.10.1806 wurden die preußischen Truppen vernichtend geschlagen.

Am Morgen des 17.10.1806 trat im Berliner Stadtschloß der Große Staatsrat zusammen. Da an eine Verteidigung der preußischen Hauptstadt nicht ernsthaft zu denken war, beschloß man nur, daß die Kassen fortgebracht werden sollten. Der Bevölkerung wurde durch einen Maueranschlag mitgeteilt, nun sei »Ruhe die erste Bürgerpflicht«.

Die Franzosen in Berlin

Ende Oktober 1806 wurde Berlin kampflos von französischen Truppen besetzt. Napoleon traf am 24.10.1806, von Wittenberg kommend, in Potsdam ein und nahm Quartier im Stadtschloß. Während seines Aufenthaltes nutzte er die Gelegenheit zur Besichtigung der Stadt und ihrer Umgebung, so auch des Schlosses Sanssouci und des Neue Palais. Er besuchte auch die Gruft der Garnisonkirche mit dem Sarg Friedrichs des Großen. Am 26.10.1806 begab sich Napoleon von Potsdam über Spandau nach Charlottenburg und nahm dort im Schloß Quartier. Am folgenden Nachmittag hielt der Kaiser der Franzosen zu Pferde an der Spitze seiner Truppen seinen feierlichen Einzug in der preußischen Hauptstadt. Am Brandenburger Tor hatten der Magistrat und Vertreter der Behörden Aufstellung genommen. Der Kaiser nahm die Schlüssel der Stadt in Empfang. Der Jubel der Bevölkerung hielt sich in Grenzen. Napoleon ritt dann die Linden entlang und nahm Wohnung im Stadtschloß. Dort befahl er noch am gleichen Tag die Neuordnung der Berliner Verwaltung. Zweitausend wohlhabende Bürger sollten aus ihrer Mitte sechzig Männer für die Übernahme von Ämtern in den neuen Verwaltungsbehörden benennen. Die Deputierten trafen erstmalig am 29.10.1806 in der Petrikirche zusammen. Sie wählten sieben Personen in ein Kollegium, das nach der Bestätigung durch Napoleon bis zum Abzug der Franzosen die Stadt verwaltete. Am Mittag des 9.11.1806 wurden die neuen Beamten im Stadtschloß vereidigt. Napoleon unterzeichnete in seinen dortigen Wohnräumen am 21.11.1806 das Dekret über die Kontinentalsperre und verließ Berlin am 25.11.1806 Richtung Osten.

Anfang Dezember 1806 wurde die Quadriga vom Brandenburger Tor heruntergehoben, in Kisten verpackt und auf ein Schiff verladen, das am 21.12.1806 Berlin verließ und seine Fracht über Hamburg nach Frankreich brachte. An Bord befanden sich auch viele Kisten mit Kunstwerken aus den Berliner und Potsdamer Schlössern. In Paris wurde die Quadriga im Innenhof des Louvre aufgestellt. Der Raub der Quadriga wurde von der Berlinern als besonders demütigend empfunden. Das leere Brandenburger Tor wurde zu einem Mahnmal gegen die Fremdherrschaft.

Unter den französischen Besatzern befand sich auch der Kriegskommissar Marie Henri Beyle, der später unter dem Namen Stendhal als Schriftsteller berühmt werden sollte. In einem Brief aus Berlin vom 3.11.1806 an seine Schwester Pauline schrieb er, er könne nicht verstehen, wie jemand auf die Idee gekommen sei, mitten in all dem Sand eine Stadt zu gründen.

Der Frieden von Tilsit und seine Folgen

Das preußische Königspaar und die Regierung waren vor den französischen Truppen nach Ostpreußen geflohen. Am 9.7.1807 unterzeichneten die Außenminister Frankreichs und Preußens, Talleyrand und Graf August Friedrich Ferdinand von der Goltz, in Tilsit einen Friedensvertrag, der für das Königreich Preußen den Verlust der Hälfte seines Territoriums und der Hälfte seiner Einwohner bedeutete.

Die militärische Besetzung brachte für die Berliner große materielle Belastungen mit sich, da sie Einquartierungen vornehmen und Kontributionszahlungen und Lieferungen an die französische Armee leisten mußten.

In Berlin wohnten zu jener Zeit 155.700 Zivilpersonen und 13.600 Militärangehörige. Die Stadt hatte 242 Straßen, Gassen und Plätze und besaß 7314 Häuser, 31 Kirchen, elf Kasernen, fünf Gymnasien und zwei Theater sowie 317 Fabriken und Manufakturen. Dazu kam im Jahre 1809, nach der Rückkehr des Königs, die von diesem gestiftete Universität Berlin.

Während der Besatzungszeit initiierten die preußischen Staatsmänner Karl August von Hardenberg und Karl vom und zum Stein ein umfangreiches Reformwerk, das auch eine Ordnung über die kommunale Selbstverwaltung enthielt. Nach dieser Ordnung wurde am 6.7.1809 der erste Berliner Oberbürgermeister, Leopold von Gerlach, gewählt.

Die Zeit der Befreiungskriege

Napoleon wurde im Sommer 1812 in den Weiten Rußlands militärisch besiegt. Daraufhin verließen die französischen Besatzer Berlin. Schon am 4.3.1813 zogen russische Truppen in die preußische Hauptstadt ein, die von den Berlinern begeistert begrüßt wurden; »... die häßlichsten Kosaken und Baschkiren erschienen ihnen gegen die verhaßten Franzosen wie Engel des Lichts«, schrieb der Stadthistoriker Adolf Streckfuß. Diesem Freudentag folgten zwei Wochen mit Festlichkeiten, Illuminationen und Dankesfeiern. Die offizielle Kriegserklärung Preußens an Frankreich erfolgte am 27.3.1813. In der Völkerschlacht bei Leipzig Mitte Oktober 1813 wurde Napoleon entscheidend geschlagen. Der Kurier mit der Siegesmeldung erreichte Berlin am 21.10.1813, wo er begeistert begrüßt wurde. Am 24.10.1813 fanden in allen Berliner Kirchen und auch auf dem Opernplatz Dankgottesdienste statt, und am Abend gab es eine festliche Illumination.

Die Verbündeten hielten am 31.3.1814 ihren Einzug in Paris. An der Spitze ritten Kaiser Alexander I. von Rußland, Fürst Felix zu Schwarzenberg in Vertretung Kaiser Franz' I. von Österreich, sowie König Friedrich Wilhelm III. von Preußen. Am 30.5.1814 unterzeichnete Hardenberg für Preußen den Ersten Pariser Friedensvertrag. Friedrich Wilhelm III. sorgte dafür, daß die Quadriga des Brandenburger Tores unverzüglich nach Berlin zurückgeschickt wurde. Nach zweimonatiger Fahrt traf die Fracht in Kisten verpackt am Jagdschloß Grunewald ein, und wurde Ende Juli 1814 wieder auf das Tor gebracht und verhüllt. Der Architekt Karl Friedrich Schinkel brachte an der Quadriga auf Wunsch des Königs den Preußenadler und das Eiserne Kreuz, die Tapferkeitsauszeichnung der Befreiungskriege, an. Am 7.8.1814 fand in der preußischen Hauptstadt das Friedensfest statt. Als sich der König, an der Spitze seiner Garden reitend, von Charlottenburg kommend, dem Brandenburger Tor näherte, wurde die neugestaltete Quadriga enthüllt.

Der Sieg der Verbündeten über Frankreich wurde durch die Umbenennung einiger Plätze in Berlin verewigt. Mit Kabinettsorder vom 15.9.1814 befahl der König dem Polizeipräsidenten Le Coq: »Indem Ich Mir vorbehalte mehrere Plätze und Straßen in Berlin zur Erhaltung des Andenkens wichtiger Begebenheiten des letzten Krieges nach diesen Ereignissen zu benennen, will Ich vor jetzt nur bestimmen, daß das sogenannte Quarré am Brandenburger Thor: der Pariser Platz und das Achteck am Potsdamer Thore: der Leipziger Platz genannt werden soll.«

Am 18.9.1814 verließ König Friedrich Wilhelm III. von Preußen seine Hauptstadt wieder, um die Interessen seines Landes auf dem Wiener Kongreß zu vertreten. Bei den Verhandlungen über die Neuordnung Europas waren aber nicht die Preußen tonangebend, sondern die Außenminister Österreichs und Frankreichs, Metternich und Talleyrand. Am 9.6.1815 wurde die Schlußakte angenommen. Tags zuvor hatten an gleicher Stelle die Vertreter von 37 deutschen Fürsten und vier freien Städten die Deutsche Bundesakte unterzeichnet, das Grundgesetz für den Deutschen Bund. Der Wiener Kongreß-Akte war ein Anhang beigefügt worden, auf den man sich bereits am 19.3.1815 geeinigt hatte, das »Protokoll über den Rang der diplomatischen Vertreter«. Der Zweck der Vereinbarung bestand darin, »die Unzukömmlichkeiten zu verhüten, die sich aus den Vorrang-Ansprüchen der verschiedenen diplomatischen Vertreter oft ergeben haben und weiterhin entstehen können«. In Artikel I wurden die diplomatischen Vertreter in drei Klassen eingeteilt:

»– Botschafter, Legaten und Nuntien;
– Gesandte, Minister und andere beim Souverän beglaubigte Vertreter;
– beim Minister des Auswärtigen akkreditierte Geschäftsträger«.

Der Artikel IV lautete: »Innerhalb ihrer Klasse bestimmt sich der Rang der diplomatischen Vertreter untereinander nach dem Datum der offiziellen Notifikation ihrer Ankunft.« In einem späteren Zusatzprotokoll, beschlossen auf der Konferenz von Aachen am 21.11.1818, ist vermerkt, daß die Minister-Residenten den Geschäftsträgern übergeordnet sind.

Am 18.6.1815 wurde Napoleon in der Schlacht bei Waterloo, südlich von Brüssel, endgültig besiegt. Die verbündeten Monarchen zogen ein weiteres Mal am 10.7.1815 in Paris ein. Am 20.11.1815 wurde der Zweite Pariser Frieden unterzeichnet, der die Befreiungskriege beendete.

Die Zeit der Restauration

Berlin war in den Jahren nach den Befreiungskriegen kein Schauplatz der großen Politik, aber ein Zentrum von Kultur und Kunst. Der Architekt Karl Friedrich Schinkel schuf jene klassizistischen Meisterwerke, die das Stadtbild Berlins heute noch dominieren, die Neue Wache Unter den Linden, das Alte Museum am Lustgarten und ein Denkmal zur Erinnerung an die Befreiungskriege, zu dem am 19.9.1818 König Friedrich Wilhelm III. von Preußen und Kaiser Alexander I. von Rußland auf einem Hügel bei Tempelhof den Grundstein legten. Das Denkmal wurde in Gegenwart des preußischen Königs und des Großfürsten Nikolaus von Rußland am 30.3.1821, dem siebenten Jahrestag des Einzugs in Paris, feierlich eingeweiht. Am gleichen Tag erhielt die Anhöhe nach dem Eisernen Kreuz auf dem Denkmal den Namen Kreuzberg, nach dem später der ganze Stadtbezirk benannt wurde.

Das Diplomatische Corps in Berlin um die Mitte des 19. Jahrhunderts

Die großen Zentren europäischer Diplomatie in der ersten Hälfte des 19. Jahrhunderts waren Paris, London und Wien. In Berlin gab es in jener Zeit wegen der politischen Apathie der preußischen Herrscher nur wenige ausländische Diplomaten. Den wichtigsten diplomatischen Posten an der Spree hatten die Gesandten der russischen Zaren inne. Die Beziehungen zwischen Preußen und Rußland waren nicht nur wegen der engen Verwandtschaft der Herrscherhäuser so innig, sondern auch wegen der von beiden Regierungen betriebenen konservativen Politik.

Über die Atmosphäre am preußischen Hof in jener Zeit schrieb der französische Gesandte, Vicomte François René de Chateaubriand, in seinen Erinnerungen: »Am 17.1.1821 hatte ich die Ehre, dem König meinen Bestallungsbrief vorzulegen. Der König wohnte in einem schlichten Haus, hatte als einzige Auszeichnung zwei Schildwachen vor seiner Tür. Wer wollte, kam herein, man sprach mit ihm, wenn er zu Hause war. Diese Schlichtheit der deutschen Fürsten trägt dazu bei, den kleinen Leuten den Namen und die Vorrechte der Großen weniger spürbar zu machen ... Die Gesellschaft von Berlin entsprach mir wegen ihrer Lebensweise. Zwischen fünf und sechs Uhr ging man zur Soiree, um neun Uhr war alles zu Ende, und ich legte mich schlafen, ganz als ob ich nicht Botschafter gewesen wäre.«

Neben den russischen und französischen Diplomaten residierten in Berlin Mitte des 19. Jahrhunderts noch ständige Gesandte aus Großbritannien, Spanien, Portugal, den Niederlanden, Schweden und Dänemark, sowie Gesandte aus den unabhängig gewordenen Staaten Belgien und Griechenland. Im Jahre 1835 erfolgte die Aufnahme ständiger diplomatischer Beziehungen zwischen dem Königreich Preußen und den Vereinigten Staaten von Amerika.

Die Unterbringung der obersten Behörden

Seit dem Soldatenkönig war nicht mehr die fürstliche Residenz der alleinige Ort der politischen Arbeit. Auf dessen Befehl hatte in den Jahren 1734/35 der Architekt Philipp Gerlach in der Lindenstraße ein separates Haus für das Kammergericht errichtet. König Friedrich Wilhelm III. von Preußen bestimmte mit Kabinettsorder vom 5.2.1799, daß das Palais Wilhelmstraße 74 als Dienstsitz des preußischen Groß-Kanzlers angekauft werden sollte. Damit begann die politische Geschichte der Wilhelmstraße.

Der frühere dänische Gesandte in Berlin, Graf Christian von Bernstorff, trat nach den Befreiungskriegen in preußische Dienste und wurde Außenminister. Da Bernstorff über wenig Geld verfügte, wurde mit Vertrag vom 17.5.1819 das Palais Wilhelmstraße 76 für den preußischen Staat angekauft und dem Außenminister als Dienstsitz angewiesen. Später hat Otto von Bismarck hier 16 Jahre lang amtiert.

Die Residenzen der Diplomaten in Berlin

In den zwei Jahrhunderten nach dem Dreißigjährigen Krieg wurden keine Gebäude zur Unterbringung der Gesandtschaften angekauft. Jeder Diplomat war für sein Quartier selbst verantwortlich und mietete sich gemäß seinem Privatvermögen mehr oder weniger repräsentativ ein. Bevorzugte Gegend der Diplomaten in jener Zeit war das Regierungsviertel um die Straße Unter den Linden, die Behrenstraße, die Friedrichstraße und die Wilhelmstraße. Diese Wohnungen waren zumeist wenig geeignet, um den ausländischen Herrscher bei Besuchen unterzubringen.

Wegen der engen verwandtschaftlichen Beziehungen zwischen den Hohenzollern und den Romanows weilten oft Angehörige der russischen Kaiserfamilie in Berlin. Als eine angemessene Residenz kaufte der russische Gesandte, Alexander von Ribeaupierre, mit Vertrag vom 9.1.1837 das Kurländische Palais Unter den Linden 7 für seinen Herrscher für 105.000 Taler. Der Berliner Architekt Eduard Knoblauch baute das Palais um. Im Erdgeschoß wurden die Büro- und Wohnräume des Gesandten eingerichtet und im ersten Stock die Repräsentations- und Wohnräume für die kaiserliche Familie. Die Innenausstattung war außergewöhnlich prachtvoll. Als Hauseigentümer mußte der Kaiser von Rußland auch Bürger von Berlin werden. Um dem Herrscher die formelle Bewerbung zu ersparen, wurde ihm in der Stadtverordnetenversammlung am 18.10.1837 die Ehrenbürgerschaft Berlins verliehen. Kaiser Nikolaus I. von Rußland ist der einzige Monarch, dem diese Ehre zuteil wurde. Dieses Gebäude, das später die sowjetische Botschaft beherbergte, wurde im Zweiten Weltkrieg zerstört. Heute befindet sich an seiner Stelle die Botschaft der Russischen Föderation.

Die französische Gesandtschaft war seit 1835 im Palais Pariser Platz 5 untergebracht, das im Herbst 1860 für den französischen Staat erworden wurde. Mit der Unterbrechung während des Ersten Weltkrieges diente das Palais bis zum Beginn des Zweiten Weltkrieges als französische Botschaft. An der Stelle des kriegszerstörten Gebäudes wird gegenwärtig der Neubau der französischen Botschaft errichtet.

Für die Unterbringung der britischen Botschaft wurde am 18.12.1884 das prachtvolle Palais Wilhelmstraße 70 erworben. Erster britischer Botschafter in dem neuen Haus war Sir Edward Baldwin Malet, der in seinen Erinnerungen über das Palais schrieb: »Es ist ein gutes Haus mit manchen empfehlenswerten Eigenschaften, zu denen ich als allererste die rechne, daß die zahlreichen Empfangsräume sämtlich im Erdgeschoß liegen. Ich empfehle diese Einrichtung für alle Gesandtschaften. Zu den immer wiederkehrenden Ehrenpflichten, die Botschaftern zufallen, gehört der Empfang von Souveränen und Prinzen, und es ist eine große Annehmlichkeit, wenn man sie begrüßen kann, ohne die Treppe hinunterzugehen. Dabei kommt natürlich nicht die körperliche Bewegung vom oberen Stockwerk nach dem Erdgeschoß in Betracht, wohl aber die Etikette. Wenn es sich um Souveräne handelt, so ist es ja klar, wie man sich zu verhalten hat: man muß sie am Eingang empfangen; aber unzählige Etikettestreitigkeiten haben sich über die Frage erhoben, wie viele Treppenstufen Gesandte, die ein höheres Stockwerk bewohnen, zum Empfang von Prinzen niederigerer Ordnung herabzugehen haben.« Mit der Unterbrechung während des Ersten Weltkrieges diente das Palais bis zum Beginn des Zweiten Weltkrieges als britische Botschaft. An der Stelle des kriegszerstörten Gebäudes wird gegenwärtig der Neubau der britischen Botschaft errichtet.

Das gesellige Leben im biedermeierlichen Berlin

Die Kaffeehäuser Den politisch interessierten und debattierfreudigen Berlinern standen seit den zwanziger Jahren des 19. Jahrhunderts neue Kommunikationszentren zur Verfügung, die Lesecafes und Konditoreien. »Gelesen wird in Berlin alles; das Lesen ist in Berlin das erste und größte Bedürfnis. Bevor er ißt, trinkt, schläft und andere Dinge tut, liest der Berliner ... Aber er ißt und trinkt oft nur, um zu lesen, darauf basiert das ausgebildete Konditoreileben, ja größtenteils sogar das Bier- und Weinhaustreiben der Residenz. Verbotenes wird natürlich am meisten gelesen. Nur die Leutnants essen Kuchen, um Kuchen zu essen. Die anderen Berliner essen Kuchen, um Zeitungen zu lesen, und die meisten gehen auch nur deshalb ... ins Weinhaus«, schrieb der zeitgenössische Volksschriftsteller Adolf Glaßbrenner in seinem Artikel »Berlin und die Berliner«. Die berühmtesten Treffpunkte waren das Cafe Kranzler Unter den Linden, Ecke Friedrichstraße. An der Stelle des im Zweiten Weltkrieg zerstörten Cafe Kranzler steht heute das 1987 eröffnete »Grand Hotel«. Das Cafe Kranzler am Kurfürstendamm gibt es erst seit 1932.

Die Weinstuben Das berühmteste Weinlokal des alten Berlin befand sich im Haus Charlottenstraße 49, am Gendarmenmarkt. Dort betrieben seit dem Jahre 1811 die Kaufleute Christoph Lutter und August Friedrich Wegner eine Weinhandlung mit Lokal. Politiker, Militärs und Diplomaten besuchten gern die Weinhandlung Habel, Unter den Linden 30. Für das gesellige Leben war die Straße Unter den Linden mit den stattlichen Gebäuden und den vielen Gaststätten und Cafes schon Mitte des vorigen Jahrhunderts ein Zentrum. Sogar schon davor schrieb Heinrich Heine in einem Brief vom 26.1.1822 aus Berlin: »Wirklich, ich kenne keinen imposanteren Anblick, als vor der Hundesbrücke stehend nach den Linden hinauf zu sehen.«

Die Salons Typische Orte der Geselligkeit im Biedermeier waren die Salons geistreicher Frauen. Besonders berühmt war in Berlin der Salon der Henriette Herz, wo auch der dänische Gesandte Graf Christian von Bernstorff verkehrte. Im gleichfalls berühmten Salon der Diplomatengattin Rahel Varnhagen verkehrte der spanische Gesandte Luis Fernandez de Cordoba, und im Salon der Schriftstellerin Bettina von Arnim verkehrten die französischen Gesandten Adolphe Marie Pierre von Circourt und Emmanuel Arago.

Die Ausflugslokale In der Zeit des Biedermeier liebten die Berliner die Ausflüge nach dem nahegelegenen Tiergarten, wo am 15.2.1844 ein prachtvolles Gartenlokal, das Krollsche Etablissement, eröffnet wurde. Der am Südrand des Tiergartens gelegene Zoologische Garten wurde am 1.8.1844 eröffnet. Dort gab es auch eine Restauration.

Die Regierungszeit König Friedrich Wilhelms IV. von Preussen

König Friedrich Wilhelm III. von Preußen starb am 7.6.1840 in seinem Palais Unter den Linden. Die von ihm gegebenen Versprechungen zum Erlaß einer Verfassung waren nicht erfüllt worden. Sein ältester Sohn und Nachfolger, Friedrich Wilhelm IV., hatte eine idealistisch überhöhte Auffassung vom Königsamt und war sehr religiös. Er wurde von dem theologischen und philosophischen Schriftsteller David Friedrich Strauß als »Romantiker auf dem Thron« bezeichnet. Für die Realpolitik zeigte Friedrich Wilhelm IV. wenig Interesse. Neben den politischen Spannungen wegen der verzögerten Parlamentarisierung gab es zunehmend soziale Probleme durch die beginnende Industrialisierung. Diese negative Entwicklung eskalierte in der Revolution von 1848/49.

Die Revolution von 1848/49

Die Revolutionen am 24.2.1848 in Paris und am 13.3.1848 in Wien hatten Auswirkungen auf ganz Europa und auch auf Preußen. Um der revolutionären Bewegung zuvorzukommen, erließ Friedrich Wilhelm IV. am 17.3.1848 das Gesetz über die Presse, das die Zensur aufhob, und am 18.3.1848 das Patent zur beschleunigten Einberufung des Vereinigten Landtages. Über die Vorgänge in Berlin nach Bekanntwerden dieser Neuigkeiten ist folgendes überliefert: Die Bevölkerung versammelte sich am 18.3.1848 auf dem Schloßplatz. Gegen Mittag trat der König auf den Balkon. Als die Menschenmassen gegen die Portale des Schlosses drängten, gab Friedrich Wilhelm IV. den verhängnisvollen Befehl, den Platz »mit eingesteckter Waffe« zu räumen. Dabei fielen ungezielte Schüsse und Panik brach aus, man floh in die angrenzenden Straßen und begann mit dem Bau von Barrikaden. »Man kann sich nicht verbergen, daß der allergrößte Teil der Bürger an dem Aufstand teilgenommen hat; sogar die Hausbesitzer begünstigten ... den Barrikadenbau ... Alle Bürger glauben an den Verrat und verwünschten den König«, berichtete der russische Gesandte Freiherr Peter von Meyendorff in einem Privatbrief an den russischen Ministerpräsidenten, Graf Karl von Nesselrode. In der folgenden Nacht kam es zu Straßenschlachten zwischen den Aufständischen und dem Militär. Der König brach den Kampf ab und erließ den Aufruf »An meine lieben Berliner«, in dem er den Bürgern den Abzug der Truppen ankündigte. Die Leichen der Gefallenen wurden im Schloßhof aufgebahrt, wo ihnen der König mit gezogener Mütze die Ehre erwies. Nie sei ein deutscher

Fürst so erniedrigt und gedemütigt worden, wie der König von Preußen, urteilte der württembergische Gesandte Ludwig von Reinhard.

Im Sommer 1848 konnte sich die Reaktion formieren. Am 10.11.1848 besetzten Truppen des Generals Friedrich von Wrangel das Berliner Stadtzentrum. Kurz darauf, am 5.12.1848, oktroyierte Friedrich Wilhelm IV. eine Verfassung für sein Land.

Als Folge der Revolution war eine deutsche Nationalversammlung in Frankfurt am Main zusammengetreten, in der am 28.3.1849 eine Verfassung für das Deutsche Reich angenommen wurde. Nach dieser Verfassung sollte einem der regierenden deutschen Fürsten die Würde des Reichsoberhauptes mit dem Titel »Kaiser der Deutschen« übertragen werden. Zu diesem Zweck empfing König Friedrich Wilhelm IV. von Preußen am 3.4.1849 im Rittersaal des Berliner Stadtschlosses eine Deputation unter Führung des Präsidenten der Nationalversammlung, Eduard Simson. Dieser richtete an den König die Bitte um Annahme der Kaiserwürde. Friedrich Wilhelm IV. antwortete zunächst ausweichend, lehnte aber am 28.4.1849 die ihm angetragene Kaiserwürde unter Hinweis auf die fehlende Einmütigkeit der deutschen Fürsten ab. Damit war der erste Versuch einer Demokratisierung Deutschlands von unten gescheitert. Alle Aufstandsversuche zur Durchsetzung der Verfassung wurden von den Fürsten blutig niedergeschlagen, der letzte Ende Juli 1849 in Baden durch preußische Truppen. Oberbefehlshaber war dort Prinz Wilhelm von Preußen, der 22 Jahre später selbst die deutsche Kaiserkrone annahm.

Nach der Ablehnung der ihm von den Parlamentariern angetragenen Kaiserkrone versuchte König Friedrich Wilhelm IV. die deutsche Einigung durch die Fürsten zu erreichen. Auf seine Einladung hin versammelten sich Anfang Mai 1850 in Berlin die Herrscher von 26 deutschen Staaten. Der Wille zur Einheit war aber gering. »Allgemein hörte man das Urteil, daß es dem deutschen Volke nicht verdacht werden könnte, wenn es sich angesichts dieser Menge solcher Herrscher nach einer Veränderung sehnte«, schrieb der Augenzeuge Prinz Kraft zu Hohenlohe-Ingelfingen in seinen Erinnerungen.

Die Habsburger waren gegen eine deutsche Einigung unter preußischer Hegemonie und veranstalteten zur gleichen Zeit einen Fürstenkongreß in Frankfurt am Main. Die politischen Spannungen hätten fast zu kriegerischen Aktionen geführt, doch gaben die Preußen in letzter Minute nach. In einer Audienz am 10.11.1850 erklärte der preußische König dem österreichischen Gesandten, Freiherrn Anton Prokesch von Osten: »Ich schwöre Ihnen in dieser feierlichen Stunde: ich will nicht den Krieg; ich will den Frieden ...« In Ölmütz in Mähren unterzeichneten daraufhin am 29.11.1850 der österreichische Regierungschef und Außenminister Fürst Felix zu Schwarzenberg und der designierte preußische Regierungschef und Außenminister Freiherr Otto von Manteuffel eine Punktation, in der Preußen auf seine Einigungspolitik verzichtete. Der Abgeordnete Otto von Bismarck verteidigte diese Politik in einer Rede am 3.12.1850 in der Zweiten Kammer des preußischen Landtags damit, daß er auf den kurz zuvor verlorenen Feldzug gegen Österreich verwies. Das Ansehen Preußens in der politischen Öffentlichkeit Deutschlands und das preußische Selbstwertgefühl nahmen durch das Zurückweichen vor Österreich aber schweren Schaden.

Die Regierungszeit Wilhelms I.

Mitte der fünziger Jahre zeigten sich bei König Friedrich Wilhelm IV. von Preußen Symptome einer geistigen Erkrankung. Deshalb übernahm sein Bruder Wilhelm am 26.10.1858 die Regentschaft. Friedrich Wilhelm IV. verstarb am 2.1.1861 im Schloß Sanssouci.

Der neue König wollte das Ansehen der Monarchie wieder stärken und ließ eine Krönungszeremonie vollziehen, wie es sie in Preußen nur einmal, bei der Annahme der königlichen Würde durch Kurfürst Friedrich III. von Brandenburg im Jahre 1701, gegeben hatte. Die Zeremonie fand am 18.10.1861 in der Schloßkirche in Königsberg statt. Zu diesem Anlaß hatten die Herrscher Spaniens, Italiens, Großbritanniens und Frankreichs außerordentliche Krönungsbotschafter entsandt, die sich zusammen mit den in Berlin akkreditierten Gesandten Portugals, Dänemarks, Griechenlands, Siziliens und Sardiniens sowie dem außerordentlichen Krönungsgesandten des Königs von Schweden und Norwegen nach Königsberg begeben hatten. Zu einem Zwischenfall kam es mit den italienischen Diplomaten. König Viktor Emmanuel II. von Sardinien hatte nämlich bereits am 17.3.1861 den Titel eines Königs von Italien angenommen. Als dessen Gesandter in Berlin, Graf Edoardo von Launay, beim Defilee des Diplomatischen Corps vor dem Königspaar vom Oberstkämmerer lediglich als »Gesandter des Königs von Sardinien« aufgerufen wurde, wies der Diplomat ihn »mit lauter Stimme« zurecht.

Am 22.10.1861 erfolgte der feierliche Einzug des Königspaares in Berlin, gefolgt von größeren Festlichkeiten im Stadtschloß: am 23.10.1861 die Krönungscour, am 24.10.1861 Cour und Konzert und am 25.10.1861 ein Ball, bei dem der König die dritte Polonaise mit der Ehefrau des Krönungsbotschafters Großbritanniens, und die vierte Polonaise mit der Ehefrau des Krönungsbotschafters Frankreichs tanzte. Den Reigen der von den diplomatischen Vertretern auswärtiger Mächte gegebenen Feste eröffnete am 27.10.1861 der österreichische Gesandte Graf Aloys Karolyi von Nagy-Karoly. Am 28.10.1861 gab der italienische Krönungsbotschafter ein Diner zu 80 Couverts im »Hotel d'Angleterre« am Schinkelplatz, dem folgte am 29.10.1861 ein Ballfest des französischen Krönungsbotschafters. Am 31.10.1861 gab das Königspaar noch ein Diner in seinem Palais Unter den Linden zu Ehren der Diplomaten.

König Wilhelm I. von Preußen behielt seinen Wohnsitz im Palais Unter den Linden bei. Sein Arbeitszimmer befand sich im Parterre, mit den Fenstern zur Straße. Fast 60 Jahre lang hat der Hausherr dieses Zimmer genutzt und oft dem Aufzug der Wache zugesehen. Diese Angewohnheit wurde schließlich so bekannt, daß sie auch in den Reiseführern Erwähnung fand. Einmal soll Wilhelm I. sogar einen Vortrag Bismarcks mit den Worten unterbrochen haben: »Die Wache kommt, da muß ich ans Fenster! Die Leute warten auf meinen Gruß – so stehts im Baedeker!«

Am 11.6.1861 hatte Wilhelm I. den Grundstein zum Bau eines neuen Rathauses in Berlin gelegt, das nach einem Plan des Architekten Hermann Friedrich Waesemann errichtet wurde. Am 6.1.1870 fand die erste Sitzung der Stadtverordneten im neuen Rathaus statt.

Der Beginn der Ära Bismarck

Die politische Laufbahn von Otto von Bismarck war wesentlich geprägt durch seine Tätigkeit als Abgeordneter im preußischen Parlament und als preußischer Gesandter beim Bundestag in Frankfurt am Main, beim Kaiser von Rußland in Sankt Petersburg und beim Kaiser der Franzosen in Paris. Dort erhielt Bismarck am 18.9.1862 ein Telegramm vom preußischen Kriegsminister Albrecht von Roon mit dem Wortlaut: »Periculum in mora. Depechez vous.« Bismarck reiste daraufhin unverzüglich nach Berlin ab, wo die Auseinandersetzungen zwischen König und Parlament über eine Heeresreform dazu geführt hatten, daß Wilhelm I. keinen Regierungschef mehr fand und abdanken wollte. Roon brachte seinen Freund Bismarck ins Spiel. Doch war das Mißtrauen gegen den »tollen Junker« am preußischen Hof groß. Königin Augusta von Preußen hatte in einer Aufzeichnung vom Juli 1862 geschrieben, der Herr von Bismarck gelte »persönlich für frivol und anmaßend bei sonstigem unverkennbarem Talent«. Am 22.9.1862 wurde Bismarck von Wilhelm I. im Schloß Babelsberg zu einer Audienz empfangen, wo er sich anbot, die Regierung zu übernehmen. Daraufhin ernannte ihn der König zum preußischen Ministerpräsidenten und Außenminister. Bismarck beschrieb die Neuigkeit in einem Brief an seine Ehefrau Johanna vom 24.9.1862 mit den Worten: »Du wirst aus den Zeitungen unser Elend schon ersehen haben.«

Die Familie Bismarck bezog die Dienstwohnung des preußischen Außenministers im ersten Stock des Hauses Wilhelmstraße 76. An dem Anwesen liebte Bismarck besonders den großen Garten mit seinen alten Bäumen, der sich hinter dem Palais erstreckte. Über die Zerstörung des Baumbestandes durch seinen Nachfolger Leo von Caprivi schrieb Bismarck in seinen Erinnerungen: »Ich kann nicht leugnen, daß mein Vertrauen in den Charakter meines Nachfolgers einen Stoß erlitten hat, seit ich erfahren habe, daß er die uralten Bäume vor der Gartenseite seiner, früher meiner, Wohnung hat abhauen lassen, welche eine erst in Jahrhunderten zu regenerierende, also unersetzbare Zierde der amtlichen Reichsgrundstücke in der Residenz bildeten ... Ich würde Herrn von Caprivi manche politische Meinungsverschiedenheit eher nachsehn als die ruchlose Zerstörung uralter Bäume ...«

Zu den Bewohnern im Palais Wilhelmstraße 76 gehörten auch Bismarcks Hunde. Nach den Erinnerungen des bayerischen Gesandten Hugo von und zu Lerchenfeld hing Bismarck zu sehr an ihnen, »unter denen Tyras, der sogenannte Reichshund, eine böse, hinterlistige Bestie war, die wegen nichts und wieder nichts die Leute biß und sogar kleine Hunde zerriß. Tyras durfte sich alles erlauben und es schien fast, als ob der Fürst ihn um so mehr schätzte, je unausstehlicher der Hund sich benahm.«

Reaktionen auf die Berufung Bismarcks zum Ministerpräsidenten In der Öffentlichkeit wertete man die Ernennung Bismarcks als einen letzten Versuch des Königs, den Demokraten Einhalt zu gebieten. Im Ausland traute man dem Ministerium Bismarck keine lange Dauer zu. Eine Schweizer Zeitung meinte: »Die Junker möchten wohl, aber mit dem Können ist es etwas anderes. Habe man nur keine Besorgnis vor Fettgänsen, daß sie Adlerflüge machen.«

Bismarcks Auffassung von der Außenpolitik Bismarck führte die preußischen auswärtigen Angelegenheiten nach dem Primat der Außenpolitik, das der Historiker Leopold von Ranke 1836 so definiert hatte: »Das Maß der Unabhängigkeit gibt einem Staate seine Stellung in der Welt; es legt ihm zugleich die Notwendigkeit auf, alle inneren Verhältnisse zu dem Zwecke einzurichten, sich zu behaupten. Dies ist sein oberstes Gesetz ... Um etwas zu sein, muß man sich erheben aus eigener Kraft, freie Selbständigkeit entwickeln, und das Recht, das uns nicht zugestanden wird, müssen wir uns erkämpfen.« In der bereits erwähnten Ölmütz-Rede am 3.12.1850 sagte Bismarck unter anderem: »Die einzig gesunde Grundlage eines großen Staates ... ist der staatliche Egoismus ...« Das große politische Talent Bismarcks bestand darin, Gelegenheiten für außenpolitische Erfolge zu erkennen und mit Entschlossenheit zu nutzen. »Mir sind die auswärtigen Dinge an sich Zweck und stehen mir höher, als die übrigen ... In der auswärtigen Politik ... gibt es Momente, die nicht wiederkommen«, formulierte er in einer Rede vor dem preußischen Abgeordnetenhaus am 3.2.1866.

Der König war am Anfang nur zögernd bereit, seinem Ministerpräsidenten in dieser aktiven Politik zu folgen. Bismarck hatte in der Budgetkommission des preußischen Abgeordnetenhauses am 30.9.1862 sinngemäß gesagt, die großen Fragen der Zeit würden nicht durch Reden und Majoritätsbeschlüsse entschieden, sondern durch Eisen und Blut. Dieses Schlagwort hatte in der Öffentlichkeit große Empörung hervorgerufen. Zur Beruhigung des am 4.10.1862 aus Baden-Baden nach Berlin zurückkehrenden Königs, fuhr Bismarck dem Monarchen bis Jüterbog entgegen. Er wurde von Wilhelm I. mit den Worten empfangen: »Ich sehe ganz genau voraus, wie das alles endigen wird. Da vor dem Opernplatz, unter meinen Fenstern, wird man Ihnen den Kopf abschlagen und etwas später mir.« Darauf antwortete Bismarck: »Et apres, Sire?« Und der König: »Ja, apres, dann sind wir tot.« Bismarck: »Ja, dann sind wir tot, aber sterben müssen wir früher oder später doch, und können wir anständiger umkommen? Ich selbst im Kampfe für die Sache meines Königs, und Eure Majestät, indem Sie Ihre Königlichen Rechte von Gottes Gnaden mit dem eigenen Blute besiegeln ...« Diese Worte überzeugten Wilhelm I. Bei den vielen ernsten Meinungsverschiedenheiten zwischen König und Kanzler während der langen Amtszeit Bismarcks gab Wilhelm I. stets nach. Man kennt heute noch den Ausspruch des Monarchen, es sei nicht leicht unter diesem Kanzler Kaiser zu sein.

Der Deutsch-Dänische Krieg und der Preußisch-Österreichische Krieg

Politische Streitigkeiten um die Herzogtümer Schleswig und Holstein nutzte Bismarck, um zusammen mit den Österreichern diese Länder militärisch zu besetzen. Am 18.4.1864 erzielten die Preußen den entscheidenden Sieg bei den Düppeler

Schanzen. Der gemeinsame Sieg im deutsch-dänischen Krieg beendete die Rivalitäten zwischen Preußen und Österreich nicht, sondern der Streit um die gemeinsame Verwaltung von Schleswig-Holstein führte sogar zum Krieg zwischen den beiden Mächten. Um Österreich in die Gefahr eines Zweifrontenkrieges zu bringen, intensivierte Bismarck die diplomatischen Kontakte nach Italien auf der Grundlage eines geheimen Vertrages, den er am 8.4.1866 in Berlin mit dem italienischen General Giuseppe Govone abgeschlossen hatte. Mit einer Note vom 12.6.1866 teilte der österreichische Gesandte in Berlin, Graf Aloys Karolyi, Bismarck den Abbruch der diplomatischen Beziehungen mit und bat um die Pässe. In der Antwortnote vom gleichen Tag schrieb Bismarck, er bedauere aufrichtig, »daß hierdurch seine persönlichen Beziehungen zu dem Herrn Grafen Karolyi, auf welche er mit dankbarer Genugtuung zurückblickt, ihr Ende erreicht haben«. Graf Karolyi sollte allerdings 1871 als österreichisch-ungarischer Botschafter an den Hof des Deutschen Kaisers zurückkehren.

Am 16.6.1866 überschritten die preußischen Truppen die sächsische und die hannoversche Grenze. Die militärische Entscheidung fiel am 3.7.1866 in der Schlacht bei Königgrätz in Böhmen zugunsten der Preußen. Im Schloß von Nikolsburg in Mähren fanden die Friedensverhandlungen statt. Über den Einzug der österreichischen Diplomaten berichtete der Feldpolizeidirektor Wilhelm Stieber in einem Brief vom 24.7.1866 an seine Ehefrau: »Ich hatte vorgestern Abend gerade im Portal des Schlosses zu thun, als zwei dürftige Landkutschen und eine Wiener Droschke ... vorfuhren und die vier österreichischen Friedensunterhändler brachten. Es waren der Kriegesminister Graf Degenfeld, der österreichische Gesandte in Berlin Graf Karolyi und die Legationsräthe von Brönner und Kufstein. Ich selbst führte die Herren den Schloßgarten hinauf. Es war ein großer historischer Moment, der die Landkarte von Europa bedeutend verändern wird, als die Abgesandten des stolzen Hauses Lothringen, des Kaisers von Österreich, an der Thürschwelle des ehemaligen Vasallen, des Burggrafen von Nürnberg, erschienen, um den Frieden zu erbetteln und die Schonung der Stadt Wien zu erflehen, in der die Grafen von Hohenzollern einst beim Kaiser Hofdienste zu verrichten hatten. Es geschah dieses Ereignis noch dazu in dem eroberten Schlosse des österreichischen Reichsministers. Der König nahm die Gesandtschaft erst am anderen Tage an, Herr von Bismarck aber hielt noch an demselben Abende mit Herrn von Karolyi, der ihm früher in Berlin so stolz begegnete, ein vertrauliches Zwiegespräch bei einer Kanne Bier, welches ein Kanzleidiener, der mit mir den Schloßberg herabstieg, in einem irdenen Kruge holte, den mir das Dienstmädchen in Berlin nicht zum Waschwasser vorsetzen dürfte. Es ist wunderbar, wie unscheinbar sich solche große historischen Momente in der Wirklichkeit vollziehen ...«

In Nikolsburg war auch der französische Botschafter in Berlin, Vincent Benedetti, anwesend. Wegen einer möglichen französischen Einmischung wollte Bismarck den Friedensvertrag schnell abschließen. Sein größtes Problem dabei war, daß er den preußischen König und die Militärs von Annexionen österreichischer, sächsischer und bayerischer Gebiete abbringen mußte. Dieses Ziel erreichte er nur mit seiner Rücktrittsdrohung. Am 23.8.1866 unterzeichneten die Bevollmächtigten Preußens und Österreichs, Freiherr Karl von Werther und Freiherr Adolf Brenner von Felsach, im »Hotel zum blauen Stern« in Prag den Friedensvertrag. Kaiser Franz Joseph I. von Österreich erkannte darin die Auflösung des Deutschen Bundes an und gab seine

Zustimmung zu einer neuen Gestaltung Deutschlands ohne Beteiligung des Österreichischen Kaiserstaates. Die Kriegsentschädigung für Preußen betrug 40 Millionen Taler. Mit diesem Konzept für einen maßvollen Frieden ermöglichte Bismarck das künftige Bündnis zwischen dem Deutschen Reich und Österreich-Ungarn. Preußen annektierte das Königreich Hannover, die Herzogtümer Schleswig und Holstein, das Kurfürstentum Hessen, das Fürstentum Nassau und die Freie Stadt Frankfurt am Main.

Bismarck wünschte eine enge vertragliche Bindung der süddeutschen Staaten an Preußen. Entsprechende Friedens- und Bündnisverträge wurden in Berlin abgeschlossen: am 13.8.1866 mit Württemberg, bei Zahlung einer Kriegsentschädigung in Höhe von 8 Millionen Gulden, am 17.8.1866 mit Baden, bei Zahlung einer Kriegsentschädigung in Höhe von 6 Millionen Gulden, am 22.8.1866 mit Bayern, bei Zahlung einer Kriegsentschädigung in Höhe von 30 Millionen Gulden, und am 3.9.1866 mit Hessen, bei Zahlung einer Kriegsentschädigung in Höhe von 3 Millionen Gulden.

Die Gründung des Norddeutschen Bundes

Mit gleichlautenden Noten vom 16.6.1866 machte die preußische Regierung 19 norddeutschen Staaten das Angebot zu einem neuen Bündnis anstelle des Deutschen Bundes, welches von 17 Regierungen angenommen wurde. Den entsprechenden Vertrag unterzeichneten am 18.8.1866 im Berliner Stadtschloß: Bismarck für Preußen, der sächsische Staatsminister Freiherr Ferdinand von Beust für Mecklenburg-Schwerin und die thüringischen Staaten, der sachsen-coburg-gothaische Staatsminister Freiherr Camillo Richard von Seebach für Sachsen-Coburg und Gotha, der oldenburgische Staatsminister Peter Friedrich Ludwig von Rössing für Oldenburg und Mecklenburg-Strelitz, der braunschweigische Ministerresident in Berlin, Freiherr Friedrich von Löhneysen für Braunschweig, der lippische Minister Alexander von Oheimb für Lippe-Detmold, der schaumburg-lippische Präsident der Landesregierung, Freiherr Rudolf Eduard Friedrich Wilhelm von Lauer-Münchhoven für Schaumburg-Lippe, der Leiter der Abteilung für Inneres und für Militärsachen in der waldeckischen Regierung, Ludwig Klapp, für Waldeck und der Ministerresident der Hansestädte Hamburg, Bremen und Lübeck in Berlin, Friedrich Heinrich Geffken, für die drei Städte. Der Artikel 5 dieses Vertrages sah ein gemeinsames Parlament vor. Die entsprechenden Wahlen fanden am 12.2.1867 statt.

Am 24.2.1867 eröffnete König Wilhelm I. von Preußen die Verhandlungen des Reichstages des Norddeutschen Bundes im Weißen Saal des Berliner Stadtschlosses während einer feierlichen Zeremonie. Am 16.4.1867 wurde der Bismarcksche Verfassungsentwurf vom Parlament mit 230 gegen 53 Stimmen angenommen. Artikel 11 bestimmte, daß das »Präsidium des Bundes der Krone Preußen« zustehe, welche den Bund völkerrechtlich zu vertreten habe und berechtigt sei, Gesandte zu beglaubigen und zu empfangen. Artikel 6 bestimmte, daß ein Bundesrat aus Vertretern der Länder zu bilden sei. Dessen Vorsitz und die Leitung der Geschäfte stand gemäß Artikel 15 dem Bundeskanzler zu. Am 14.7.1867 ernannte König Wilhelm I. von Preußen den Ministerpräsidenten Bismarck zum Bundeskanzler des Norddeutschen Bundes. Mit

Präsidialerlaß vom 12.8.1867 genehmigte Wilhelm I. die Errichtung einer Behörde für die Angelegenheiten des Bundeskanzlers, das Bundeskanzleramt. Die konstituierende Sitzung des Bundesrates fand am 15.8.1867 im preußischen Herrenhaus statt.

Von einer Hauptstadt war in der Verfassung des Norddeutschen Bundes keine Rede. Artikel 2 bestimmte nur, daß die Bundesgesetzblätter in Berlin ausgegeben werden.

Die Bildung des Auswärtigen Amtes

Bald nach dem Inkrafttreten der Verfassung des Norddeutschen Bundes gab es Bemühungen, zentrale Bundesbehörden zu schaffen. Den ersten parlamentarischen Vorstoß zur Bildung einer Bundesbehörde für die auswärtigen Angelegenheiten unternahm der fortschrittliche Abgeordnete Franz Duncker in der Sitzung des Preußischen Abgeordnetenhauses am 9.12.1867. Er meinte, daß ein gemeinsamer auswärtiger Dienst des Norddeutschen Bundes der Einheitsbewegung dienlich sei. Bismarck stimmte zu und kündigte die Ernennung von Botschaftern und Gesandten des Bundes an. Bereits zwei Tage nach dieser Sitzung teilte Bismarck dem preußischen Botschafter in Paris, Graf Robert von der Goltz, mit, daß er vom König die Erlaubnis erhalten habe, den Empfänger »als Botschafter des Norddeutschen Bundes bei dem Hofe der Tuillerien zu akkreditieren«. Die Stellung als preußischer Botschafter wurde dadurch jedoch nicht verändert. Zur gleichen Zeit erhielten auch die anderen preußischen Botschafter und Gesandten entsprechende Beglaubigungsschreiben, die problemlos von den fremden Herrschern anerkannt wurden. Der preußische Botschafter in Paris überreichte dem Kaiser der Franzosen am 31.12. 1867 sein Beglaubigungsschreiben als Botschafter des Norddeutschen Bundes und berichtete darüber dem preußischen König: »Die Audienz hat unter vollständiger Beachtung derjenigen Förmlichkeiten stattgefunden, welche am hiesigen Hofe für den Empfang von Botschaftern üblich sind.« Der preußische Gesandte in Wien, Freiherr Karl von Werther, berichtete an Wilhelm I., daß er in einer besonders erteilten Audienz »Seiner Majestät dem Kaiser von Österreich das Kreditiv überreicht habe, durch welchen Allerhöchstdieselben mich im Namen des Norddeutschen Bundes zum Gesandten zu beglaubigen geruht haben«.

Manchen Diplomaten bereitete ihre Doppelfunktion Schwierigkeiten. Der preußische Botschafter in London, Graf Albrecht von Bernstorff, schrieb in einem Brief vom 10.3.1868 an seinen Kollegen in Paris: »Seitdem wir uns zuletzt geschrieben, sind wir eine Art von Amphibien geworden und machen es möglich, zweien Herren oder wenigstens demselben Herren in zweifacher Gestalt zu dienen ... Ich habe noch gar keine rechte Lust, meine Eigenschaft als Bundesvertreter voranzustellen und überhaupt viel geltend zu machen, und jetzt, wo wir noch preußische Botschafter sind, also ein gekröntes Haupt vertreten, ist es doch noch anders, als wenn wir nun erst ganz in den Bund übergehen, auf sein Budget kommen und uns dann doch wohl auch ausschließlich nach ihm werden nennen müssen. Das kommt mir so amerikanisch oder schweizerisch-republikanisch vor! Ich habe mir zwar schon für gewisse Gelegenheiten eine Karte machen lassen: ›The Prussian and North German Ambassador‹, aber ich kann mich noch nicht recht entschließen, sie zu gebrauchen ... Preußen weglassen tue ich aber nur gern, wenn ich ›L'Ambassadeur d'Allemagne‹ sein kann.« Der Pariser Kollege verwendete seine Visitenkarten mit dem Wortlaut »L'Ambassadeur de Prusse et de la Confederation de l'Allemagne du Nord« kaum, weil der Titel zu lang sei und zu gemein und zu republikanisch klinge.

Bismarck legte dem König seine Vorstellungen über eine Zentralbehörde für auswärtige Angelegenheiten des Norddeutschen Bundes in einem Immediatbericht vom 4.1.1870 dar. Er schrieb darin, es sei wünschenswert, »das Ministerium der auswärtigen Angelegenheiten des Norddeutschen Bundes amtlich als ›Auswärtiges Amt des Norddeutschen Bundes‹ zu bezeichnen ..., weil diese Behörde in der Tat nicht den Wirkungskreis eines verfassungsmäßigen Ministers darstellt. Die auswärtigen Geschäfte bilden einen Teil des dem Bundeskanzler zustehenden Geschäftsbereichs. Es scheint daher sachgemäß, dem Bundeskanzleramte, welches, unter Leitung des Kanzlers, die inneren Geschäfte des Bundes vollständig versieht, ein ›Auswärtiges Amt‹ zu koordinieren, welches als Organ desselben Chefs nach außen fungiert.« Die Leitung des neuen Amtes sollte ein Staatssekretär übernehmen, »an welchen die Diplomatie von London her gewöhnt ist«. Der König stimmte den Vorschlägen Bismarcks zu. Am 10.1.1870 wurden Runderlasse an alle königlichen diplomatischen Missionen innerhalb des Bundes und im Ausland verschickt mit der Anweisung, daß »mit dem 1. dieses Monats die Verwaltung der auswärtigen Angelegenheiten Preußens in seinen gesamten Beziehungen zum Bundesauslande auf den Norddeutschen Bund übergegangen ist«. Das preußische Ministerium der auswärtigen Angelegenheiten war seitdem nur noch für die Beziehungen des preußischen Staates zu den übrigen deutschen Bundesstaaten zuständig.

Bismarck erreichte durch diese staatsrechtliche Konstruktion die Konzentration aller auswärtigen Beziehungen des Norddeutschen Bundes in seiner Hand.

Der Deutsch-Französische Krieg

Die diplomatische Vorgeschichte des Deutsch-Französischen Krieges beginnt in Spanien, dessen innenpolitische Probleme in den sechziger Jahren des 19. Jahrhunderts eskalierten. Der preußische Gesandte in Madrid, Freiherr Georg von Werthern-Beichlingen, sah die europäische Dimension dieser innerspanischen Angelegenheit voraus. In einem Brief vom 4.2.1867 schrieb er an die Prinzessin Marie von Preußen: »Alles deutet darauf hin, daß es mit den Bourbons zu Ende geht ... Wird ... die Königin Isabella gezwungen, Spanien zu verlassen, so ist ein Bürgerkrieg unvermeidlich. Er wird aber kurz sein, ... und so groß die Antipathie der Spanier gegen einen fremden Souverän auch jetzt ist, so werden sie durch die Macht der Umstände gezwungen werden, zu diesem Mittel ... zu greifen. Dann haben sie die Wahl zwischen einem Erzherzog von Österreich und einem Prinzen der katholischen Linie der Hohenzollern.« Dieses Schreiben bekamen der preußische König und Bismarck zu lesen. Die Prophezeihungen des Gesandten erfüllten sich. Königin Isabella von Spanien verließ am 30.9.1868 ihr Land. Am 2.7.1870 wurde im spanischen Ministerrat beschlossen, die Krone dem Prinzen Leopold von Hohenzollern-Sigmaringen anzubieten. Dieser erklärte wegen Bismarcks entschiedener Fürsprache am 19.6.1870 seine Bereitschaft zur Kandidatur, der zwei Tage später auch König Wilhelm I. zustimmte.

In Paris sorgte die Kandidatur für Aufregung. Der französische Außenminister Herzog Anton von Gramont erklärte am 6.7.1870 im Parlament: »Wir glauben nicht, daß die Achtung vor den Rechten eines Nachbarvolkes uns verpflichtet, zu dulden, daß eine fremde Macht, indem sie einen ihrer Prinzen auf den Thron Karls V. setzt, dadurch zu ihrem Vorteil das gegenwärtige Gleichgewicht der Mächte Europas störe und die Interessen und die Ehre Frankreichs gefährden könnte.« Der französische Botschafter in Berlin, Benedetti, erhielt den Auftrag, unverzüglich den in Bad Ems kurenden König Wilhelm I. aufzusuchen, um die Aufgabe der Thronkandidatur zu erreichen. Der König wies den Botschafter darauf hin, daß die Angelegenheit im Ermessen der Familie Hohenzollern-Sigmaringen liege. Als am 12.7.1870 die Sigmaringer auf die spanische Krone verzichteten, schien das Problem erledigt. Doch war dem französischen Außenminister dieser Erfolg nicht genug. Er wies den Botschafter an, vom König von Preußen eine Garantie zu verlangen, daß die Hohenzollern die Kandidatur nicht wieder anstreben würden. Benedetti sprach den König am Morgen des 13.7.1870 auf der Emser Brunnenpromenade deswegen an. Der König wies das Ansinnen des Botschafters, zuletzt in »etwas ernstem Ton« zurück. Als der Botschafter am Nachmittag um eine weitere Audienz in dieser Angelegenheit nachsuchte, lehnte der König ab. Geheimrat Heinrich Abeken telegraphierte den Sachverhalt nach Berlin, wo die Depesche Bismarck vorgelegt wurde. Der König autorisierte darin seinen Kanzler, den Vorfall sowohl den Gesandten als auch der Presse mitzuteilen. Blitzschnell erkannte Bismarck hier die Möglichkeit für eine diplomatische Demütigung Frankreichs und redigierte den Text der Emser Depesche entsprechend. Dabei war ihm klar, daß dieses neue Dokument wie ein »rotes Tuch auf den gallischen Stier« wirken werde. Er irrte sich nicht. In der Nacht vom 14. auf den 15.7.1870 fand im Schloß von Saint Cloud bei Paris die Ministerratssitzung statt, auf der der Krieg gegen Preußen beschlossen wurde.

Am 15.7.1870 kehrte König Wilhelm I. aus Bad Ems nach Berlin zurück. Auf dem Potsdamer Bahnhof beschloß der König die allgemeine Mobilmachung, die der Kronprinz Friedrich Wilhelm der Menge vor dem Bahnhof verkündete. Unter großem Jubel fuhren beide nach dem königlichen Palais Unter den Linden. Am 19.7.1870 überreichte der französische Geschäftsträger in Berlin, Georges Le Sourd, Bismarck im Auswärtigen Amt die französische Kriegserklärung. Gemäß der Verfassung trat damit der Kriegsfall für den ganzen Norddeutschen Bund ein und gemäß der Verträge von 1866 auch für die süddeutschen Staaten. »Am sonnigen Nachmittage des 31.7.1870 ging von Berlin der lange Extrazug ab, der den König und sein Gefolge nach dem Rhein führte. An den Haltestellen standen dicht gedrängte Menschenmassen, die Seine Majestät mit Hurra begrüßten ...«, schrieb der Legationsrat Robert von Keudell in seinen Erinnerungen. Bismarck mobilisierte das Auswärtige Amt. In seiner Begleitung befanden sich mehrere Räte, zwei Chiffreure und drei Kanzleidiener. In jedem Quartier wurde ein provisorisches Büro eingerichtet. »Feldjäger kamen und gingen, Boten brachten Briefe und Telegramme und schafften derart fort. Die Räte verfaßten nach den Weisungen ihres Chefs Noten, Erlasse und Verfügungen, die Kanzlei kopierte und registrierte, chiffrierte und dechiffrierte«, schrieb der Augenzeuge Moritz Busch in seinen Erinnerungen.

Nach den für Preußen siegreichen Schlachten im Spätsommer 1870 verhandelte Bismarck mit den Vertretern der süddeutschen Staaten über deren Beitritt zum

Norddeutschen Bund. Im November 1870 wurden die entsprechenden Verträge unterzeichnet. Am 10.12.1870 nahm der Norddeutsche Reichstag mit 188 gegen 6 Stimmen die Verfassungsänderung an, wonach der künftige Staatenbund »Deutsches Reich« heißen solle, und dessen Oberhaupt den Titel »Deutscher Kaiser« führen solle. Die sechs Gegenstimmen kamen von den Sozialdemokraten.

Im Auftrag des Reichstages begab sich eine Deputation nach Versailles, um den König von Preußen um die Annahme des Kaisertitels zu bitten. An der Spitze der Deputation stand Eduard Simson, der schon einmal im Jahre 1849 einem König von Preußen die Kaiserkrone angeboten hatte. Diesmal wurde das Ansinnen angenommen. Am 170. Jahrestag der Gründung des Königreiches Preußen, dem 18.1.1871, versammelten sich im Spiegelsaal des Schlosses von Versailles zahlreiche Fürsten, Militärs und Politiker zur Kaiserproklamation.

Die Reaktionen auf die Reichsgründung waren in Berlin eher verhalten. Die Ehefrau des württembergischen Gesandten in Berlin, Hildegard von Spitzemberg, schrieb dazu am 20.1.1871 in ihr Tagebuch: »Während sonst überall die Wiedererstehung des deutschen Kaisertums mit Sang und Klang gefeiert wurde, war hier sowohl Beflaggung als Beleuchtung keineswegs dem wichtigen Ereignis entsprechend. Die Berliner sind ein ekelhaft blasiertes, nüchternes Volk; um sie zu begeistern, muß man ganze Heere und Kaiser fangen, und außer dem Falle von Paris und dem Friedensschluß wird nichts mehr die Flaggen hervorzaubern.« Am 10.5.1871 unterzeichneten Bismarck und der französische Außenminister Jules Favre im »Hotel zum Schwan« in Frankfurt am Main den Friedensvertrag. Darin war die Angliederung von Elsaß-Lothringen an das Deutsche Reich und die Zahlung von 5 Milliarden Goldfrancs Kriegsentschädigung festgelegt. Ein Teil der Reparationen wurde im Juliusturm der Zitadelle Spandau eingelagert und im Ersten Weltkrieg verbraucht.

Die Unterbringung der obersten Behörden des Deutschen Reiches

Gemäß Artikel 11 der Verfassung des Deutschen Reiches stand die Kaiserkrone dem König von Preußen zu. Wegen dieser Personalunion mußten für das neue Reich nur wenige neue oberste Behörden geschaffen werden. Das Bundeskanzleramt wurde mit Erlaß vom 12.5.1871 in Reichskanzleramt und mit Erlaß vom 24.12.1879 in Reichsamt des Innern umbenannt. Das Auswärtige Amt des Norddeutschen Bundes wurde am 4.5.1871 in Auswärtiges Amt des Deutschen Reiches umbenannt, behielt aber seinen Sitz im Palais Wilhelmstraße 76 bei. Über dieses Gebäude schrieb Moritz Busch: »Eine Präfektur in einer französischen Mittelstadt ... ist ... geräumiger und stattlicher als das enge und altmodische Gehäuse, worin der Kanzler des Deutschen Reiches mit den Beamten der politischen Abteilung des Auswärtigen Amtes fast sechzehn Jahre untergebracht war.« Mit Vorlage vom 29.4.1871 erbat Bismarck vom Bundesrat die Mittel für erste Erweiterungsbauten. Am 25.1.1875 wurde das benachbarte Palais Wilhelmstraße 77 für das Deutsche Reich von der Besitzerfamilie Radziwill für 6 Millionen Mark erworben. Nach Umbauarbeiten erfolgte die Einweihung am 23.3.1878 mit einer Abendgesellschaft für die Reichstagsabgeordneten. Die Familie Bismarck zog Ende Mai 1878 ein. Das erste große diplomatische Ereignis in diesem

Hause war der Berliner Kongreß im Sommer 1878. Das Haus Wilhelmstraße 75 wurde am 23.5.1877 für 4.780.000 Taler für das Deutsche Reich erworben.

Die Anerkennung Berlins als Reichshauptstadt verlief nicht problemlos, und auch Bismarck erkannte Schwierigkeiten. In der Sitzung des Deutschen Reichstages am 4.3.1881 sagte er in der Debatte um die Besteuerung der Dienstwohnungen der Reichsbeamten, es wäre besser, wenn der Reichstag und die Zentralbehörden »in einer anderen weniger bevölkerten und der Unruhe weniger ausgesetzten Stadt wie Berlin ihre Sitzungen hielten«. Das Protokoll verzeichnete bei diesen Worten »Bewegung« im Saal. Ernst gemeint war diese Drohung aber nicht. Der sparsame Bismarck ärgerte sich nur über die seiner Meinung nach zu hohe Besteuerung seiner Dienstwohnung durch die Stadt Berlin.

Die Geselligkeit im Berlin der Kaiserzeit

Die Hotels Schon lange vor der Reichsgründung hatte es in Berlin mehrere Gasthäuser ersten Ranges gegeben, so in der Burgstraße das Hotel »König von Portugal« und in der Straße Unter den Linden das »Hotel de Rome« und das »British Hotel«. Mitte des 19. Jahrhunderts wurde in dem Gebäude Unter den Linden, Ecke Wilhelmstraße das »Hotel Royal« eröffnet, das Politiker und Diplomaten bevorzugten. Durch die Reichsgründung erfuhr die Berliner Gastronomie einen Aufschwung. Gigantische Hotelpaläste wurden errichtet. Am 1.10.1875 eröffnete Kaiser Wilhelm I. das »Hotel Kaiserhof« am Wilhelmplatz. Dieses war während des Berliner Kongresses das meistgebuchte Hotel der Kongreßteilnehmer. Der größte Gasthof Berlins war das »Hotel Central« am Bahnhof Friedrichstraße, dessen Wintergarten als Varietébühne berühmt wurde. Am 23.10.1907 weihte Kaiser Wilhelm II. das »Hotel Adlon« ein, das schon nach kurzer Zeit zu einem Treffpunkt der internationalen Gesellschaft wurde. Beliebt waren auch das »Hotel Bristol« neben der russischen Botschaft Unter den Linden und das »Hotel Esplanade« in der Bellevuestraße. Das »Esplanade« war im Sommer während der Rennsaison und im Winter während der Ballsaison das Hauptquartier der Hofgesellschaft. Kaiser Wilhelm II. gab im Kaisersaal des Hotels seine Herrenabende. Die Ehefrauen der Botschafter veranstalteten alljährlich Wohltätigkeitsbälle im Ballsaal des Esplanade.

Alle großen Hotels wurden im Zweiten Weltkrieg zerstört. Die Ruine des alten »Hotels Esplanade« lag jahrzehntelang unbeachtet im Grenzstreifen am Potsdamer Platz. Als nach dem Fall der Mauer dieses Gebiet zur größten Baustelle Europas wurde, ist der erhalten gebliebene Kaisersaal des »Hotels Esplanade« in einer aufsehenerregenden Aktion von seinem Standort verschoben worden, um in die neu entstehenden Bauten integriert zu werden.

Seit den 1980er Jahren wurde der Versuch unternommen, die großen Traditionen der Berliner Hotellerie wiederzubeleben. So erhielt ein luxuriöser Hotelbau am Landwehrkanal in West-Berlin den Namen Esplanade. In Ost-Berlin baute man an der historischen Kranzler-Ecke, Unter den Linden, Friedrichstraße, das »Grand Hotel«. Nach der Wiedervereinigung Berlins wurde an alter Stelle das »Hotel Adlon« wiedererrichtet. Die Eröffnung fand am 23.8.1997 im Rahmen einer großen Feier in Anwesenheit von Bundespräsident Roman Herzog statt.

Die Restaurants Das berühmteste Speiserestaurant der Politiker und Diplomaten befand sich im Haus Französische Straße 48. Hier betrieb seit 1844 der Kaufmann Friedrich Wilhelm Borchardt neben einem Delikatessengeschäft ein Restaurant. »Borchardt« war das Stammlokal des Auswärtigen Amtes. »Ein verhältnismäßig kleines Lokal, ... vornehm eingerichtet und hochgeschätzt von den Gourmets, die sich jedes Gericht nach besonderem, lange und gründlich beratenem Rezept anfertigen lassen. (...) Von den älteren Herren des vornehmen Landadels bevorzugt, so daß an manchen Abenden der unmodern werdende Gehrock dominiert«, schilderte der zeitgenössische Stadtführer »Berlin für Kenner« die Atmosphäre bei Borchardt.

An der Straße Unter den Linden befanden sich zwei Restaurants für die vornehme Gesellschaft von Berlin, Rudolf Dressel im Haus Nr. 50 und Karl Hiller im Haus Nr. 62/63. »Bei ›Dresseln‹ zu speisen, galt ehemals als der Inbegriff der Feinheit und des Genusses. (...) Schwere Vorhänge und über den einzelnen Tischen in breitem Goldrahmen die Bilder all der Potentaten, deren Lieferant der alte Dressel war. Berühmtheit hatten seine Rotweine, die er dem französischen Botschafter Benedetti beim Ausbruch des Krieges 1870 abgekauft hatte. (...) Das Publikum setzt sich aus den verschiedensten Milieus der Berliner Gesellschaft zusammen. Man trifft alte Generäle und Minister, Geheime Komerzienräte und bekannte Bankiers, junge Lebewelt aus dem Berliner Westen und ehrsame Bürgerfamilien aus der Provinz, kurz, einen Niederschlag aller Elemente, deren Vereinigung Berlin zu dem macht, was es ist«, stand im Reiseführer »Berlin für Kenner« zum Restaurant Dressel. Zum Restaurant Hiller fand sich dort die folgende Einschätzung: »Hohe Spiegel, schwere Portieren, dicke Teppiche, auf denen kein Schritt vernehmbar ist. Aristokratischer und exklusiver, als Dressel im Laufe der Jahre geworden ist. Eine Atmosphäre, die unwillkürlich die Stimme dämpft. Sehr ruhige, korrekte Bedienung, ausgezeichnete Weine und, nach Meinung vieler, die beste Küche Berlins. Klubleute, Diplomatie, Börse und auch Theater. Im Hintergrunde in langer Flucht sehr kokette Salons für kleine Gesellschaften, die untereinander bleiben wollen.«

Die Ausflugslokale In der landschaftlich reizvollen Umgebung Berlins wurden um die Jahrhundertwende mondäne Ausflugsgaststätten errichtet. Solche Lokale wurden von allen gesellschaftlichen Schichten frequentiert. Zu den gehobeneren Restaurants, in denen auch Politiker und Diplomaten verkehrten, gehörten die Halensee- und die Zoo-Terrassen. Im Zusammenhang mit der Bebauung am Kurfürstendamm wurde kurz nach der Jahrhundertwende an dessen westlichem Ende ein großer Flachbau errichtet und phantasievoll ausgestattet. Nach amerikanischem Vorbild baute man dazu einen Vergnügungspark mit Wasserrutschbahn, Manege, Bierdorf und Musikpavillon. Mitte der dreißiger Jahre wurde die gesamte Anlage beim Bau der Halenseestraße abgerissen.

Die einfache Restauration innerhalb des Zoologischen Gartens genügte nach der Reichsgründung nicht mehr den Anforderungen der Großstadt. Kurz vor dem Ersten Weltkrieg errichtete man auf dem Areal des Zoologischen Gartens ein gigantisches Ausflugslokal, wo am Tage der Ansturm der Zoobesucher bewältigt werden konnte, und des Nachts große Feste aller Art stattfanden. Hier konnten mit fast tausend Bediensteten zehntausend Gäste in geschlossenen und überdeckten Räumen sowie weitere fünfzehntausend Gäste auf offenen Terrassen und im Garten gleichzeitig versorgt werden. Die Zoo-Terrassen waren die größte Gaststätte der Reichshauptstadt. Erster Pächter war Lorenz Adlon. Das exotische Ambiente des Zoologischen Gartens lockte Politiker, Diplomaten und Angehörige der Berliner Gesellschaft auch in den Abendstunden zu Veranstaltungen, wie während des Berliner Kongresses. Im Zweiten Weltkrieg wurden die Zoo Terrassen zerstört. Heute befindet sich an dieser Stelle das »Hotel Intercontinental«. Seit kurzem hat man die Tradition des Zoologischen Gartens als Veranstaltungsort wieder aufgenommen, indem man das Aquarium für Festlichkeiten vermietet oder einmal im Jahr eine exotische Nacht im Zoo organisiert.

Das gesellige Leben in den politischen und diplomatischen Kreisen Während der ersten Jahre des deutschen Kaiserreiches war das gesellige Leben in Berlin noch geprägt von den preußischen Tugenden der Schlichtheit und der Sparsamkeit. Das Berliner Stadtschloß wurde nur bei den großen Festakten genutzt. Das Kaiserpaar wohnte im Palais Unter den Linden. In dessen Balkonsaal im ersten Stock fanden die Donnerstagabende statt. »Zu ihnen wurden beinahe immer dieselben Personen ... geladen, und zwar die Mitglieder der königlichen Familie, die Chefs der in Berlin weilenden Fürstlichen Häuser, die Feldmarschälle mit Gemahlinnen, einige Minister und hohe Würdenträger sowie mehrere jüngere Offiziere ... Mitunter wurden auch die in Berlin akkreditierten Botschafter zugezogen. Beim Hereingehen defilierte man am Tisch der Kaiserin vorbei, die jeden begrüßte und manchen anredete. Man nahm an kleinen Tischen Platz, an denen die Gesellschaft möglichst abwechslungsreich verteilt wurde. (...) Der Kaiser ... hatte keinen festen Platz, sondern setzte sich auf einen kleinen goldenen Stuhl, den er persönlich mitschleppte. Es war streng verpönt, ihm dabei zu helfen. (...) In den Pausen zwischen dem Essen trugen die besten Künstler der Oper ... vor. Gegen Mitternacht zogen sich die Majestäten mit einer großen Verbeugung zurück, und die Gesellschaft ging auseinander. Einmal im Jahre fand im Palais ein Ball für etwa siebenhundert Personen statt. (...) Nach dem Schloß begaben sich die Majestäten ..., um die großen Schloßbälle abzuhalten, ferner zum Ordensfest und zur großen Cour. Diese bestand darin, daß das Diplomatische Corps, die bei Hof vorgestellten Herrschaften und die Offizierskorps in den Appartements des Schlosses Aufstellung nahmen, während die Majestäten vorbeigingen und alle Botschafter und eine große Anzahl ihnen bekannter Personen anredeten. Dann fand im Weißen Saal ein kurzes Konzert statt«, schrieb Graf Bogdan von Hutten-Czapski in seinen Erinnerungen. Den größten Teil des Jahres verbrachte das Kaiserpaar außerhalb Berlins, auf Schloß Babelsberg bei Potsdam und in den Kurorten Baden-Baden und Bad Ems.

Reichskanzler Bismarck gab in seinem Palais in der Wilhelmstraße regelmäßig parlamentarische Bierabende, wo nicht nur die Reichstagsabgeordneten, sondern auch die Diplomaten verkehrten. Als besondere Auszeichnung wurden manche Gäste nach dem offiziellen Ende der Veranstaltung vom Reichskanzler noch im kleineren Kreis zu Gesprächen gebeten, die oft bis in die frühen Morgenstunden dauerten. Auf kulturelles Beiprogramm in Form von dichterischen und musikalischen Darbietungen legte man im Reichskanzlerpalais wenig Wert.

Die Berliner Kulturfreunde kamen einige Häuser weiter auf ihre Kosten. Im Palais Schwerin amtierte seit 1861 der Minister des Königlichen Hauses, Freiherr Alex-

Programm

der während der Monate Januar und Februar 1865 bei Ihren Königlichen Majestäten und bei Ihren Königlichen Hoheiten den Prinzen des Königlichen Hauses stattfindenden grösseren Feste.

Mittwoch	den 18.	Januar	1865	Capitel des Hohen Ordens vom Schwarzen Adler.
Sonntag	den 22.	"	"	Krönungs- und Ordensfest.
Donnerstag	den 26.	"	"	Cour und Concert bei Ihren Königlichen Majestäten im Königlichen Schlosse.
Montag	den 30.	"	"	Ball bei Seiner Königlichen Hoheit dem Kronprinzen.
Mittwoch	den 1.	Februar	"	Ball bei Ihren Königlichen Majestäten im Königlichen Schlosse.
Montag	den 6.	"	"	Ball bei Seiner Königlichen Hoheit dem Prinzen Friedrich Carl von Preussen.
Donnerstag	den 9.	"	"	Ball bei Ihren Königlichen Majestäten im Königlichen Palais.
Montag	den 13.	"	"	Ball bei Seiner Königlichen Hoheit dem Prinzen Carl von Preussen.
Mittwoch	den 15.	"	"	Ball bei Ihren Königlichen Majestäten im Königlichen Schlosse.
Montag	den 20.	"	"	Ball bei Seiner Königlichen Hoheit dem Prinzen Albrecht von Preussen.
Donnerstag	den 23.	"	"	Ball bei Ihren Königlichen Majestäten im Königlichen Palais.
Dienstag	den 28.	"	"	Ball bei Ihren Königlichen Majestäten im Königlichen Schlosse.

ander von Schleinitz. Dessen Ehefrau Maria von Schleinitz war eine der damals noch wenigen Anhängerinnen von Richard Wagner in Berlin und versuchte, dessen Musik populär zu machen. Wagner war am 17.1.1873 hier anwesend, um vor einem Kreis ausgewählter Personen einen Vortrag über sein Werk »Götterdämmerung« zu halten. Zugegen waren auch alle in Berlin akkreditierten Gesandten, wie Cosima Wagner in Briefen an ihre Freunde berichtete.

Die in Berlin lebenden Diplomaten ließen sich in zwei Gruppen einteilen: in diejenigen, die der deutschen Sprache mächtig waren, und in diejenigen mit wenig Deutschkenntnissen. Die Angehörigen der ersten Gruppe traf man überall, in den Salons, in den Theatern und auf den Rennplätzen. Die Diplomaten der romanischen Länder suchten den Verkehr mehr untereinander und bevorzugten im Berlin der Kaiserzeit, wo die französische Sprache nicht mehr so verbreitet war, eher die Häuser der Hochfinanz.

Für die Leute auf der Straße waren die Auffahrten der Diplomaten zum Neujahrsempfang ein interessantes Spektakel, wenn die Repräsentanten ihrer Souveräne in Gala-Karossen mit bepuderten Kutschern, mit Leibjägern und betreßten Lakaien zum Berliner Stadtschloß fuhren. »Die Berliner lassen sich das altmodische Schauspiel nicht entgehen. Sie bilden ein dichtes Spalier und kritisieren mit schnoddriger Sprache das Schauspiel«, berichtete der zeitgenössische Autor Adolf von Wilke.

Den berühmtesten adligen Salon im Berlin der Kaiserzeit unterhielt die Fürstin Marie Radziwill. Bei ihr traf sich über fünfzig Jahre lang die Hof- und Diplomatengesellschaft. Hier verkehrten die deutschen Kaiser, sämtliche französischen und britischen Botschafter und andere Diplomaten. Bismarck ließ sich im Salon Radziwill kaum sehen.

Der Bericht von Adolf von Wilke gibt uns Aufschluß über das Verhalten der Berliner in der Gesellschaft: Wenn jemand in den 60er und 70er Jahren des 19. Jahrhunderts abends zur Dinerstunde ein Berliner Restaurant im Frack mit weißer Binde betreten hätte, wäre er womöglich mit dem Kellner verwechselt worden. Man machte in Berlin nur dann Toilette, wenn ein besonders festlicher Anlaß bevorstand. Theater, elegante Weinstuben und Soupers rechnete man nicht dazu. Man ging ins Theater, wie man gerade war, im grauen, braunen oder blauen Jackett. Die Ausländer spotteten, daß die Deutschen die Toilettenregeln der übrigen Welt auf den Kopf stellten. Den Frack, der international den Abendstunden vorbehalten war, trugen sie zu Examensfeiern, zu Hochzeiten, zu Begräbnissen und zu feierlichen Visiten bei Vorgesetzten. Den Gehrock dagegen, der die Tagesuniform für den Rest der Welt darstellte, zögen die Berliner dann an, wenn ihn die Pariser oder Londoner ablegten.

Das Berliner Klubleben Das Klubleben in Berlin war anders als in Paris oder in London. Das Londoner Klubleben wurde in Berlin ehrfürchtig betrachtet und nachgeahmt. In London sollte der Klub das eigene Heim ersetzen können. Dort war das Klubhaus während der Mittagszeit ein Ort des Friedens, an dem man Zeitung lesen und sich ausruhen konnte. Das Bibliothekszimmer nahm einen großen Raum ein, mit Schreibtischen und bequemen Sofas zum Ausruhen. Erfrischungen wurden von Bediensteten gereicht, ohne das nur ein Wort gewechselt wurde. Alle Mitglieder wurden auf die gleiche Stufe gestellt. Wer sich nicht kannte, grüßte sich nicht, um die Fiktion aufrechtzuerhalten, in den eigenen vier Wänden zu sein. Der Klub war das Asyl für Junggesellen und Strohwitwer.

Das Klubleben in Paris hatte eine andere Eigenart. Dort bedeutete die jeweilige Exklusivität des Klubs zusätzliche gesellschaftliche Reputation. So war die Mitgliedschaft in einem Pariser Klub zugleich die Eintrittskarte in die Salons. Die Berliner Klubs orientierten sich an den französischen und englischen Vorbildern, doch die typische Berliner Geselligkeit formte den eigentümlichen Charakter des Berliner Klublebens. Das Bedürfnis nach dem Austausch mit Gleichgesinnten bei gutem Trunk ließen die Berliner Klubs zu erweiterten Stammtischen werden. Man suchte in Berlin den Klub nach dem Vorsatz aus, der Geselligkeit frönen zu wollen, nicht um Häuslichkeit nachzuahmen. Berliner Klub-Mitglieder wollten gesellig plaudern, essen, trinken oder Karten spielen. In Berlin stellte man sich beim Eintritt in den Klub sämtlichen Mitgliedern vor. Dinierte man abends, tauschte man sich mit seinem Tischnachbarn zuerst über die Lebenseinstellung aus. Man mußte voneinander wissen, wie man heißt und wer man ist. Das galt vor allem für die führenden Berliner Klubs.

Der vornehmste Berliner Klub war die Kasino-Gesellschaft, die ihren Sitz in einem eigenen Palais am Pariser Platz hatte und oft als Adliges Kasino bezeichnet wurde. Die Statuten verboten den Eintritt Bürgerlicher zwar nicht, doch waren diese nur ausnahmsweise dort zu finden. Der Kaiser fungierte als Protektor der Kasino-Gesellschaft. Die Klubmitglieder rekrutierten sich aus der Hofgesellschaft. Mit den Diplomaten kam internationales Flair in die Kasino-Gesellschaft.

Der Kaiserliche Automobil-Klub war im Palais Bleichröder am Leipziger Platz untergebracht. Die Mitglieder mußten nicht unbedingt Besitzer eines Automobils sein. Das Protektorat über den Klub führte Kaiser Wilhelm II., erster Präsident war der Herzog von Ratibor. Der Klub war sehr geschmackvoll eingerichtet, trotzdem war er kein Klub im eigentlichen Sinne. Man verweilte dort nur für die Dauer des Frühstücks oder des Diners. Viele Damen gehörten dem Klub an, denn der Kaiserliche Automobil-Klub war der erste Klub in Berlin, der Damen den Zutritt gewährte. Neu war hier auch, daß die Angehörigen des Hochadels mit den Vertretern der Hochfinanz zusammentrafen und Bekanntschaft schlossen, allerdings nur auf dem neutralen Terrain des Klubs. »Die Männer sind gute Bekannte geworden, aber die Frauen halten sich nach wie vor voneinander fern«, urteilte Adolf von Wilke. Den Klub gibt es heute noch unter dem Namen Automobilclub von Deutschland.

Die deutsche Diplomatie nach der Reichsgründung

Gemäß dem Artikel 11 der Verfassung des Deutschen Reiches hatte der Kaiser das Reich völkerrechtlich zu vertreten und Gesandte zu beglaubigen und zu empfangen. Die Chefs der diplomatischen Missionen des Deutschen Reiches waren persönliche

REGLEMENT,

betreffend

die den Botschaftern gegenüber zu beobachtende Etiquette.

Die Errichtung des Deutschen Reichs hat eine in Folge Allerhöchsten Spezialbefehls vom 24. Januar 1872 erfolgte Aenderung des früheren Botschafter-Reglements veranlasst, welches nunmehr, wie folgt, lautet:

I. Einführung des Botschafters bei Seiner Majestät dem Kaiser und Könige.

Die bei dem Kaiserlichen und Königlichen Hofe eintreffenden fremden Botschafter haben sich zur Erlangung der Antritts-Audienz bei dem Minister der auswärtigen Angelegenheiten zu melden.

Nachdem Seine Majestät der Kaiser und König den Tag und die Stunde zum Empfange des Botschafters zu bestimmen geruht haben, setzt der Minister der auswärtigen Angelegenheiten den Botschafter und den Ober-Ceremonienmeister hiervon in Kenntniss, welcher letztere jenen davon unterrichtet, dass eine halbe Stunde vor dem zur Audienz Allerhöchst festgesetzten Zeitpunkt für ihn und, wenn er es wünscht, auch für sein Gefolge die erforderlichen Königlichen Equipagen mit Dienerschaft zur Abholung in Bereitschaft stehen würden.

Die Abholung erfolgt demnächst durch einen Königlichen Kammerherrn mittelst einer, respective dreier zweispänniger Königlicher Gala-Equipagen mit Dienerschaft. Der Botschafter fährt im zweiten Wagen; ihm gegenüber nimmt der gedachte Königliche Kammerherr Platz. Sollten für das Gefolge des Botschafters zwei Wagen nicht ausreichen, so ist dem Botschafter anheimgestellt, seinen eigenen Galawagen den Königlichen Equipagen folgen zu lassen.

Die Wachen, welche der Botschafter passirt, treten in's Gewehr und präsentiren dasselbe, jedoch ohne das Spiel zu rühren.

Zur bestimmten Stunde wird der Botschafter am Eingange des Königlichen Palais, — woselbst die dort aufgestellten Posten ebenfalls präsentiren, — durch zwei Hoffouriere, und am Fusse der Treppe durch einen Ceremonienmeister oder Kammerherrn erwartet und über die zum Audienzzimmer führende Treppe hinaufgeleitet. Hier wird derselbe von dem Ober-Ceremonienmeister und dem Ober-Hof- und Haus-Marschall (als préfet du palais) empfangen und nebst seinem Gefolge in das vor dem Audienzzimmer gelegene Gemach geführt, in welchem bereits der Minister der auswärtigen Angelegenheiten, so wie ein General-Adjutant, ein Flügel-Adjutant und der Flügel-Adjutant vom Dienst, den Botschafter erwarten.

Nachdem Seine Majestät der Kaiser und König durch den diensthuenden Flügel-Adjutanten von der Ankunft des Botschafters unterrichtet worden sind, werden die Thüren zum Audienzgemach geöffnet, und der Ober-Ceremonienmeister führt den Botschafter, welcher vom Minister der auswärtigen Angelegenheiten begleitet wird, bei Seiner Majestät ein. Nach dem Eintritt des Botschafters werden die Thüren des Audienzzimmers geschlossen, und es bleibt in demselben während der Audienz nur der Minister der auswärtigen Angelegenheiten und der Ober-Ceremonienmeister anwesend.

Seine Majestät empfangen den Botschafter stehend und unbedeckten Hauptes. Derselbe hält eine kurze Anrede und überreicht Seiner Majestät sein Beglaubigungsschreiben, welches Allerhöchstdieselben dem Minister der auswärtigen Angelegenheiten zu übergeben geruhen. Am Schlusse der Audienz pflegt der Botschafter Seine Majestät um die Erlaubniss zu bitten, sein Gefolge präsentiren zu dürfen. Sobald ihm dies zugestanden wird, lässt der Ober-Ceremonienmeister durch den ausserhalb der Thür stehenden Kammerdiener einen Flügel der Thür öffnen und das im angrenzenden Gemach zurückgebliebene Gefolge des Botschafters in das Audienzzimmer eintreten. Nach dieser Vorstellung entfernen sich der Botschafter und sein Gefolge durch die nun wieder ganz geöffnete Thür. Der Botschafter wird hierauf in gleicher Weise, wie bei dem Empfange, bis an die Treppe und bis an das Portal des Palais zurückgeleitet und durch die obengedachten Königlichen Equipagen nebst seinem Gefolge wieder nach seinem Hotel gebracht.

Der Anzug ist in Gala, für die fungirenden Hofchargen und Kammerherren mit weissem Beinkleid.

Ein solcher feierlicher Empfang wird dem Botschafter nur bei seiner Antritts- und Abschieds-Audienz zu Theil.

Repräsentanten des Kaisers, der über ihre Ernennung und ihre Abberufung entschied. Dienstlich waren sie dem Reichskanzler, als dem formellen Leiter der deutschen Außenpolitik unterstellt und an dessen Instruktionen gebunden.

Bismarck achtete streng auf die Einhaltung dieser Bestimmungen, wie die Affäre Arnim zeigt. Der deutsche Botschafter in Paris, Graf Harry von Arnim, hatte entgegen den Weisungen Bismarcks die Monarchisten in Frankreich zu unterstützen versucht und hatte gleichzeitig gegen Bismarck intrigiert. Dieser ließ den Botschafter abberufen. Am 24.6.1875 wurde Arnim vom Kammergericht Berlin wegen der unbefugten Aneignung dienstlicher Dokumente zu neun Monaten Gefängnis verurteilt. Er entzog sich der Strafe durch Flucht in die Schweiz. Von dort aus griff er den Reichskanzler unter Verwendung geheimer dienstlicher Dokumente an. Arnim wurde daraufhin am 5.10.1876 in Abwesenheit wegen Landesverrats zu fünf Jahren Zuchthaus verurteilt. Infolge dieses Falles wurde mit Reichsgesetz vom 26.2.1876 eine neue Bestimmung in das Strafgesetzbuch aufgenommen, in der harte Strafen bei Pflichtwidrigkeiten im diplomatischen Dienst vorgesehen waren. Dieser Arnim-Paragraph 353 a StGB gilt heute noch.

Das Diplomatische Corps in Berlin in der Zeit des Kaiserreiches

Für die in Berlin akkreditierten Diplomaten bedeutete die Gründung des Norddeutschen Bundes und des Deutschen Reiches nicht die Aufgabe ihrer Posten, sondern neue Akkreditierungen. So hatte sich der nordamerikanische Gesandte George Bancroft am 28.8.1867 bei König Wilhelm I. von Preußen akkreditiert, am 24.2. 1868 bei ihm als dem Oberhaupt des Norddeutschen Bundes und am 2.6.1871 bei ihm als Deutschem Kaiser. Für den dänischen Gesandten George Quaade fanden die gleichen Zeremonien am 23.5.1865, am 4.3.1868 und am 11.4.1871 statt, für den griechischen Gesandten Fürst Gregor Ypsilanti am 2.5.1867, am 2.7.1868 und am 20.5.1871, für den russischen Gesandten Paul Petrowitsch von Oubril am 24.1.1863, am 12.2.1868 und am 6.4.1871 und für den brasilianischen Gesandten Cesar Sauvan Vianna de Lima am 5.1.1868, am 9.5.1868 und am 10.5.1871.

Die britischen Botschafter Erster britischer Botschafter im Berlin der Kaiserzeit war der Berufsdiplomat Odo Russell. Außenminister George Granville hatte ihn der Königin Viktoria von Großbritannien vorgeschlagen, weil er in Berlin eine Persönlichkeit mit »Scharfsinn und Takt« haben wollte. Russell mußte wegen der engen verwandtschaftlichen Beziehungen zwischen dem preußischen und dem britischen Herrscherhaus auf seinem Berliner Posten viel Geschick und Takt beweisen. Er erfüllte die in ihn gesetzten Erwartungen vollends. In der Sommerzeit mietete Botschafter Russell eine Villa am Mühlenberg nahe dem Park von Sanssouci bei Potsdam. Er starb dort am 25.8.1884. In einem Nachruf im »Reichs- und Staats-Anzeiger« stand: »Die Kaiserliche Regierung beklagt den unerwarteten Tod dieses ausgezeichneten Staatsmannes, welcher während einer nahezu 13jährigen Wirksamkeit die Beziehungen Großbritanniens zu Deutschland vermittelte und sich durch seine reiche Bil-

Links:
Odo William Leopold Russell
Baron Ampthill
(1829 - 1884),
Britischer Botschafter in Berlin 1871 - 1884

Rechts:
Sir William Edward Goschen
(1847 - 1924),
Britischer Botschafter in Berlin 1908 - 1914

dung in weiten Kreisen zahlreiche Freunde erworben hat.« In einer Rede in der Sitzung des Deutschen Reichstages am 2.3.1885 bezeichnete Bismarck ihn als seinen »persönlichen und politischen Freund«. Nachfolger von Odo Russell war der Berufsdiplomat Sir Edward Baldwin Malet, der Kaiser Wilhelm I. am 24.10.1884 das Beglaubigungsschreiben überreichte. Für die Unterbringung der britischen Botschaft wurde am 18.12.1884 das bereits erwähnte Palais Strousberg, Wilhelmstraße 70, angekauft. Mittelpunkt des Hauses war der große Festsaal. Unter einem lebensgroßen Bildnis der Königin Viktoria von Großbritannien befand sich ein vergoldeter Thron, der daran erinnern sollte, daß hier der Botschafter in Vertretung des Souveräns wohnte. Da das Palais keine Einfahrt hatte, mußten die Wagen der Gäste vor dem Haus halten. Dadurch war dem Publikum Gelegenheit gegeben, die Anfahrt und den Eintritt der Gäste zu beobachten. Als Sommersitz mietete Botschafter Malet ein Landhaus nahe dem Neuen Garten in Potsdam, Bertinistraße 5. Die britischen Diplomaten liebten den Golfsport. Botschafter Malet bevorzugte die Golfbahn in Westend. Sein Nachfolger war der Berufsdiplomat Sir Frank Lascelles, der Kaiser Wilhelm II. am 9.12.1895 das Beglaubigungsschreiben überreichte. Der zeitgenössische Autor Carlos von Wallis beschrieb das Szenario des Antrittsbesuches der Berliner Gesellschaft beim neuen britischen Botschafter Lascelles in seinem Buch »Die Botschafter und Gesandten am Berliner Hofe«: »Die ganze vornehme Gesellschaft Berlins hatte sich hier Rendezvous gegeben, Wagen auf Wagen fuhr vor und es war ein stundenlanges Zuströmen von Gästen. Die Staatsminister, die Gesandten, die Bundesratsbevollmächtigten und deren Gemahlinnen, die obersten und oberen Hofchargen, die Hofdamen ... fehlten ebenfalls bei dem glänzenden Antrittsbesuche nicht, den ›ganz Berlin‹ – das Berlin der oberen Zehntausend natürlich – beim Vertreter ihrer britischen Majestät machte. Es war ein glänzendes ..., farbiges Bild, das sich da in dem vornehmen Saale entwickelte; ein Bild voll Poesie und Farbe, in welches der schwarze Frack der Männer der Wissenschaft, der Mitglieder des Landtages und der haute finance ... den Ton nüchterner Prosa mischte.« Am 23.10.1908 empfing Kaiser Wilhelm II. den Botschafter Sir Frank Lascelles zur Entgegennahme des Abberufungsschreibens. »Seine Majestät verabschiedete sich von mir in der denkbar huldvollsten Weise«, schrieb Lascelles in einem Bericht an den Unterstaatssekretär im britischen Auswärtigen Amt, Sir Edward Grey. Bei einem Treffen in Kronberg im Taunus schlug König Eduard VII. von Großbritannien Wilhelm II. als neuen Botschafter in Berlin den Berufsdiplomaten Sir Edward Goschen vor. Der Kaiser akzeptierte. Am 13.11. 1908 berichtete Botschafter Goschen an Grey, »daß ich heute abend ... von Fürst Bülow empfangen wurde und daß mir keine verbindlichere oder herzlichere Aufnahme hätte zuteil werden können«. Die Verabschiedung von Sir Edward Goschen am 6.8.1914 nach Ausbruch des Ersten Weltkrieges war weniger freundlich.

Die französischen Botschafter »Thiers, der die Welt kannte und die Bedeutung einer guten gesellschaftlichen Stellung für einen Diplomaten zu schätzen wußte, hatte nach der Niederlage Frankreichs, und gerade um die Folgen dieser Niederlage abzuschwächen und obwohl er die republikanische Staatsform in Frankreich erhalten und befestigen wollte, die wichtigsten Auslandsposten mit Aristokraten und Vertretern des alten Systems besetzt«, schrieb Reichskanzler Bernhard von Bülow in seinen Erinnerungen über den französischen Staatspräsidenten. Erster Botschafter der zweiten französischen Republik in Berlin war Elie de Gontaut-Biron, der Kaiser Wilhelm I. am 10.1.1872 das Beglaubigungsschreiben überreichte. Sowohl die kaiserliche Familie als auch die Berliner Gesellschaft begegnete dem Botschafter des »Erbfeindes« mit »tadelloser Höflichkeit«, wie Gontaut-Biron in seinen Erinnerungen schrieb. Er kam zum Beginn der Saison nach Berlin und notierte dazu: »Es gibt wenige Höfe in Europa, die so glänzende und zahlreiche Feste geben, wie der Berliner Hof.« Carlos von Wallis schrieb: »Den schwierigsten Stand unter den Vertretern der auswärtigen Mächte hat am Berliner Hof unstreitig der französische Botschafter.« In der Amtszeit von Botschafter Gontaut-Biron war die französische Botschaft am Pariser Platz »das eleganteste diplomatische Haus Berlins«, schrieb Bülow in seinen Erinnerungen. Am 30.12.1877 empfing Kaiser Wilhelm I. Gontaut-Biron zur Überreichung des Abberufungsschreibens. Beide Herren waren vom Abschied so ergriffen, daß der Botschafter den eigentlichen Zweck der Audienz vergaß und das Dokument beim Hinausgehen noch in der Hand hielt. Als Zeichen der Anerkennung seiner Arbeit erhielt Gontaut-Biron von Wilhelm I. die höchste Auszeichnung des Königreiches Preußen, den Schwarzen Adlerorden. Nachfolger von Gontaut-Biron war der Berufsdiplomat Charles Raymond de la Croix de Chevrière Graf von Saint Vallier, der Kaiser Wilhelm I. am 31.1.1878 das Beglaubigungsschreiben überreichte. Der Kaiser würdigte die Arbeit des Botschafters Saint Vallier durch die Verleihung des Schwarzen Adlerordens am 10.3.1881. Graf Saint Valliers Nachfolger Alphonse Chodron Baron de Courcel überreichte Kaiser Wilhelm I. das Beglaubigungsschreiben am 13.2.1882. Er erhielt den Schwarzen Adlerorden am 2.9.1886. Baron Courcels Nachfolger war der Berufsdiplomat Jules Gabriel Herbette, der Kaiser Wilhelm I. am 22.10.1886 das Beglaubigungsschreiben überreichte. Carlos von Wallis urteilte über ihn so: »Er war das einzige Mitglied im diplomatischen Corps, welches weder durch alten Adel, noch durch eine Rangstelle im Heere, den Befähigungsbeweis für seine Stelle erbracht hatte, sondern seine Berufung nur seiner außerordentlichen Arbeitskraft, seiner Geschäftskenntnis und seiner gewinnenden Persönlichkeit zu danken hatte.«

Die französische L'Art de vivre faszinierte die Berliner Gesellschaft: »Die Herren der französischen Botschaft haben ebenfalls einen etwas exklusiveren Kreis und sind

Jules Martin Cambon (1845 – 1935), Französischer Botschafter in Berlin 1907 – 1914

selbstverständlich hochwillkommene Gäste der Berliner Gesellschaft, die ja alle gesellschaftlichen Vorzüge der französischen Nation voll und ganz zu schätzen und zu würdigen weiß«, schrieb Carlos von Wallis. Nachfolger von Herbette war der Berufsdiplomat Marquis Emmanuel Henri de Noailles, der Kaiser Wilhelm II. am 10.6. 1896 das Beglaubigungsschreiben überreichte. »Man ist es gewöhnt, daß in den glänzenden Räumen der Botschaft sich ein Leben entwickelt, von intimsten, entzückendstem Reiz und wahrlich der Marquis des Noailles wird dieser Tradition mehr als gerecht und die Empfänge, die Diners, die Bälle, die Herrenabende, die in dem Botschafts-Palais am Pariser Platz stattfinden, gehören unstreitig zu den schönsten und angenehmsten Veranstaltungen der Gesellschaft«, berichtete Carlos von Wallis. Nachfolger des Marquis de Noailles war der Berufsdiplomat Georges Bihourd, der Kaiser Wilhelm II. am 16.1.1903 das Beglaubigungsschreiben überreichte. Mit dessen Amtsantritt hörte die französische Botschaft auf, »einer der vornehmsten und gesuchtesten Mittelpunkte im gesellschaftlichen Leben der deutschen Reichshauptstadt« zu sein, wie Adolf von Wilke in seinen Erinnerungen schrieb. »Man ist in Berlin gewohnt, in den Salons der französischen Botschaft die Eleganz, die Kultur, die Unterhaltung zu finden, die in den besten Häusern von Paris heimisch sind, und in dieser Hinsicht bedeutete Herr Bihourd eine Enttäuschung.« In einem Schreiben vom 31.12.1906 teilte Reichskanzler Bülow dem Kaiser mit, Bihourd habe um das Agrément für seinen Nachfolger, den bisherigen französischen Botschafter in Madrid und Bruder des französischen Botschafters in London, Jules Cambon, gebeten. Dazu vermerkte Wilhelm II.: »Er paßt mir gar nicht! Unser größter Feind nebst seinem Bruder! ... er wird hier für London spioniren und hetzen weiter nichts.« Trotzdem erteilte der Kaiser das Agrément für Jules Cambon, der am 9.4.1907 Wilhelm II. das Beglaubigungsschreiben überreichte. Drei Monate nach seinem Amtsantritt beging Cambon den für den Kaiser unverzeihlichen Fehler, der Kieler Woche fernzubleiben. Auf die Entschuldigung, er sei nicht eingeladen gewesen, notierte Wilhelm II.: »Mir soll Herr Cambon mit solchen faulen Redensarten nicht kommen ... Der Herr Cambon hat sehr wohl gemerkt, daß er eine kolossale Dummheit und Taktlosigkeit begangen nicht nach Kiel zu kommen. (...) Er der Mann der von sich selbst gesagt je vais a Berlin pour causer, verpaßt die beste Gelegenheit dazu, die Kieler Woche, zu der eine Menge Leute gekommen pour causer: als ob er noch nie Etwas von der Kieler Woche gehört!« Bei den anderen Diplomaten in Berlin schien Cambon angesehen gewesen zu sein. Sein britischer Kollege Sir Edward Goschen schrieb am 20.4.1913 an Unterstaatssekretär Arthur Nicolson: »... daß wir uns alle beglückwünschen können, daß die Franzosen hier einen Vertreter haben, der wägt, ehe er wagt, der geduldig sowohl wie fest ist und nie seinen schlauen Kopf verliert.« Jules Cambon verließ Berlin unter demütigenden Bedingungen am 4.8.1914 bei Ausbruch des Ersten Weltkrieges.

Die russischen Botschafter Wegen der preußisch-russischen Freundschaft hatte die russische Botschaft in Berlin eine besondere Bedeutung. Nach Meinung von Adolf von Wilke hatte man in der Berliner Hofgesellschaft das Gefühl, sich »in der russischen Botschaft nicht auf fremden, sondern auf freundnachbarlichem Gebiete« zu befinden. Als Gesandter des Kaisers von Rußland beim König von Preußen amtierte seit dem 24.1.1863 Paul Petrowitsch von Oubril, der sich am 30.12.1871 als Botschafter akkreditierte. Oubril war bei Bismarck nicht beliebt. Kaiser Wilhelm I. ehrte den Botschafter gegen den Willen Bismarcks am 10.9.1872 anläßlich des Drei-Kaiser-Treffens in Berlin mit dem Schwarzen Adlerorden. Oubrils Nachfolger war der Berufsdiplomat Peter Alexandrowitsch Saburow, der Kaiser Wilhelm I. am 28.1.1880 das Beglaubigungsschreiben überreichte. Nachfolger von Saburow wurde im Jahre 1884 der Berufsdiplomat Fürst Nikolai Alexejewitsch Orlow. Als Offizier hatte Orlow im Krimkrieg ein Auge und einen Arm verloren. Mit dem Ehepaar Orlow war Bismarck während seiner Zeit als Botschafter in Paris bekanntgeworden. Mit der Fürstin Katharina Orlow hatte ihn damals eine sehr enge Freundschaft verbunden. Fürst Nikolai Alexejewitsch Orlow starb bereits ein Jahr nach seinem Amtsantritt. Sein Nachfolger war der Militär Graf Paul Andrejewitsch Schuwalow, der Kaiser Wilhelm I. am 14.6.1885 das Beglaubigungsschreiben überreichte. Dieser Paul Schuwalow war der Bruder von Peter Schuwalow, der als russischer Delegierter am Berliner Kongreß teilgenommen hatte. Graf Paul Schuwalow erfreute sich in Berlin großer Beliebtheit. »Wenn der einen Ball gegeben oder einen Empfang abgehalten hatte, so setzte er sich mit den jungen Berliner Garde-Offizieren bei Champagner und Zigaretten wie ein Kamerad zum vergnüglichen Ecarte-Spiel nieder und übertraf sie wohl noch an Laune und Ausdauer«, schrieb Adolf von Wilke. Kaiser Wilhelm I. ehrte den Botschafter Schuwalow am 18.11.1887 mit der Verleihung des Schwarzen Adlerordens. Auch Kaiser Wilhelm II. schätzte Schuwalow. Am 23.2.1889 folgte das deut-

Links:
Fürst Nikolai Alexejewitsch Orlow (1827 – 1885), Russischer Botschafter in Berlin 1884 – 1885

Rechts:
Graf Paul Andrejewitsch Schuwalow (1830 – 1908), Russischer Botschafter in Berlin 1885 – 1894, Persönlicher Freund Kaiser Wilhelms II.

sche Kaiserpaar einer Einladung des russischen Botschafters in das Palais Unter den Linden. Die Räumlichkeiten waren prächtig geschmückt: »In einem Glanze von 1600 Lichtkerzen, die neben der reichen, eine Lichtfülle verbreitenden elektrischen Beleuchtung brannten, erstrahlten die herrlichen Festräume, welche im ersten Stockwerke des Botschafterpalais liegen ... Allen voran das blaue Empfangszimmer und der entzükkende Rococco-Salon, der aus jenem Anlasse in einen wahren Palmengarten umgewandelt war. Die Tafel fand zu 37 Gedecken statt und war mit herrlichem, massiv silbernen Service gedeckt, während große, siebenarmige, schwer silberne Leuchter mit Schirmen das Licht spendeten. Nach russischer Sitte war im Ecksalon zwischen dem Weißen Saale und dem Rococco-Salon die ›Sakouska‹, der Imbiß aufgestellt, dem man in Rußland, ebenso wie in Schweden, auch vor Beginn der Mittagstafel zuspricht. Die Tafelmusik stellte die Kapelle des Alexander-Garde-Grenadier-Regimentes, welche den Blicken durch eine hohe, natürliche Palmenwand entzogen war, die auch den Schall der Instrumente wesentlich dämpfte. (...) Zweieinhalb Stunden währte das Diner ...« Kaiser Wilhelm II. bedauerte die Abberufung von Botschafter Schuwalow sehr. In einem Brief vom 5.1.1895 schrieb er an Kaiser Nikolaus II. von Rußland, er sei »über den Verlust des trefflichen Paul sehr betrübt ... er war der einzige Botschafter in Berlin, mit dem ich auf wirklich vertrautem Fuße gestanden habe und der mir ein ›ami intime‹ war, soweit ein Nichtdeutscher auf diesen Namen Anspruch haben kann«. Bei der Abschiedsaudienz am 16.1.1895 überreichte Kaiser Wilhelm II. dem Grafen Paul Schuwalow die Brillanten zum Schwarzen Adlerorden. Nachfolger von Schuwalow war der bisherige russische Gesandte in München, Graf Nikolai Dimitrijewitsch von der Osten-Sacken, der Kaiser Wilhelm II. am 2.5.1895 das Beglaubigungsschreiben überreichte. In der Amtszeit des über siebzigjährigen Grafen Osten-Sacken wurde es stiller im russischen Botschaftspalais. Die Gemahlin des Botschafters konnte aus gesundheitlichen Gründen wenig gesellschaftliche Aktivitäten veranstalten. Botschafter Osten-Sacken erhielt den Schwarzen Adlerorden am 27.1.1899 und bei seiner Verabschiedung im Jahre 1912 die Brillanten dazu. Sein Nachfolger war der Berufsdiplomat Sergej Nikolajewitsch von Swerbejew, der Kaiser Wilhelm II. am 31.8.1912 das Beglaubigungsschreiben überreichte. Swerbejew war der letzte kaiserlich russische Botschafter in Berlin und gab am 9.3.1913 aus Anlaß des dreihundertsten Jahrestages des Regierungsantritts der Dynastie Romanow den letzten Empfang in der kaiserlich russischen Botschaft in Berlin. Er verließ die Reichshauptstadt bei Ausbruch des Ersten Weltkrieges am 2.8.1914 unter demütigenden Bedingungen.

Die österreichisch-ungarischen Botschafter Der erste österreichisch-ungarische Botschafter in Berlin war Graf Aloys Karolyi von Nagy-Karoly, der Kaiser Wilhelm I. am 22.12.1871 das Beglaubigungsschreiben überreichte. Für die Unterbringung der österreichisch-ungarischen Botschaft wurden Räume im Palais des Fürsten Blücher von Wahlstatt am Pariser Platz angemietet. Aus Anlaß des Drei-Kaiser-Treffens in Berlin erhielt Botschafter Karolyi am 10.9.1872 den Schwarzen Adlerorden. Sein Nachfolger war Graf Emmerich Szechenyi von Sarvar-Felsövidek, der Kaiser Wilhelm I. am 17.1.1879 das Beglaubigungsschreiben überreichte. Im April 1889 wurde zur Unterbringung der österreichisch-ungarischen Botschaft das vom Architekten Wilhelm Neumann für den Herzog von Ratibor in den Jahren 1873 bis 1875

Rechts:
Graf Aloys Karolyi von Nagy-Karoly (1825 – 1889), Österreichischer Gesandter in Berlin 1860 – 1866, Österreichisch-ungarischer Botschafter in Berlin 1871 – 1878

Links:
Graf Ladislaus Szögyeny-Marich von Magyar-Szögyen und Szolgaegyhaza (1841 – 1916), Österreichisch-ungarischer Botschafter in Berlin 1892 – 1914

errichtete Palais Moltkestraße 3, im Alsenviertel, angekauft. Beim Besuch von Kaiser Franz Joseph I. in Berlin erhielt Botschafter Szechenyi am 13.8.1889 den Schwarzen Adlerorden. Letzter österreichisch-ungarischer Botschafter vor dem Ersten Weltkrieg in Berlin war Graf Ladislaus Szögyeny-Marich von Magyar-Szögyen und Szolgaegyhaza, der Kaiser Wilhelm II. am 12.11.1892 das Beglaubigungsschreiben überreichte. Der Kaiser ehrte den Botschafter am 21.9.1897 mit dem Schwarzen Adlerorden. Botschafter Szögyeny-Marich blieb fast 22 Jahre auf seinem Berliner Posten. Bei der Abschiedsaudienz am 12.8.1914 überreichte ihm Kaiser Wilhelm II. die Brillanten zum Schwarzen Adlerorden. In der »Norddeutschen Allgemeinen Zeitung« wurde dazu kommentiert, zwischen Kaiser Wilhelm II. und Graf Szögyeny-Marich gäbe es ein »Vertrauens- und Freundschaftsverhältnis, wie es zwischen einem gekrönten Haupt und einem bei ihm beglaubigten Botschafter nur selten bestanden« habe. Letzter Botschafter der Donaumonarchie in Berlin war Prinz Gottfried zu Hohenlohe-Schillingsfürst, der nach den Revolutionen in Wien und Berlin am 15.11. 1918 den Dienst quittierte. Das Botschaftsgebäude in der Moltkestraße wurden mit Vertrag vom 16.12.1920 für 7.000.000 Reichsmark verkauft.

Die italienischen Botschafter Italien hatte wie Deutschland erst in der 2. Hälfte des 19. Jahrhunderts zur staatlichen Einheit gefunden. Erster Botschafter des Königreiches Italien in Berlin war Graf Edoardo von Launay, der schon seit 1853 als Gesandter des Königreiches Sardinien in Berlin amtierte. Das Königreich Italien wurde von Preußen am 21.7.1862 anerkannt. Launay war dessen erster Gesandter in Berlin und akkreditierte sich am 20.4.1871 als Botschafter. Kaiser Wilhelm II. ehrte den Botschafter am 14.10.1888 mit dem Schwarzen Adlerorden. Botschafter Launay verstarb auf seinem Berliner Posten am 7.2.1892. Noch am gleichen Tag stattete das deutsche Kaiserpaar der italienischen Botschaft einen Kondolenzbesuch ab. Im »Reichsanzeiger« wurde ein Nachruf veröffentlicht, in dem stand: »Graf de Launay hat sich der Wertschätzung und Freundschaft des Kaisers Wilhelm I., des Kaisers Friedrich und des jetzt regierenden Kaisers in hohem Maße erfreut und zu dem immer vertrauensvoller und freundschaftlicher gestalteten Verhältnis zwischen Deutschland und Italien durch seine Vertrauen einflößende Persönlichkeit, durch seine stets erprobte Zuverlässigkeit, durch seine gewinnenden Formen in ungewöhnlichem Maße beigetragen und durch diese Wirksamkeit sich ein hohes und bleibendes Verdienst um beide Nationen erworben. Die kaiserliche Regierung beklagt aufrichtig das Scheiden dieses ausgezeichneten Staatsmannes, der während einer mehr als 36jährigen Tätigkeit überall, aber bei uns vor allen, das Andenken einer edlen Persönlichkeit und den Eindruck eines scharfblickenden Politikers zurückläßt.« Am 10.2.1892 wurde für den verstorbenen Botschafter ein Requiem in der Hedwigskirche zelebriert, an dem der Deutsche Kaiser, das Diplomatische Corps, viele Fürstlichkeiten und Militärs teilnahmen. Danach wurden die sterblichen Überreste des Grafen Edoardo von Launay auf dem Friedhof an der Liesenstraße beigesetzt.

Als neuen Botschafter schlug König Humbert I. von Italien bei seinem Besuch in Berlin Ende Juni 1892 seinen Adjutanten Generalleutnant Graf Carlo Lanza vor, der Kaiser Wilhelm II. am 27.8.1892 das Beglaubigungsschreiben überreichte. Nach den Erinnerungen des Grafen Bogdan von Hutten-Czapski machte sich Botschafter Lanza »in kurzer Zeit in den Berliner Hof- und Gesellschaftskreisen, aber auch in der amtlichen Welt eine große Stellung«. Carlos von Wallis schrieb: »In der deutschen Metropole hatte General Lanza ... sofort die Sympathien der Gesellschaft für sich, und vom ersten Empfange an, bis zum letzten Balle der letzten Saison, hat sich dieser Eindruck stets nur gesteigert. Die Ballfeste und Empfänge, deren der italienische Botschafter jährlich mehrere veranstaltet, gehören allerdings auch mit zu den glänzendsten, welche in der an Soireen und Bällen so reichen Wintersaison in der Residenz stattzufinden pflegen. Aber nicht nur zu den glänzendsten, nein, auch zu den wenigen, auf welchen man sich, im Gegensatz zu manchen anderen, wirklich nach Herzenslust unterhält. (...) Die schönen Räume der italienischen Botschaft sehen bei diesen Bällen oft weit über dreihundert Gäste, unter denen natürlich die Diplomaten mit ihren Gemahlinnen überwiegen.

Durch den großen, prächtigen Empfangssaal, dessen Wände das lebensgroße Bildnis des Königs Humbert und das der Königin Margherita schmücken, nehmen die Gäste ihren Eintritt und zerstreuen sich in all' die festlich geschmückten, hell erleuchteten ... Räume, während die Jugend – und zwar die, die dazu gehört, und die, die sich nur dazu rechnet, dem Ballsaale zueilt, in welchem sich schnell ein tanzfrohes, farbenprächtiges, wogendes und wirbelndes Ballbild von entzückendem Reize entwickelt und dem die verschiedenen, fremdartigen Uniformen der fremden Diplomaten und Militärattaches und die duftigen Erscheinungen unserer schönsten Frauen und Mädchen einen sinnbetörenden Glanz satter, herrlicher Farbe geben. In dem mit vielen alten kostbaren Gemälden geschmückten Speisesaale ist die Tafel gedeckt ..., an welcher nicht nur die alles beherrschende französische, sondern auch die ... italienische Küche zu allen ihr gebührenden Ehren gelangt. (...) Wer nicht tanzt, findet sich ein zum Gespräch, zum Whist oder zum Ecarte, und in früher, früher Morgenstunde, erst, wenn in den Straßen Berlins das Leben längst schon erwacht, endet das Fest mit einem glänzenden Cotillon.« Beim Besuch des italienischen Königspaares am 4.9.1897 in Bad Homburg verlieh Kaiser Wilhelm II. dem Botschafter Lanza den Schwarzen Adlerorden. Sein Nachfolger war der Berufsdiplomat Alberto Pansa, der Kaiser Wilhelm II. am

12.1.1907 das Beglaubigungsschreiben überreichte. Pansas Nachfolger, der Berufsdiplomat Riccardo Bollati, überreichte Kaiser Wilhelm II. am 7.3.1913 das Beglaubigungsschreiben. Am 28.8.1916 erfolgte die italienische Kriegserklärung an das Deutsche Reich.

Die spanischen Gesandten und Botschafter Der seit 1875 amtierende spanische Gesandte in Berlin, Francisco Merry y Colon Graf von Benomar wurde am 21.1.1888 als Botschafter akkreditiert. Für die Unterbringung der spanischen Botschaft wurde das von den Architekten Gustav Ebe und Julius Benda in den Jahren 1872 bis 1876 errichtete Palais Tiele-Winckler, Regentenstraße 15, im Tiergartenviertel angekauft.

Die türkischen Botschafter Die Aufnahme der ständigen diplomatischen Beziehungen zwischen dem Königreich Preußen und dem Osmanischen Reich erfolgte im Jahre 1837. Als erster türkischer Botschafter in Berlin überreichte Sadullah Bey dem Kaiser Wilhelm I. am 4.7.1877 das Beglaubigungsschreiben. Die türkische Botschaft wurde zunächst in dem großen Haus Leipziger Straße 137 am Leipziger Platz untergebracht.

Die Gesandten und Botschafter der Vereinigten Staaten von Amerika

Der erste ständige Gesandte der Vereinigten Staaten von Amerika in Berlin war der Jurist Henry Wheaton, der König Friedrich Wilhelm III. von Preußen am 7.3.1837 das Beglaubigungsschreiben überreichte. Einer der bedeutendsten amerikanischen Diplomaten in Berlin war der Historiker George Bancroft, der König Wilhelm I. von Preußen am 28.8.1867 das Beglaubigungsschreiben überreichte. Bancroft hatte in Berlin und Göttigen studiert und kannte Johann Wolfgang von Goethe persönlich von drei Besuchen in Weimar her. Bei der Antrittsaudienz im Schloß Babelsberg begann Bancroft deshalb seine Ansprache mit dem Hinweis, daß der 28. August ein gutes Omen für seinen Amtsantritt sei. Der König und Bismarck schauten verständnislos. Goethes Geburtstag war ihnen nicht präsent. Der Gesandte Bancroft beteiligte sich intensiv am Gelehrtenleben in Berlin und trat als einziger Diplomat der Mittwochs-Gesellschaft, der bedeutendsten Gelehrtenvereinigung von Berlin, bei. Er war bereits seit 1845 Korrespondierendes Mitglied der Akademie der Wissenschaften zu Berlin.

Am 19.6.1879 überreichte der Historiker Andrew Dickson White dem Kaiser Wilhelm I. das Beglaubigungsschreiben als Gesandter der USA in Berlin. Seine Aufnahme beschrieb White in seinen Erinnerungen so: »Den tiefsten Eindruck machte auf mich ... der herzliche Empfang, der uns Vertretern der fremden Mächte von dem Kaiser und seiner hohen Gemahlin bereitet wurde. Die Leutseligkeit dem Diplomatischen Corps gegenüber hatte etwas ungemein Bestrickendes, ebenso die Sorgfalt, mit der jedes einzelne Mitglied der Kaiserlichen Familie, vom Kaiser an bis zu den jüngsten Prinzen, sich darauf vorbereitet hatte, den Neuhinzugekommenen in ein Gespräch zu ziehen, das ihn interessieren konnte. Der eine unterhielt sich mit mir über amerikanisches Seewesen, der andere über die Kunst in meinem Vaterlande, ein dritter sprach über die landschaftlichen Reize Colorados, der nächste über die Eisenbahnen und Dampfschiffe. Sogar über amerikanische Zahnärzte und Zahnpflege befragte man mich, und in Er-

James Watson Gerard (1867 – 1951), Botschafter der USA in Berlin 1913 – 1917

Die Botschaft der USA am Wilhelmplatz in den zwanziger Jahren

mangelung eines anderen Themas bot der Niagara reichlichen Stoff zur Unterhaltung.« White stand in Kontakt mit Berliner Gelehrten, besonders mit den Historikern Gustav Droysen und Heinrich von Sybel. Am 25.10.1900 wurde der Gesandte White zum Ehrenmitglied der Akademie der Wissenschaften zu Berlin ernannt. Er sollte sein Land erneut als Botschafter von 1897 bis 1902 in Berlin vertreten. Für die ersten Gesandten und Botschafter der USA in Berlin war die Wohnungssuche immer ein Problem, da jeder Diplomat wieder neue Räumlichkeiten anmieten mußte. Für den Ankauf eines ständigen Quartiers gab es kein Geld. Botschafter White schrieb dazu: »Leider unterscheidet sich Berlin ... von Paris und London, daß die Zahl der Paläste, welche sich ihrer Größe und ihrer Ausstattung nach für den Sitz eines Botschafters eignen, sehr beschränkt ist.« Der Botschafter mußte nicht nur nach einer repräsentativen Wohnung suchen, sondern sich auch um die Möblierung kümmern. »Meine Erfahrungen als Gesandter hatten mich gelehrt, daß auf die Berliner Handwerker in bezug auf Pünktlichkeit kein Verlaß ist ... Infolgedessen sah ich mich genötigt, meine Einrichtung aus Dresden, London und Paris zu beziehen und die in großen gepolsterten Möbelwagen nach Berlin schaffen zu lassen.« Nachfolger von White war der Großindustrielle Charlemagne Tower, der Kaiser Wilhelm II. am 19.12.1902 das Beglaubigungsschreiben überreichte. Botschafter Tower wurde durch sein beträchtliches Vermögen in die Lage versetzt, »das Ansehen der Union durch eine außerordentlich großartige Repräsentation zur Geltung zu bringen. Das Maskenfest, das er während der Winter-Saison des Jahres 1907 veranstaltete, war deren Clou und übertraf an Pracht und Geschmack alles bisher in Berlin dagewesene«, wie Adolf von Wilke schrieb. Letzter Botschafter der USA im kaiserlichen Berlin war der Jurist James Watson Gerard, der Kaiser Wilhelm II. am 29.10.1913 das Beglaubigungsschreiben überreichte. Gerard nahm zunächst Quartier in dem schon von seinem Vorgänger John Leishman genutzten Haus Rauchstraße 16 im Tiergartenviertel. Später kaufte Gerard das Palais Wilhelmplatz 7. Gerard verließ Berlin nach Abbruch der diplomatischen Beziehungen am 10.2.1917.

Die schweizerischen Gesandten Wegen der innerdeutschen Veränderungen beschloß der schweizerische Bundesrat am 17.4.1867, einen Gesandten in Berlin zu akkreditieren. Die Jahresbesoldung war mit 22.000,– Franken angesetzt, nebst Entschädigung für amtliche Reisen. Erster schweizerischer Gesandter in Berlin war der Landammann des Kantons Glarus, Johann Heer, der am 15.5.1867 hier eintraf und am folgenden Tag von Bismarck empfangen wurde. Über Bismarck berichtete Heer an Bundespräsident Constant Fornerod: »... er ist ein Mann von wahrhaft athletischer Gestalt, mit großer Glatze und dünnem, kurz geschorenem blondem Haar, der Ausdruck seines Gesichtes, auf Abbildungen gewöhnlich streng und fast grimmig, ist in Wahrheit eher sanft, wie er denn auch im Sprechen einen durchaus sanften, liebenswürdigen, fast ... bescheidenen Ton anschlägt. Daß er aber unter Umständen auch anders aussehen und auftreten kann, glaube ich wohl.« Am 18.5.1867 überreichte Heer König Wilhelm I. das Beglaubigungsschreiben. Der zweite schweizerische Gesandte in Berlin, Bernhard Hammer, überreichte Wilhelm I. am 2.11.1868 das Beglaubigungsschreiben. »Aus seiner siebenjährigen Zeit am Berliner Hof stammte seine distinguierte Physiognomie und Haltung. Er war ein äußerst höflicher Mann. Unter seinem Lächeln, das ihm in den kaiserlichen Salons zur zweiten Natur geworden war, schimmerten die robusten Züge des ehemaligen Chefinstruktors der Schweizer Artillerie hervor. Aber dieses Lächeln hatte nichts Erzwungenes; es war der Ausdruck einer guten, mitfühlenden Seele, eines wohlwollenden Naturells, das keinen Haß kannte«, stand in seinem Nachruf in der Zeitung »La Liberte« vom 8.4.1907. Hammers Nachfolger in Berlin war der Oberst der Artillerie, Arnold Roth, der Kaiser Wilhelm I. am 15.1.1877 das Beglaubigungsschreiben überreichte. In der militarisierten Atmosphäre im Berlin der Kaiserzeit war Oberst Roth bei Hofe gut gelitten. Er starb auf seinem Berliner Posten am 7.4.1904. Am 11.4.1904 fand in der Matthäikirche im Tiergartenviertel die Trauerfeier statt. Danach wurden die sterblichen Überreste von Arnold Roth in seine Schweizer Heimat überführt. Kaiser Wilhelm II. soll gegenüber Roths Nachfolger Alfred von Claparede bei dessen Antrittsbesuch am 28.8.1904 geäußert haben, Roth habe »ihm persönlich nahe gestanden, näher als wohl ein fremder Gesandter je einem Souverän gestanden habe«. Während der Amtszeit des Gesandten Claparede fand im Jahre 1912 der einzige Staatsbesuch Kaiser Wilhelms II. in der Schweiz statt. Am 23.3.1917 überreichte Claparede dem Kaiser das Abberufungsschreiben. In einem Schreiben an den Schweizerischen Bundespräsidenten Edmund Schulthess vom gleichen Tag würdigte der Deutsche Kaiser die Verdienste des Gesandten Claparede. Dessen Nachfolger Robert Haab amtierte nur wenige Monate. Sein Nachfolger, Philippe Mercier, wurde von Kaiser Wilhelm II. am 12.1.1918 im Schloß Bellevue zur Überreichung des Beglaubigungsschreibens empfangen.

Wegen der schweizerischen Neutralitätspolitik wurden die diplomatischen Beziehungen nie unterbrochen. Die schweizerischen Gesandten in Berlin waren stets gute Beobachter des Geschehens, die sich durch nüchterne Analysen auszeichneten.

Die niederländischen Gesandten Das Königreich der Niederlande wurde in Berlin von 1894 bis 1906 von dem Gesandten Dirk Arnold Willem van Tets van Goudriaan vertreten, der im Haus Voßstraße 16 residierte. Über die Atmosphäre dort schrieb Carlos von Wallis: »Ganz entzückende Feste von unendlich intimen Reize werden in den anheimelnd schönen Gemächern der niederländischen Gesandtschaft gegeben, und es herrscht ein so zwanglos vornehmer Ton in denselben, daß man sich sofort in dem gastfreien Hause vertraut fühlt.«

Die belgischen Gesandten Das Königreich Belgien wurde in Berlin von 1888 bis 1912 von dem Gesandten Baron Jules Greindl vertreten, der in dem Haus Roonstraße 12 im Alsenviertel residierte. Über die Atmosphäre dort schrieb Carlos von Wallis: Im Haus des Barons Greindl »gibt sich hauptsächlich jener Teil der Hofgesellschaft Rendezvous, der zur Kunst und Literatur in engeren Beziehungen steht, und Künstler und Schriftsteller und Dichter sind stets mit unter den Gästen zu finden«. Kurz vor dem Ersten Weltkrieg wurde die belgische Gesandtschaft in das ehemalige Wohnhaus des Bankiers Ernst von Mendelssohn-Bartholdy, Jägerstraße 53, verlegt.

Die Gesandten von Schweden und Norwegen Das Königreich Schweden und Norwegen wurde in Berlin von 1886 bis 1899 von dem Gesandten Alfred Lagerheim vertreten, der in dem Haus Bellevuestraße 7 im Tiergartenviertel residierte. Über die Atmosphäre dort schrieb Carlos von Wallis: »Die schöngeistigen, künstlerisch veranlagten Kreise unserer Gesellschaft geben sich in dem Hause des kunstliebenden Diplomaten Rendezvous.«

Im Jahre 1905 wurde die Personalunion zwischen Schweden und Norwegen aufgelöst. Erster Gesandter des unabhängigen Königreiches Norwegen in Berlin war Michael Ström Lie, der am 9.11.1905 Kaiser Wilhelm II. das Beglaubigungsschreiben überreichte. Für die Unterbringung der norwegischen Gesandtschaft wurde das Haus Alsenstraße 2, im Alsenviertel, erworben.

Für die Unterbringung der schwedischen Gesandtschaft wurde am 27.6.1912 das Haus Tiergartenstraße 36 erworben.

Die dänischen Gesandten Für die Unterbringung der dänischen Gesandtschaft wurde das Haus Alsenstraße 4, im Alsenviertel, erworben.

Die portugiesischen Gesandten Das Königsreich Portugal wurde in Berlin seit 1881 von dem Gesandten Antonio Rose de Serra Gomes Marquis de Penafiel vertreten. Er starb auf seinem Berliner Posten am 30.12.1891. Am 2.1.1892 fand in der Hedwigskirche die Trauerfeier statt. Anschließend wurden die sterblichen Überreste des Marquis de Penafiel in der Krypta beigesetzt.

Die griechischen Gesandten Zu den interessantesten Persönlichkeiten unter den Diplomaten im Berlin der Kaiserzeit gehörten Vater und Sohn Rangabes, die Gesandten des Königreiches Griechenland. Der Staatsmann, Gelehrte und Dichter

Alexandros Rizos Rangabes amtierte von 1874 bis 1887 als griechischer Gesandter in Berlin. Zu seinen literarischen Hauptwerken gehören philosophische und archäologische Schriften. In deutscher Sprache erschien seine »Geschichte der neugriechischen Literatur«. Von seinen dichterischen Werken übertrug er einige selbst in die deutsche Sprache. Sein Sohn Kleon Rizos Rangabes leitete die griechische Gesandtschaft in Berlin von 1890 bis 1893 und von 1895 bis 1910. Neben seiner diplomatischen Arbeit verfaßte er zahlreiche Dramen, Lustspiele und Novellen, von denen einige auch in die deutsche Sprache übersetzt wurden. Kleon Rizos Rangabes war mit Dorothea von Gerolt, der Tochter des preußischen Gesandten in Washington, Friedrich von Gerolt, verheiratet. Ihnen gehörte das Rittergut Ockenfels am Rhein bei Linz.

Die Gesandtschaften der Balkanstaaten Ende des 19. Jahrhunderts wurden auf dem Balkan nach der Befreiung von der türkischen Fremdherrschaft viele Staaten neu gebildet, die diplomatische Beziehungen zu den Großmächten aufnahmen. Die Unabhängigkeit der Fürstentümer Rumänien und Serbien wurde von den Großmächten im Berliner Friedensvertrag von 1878 anerkannt.

Die rumänischen Gesandten Als erster rumänischer Gesandter in Berlin überreichte Varnaw Liteano am 19.5.1880 Kaiser Wilhelm I. das Beglaubigungsschreiben. Die diplomatischen Beziehungen wurden am 28.8.1916 abgebrochen.

Die serbischen Gesandten Als erster serbischer Gesandter in Berlin amtierte von 1881 bis 1888 Milan Petronieviċ am das Beglaubigungsschreiben. Das letzte Quartier der serbischen Gesandtschaft in Berlin war im Haus Hardenbergstraße 12. Dort kam es in den Tagen nach den Morden von Sarajewo zu schweren Ausschreitungen. Die diplomatischen Beziehungen wurden am 6.8.1914 abgebrochen.

Die bulgarischen Gesandten Die Unabhängigkeit des Königreiches Bulgarien wurde vom Deutschen Reich am 27.4.1909 anerkannt. Als erster bulgarischer Gesandter in Berlin überreichte der bisherige diplomatische Agent Nikifor Nikiforow am 14.7.1909 Kaiser Wilhelm II. das Beglaubigungsschreiben. Die bulgarische Gesandtschaft war in der Zeit des Kaiserreiches im Haus Kurfürstendamm 37 untergebracht.

Die persischen Gesandten Als erster persischer Gesandter in Berlin amtierte von 1874 bis 1886 Mirza Malcom Khan. Seit 1907 war die persische Gesandtschaft im Haus Kurfürstendamm 213 untergebracht.

Die japanischen Gesandten Als erster japanischer Gesandter in Berlin wurde im Jahre 1873 Naonobu Sameshima akkreditiert. Ihm folgte ein Jahr später Shuzo Aoki im Amt. Über ihn schrieb Carlos von Wallis, er »führte ein glänzendes Haus von geradezu beispielloser Gastlichkeit, und in den prächtigen Räumen der, herrliche Kunstschätze Japans bergenden, japanischen Gesandtschaft in der Tiergartenstraße, fanden oft Vereinigungen und Feste statt, die einen, dank des wunderbaren Milieus, das an sich schon ein Märchen war, in die Zauberwelt des äußersten Orients zu führen schienen«. Durch seine Ehe mit Elisabeth von Rhade aus pommerschem Adel fand Aoki leicht Zugang zur deutschen Gesellschaft. Für die Unterbringung der japanischen Gesandtschaft wurde das von Wilhelm Neumann für den Grafen Karl von Pourtalés in den Jahren 1873 bis 1875 errichtete Palais am Königsplatz 4 erworben. Die diplomatischen Beziehungen wurden am 23.8.1914 abgebrochen.

Die japanische Botschaft in der Tiergartenstraße in den zwanziger Jahren

Die Ankunft des chinesischen Gesandten Yin-chang am Anhalter Bahnhof am 9.4.1909

Die chinesischen Gesandten Als erster chinesischer Gesandter in Berlin wurde im Jahre 1877 Liu Hsi-hung akkreditiert. Die chinesischen Diplomaten waren gesellschaftlich nicht aktiv, sondern erschienen nur bei offiziellen Anlässen, wo sie durch ihre reiche Mandarinentracht auffielen. Die chinesische Gesandtschaft war bis 1890 in einer Villa am Landwehrkanal untergebracht, die in den Jahren 1860/61 von Hermann Ende für den preußischen Staatsminister Freiherrn August von der Heydt errichtet worden war. Als einziges Gebäude seiner Zeit im Tiergartenviertel erhalten, dient die Villa von der Heydt heute als Sitz der Hauptverwaltung der Stiftung Preußischer Kulturbesitz. Nach 1890 war die chinesische Gesandtschaft im Haus In den Zelten 14 untergebracht. Zur Jahrhundertwende wurde die chinesische Gesandtschaft in das neuerrichtete Haus Kurfürstendamm 218 verlegt. Die diplomatischen Beziehungen wurden am 14.3.1917 abgebrochen.

Die siamesische Gesandtschaft Als erster siamesischer Gesandter in Berlin wurde im Jahre 1884 Prinz Prisdang akkreditiert. Die siamesische Gesandtschaft wurde zuerst in dem Haus Alsenstraße 8 im Alsenviertel, und später in dem nahegelegenen Haus In den Zelten 23 untergebracht. Seit 1904 befand sich die Gesandtschaft im Haus Herwarthstraße 3a, im Tiergartenviertel. Die diplomatischen Beziehungen wurden am 23.7.1917 abgebrochen.

Die Gesandtschaften der südamerikanischen Staaten Im Verlauf des 19. Jahrhunderts wurden viele Staaten Südamerikas selbständig. Die Aufnahme diplomatischer Beziehungen zwischen den deutschen und den südamerikanischen Ländern erfolgte meist aus handelspolitischen Gründen. Im Deutschen Reich amtierten zunächst Geschäftsträger, Ministerresidenten und Konsuln für die südamerikanischen Staaten in Berlin und in den Hafen- und Handelsstädten. Zur Regierungszeit Kaiser Wilhelms I. wurden als Gesandte südamerikanischer Staaten in Berlin akkreditiert: am 7.9.1882 der hamburgische Kaufmann Johann Wilhelm Kück als erster Gesandter der Dominikanischen Republik, am 3.5.1884 Carlos Calvo als erster Gesandter Argentiniens, am 5.9.1884 Gregorio Perez Gomar als erster Gesandter Uruguays und am 10.4.1887 Antonio Flores Jijon als erster Gesandter Ecuadors. In den ersten Jahren ihrer Berliner Amtszeit mieteten die südamerikanischen Gesandten keine eigenen Residenzen an, sondern wohnten in den großen Hotels.

Die diplomatischen Vertretungen der afrikanischen Staaten Im 19. Jahrhundert wurde fast ganz Afrika von den Großmächten als Kolonialbesitz aufgeteilt. Einige der unabhängig gebliebenen Staaten, wie Liberia oder die Republik Südafrika, waren sporadisch im Deutschen Reich durch Gesandte, Geschäftsträger oder durch Konsuln vertreten.

Die Geschäftsträger, Ministerresidenten und nachgeordneten Diplomaten Im gesellschaftlichen Leben Berlins spielten die nachgeordneten Diplomaten eine große Rolle. Viele Legationsräte, Attachés und Sekretäre führten eigene Häuser, die Treffpunkte der Berliner Gesellschaft waren. An den Diplomaten aus Österreich schätzte man deren liebenswürdige Geselligkeit, bei den Italienern liebte man die temperamentvollen Feste und bei den Franzosen die Exklusivität.

Die Briten galten als Sportsmänner und Spanien machte seinem Rufe, das Land der schönen Frauen zu sein, durch die Damen seiner Botschaft, alle Ehre. Höhepunkte im geselligen Leben Berlins waren auch die Festlichkeiten bei den russischen und amerikanischen Diplomaten.

Die Gesandtschaften der deutschen Länder Nach der Gründung des Norddeutschen Bundes und des Deutschen Reiches blieben die Gesandtschaften der größeren deutschen Länder in Berlin bestehen. An der Akkreditierung ihrer Leiter beim König von Preußen änderte sich nichts. Die Diplomaten waren zugleich Bevollmächtigte ihrer Länder zum Bundesrat. Der bedeutendste innerdeutsche Diplomat in der Zeit des Kaiserreiches war der Gesandte des Königreiches Bayern in Berlin, Graf Hugo von und zu Lerchenfeld, der von 1880 bis zum Ende der Monarchie amtierte. »Während seiner 38jährigen Wirksamkeit in Berlin hat Lerchenfeld an etwa 2000 Bundesratssitzungen und 6000 Ausschußsitzungen teilgenommen und mehr als 14000 Berichte nach München geschickt. Die Analyse dieser Berichte weist ihn als ausgezeichneten stets bestens informierten Beobachter des politischen Geschehens aus und bescheinigt ihm nüchterne, treffsichere Urteilskraft und hervorragende Menschenkenntnis«, so schilderte Wolf Dieter Gruner in der »Neuen Deutschen Biographie« diesen Diplomaten. In den Jahren 1890/91 wurde von den Architekten Walter Kyllmann und Adolph Heyden auf dem Grundstück Voßstraße 3 ein großes Haus zur Unterbringung der bayerischen Gesandtschaft errichtet. Die Baukosten betrugen eine halbe Million Mark. Im Erdgeschoß des Vorderhauses war ein Absteigequartier für vornehme Gäste eingerichtet. Die Empfangs- und Festräume befanden sich im ersten Obergeschoß. Im zweiten Obergeschoß lag die Wohnung des Gesandten. Die Haupträume waren mit Gemälden aus bayerischem Staatsbesitz geschmückt. »Sein Haus gehört nicht nur zu den vornehmsten Berlins, sondern auch zu denen, die sich zum besonderen Sammelpunkte alles dessen entwickelt haben, was zur Gesellschaft gerechnet wird und sich, sei es durch Rang und Geburt, sei es durch Geist und Talent, hervortut«, schrieb Carlos von Wallis. »Der sehr starken bayerischen Kolonie in Berlin ist der Graf zugleich ein allzeit hilfsbereiter und freundlicher Schützer, und beim gefüllten Maßkrug zeigt sich dann wohl, daß selbst vier Jahrzehnte eines diplomatischen, in den Zentren Europas verbrachten Lebenslaufes nicht alle Urwüchsigkeit bajuvarischer Eigenart gänzlich zu unterdrücken vermögen«, schrieb Adolf von Wilke.

Gesandter des Königreiches Sachsen in Berlin war von 1885 bis 1906 Graf Wilhelm von Hohenthal und Bergen. Über ihn schrieb Carlos von Wallis: »Am Berliner Hofe ist Sachsen durch einen der liebenswürdigsten Diplomaten ... vertreten, dessen schönes behagliches Haus in der Voßstraße sich gerne zu freundlichen Empfängen und glänzenden und gemütlichen Festen öffnet, bei denen das Gesandtenpaar die sprichwörtliche, sächsische Liebenswürdigkeit in ganz besonderem Maße zur Geltung bringt.« Die sächsische Gesandtschaft war im Haus Voßstraße 19 untergebracht.

Die württembergische Gesandtschaft befand sich im Haus Voßstraße 11, das vom Architekten Wilhelm Neumann in den Jahren 1873 bis 1875 errichtet wurde. Im ersten Obergeschoß lagen die Geschäfts- und Repräsentationsräume der Gesandtschaft und im zweiten Obergeschoß die Privatwohnung des Gesandten. Gesandter des Königreiches Württemberg in Berlin war von 1866 bis zu seinem Tode im Jahre 1880 Freiherr Karl Hugo von Spitzemberg. Dessen Ehefrau Hildegard war eine genaue Beobachterin der politischen und gesellschaftlichen Zustände in Berlin; ihre Tagebücher sind hierfür eine vorzügliche literarische Quelle. Über die Geselligkeit in der württembergischen Gesandtschaft berichtete Carlos von Wallis: »Selbstverständlich führt der Gesandte ein großes Haus und gibt Soireen, Bälle und five o clocks, die ja zu den modernsten Errungenschaften unseres gesellschaftlichen Lebens gehören und die eigentlich mehr eine Besuchszeremonie sind, als ein wirklicher Besuch. (...) An je einem bestimmten Tage der Woche innerhalb der ... Saison finden sie statt und beginnen unweigerlich um fünf und enden ebenso unweigerlich um sieben Uhr.«

Die Gesandtschaft des Großherzogtums Baden in Berlin befand sich im Hause Lennestraße 9. »... das Haus des badischen Gesandten ist eines jener wenigen in Berlin, in welchem die geselligen Vergnügungen ... mit geistigen und künstlerischen Genüssen gerne verquickt werden«, schrieb darüber Carlos von Wallis.

Daneben gab es die Gesandtschaft der mecklenburgischen Großherzogtümer im Haus Bendlerstraße 17, die Gesandtschaft des Großherzogtums Oldenburg im Haus Kaiserallee 107 und die Gesandtschaft des Großherzogtums Hessen im Haus Kurfürstendamm 210. Der gemeinsame Gesandte der Hansestädte Bremen, Hamburg und Lübeck residierte im Haus Alsenstraße 7. Die anderen deutschen Länder unterhielten zur Zeit des Kaiserreiches keine eigenen Gesandtschaften mehr in Berlin.

Das Drei-Kaiser-Treffen

Das erste große diplomatische Ereignis in Berlin nach der Reichsgründung war das Zusammentreffen der Herrscher Deutschlands, Österreich-Ungarns und Rußlands Anfang September 1872. Offizieller Anlaß dafür waren die Herbstmanöver. Kaiser Alexander II. von Rußland traf am 5.9.1872 auf dem Ostbahnhof ein, wo er von Kaiser Wilhelm I. begrüßt wurde. Er nahm Quartier im russischen Botschaftspalais Unter den Linden. Kaiser Franz Joseph I. von Österreich, der am 6.9.1872 auf dem Potsdamer Bahnhof eintraf, wurde ebenfalls von Kaiser Wilhelm I. begrüßt. Er bezog Quartier im Stadtschloß. Neben den militärischen Besichtigungen gab es politische Gespräche und allerlei Festivitäten. Kaiser Alexander II. unternahm gern inkognito Ausfahrten in der Equipage des russischen Botschafters. Der gesellige Höhepunkt der Dreikaiserbegegnung war ein gemeinsamer Besuch im Zoologischen Garten am 8.9.1872. Nach den Besichtigungen wurde den Gästen im Antilopenhaus ein einfaches Frühstück gereicht. Bismarck nutzte die Monarchenbegegnung zu intensiven

Rechte Seite:

PLACEMENT

an der

Tafel im Weissen Saale des Königlichen Schlosses zu Berlin

bei dem

am 7. September 1872 aus Veranlassung der Anwesenheit Ihrer Majestäten der Kaiser von Oesterreich und von Russland stattgehabten Galadiner.

I. K. H. die Herzogin Wilhelm von Meckl.-Schwerin.

S. Kais. H. der Grossfürst Nicolaus von Russland.

I. K. H. die Prinzessin Marie von Preussen.

S. K. H. der Kronprinz von Sachsen.

I. K. H. die Prinzessin Carl von Preussen.

S. Kais. H. der Grossfürst Thronfolger.

I. K. u. K. H. die Kronprinzessin.

Se. Maj. der Kaiser von Russland.

I. Maj. die Kaiserin und Königin.

Se. Maj. der Kaiser von Oesterreich.

Se. Maj. der Kaiser und König.

I. K. H. die Grossherzogin von Baden.

S. K. u. K. H. der Kronprinz.

I. K. H. die Grossherzogin von Mecklenb.-Schwerin.

S. Kais. H. der Grossfürst Wladimir.

I. K. H. die Prinzessin Friedrich Carl v. Preussen.

S. K H. der Grossherzog von Baden.

I. K. H. die Prinzessin Elisabeth von Preussen.

S. K. H. der Grossherzog von Mecklenb.-Schwerin.

I. H. die Herzogin Marie von Mecklenb.-Schwerin.

S. K. H. der Prinz Carl von Preussen.

S. K. H. der Prinz Albrecht von Preussen.

S. K. H. der Prinz Adalbert von Preussen.

S. K. H. der Prinz August von Württemberg.

S. H. der Herzog von Sachsen-Altenburg.

S. H. der Herzog von Anhalt.

S. H. der Herzog Paul von Mecklenb.-Schwerin.

S. H. der Herzog Elimar von Oldenburg.

S. D. der Fürst von Waldeck und Pyrmont.

S. D. der Fürst Reuss j. L.

S. D. der Erbprinz zu Hohenzollern.

S. K. H. der Prinz Friedrich Wilhelm von Preussen.

S. K. H. der Prinz Heinrich von Preussen.

Palastdame Gräfin v. Hacke.

General Feld-Marschall Graf v. Moltke.

Hofdame Gräfin von Brandenburg.

Fürst zu Fürstenberg.

Gräfin v. Alvensleben-Weteritz.

Fürst zu Hohenlohe-Langenburg.

Fräulein v. Below.

Herzog v. Ratibor.

Mecklenb. Hofdame Fräulein v. Heyden.

Fürst von Schönburg-Waldenburg.

Hofdame I. K. H. der Prinzessin Carl v. Preussen.

Fürst Anton Radziwill.

Hofdame I. K. H. der Prinzessin Friedrich Carl.

Fürst zu Carolath-Beuthen.

Fräulein v. Maltzan.

Russ. Kriegs-Min. Miljutin.

Oesterr. Cab.-Dir. v. Braun.

Russ. Ober-Kammerherr Graf Schuwaloff.

Oesterr. Botschafter Graf Karolyi.

Fürst Gortschakoff.

Fürst Bismarck.

Graf Andrassy.

Russ. Feld-Marsch. Graf Berg.

Oesterr. Gen.-Adj. Graf Bellegarde.

Russ. Botschafter v. Oubril.

Oesterr. Gen.-Adj. Graf Pejacsevich.

General Graf v. Roon.

Russ. W. G. R. Graf Korff.

General v. Zastrow.

Russ. Botsch. Fürst Orloff.

General Hann v. Weyhern.

Russ. General-Adjutant Graf Schouwaloff II.

General-Lieutenant v. Schwartzkoppen.

Russ. Geh. Rath Jomini.

Gen.-Lieut. v. Podbielski.

Russ. Leibarzt Dr. Karell.

Gen.-Lieut. Graf v. d. Goltz.

Russ. Gen. v. Hörschelmann.

General-Lieut. v. Stosch.

Russ. Gen.-Maj. Wojekoff.

Gen.-Lieut. v. Schön.

Russischer General Hall.

Gen.-Lieut. v. Schulz.

Russ. General Dochtouroff.

Gen.-Lieut. v. Maliszewski.

Engl. Militair-Bevollm. General Walker.

General-Lieut. Graf von Brandenburg II.

Eidgen. General Herzog.

Gen.-Lieut. v. Schweinitz.

Amerikanischer Oberst Pennypacker.

Gen.-Maj. Frh. v. Steinäcker.

Minister-Resid. Dr. v. Liebe.

Russ. Botsch.-Rth. Arapoff.

General v. Peucker.

Russ. General-Adjutant Graf Schuwaloff I.

General Frhr. v. Manteuffel.

Oesterr. Wirkl. Geh. Rath Frhr. v. Hofmann.

General v. Göben.

Russ. Gen. Adj. Tschertkoff.

General v. Holleben.

Russischer Hof-Marschall Graf Potocki.

General v. Ollech.

Russ. Geh. Rth. Hamburger.

General-Lieut. v. Kameke.

Russ. Contre-Adm. Bock.

Gen.-Lieut. Frhr. v. Loën.

Russ. Gen.-Major Rilejeff.

General-Lieut. v. Budritzki.

Russ. Gen.-Major Soltikoff.

General-Lieut. v. Pape.

Russ. Gen.-Maj. v. Brömsen.

Vice-Admiral Jachmann.

Ital. Gen.-Lieut. Gr. Petitti.

General-Lieut. Graf von Brandenburg I.

Engl. General Lord Straithnairn.

General-Lieut. v. Kessel.

Bayer. General-Major v. Diehl.

General-Major v. Werder.

Badischer Hof-Marschall Frhr. v. Gemmingen.

Oesterr. Botschafts-Rath Frhr. v. Münch.

Span. Milit.-Bev. de Cologan.

Franz. Milit.-Bev. Prinz Polignac.

Niederl. Oberst de Man.

Bayer. Milit.-Bev. Oberst Fries.

Oesterr. Milit.-Bev. Gf. Welsersheimb.

Württbg. Mil.-Bev. v. Faber du Faur.

Ital. Mil.-Bevollm. Chev. Mocenni.

Flügel-Adj. i. Dienst.

S. K. H. der Grossherzog von Sachsen.

I. H. die Fürstin zu Hohenlohe-Langenburg.

S. K. H. der Grossherzog von Oldenburg.

S. K. H. der Prinz Friedrich Carl von Preussen.

S. K. H. der Prinz Albrecht (Sohn) von Preussen.

S. K. H. der Prinz Wilhelm von Württemberg.

S. K. H. der Herzog Max Emanuel in Bayern.

S. H. der Herzog von Sachsen-Coburg-Gotha.

S. K. H. der Erbgrossherzog von Oldenburg.

S. H. der Herzog Wilhelm von Mecklenb.-Schwerin.

S. H. der Prinz Albert von Sachsen-Altenburg.

S. D. der Fürst von Lippe-Detmold.

S. D. der Fürst von Schaumburg-Lippe.

S. D. der Prinz Friedrich zu Hohenzollern.

Heinrich VII. Prinz Reuss.

Ober-Hofmeisterin Gräfin v. d. Schulenburg.

General Feld-Marschall Graf v. Wrangel.

Palastdame Gräfin v. Oriola.

Graf v. Redern.

Hofdame Gräfin v. Hohenthal.

Fürst zu Salm-Reifferscheid-Dyk.

Gräfin v. Brühl.

Prinz Biron v. Curland.

Badisches Ehrenfräulein Freiin v. Gayling.

Fürst zu Putbus.

Mecklenb. Hofdame Frl. v. Campz.

Fürst zu Salm-Reifferscheid-Krautheim.

Hofdame I. K. H. der Prinzessin Carl v. Preussen.

Graf zu Stolberg-Wernigerode.

Gräfin v. Schlieffen.

Fürst zu Hatzfeld-Trachenberg

Leibarzt Dr. v. Lauer.

Russ. Leibarzt Dr. Hirsch.

Gesandter v. Bülow.

Gesandter Frhr. Pergler v. Perglas.

Gesandter v. Könneritz.

Fürst v. Pless.

Fürst v. Lichnowski.

Mecklenb. Hofdame v. Witzleben.

Minister Frhr. v. Schleinitz.

Herzog v. Manchester.

Russ. General-Lieut. Graf Koutousow.

Badischer General-Lieut. Frhr. v. Neubronn.

Russ. Gen.-Lt. v. Schoultz.

Grossh. Sächs. Oberhofm. Graf v. Beust.

(Capellenseite.)

Besuch der Herrscher von Deutschland, Rußland
und Österreich-Ungarn im Großen Antilopenhaus
des Zoologischen Gartens am 8.9.1872.

politischen Verhandlungen mit dem russischen Reichskanzler Fürst Alexander Gortschakow und dem österreichisch-ungarischen Außenminister Graf Julius Andrássy. Aus Anlaß der Monarchenbegegnung wurden die Botschafter Österreich-Ungarns und Rußlands, Graf Alois Karolyi und Paul von Oubril, von Kaiser Wilhelm I. in den Hohen Orden vom Schwarzen Adler aufgenommen. Der Kaiser von Österreich verließ Berlin am 11.9.1872 vom Görlitzer Bahnhof aus und der Kaiser von Rußland am 12.9.1872 vom Ostbahnhof aus. In der Folge des Berliner Drei-Kaiser-Treffens sind mehrere Bündnisverträge zwischen dem Deutschen Reich, Österreich-Ungarn und Rußland abgeschlossen worden.

Der Berliner Kongreß

Das wichtigste diplomatische Ereignis in Berlin während der Kaiserzeit war der Kongreß im Sommer 1878 zur Beendigung des Krieges auf dem Balkan.

Vorgeschichte In den Türkenkriegen des Spätmittelalters war der Balkan unter osmanische Herrschaft geraten. Seither hatten die Völker des Balkans in vielen Aufständen versucht, ihre Unabhängigkeit wiederzugewinnen. Am 1.5.1876 begann ein Aufstand in Bulgarien, der von den Türken blutig niedergeschlagen wurde. Die türkischen Greueltaten riefen in ganz Europa eine Welle der Empörung hervor. Die Russen wollten die Aufstände nutzen, um im Sinne der Ideologie des Panslawismus ihre Herrschaft auf den Balkan auszudehnen. Den Deutschen war nach der Reichsgründung an friedlichen Zuständen in Europa und an der Bewahrung des Status Quo gelegen. Bismarck versuchte, einen Krieg zwischen den Verbündeten Österreich-Ungarn und Rußland um den Balkan zu verhindern. Vom 11. bis zum 14.5.1876 konferierten Bismarck, Gortschakow und Andrássy in Berlin über die Balkan-Frage. Man erzielte Einigkeit darüber, wie man vorzugehen habe, was im Berliner Memorandum vom 13.5.1876 vertraglich fixiert wurde. Gortschakow erwog den Plan einer großen europäischen Konferenz zur Regelung der Probleme auf dem Balkan. Die Einberufung dieser Konferenz nach Berlin war Bismarck unangenehm. In einem Schreiben vom 14.8.1876 an den Staatssekretär des Auswärtigen Amtes, Bernhard von Bülow, begründete er seine Skepsis: »An Deutschland würde Tag für Tag der Anspruch herantreten, zwischen den beiden feindlichen Gruppen des Kongresses das Schiedsrichteramt zu übernehmen, das Undankbarste, was uns zufallen kann; und da wir nicht geneigt sein können, von Hause aus und fest und rücksichtslos eine der beiden Partien zu ergreifen und festzuhalten, so hätten wir die beste Aussicht, daß unsere drei Freunde, Rußland, Österreich, England, den Kongreß in übler Stimmung für uns verließen, weil keiner so von uns unterstützt worden, wie er es erwartete. (...) Gerade weil wir die einzige wirklich uninteressierte Macht sind, die durch kein eigenes Interesse genötigt ist, sich zu einer der beiden Gruppierungen zu halten, würden wir allein die Verantwortlichkeit für den voraussichtlich üblen Erfolg des Kongresses zu tragen haben ...« In einer Rede vor dem Deutschen Reichstag sagte Bismarck am 5.12.1876, daß er »in dem Ganzen für Deutschland kein Interesse sehe, welches auch nur ... die Knochen eines einzigen pommerschen Musketiers wert wäre«. Die Russen griffen nach einer Verständigung mit den Österreichern in die Kämpfe auf dem Balkan militärisch ein und erklärten am 24.4.1877 der Türkei den Krieg. Nach erbitterten Kämpfen standen die russischen Truppen zu Beginn des Jahres 1878 vor Konstantinopel. Am 3.3.1878 wurde im Seebad San Stefano bei Konstantinopel ein Vorfriedensvertrag abgeschlossen. Darin erkannten die Türken die Unabhängigkeit Rumäniens, Serbiens und Montenegros an. Diese Regelungen lehnte Österreich-Ungarn ab, da es Unruhe in der eigenen slawischen Bevölkerung befürchtete, ebenso Großbritannien, das um die Freiheit der Seewege im östlichen Mittelmeer zu seinen Kolonien besorgt war. Ein Krieg der europäischen Großmächte war bedrohlich nahe. Da der österreichisch-ungarische Außenminister Andrassy diesen vermeiden wollte, forderte er die Einberufung einer Konferenz von Vertretern der Großmächte. In Sankt Petersburg war man bereit zu verhandeln. Die Wahl des Tagungsortes der Konferenz gestaltete sich kompliziert. Am 1.2.1878 sagte Gortschakow zum deutschen Botschafter in Sankt Petersburg, Lothar von Schweinitz: »Wird Wien oder London gewählt, so nehmen wir nicht teil; gegen Berlin hätte ich gar nichts einzuwenden.« Bismarck wünschte einen Ort, »wo alle großen Mächte Vertreter haben, welche zur Teilnahme an der Konferenz geeignet sind; wenn es nicht Wien ist, dann trotz der Unbequemlichkeit immerhin Berlin, eventuell auch Paris.« Hinsichtlich Berlins befürchtete er jedoch, daß er wegen der preußisch-russischen Freundschaft gedrängt werden könnte, Partei für Rußland zu nehmen. Die Russen favorisierten weiterhin Berlin. Schließlich ließ Bismarck ausrichten, der Deutsche Kaiser werde, geleitet von dem Wunsche, das Einvernehmen unter den Mächten zu fördern, der Abhaltung einer Konferenz in Berlin zustimmen. Die Briten willigten ein, unter der Bedingung, daß Bismarck den Vorsitz übernehmen würde. Der britische Botschafter in Berlin, Odo Russell, teilte dem Staatssekretär des Auswärtigen Amtes, Bernhard von Bülow, in einem Handbillet vom 8.3.1878 mit: »Die Regierung Ihrer Majestät hat die Österreichische Regierung davon benachrichtigt, daß sie sich gern mit der Verlegung der Konferenz nach Berlin einverstanden erklärt.« In einer Rede vor dem Deutschen Reichstag sagte Bismarck am 19.2.1878 zu seiner Kongreßdiplomatie: »Die Vermittelung des Friedens denke ich mir nicht so, daß wir nun ... den Schiedsrichter spielen ..., sondern ich denke mir sie bescheidener, ... mehr die eines ehrlichen Maklers, der das Geschäft wirklich zu Stande bringen will.« Bismarck war sich bewußt, daß ein Scheitern des Kongresses dem Ansehen des Deutschen Reiches schaden würde. Deshalb verlangte er eine grundsätzliche Einigung der streitenden Mächte, bevor er die Einladung zum Kongreß aussprach. Die Grundlage des Berliner Kongresses sollte die Überprüfung des Vorfriedensvertrages von San Stefano bilden. Die Russen erklärten sich bereit, alle Bestimmungen des Vertrages von San Stefano zu erörtern. Die Franzosen spielten auf dem Berliner Kongreß wegen des verlorenen deutsch-französischen Krieges nur eine passive Rolle. Italien war in Berlin zum ersten Mal seit seiner staatlichen Einigung auf einem internationalen Kongreß vertreten. Am 3.6.1878 übermittelten die deutschen Botschafter bei den Regierungen Österreich-Ungarns, Rußlands, Großbritanniens, Frankreichs, Italiens und der Türkei die offiziellen Einladungen zum Berliner Kongreß, dessen Beginn auf den 13.6.1878 festgesetzt wurde. Der Kongreßauftakt war davon überschattet, daß kurz zuvor in Berlin zwei Attentate auf Kaiser Wilhelm I. verübt wurden und dieser dabei schwer verletzt wurde. Er konnte daher an den Kongreßveranstaltungen nicht teilnehmen und ließ sich von seinem Sohn, dem Kronprinzen Friedrich Wilhelm, vertreten.

Tagungsort des Berliner Kongresses war das Reichskanzlerpalais in der Wilhelmstraße. Über die Formalitäten vor dem offiziellen Beginn berichtete der nominierte Generalsekretär des Kongresses, Joseph Maria von Radowitz, in seinen Erinnerungen: »Es war abgemacht, daß von jedem der vertretenen Staaten drei Bevollmächtigte mit Stimmrecht am Kongresse teilnehmen sollten, so daß im ganzen ... einundzwanzig eigentliche Kongreßmitglieder hätten tagen müssen. Da aber Italien den dritten nicht ernannte und sich nur von zwei vertreten ließ, blieb während der Dauer des Kongresses ihre Gesamtzahl zwanzig. Eine Frage, die sich daran anknüpfte, war die Rangordnung unter den Bevollmächtigten. Wir betrachteten es, vom Standpunkte des Völkerrechts, als unzweifelhaft, daß die in Berlin akkreditierten Botschafter, als die unmittelbaren Vertreter der Personen ihrer Souveräne, vor jedem anderen ihrer Landsleute, auch vor ihrem hierarchischen Vorgesetzten, den Vortritt haben müßten, es sei denn, daß sie selbst den entgegengesetzten Wunsch aussprächen. Demgemäß machte ich, im Auftrage des Fürsten Bismarck, allen Botschaftern einen Besuch, um unseren Standpunkt ihnen gegenüber festzustellen, worauf ein jeder von ihnen sich beeilte, unter Anerkennung des Prinzips, für die Dauer der Anwesenheit der betreffenden Minister ihrer Länder diesen den Rang zu zedieren und darum zu bitten, sie selbst immer nur als zweite Bevollmächtigte aufzuführen. Das ist dann geschehen. Für jeden der Bevollmächtigten wurden, solange der Kongreß beisammen blieb, zwei soldatische Ehrenposten gestellt. Der untere Teil der Wilhelmstraße sah infolgedessen wie ein militärisches Lager aus: die doppelten Schilderhäuser prangten vor Nummer 61, dem Hause des Staatssekretärs, dann am Kaiserhof, am Reichskanzlerpalais, vor der italienischen Botschaft, der englischen Botschaft, dem Hotel Royal und außerdem, wie immer, vor dem Palais der Prinzen Karl und Alexander. Ebenfalls standen Schildwachen Unter den Linden bei der österreichischen Botschaft im Blücherschen Hause, bei der französischen, der russischen Botschaft und am British Hotel. (...) Diese Posten sollten übrigens nicht nur zur besonderen Ehrenbezeugung dienen, sondern auch nach außenhin es vergegenwärtigen, daß für den persönlichen Schutz der einzelnen Bevollmächtigten in wirksamster Weise gesorgt wurde. Wir hatten in der Tat nach den Eindrücken der zwei Kaiserattentate und auf Grund vielfacher Warnungen und Anzeigen, die der Polizei zugingen, nicht geringe Angst wegen unserer Verantwortung in dieser Beziehung und einen ausgedehnten Überwachungsdienst organisiert. (...) Die Fühlung mit der Polizeibehörde gehörte auch mit zu meinen Pflichten als Generalsekretär des Kongresses, ich empfing regelmäßige Meldungen von einem der Polizeioffiziere, die die Überwachung leiteten. Es scheint, nach sehr vertraulichen Notizen, die mir dadurch zugingen, daß einige der Herren, deren Namen ich aber auch jetzt noch mit amtlicher Diskretion glaube verschweigen zu müssen, es nicht immer leicht machten, ihnen auf der Spur zu bleiben, um sie gegen mögliche Angriffe oder Belästigungen zu schützen. Sie sollen in stillen Nachtstunden ganz wie gewöhnliche und jüngere Sterbliche den Abenteuern der großen Stadt nachgezogen sein – und so viel steht fest, daß unsere Polizei heilfroh war, als alle diese ihre Schutzbefohlenen ohne Unfall erst wieder von Berlin sich entfernt hatten.«

Neben den politischen Großmächten war noch eine andere Großmacht in Berlin vertreten, die Presse. Dazu schrieb Radowitz: »Selbstverständlich war sie aus aller Herren Länder zusammengeströmt und bildete neben dem anderen ihren eigenen Kongreß. Darin gab es noch größere Rang- und Machtunterschiede wie unter den

Diplomaten. (...) Herr Opper aus Blowitz ... stand, als der Mann der ›Times‹, an der Spitze ... aller fremden Kongreßjournalisten.« Heinrich Georg Stefan Opper, »der vom Anfang seiner Anwesenheit in Berlin einen Telegraphendraht nach London für die Stunden von 10 Uhr abends bis 3 Uhr morgens für sich allein gemietet hatte«, war einer der ersten Journalisten, der mit Monarchen, Politikern und Diplomaten Interviews führte, so auch mit Bismarck. Opper wurde deshalb als »König der Reporter« und »Erfinder des Interviews« bezeichnet. Sein Meisterstück gelang ihm auf dem Berliner Kongreß: der Vertrag wurde zur selben Stunde, als er in Berlin unterzeichnet wurde, in der »Times« veröffentlicht. Zum Stadtbild in jenen Tagen stand im »Berliner Tageblatt« zu lesen, »daß sich die Promenade ›Unter den Linden‹ trotz des Kongresses wenig von ihrer Werkeltagsphysiognomie unterscheide. Daß sich in Berlin indeß doch eine große Aktion vollziehen muß: das ist für den Habitué des oberen Salons des Kafé Bauer sofort erkennbar. Hier tagt nämlich der Kongreß – der fremden Journalisten. Wie man weiß, ist die Anzahl der zur Zeit in Berlin anwesenden verschiedenen ›our owns‹ keine geringe. Namentlich des Nachmittags von 3 – 6 Uhr entwickelt sich in dem stilvoll dekorirten, behaglichen Lesesalon ein überaus fesselndes Treiben. Die Thatsache, daß man dort eine derartig reiche Auswahl heimischer und ausländischer Zeitungen und Revuen vorfände, wie fast an keiner anderen Stelle Berlins, wurde unter den auswärtigen Journalisten sehr bald bekannt. Und sie benutzen diese wahrhaft großstädtische Einrichtung.«

Die Kongreßteilnehmer Auf dem Berliner Kongreß waren sieben Nationen vertreten, sechs von ihnen entsandten jeweils drei Delegierte, die siebente, Italien, nur zwei. Meist reisten die Regierungschefs bzw. Außenminister der Kongreßnationen an, dazu kamen die in Berlin akkreditierten Botschafter. Für das Deutsche Reich nahmen am Kongreß teil: Reichskanzler Otto von Bismarck, der Staatssekretär des Auswärtigen Amtes, Bernhard von Bülow, und der deutsche Botschafter in Paris, Fürst Clodwig zu Hohenlohe-Schillingsfürst. Österreich-Ungarn wurde durch Außenminister Graf Julius Andrassy, den Botschafter in Berlin, Graf Aloys Karolyi, und den Botschafter in Rom, Freiherr Heinrich von Haymerle, vertreten. Für Frankreich nahmen teil, Außenminister William Henri Waddington, der Botschafter in Berlin, Graf Charles Raymond von Saint Valier, und Staatsrat Felix Hippolyte Desprez. Großbritannien wurde vertreten durch Premierminister Benjamin Disraeli Graf von Beaconsfield, Außenminister Robert Arthur Talbot Gascoyne Cecil Graf von Salisbury und den Botschafter in Berlin, Odo Russell. Für Italien nahmen teil: Außenminister Graf Luigi Corti und der Botschafter in Berlin, Graf Edoardo von Launay. Rußland wurde vertreten durch Reichskanzler Alexander Gortschakow, den Botschafter in London, Graf Peter Schuwalow, und den Botschafter in Berlin, Paul von Oubril. Von der Türkei wurden nur Vertreter zweiten Ranges nach Berlin entsandt, Arbeitsminister Alexander Karatheodory Pascha, einen Griechen nach Herkunft und Glauben, und Feldmarschall Mehemed Ali Pascha, der eigentlich Karl Detroit hieß, aus Magdeburg stammte und nach einem abenteuerlichen Leben in Konstantinopel zum Islam übergetreten war. Im türkischen Heer war er zum General avanciert und war einer der erfolgreichsten Befehlshaber im Krieg gegen die Serben und gegen die Russen gewesen. Zur Entsendung der türkischen Bevollmächtigten berichtete das »Berliner Tageblatt«, sie hätten sich das Reisegeld in Höhe von 1500 Livres bei einem »Banquier gegen hohe Zinsen und dreifache Sicherheit« leihen müssen, obwohl zur gleichen Zeit für den Harem des Sultans zwei Sklavinnen zum Preis von je 2 000 Livres angekauft worden seien. Dritter türkischer Kongreßteilnehmer war der Botschafter in Berlin, Sadullah Bey. Allen Delegationen waren zahlreiche Sekretäre, Berater und Militärsachverständige zugeordnet, so daß etwa 100 offizielle Teilnehmer zusammenkamen. Joseph Maria von Radowitz, der deutsche Gesandte in Athen, leitete das Sekretariat des Kongresses.

Der Beginn des Kongresses Über den Beginn des Kongresses am 13.6.1878 berichtete das »Berliner Tageblatt«: »Die Hauptstadt des jungen deutschen Reiches hat selten höhere Ehren genossen, denn in diesen Tagen. Sie ist der Sitz eines erlauchten Kollegiums von Diplomaten geworden, die gekommen sind, um über die Sünden und Missethaten, deren Schauplatz seit Jahren der Osten Europas gewesen, ihr Urtheil zu sprechen. Die stille und einfache Wohnstätte des deutschen Reichskanzlers hat sich zu einem großartigen Gerichtssaal entwickelt, in welchem sich heut zur ersten Sitzung die leitenden politischen Größen Europas zusammenfinden, um in gemeinsamen Berathungen über das fernere Schicksal der Türkei das Loos zu werfen. (...) Im Empfangszimmer erwartete Fürst Bismarck in der bekannten Generalsuniform seines pommerschen Kürassierregiments in Gegenwart des Staatsministers von Bülow, des deutschen Botschafters in Paris, Fürst Hohenlohe-Schillingsfürst und des Grafen Herbert Bismarck, welcher die Dragonerlieutenants-Uniform trug, die diplomatischen Vertreter der auswärtigen Regierungen. Zunächst erschien Graf Andrassy in der blauen Uniform der Honved-Husaren, begleitet von Baron Haymerle, einige Minuten später Earl Beaconsfield im dunkelblauen Diplomatenfrack mit Goldlitzen, nebst Lord Salisbury. Nach und nach stellten sich die übrigen Delegierten, Minister Waddington, Graf St. Valier, Graf Corti u.s.w., sämmtlich in Gala ein. Zuletzt, einige Minuten nach 2 Uhr, fuhren Fürst Gortschakoff und Graf Schuwaloff vor, letzterer in der grünen russischen Generalsuniform. Fürst Gortschakoff, der greise kranke Staatsmann, dessen Züge von den Strapazen der weiten Reise sichtlich angegriffen waren, wurde von zwei Kammerdienern aus der königlichen Equipage gehoben und mittelst einer Tragbahre nach dem Empfangszimmer getragen. Hier trat Fürst Bismarck seinem Kanzler-Kollegen entgegen, reichte ihm im Beisein sämmtlicher Kongreßmitglieder herzlich beide Hände und gab ihm, nachdem der russische Kanzler aus der Tragbahre gehoben war, seinen rechten Arm. An der Seite des Fürsten Bismarck, und unterstützt vom russischen Botschaftssekretär Graf Arapoff, wurde Fürst Gortschakoff in den Kongreßsaal geführt. (...) Kurz vor $2^1/_2$ Uhr wurde die erste und konstituierende Sitzung eröffnet. In dem Moment, als die erlauchten Herren am Kongreßtische ihren bestimmten Platz ... eingenommen hatten, wurde auf dem Dache des Reichskanzlerpalais über dem Wappen die offizielle deutsche Reichsflagge aufgehißt, welche so lange dort verbleiben wird, als der Kongreß währt.« Indem er sich vom Präsidentenstuhl erhob, eröffnete Fürst Bismarck die Sitzung im Namen des Kaisers mit einer Anrede in französischer Sprache. »Graf Andrassy ergriff nun das Wort, um als Vertreter derjenigen Macht, welche den Kongreßgedanken zuerst angeregt hatte, die Übertragung des Präsidiums auf Fürst Bismarck zu befürworten. Begründet wurde der Vorschlag mit dem Hinweise darauf, daß es Deutschlands Hauptstadt sei, welche dem Kongreß Gastfreundschaft gewähre, und daß deshalb dem ersten Bevollmächtigten Deutschlands der Vorsitz gebühre. Doch sei in diesem Falle nicht nur die Gewohnheit maßgebend, sondern es handle sich um die Anerkennung der Verdienste des großen Staatsmannes.«

In der Abend-Ausgabe der »National-Zeitung« vom 13.6.1878 stand über den Beginn des Berliner Kongresses: »Die sonst so stille und beschauliche Wilhelmstraße trug heute gegen zwei Uhr ein etwas erregteres Gepräge. In der Nähe des Reichskanzlerpalastes hatten sich ein paar hundert Menschen zusammengefunden, die der Dinge harrten, die den Zusammentritt des Kongresses bezeichnen sollten. Es war freilich kein Publikum gewöhnlicher Art, was sich dort zusammengefunden hatte; sein Hauptgepräge erhielt es von den Vertretern der siebenten Großmacht, der Presse, die bei dieser Zusammenkunft absolut vor das Thor verbannt ist. Dem Anschein nach zu urtheilen ist die Journalistik in ganz ungewöhnlicher Weise qualitativ und quantitativ vertreten, so daß bereits das Witzwort cirkulirte, es sei ein Kongreß von Journalisten, bei dem auch einige Diplomaten erschienen wären. (...) Um zwei Uhr wurde die Cirkulation zu Fuße vor dem Reichskanzlerpalast gehemmt, und die Auffahrt der Kongreßgesandten begann. Weder durch Pracht der Equipagen, noch der Livreen, noch durch irgend eine sonstige Aeußerlichkeit zeichnete sich diese Auffahrt aus. In geschlossenen Wagen sah man die Spitzen der europäischen Kabinette in die Thore des Palastes hineinrollen; nur hier und da gelang es, eine der einfahrenden Persönlichkeiten zu entziffern. Die Bevollmächtigten waren in großer Uniform und auch schon deshalb schwerer zu erkennen. (...) Anscheinend wird sich das Wort des Reichskanzlers bewähren, der bereits vor einiger Zeit erklärte: man mache sich übertriebene Vorstellungen von dem, was dieser Kongreß mit sich bringt. Die Sache beschränke sich darauf, daß ein Dutzend und mehr ältere Herren in maßgebenden Stellungen, welche ruheliebend und ruhebedürftig sind, zusammenkommen, um zunächst möglichst geheim zu haltende Verhandlungen zu pflegen; für die Erwartungen des Publikums bezüglich Aeußerlichkeiten stehe daher eine große Enttäuschung bevor. (...) Die Thatsache, daß von dem Ausgang dieser Berathungen der Friede der Welt und das Schicksal von Unzähligen abhängt, giebt allerdings dieser äußerlich unscheinbaren Zusammenkunft ein so tiefes und spannendes Interesse, daß jede andere Betrachtung zurücktritt. Eine kurze Zeit nachdem der letzte Wagen in das Portal einpassirt war, erhob sich stolz und langsam über dem mittleren Pavillon des Reichskanzlerpalastes die deutsche Flagge.

Der Kongreß von Berlin war eröffnet.«

Am Abend des Eröffnungstages gab Kronprinz Friedrich Wilhelm in Vertretung seines Vaters ein Gala-Diner für die Kongreßteilnehmer im Weißen Saal des Stadtschlosses. Für Unterhaltung sorgte die Kapelle des zweiten Garderegiments zu Fuß.

Der Kongreßverlauf Der Berliner Kongreß tagte vom 13.6.1878 bis zum 13.7.1878 in 20 Plenarsitzungen, die jeweils 2 bis 3 Stunden dauerten. Dazu kamen vertrauliche Besprechungen, Einzelgespräche, sowie Sondersitzungen. Verhandlungssprache war Französisch. Nur Premierminister Beaconsfield sprach Englisch, »teilweise aus englischem Nationalstolz, theilweise auch aus – grammatikalischen Rücksichten!«, wie das »Berliner Tageblatt« berichtete. Nach dem Vorbild des Wiener Kongresses legten die Bevollmächtigten nur bei der Eröffnungssitzung und bei der Schlußzusammenkunft »große Uniform« an, und tagten sonst im einfachen Gehrock. An den Abenden gaben der Reichskanzler und die Botschafter der Großmächte abwechselnd Diners und Soireen für die Kongreßteilnehmer. Gräfin Maximiliane von Oriola, die Tochter von Achim und Bettina von Arnim und Schwiegertochter des portugiesischen Gesandten in Berlin, schrieb in einem Brief vom 5.7.1878 an ihren Sohn Joachim: »Wir haben jetzt hier eine höchst merkwürdige Zeit durch den Kongreß. Man lernt dabei die bedeutendsten Männer aus allen Ländern kennen. Die britische und die österreichische Botschafterin Lady Russel und Gräfin Karolyi geben jede Woche Routs für den ganzen Kongreß ... Man sieht da eine so bunte Gesellschaft, daß man meint, auf einem Maskenfest zu sein: die Armenier in ihren schwarzen Gewändern und Kapuzen, die Montenegrinerfürsten in ihrer brillanten Tracht, den Perser mit hoher schwarzer Pelzmütze, Mehemed Ali mit rotem Bart, der aber als geborener Magdeburger ein sehr gemütliches Deutsch spricht.« Einer der Chiffreure soll analog dem Kongreß von Wien den Spruch geprägt haben: »Le congres dine, mais il ne digere pas!« (Der Kongreß verzehrt, aber verdaut nicht!)

Bismarcks Kongreßdiplomatie Bismarck dominierte in der deutschen Delegation und bestimmte auch den Kongreß insgesamt. Seine sichere Beherrschung der französischen und englischen Sprache gereichten ihm zum Vorteil. Beaconsfield verstand kaum Französisch und sprach, ohne vorher das Einverständnis seiner Kollegen einzuholen, erstmalig in der Kongreßdiplomatie Englisch. Gortschakow verstand dagegen nicht ausreichend Englisch, was er aber aus Eitelkeit nicht eingestand. So kam es in der ersten Sitzung zu einem bemerkenswerten Aneinandervorbeireden zwischen Beaconsfield und Gortschakow. Bismarck setzte als Prinzip durch, daß die Minderheit nicht gezwungen werden dürfe, sich einer Entscheidung der Mehrheit zu unterwerfen. Er legte also für alle inhaltlichen Beschlüsse des Kongresses das Prinzip der Einstimmigkeit fest. Damit wollte er verhindern, daß die Russen durch Majorisierung brüskiert würden. Bismarck sorgte dafür, daß die Verhandlungen zügig vorangingen und Detailfragen aus dem Plenum herausblieben. War die volle Übereinstimmung im ersten Anlauf nicht zu erreichen, ließ er vertagen und die Probleme in gesonderten Unterkommissionen und Besprechungen zur Beschlußfassung vorbereiten. Bismarck hatte ursprünglich mit einer erheblich kürzeren Kongreßdauer gerechnet und drängte auf einen raschen Abschluß, zumal er wegen einer Gürtelrosenerkrankung zur Kur nach Bad Kissingen fahren wollte.

Der spezielle Beratungsmodus Da der Berliner Kongreß formal nur die Bestimmungen des Vorfriedens von San Stefano revidierte, bestand die Beratung im Durchgehen und Verändern der einschlägigen Artikel oder Artikel-Komplexe. Anstatt die Punkte nacheinander durchzugehen, setzte Bismarck den Modus durch, daß die schwierigste Frage, das Thema Bulgarien, zu Beginn behandelt wurde. Würde der Kongreß hierüber scheitern, so meinte er, dann eben mit einem Minimum an Zeit- und Kraftaufwand. War umgekehrt erst einmal Einigung über die Bulgarien-Frage erzielt, so war zu erwarten, daß der Kongreß nicht über untergeordnete Fragen platzen würde.

Bismarck und die türkische Delegation Auf Verzögerungen durch detaillierte Erörterungen reagierte Bismarck ungeduldig, vor allem gegenüber den Türken, die als Besiegte den schwierigsten Stand hatten. Bei den Türken erschien Bismarck in Uniform und Helm, was diese als Unterstreichung des offiziellen Charakters der Un-

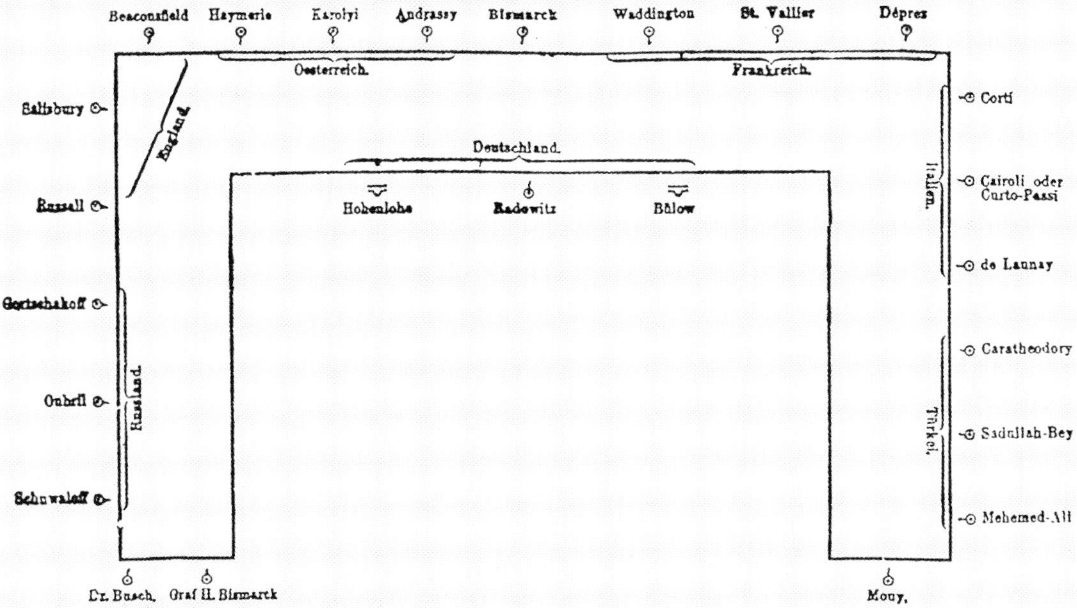
Beaconsfield
Haymerle
Karolyi
Andrassy
Bismarck
Waddington
St. Vallier
Dépres
Oesterreich.
Frankreich.
Salisbury
England
Russell
Deutschland.
Hohenlohe
Radowitz
Bülow
Corti
Italien.
Cairoli oder Curto-Passi
de Launay
Gortschakoff
Oubril
Russland
Schuwaloff
Caratheodory
Türkei.
Sadullah-Bey
Mehemed-Ali
Dr. Busch,
Graf H. Bismarck
Mouy,

terredung mit einschüchternder Wirkung auffaßten. Die osmanische Delegation sah sich in der Rolle des internationalen Prügelknaben. Die Mächte gingen fast völlig über türkische Einwände hinweg, die besonders für Bismarck nur lästige Verzögerungen waren. Da die Türken häufig um Anweisung ihrer Regierung bitten mußten, wandte Bismarck vor allem ihnen gegenüber das Prinzip der diplomatischen Elastizität an, d. h. er ließ das Protokoll zu dem strittigen Punkt offen und veranlaßte, daß die endgültige türkische Stellungnahme nachträglich ins Protokoll aufgenommen wurde. Bismarck mokierte sich im vertrauten Kreis über die türkische Delegation. Darüber berichtete der Bevollmächtigte Hohenlohe in seinen Erinnerungen: »Der Reichskanzler gab seiner Mißstimmung über die türkischen Bevollmächtigten Ausdruck und erzählte, daß er ihnen offen gesagt habe, die Türkei irre sich, wenn sie glaube, daß ihr ein Vorteil daraus erwachse, wenn der Kongreß ohne Resultat verlaufe. Ein Krieg werde nur dazu führen, daß sich die Mächte nach dessen Beendigung auf Kosten der Türkei verständigen würden. Als nachher davon die Rede war, daß Bismarcks großer Hund einen Minister angeknurrt habe, sagte der Kanzler: ›Der Hund ist in seiner Dressur nicht fertig. Er weiß nicht, wen er beißen soll. Wenn er es wüßte, würde er die Türken gebissen haben.‹ Daß man Mehemet Ali geschickt hat, hält der Kanzler für

Linke Seite oben:
Arbeitssitzung des
Berliner Kongresses 1878

Linke Seite Unten:
Sitzordnung beim
Berliner Kongreß 1878

Unten:
Die schwierigsten Fragen des Berliner Kongresses
regelte Bismarck im kleinen Kreis.
Der Holzschnitt zeigt Bismarck (mit Vollbart)
zusammen mit den Regierungschefs Rußlands,
Großbritanniens und Österreich-Ungarns
auf dem Gartenbalkon des Reichskanzlerpalais.

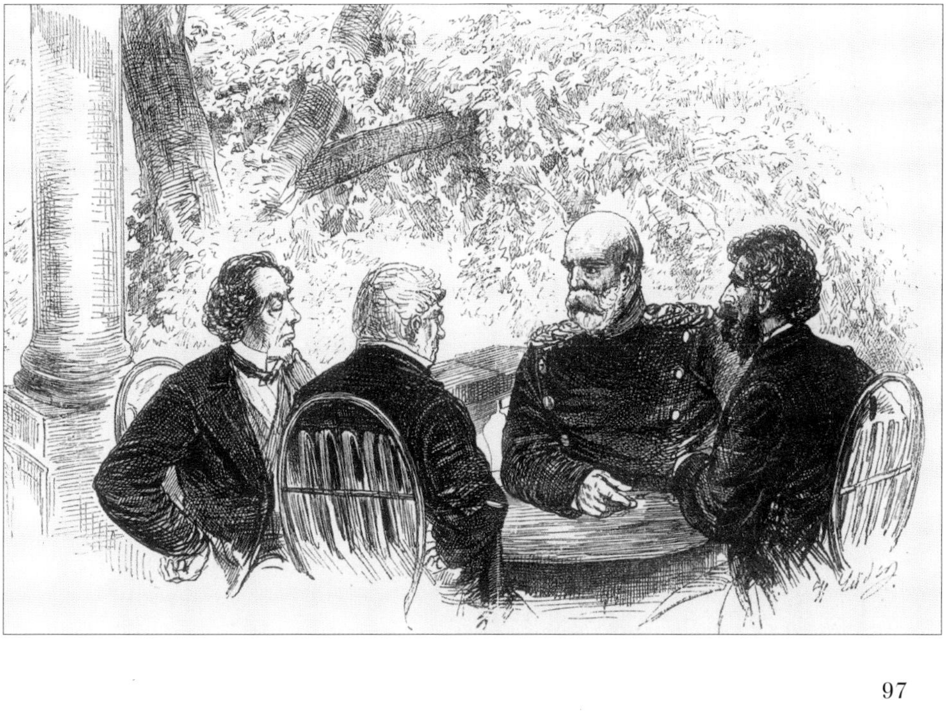

eine Taktlosigkeit. Bei der Besprechung der Frage, ob Karatheodory Christ sei, meinte er: ›Am Ende ist der Magdeburger der einzige Muselmann unter den dreien.‹« Gegen Ende des Kongresses hatte aber selbst Bismarck einigen Respekt vor der taktvollen und intelligenten Haltung von Karatheodory Pascha gewonnen, so daß er gelegentlich türkische Anträge nicht abschmettern ließ. Insgesamt war aber eine Isolation der Türken auf dem Kongreß festzustellen.

Festlichkeiten am Rande des Kongresses Am 22.6.1878 gab der Vorstand des Aktien-Vereins des Zoologischen Gartens ein großes Fest für die Kongreßteilnehmer im Zoo. Am Abend erhellte bengalische Beleuchtung das Treiben. An der Neptungrotte wurde ein prächtiges Feuerwerk abgebrannt.

Am 8.7.1878 waren sämtliche Kongreßteilnehmer vom Kronprinzenpaar nach Potsdam geladen. Darüber war in der »Post« zu lesen: »Die Gäste begaben sich Nachmittags 3 Uhr per Extrazug nach Wannsee, woselbst sie auf der bereit liegenden königlichen Yacht vom kronprinzlichen Paare in huldvollster Weise empfangen wurden. Von den malerischen Ufern des herrlichen Sees und durch die weiten Buchten der Havel ging die Fahrt an der Pfaueninsel entlang nach Schloß Babelsberg, wo bereitstehende Equipagen die hohen Herrschaften erwarteten. Die meisten der fremden Diplomaten waren im höchsten Grade überrascht über die Fülle landschaftlicher Schönheit, mit welcher die gütige Natur die sonst so verrufene Mark ausgestattet hat; erschien ihnen Berlin schon besser und schöner als sein Ruf: auf dem hügelumrahmten Wasserspiegel der Havel legten sie auch das Vorurtheil ab, das sie gegen die Streusandbüchse des deutschen Reiches noch gehegt. Von Babelsberg aus fand alsdann eine Rundfahrt durch die königlichen Gärten statt, welche im frischesten Grün und reichsten Blumenschmuck prangten; die Fontänen warfen ihre perlenden Strahlen in die Höhe, auch die Sonne sandte dann und wann trotz der schweren Regenwolken einen freundlichen Gruß durch das grüne Blätterdach. Ein äußerst zahlreiches Publikum säumte die Fahrstraßen und kargte nicht mit seinen Huldigungen dem kronprinzlichen Paare und mit seiner Neugier gegenüber den Kongreßmitgliedern. In Sanssouci war das Diner für die hohe Gesellschaft hergerichtet. Seit mehr als zwanzig Jahren waren diese Räume verwaist; heute erhielten sie neue, gewissermaßen ihre deutsche Weihe. Empfing doch in denselben Räumen, in denen Friedrich der Große und Friedrich Wilhelm IV. so gern und oft geweilt, und in denen sich so mancher schicksalsschwere Vorgang für Preußen abspielte, ihr glorreicher Nachfolger als Erbe der deutschen Kaiserkrone die Vertreter Europas.«

Der Abschluß des Kongresses Am 13.7.1878 begann um 15.00 Uhr die letzte Sitzung des Berliner Kongresses. Die auf Pergament gedruckten Verträge wurden von den Sekretären der betreffenden Botschaften mit Bändern in den verschiedenen Landesfarben geschmückt. Dann drückten sie unter die Verträge die Privat-Siegel aller Bevollmächtigten. Die Verträge umfaßten zwölf Seiten. Die Einbanddecke war von feinstem rotbraunem Samt, die innere Ausstattung von weißer Moiree-Seide. Nach der Unterzeichnung ergriff Graf Andrassy das Wort, um im Namen aller Kongreß-Bevollmächtigten dem Fürsten Bismarck den herzlichsten Dank auszusprechen. Schließlich verteilte Fürst Hohenlohe noch ein Gedicht in lateinischer Sprache, von dem Literaten Gustav Schwetschke aus Halle.

Gaudeamus Congressibile.

Gaudeamus igitur
Socii congressus,
Post dolores bellicosos,
Post labores gloriosos,
Nobis fit decessus.

Ubi sunt, qui ante nos
Quondam consedere.
Viennenses, Parisienses
Tot per annos, tot per menses.
Frustra decidere.

Mundus heu! vult decipi;
Sed non decipiatur,
Non plus ultra inter gentes
Litigantes et frementes
Manus conferatur.

Vivat Pax! et comitent
Dii nunc congressum
Ceu Deus ex machina
Ipsa venit Cypria
Roborans successum.

Pereat discordia!
Vincat semper litem
Proxenetae probitas*)
Fides, spes et charitas,
Gaudeamus item!

Das Kongreß-Gaudeamus.

Freude strahle hehr und hell
Uns Kongreß-Genossen,
Nach des Krieges Schmerzensthaten
Und nach rühmlichem Berathen
Ist das Werk geschlossen.

Sagt, wo sind, die einst vor uns
Sich vereint gefunden,
Die am Donaustrand vor Jahren
Und am Strand der Seine waren,
Längst sind sie verschwunden.

Gern getäuscht sein will die Welt,
Doch so sei's mit nichten,
Nicht mehr sollen Land gen Land
Mit den Waffen in der Hand
Ihren Hader schlichten.

Hoch der Friede! Unsern Bund
Mögen Götter schützen,
Und urplötzlich, siehe da!
Nahet selbst sich Cypria,
Unser Werk zu stützen.

Nieder mit dem Zwietrachtsgeist!
Immer, so wie heute
Banne „Makler's Ehrlichkeit",
Hoffnung, Glaub' und Lieb' den Streit;
Freude stets und Freude!

Der Kongreßtisch wurde von der Herstellerfirma Prächtel dem Märkischen Museum zum bleibenden Gedächtnis des denkwürdigen Ereignisses als Geschenk verehrt. Am Abend gab Kronprinz Friedrich Wilhelm ein Abschiedsdinner im Weißen Saal des Berliner Stadtschlosses. Für Unterhaltung sorgte die Kapelle des Kaiser-Franz-Garde-Grenadier-Regiments.

In den Geschäftsbüchern der Berliner Hotellerie wurde der Berliner Kongreß mit goldenen Lettern eingetragen. Die englische Delegation bewohnte im »Hotel Kaiserhof« allein 63 Zimmer. Ihre Gesamtrechnung betrug etwa 40.000,– Goldmark. Nach der Abreise der Diplomaten stand im »Berliner Tageblatt« zu lesen: »Die Wilhelmstraße hat wieder ihre Alltags-Physiognomie angenommen. Nicht mehr wie lange vier Wochen hindurch flattert feierlich von der Zinne des Reichskanzler-Palais das deutsche Reichsbanner in den Lüften; am Auswärtigen Amt und Kaiserhof sind die schwarzweißen Schilderhäuser eingezogen und wo die Gehäuse noch stehen, patrouilliren vor ihnen nicht mehr Wachtposten und Schutzmann; nicht halten mehr draußen in langer Reihe die Galawagen der Deputirten; das mächtige Aufgebot von Schutzmannschaft, das zur Sitzungszeit die Gegend unnahbar machte, hat sich verflüchtigt; frei ist wieder die Bahn!«

Reaktionen auf den Berliner Kongreß Nach dem Berliner Kongreß verschlechterten sich die deutsch-russischen Beziehungen deutlich. In einem Gespräch mit dem Gesandten Radowitz Anfang August 1878 erzählte Graf Peter Schuwalow, er habe bei seiner Ankunft in Petersburg den Kaiser Alexander II. von Rußland verbittert über die Ergebnisse des Kongresses vorgefunden. Der Kaiser habe die Kongreßtätigkeit als eine europäische Koalition gegen Rußland unter Führung des Fürsten Bismarck bezeichnet. In einem Schreiben vom 8.8.1879 berichtete der deutsche Botschafter aus Sankt Petersburg an Bismarck, der Kaiser von Rußland habe »die Möglichkeit des Aufhörens unserer 100jährigen Freundschaft mit dem Namen Euerer Durchlaucht in Verbindung« gebracht. Bismarck beklagte sich über die russische Undankbarkeit in einem langen Brief vom 7.9.1879 an Kaiser Wilhelm I.: »Der ganze Kongreß ist nur auf Rußlands Antrag und im Interesse Rußlands von uns berufen worden. Noch schwer krank, habe ich in Friedrichsruh den dringenden Bitten, die Graf Schuwalow mir im Namen des Kaisers überbrachte, nachgegeben und meiner Gesundheit die Gewalt angetan, den Kongreß zu leiten, der ohne mich an jedem Tage Schiffbruch erlitten hätte. Ich habe dies getan, obschon ich Euerer Majestät wiederholt meine Befürchtung ausgesprochen hatte, daß ein Kongreß uns in die schwierige Lage bringen werde, zwischen unseren Freunden lavieren, vielleicht optieren zu müssen. Ich habe es getan in der Hoffnung, die erkaltende Freundschaft Rußlands neu zu beleben ... (...) Rußland hätte erwartet, daß Deutschland auch Rußlands Kriege führe ...« In einer Rede vor dem Deutschen Reichstag am 6.2.1888 sagte Bismarck, er habe seine Rolle »ungefähr so aufgefaßt, als wenn ich der vierte russische Bevollmächtigte gewesen wäre auf diesem Kongreß ...«.

Historische Wirkung des Berliner Kongresses Der Berliner Vertrag vom 13.7. 1878 regelte die Aufteilung des Balkans, allerdings mit willkürlichen Grenzziehungen, die verhängnisvolle Folgen haben sollten. Das Osmanische Reich blieb territorial verkleinert erhalten. Für die südslawischen Nationalbewegungen brachte der Berliner Kongreß den ersten völkerrechtlich anerkannten Durchbruch zur vollen Souveränität. Auf dem Berliner Kongreß wurde ein Krieg der Großmächte dank der klugen Kongreßdiplomatie des deutschen Reichskanzlers und dem guten Willen aller Beteiligten abgewendet. Doch 35 Jahre später sollte sich an dem weiter schwelenden Balkan-Konflikt der größte bis dahin geführte Krieg entzünden, denn 1914 unterlagen die Politiker und Diplomaten den kriegsbereiten Militärs.

Das Kongreßbild Die Stadt Berlin hatte für die Kongreßteilnehmer einen festlichen Empfang im Rathaus geben wollen. Doch Bismarck lehnte die Einladung wegen des dicht gedrängten Programms ab. Daraufhin wurde vom Magistrat beschlossen, ein Gemälde zur Erinnerung an das historische Ereignis des Kongresses in Auftrag zu geben. Der Historienmaler Anton von Werner übernahm diese Aufgabe. Seine Skizzen fertigte Werner sowohl im Reichskanzlerpalais während der Beratungen, als auch bei individuellen Sitzungen der Diplomaten im Hause des Malers oder in ihren Quartieren an. Dabei mußte der Künstler auf viele persönliche Wünsche der Darzustellenden Rücksicht nehmen. Fürst Gortschakow wollte auf dem Bild unbedingt jünger aussehen und wies Bismarck daraufhin, daß die freundschaftlichen Beziehungen zu Rußland bedroht seien, wenn Werner ihn nicht schöner mache. Das fertige Bild fand die Zustimmung des Auftraggebers. »Daß der mit der Ausführung betraute Künstler seine Aufgabe in meisterhafter Weise gelöst, und die Porträts jener Personen in frappantester Aehnlichkeit der Mit- und Nachwelt vorgeführt hat, ist hier wie aller Orten, wo Herr von Werner nach der ihm kontraktlich ertheilten Ermächtigung das Werk öffentlich ausgestellt hat, freudigst anerkannt worden. Es wird das Bild, nachdem es zum ersten Male am 22.3.1881 bei der Feier des Geburtstages unseres Kaisers in dem Festsaal des Rathhauses aufgestellt war, in diesem seinen dauernden Platz behalten«, hieß es im Bericht über die Gemeinde-Verwaltung der Stadt Berlin in den Jahren 1877 bis 1881. Heute befindet sich das Gemälde im Depot des Deutschen Historischen Museums und soll demnächst wieder den Festsaal des Berliner Rathauses zieren.

Die Kongo-Konferenz

Die Erforschung und Eroberung Afrikas führte zu Rivalitäten zwischen den europäischen Herrschern. Zur Klärung der Besitzansprüche in Zentralafrika berief der deutsche Reichskanzler Bismarck auf Wunsch von König Leopold II. von Belgien und nach vorheriger Abstimmung mit der französischen Regierung eine Konferenz von Vertretern von 14 Staaten nach Berlin. Unter dem Vorsitz Bismarcks begannen die Beratungen am 15.11.1884 im Kongreßsaal des Reichskanzlerpalais. Teilnehmer waren die in Berlin akkreditierten Botschafter und Gesandten, die von ihren Souveränen dazu bevollmächtigt wurden. Für den Deutschen Kaiser konferierten Reichskanzler Bismarck, der Staatssekretär des Auswärtigen Amtes, Graf Paul von Hatzfeld, der Unterstaatssekretär im Auswärtigen Amt, August Busch, und der Legationsrat im Auswärtigen Amt, Heinrich von Kusserow. Für den Kaiser von Österreich waren es der Botschafter Emmerich Szechenyi, für den König der Belgier der Gesandte Gabriel van der Straten-Ponthoz und Baron August Lambermont, für den

Arbeitssitzung der Kongo-Konferenz 1885

König von Dänemark der Gesandte Emil von Vind, für den König von Spanien der Botschafter Don Francisco Merry y Colom, für den Präsidenten der Vereinigten Staaten von Amerika der Gesandte John Kasson und Henry Sandford, für den Präsidenten der Französischen Republik, der Botschafter Alphons von Courcel, für die Königin von Großbritannien der Botschafter Sir Edward Baldwin Malet, für den König von Italien der Botschafter Edoardo von Launay, für den König der Niederlande der Gesandte Friedrich Philip van der Hoeven, für den König von Portugal der Gesandte Antonio Jose de Serra Gomes und Anton von Serpa Pimentel, für den Kaiser von Rußland, der russische Gesandte im Haag, Graf Peter Kapnist, für den König von Schweden und Norwegen der Gesandte Gillis Bildt und für den türkischen Sultan der Botschafter Mehemed Said Pascha.

Die Kongo-Konferenz war ein reines Arbeitstreffen, an derem Rande keine großen gesellschaftlichen Aktivitäten stattfanden. Während der Konferenz zeigte sich noch einmal das Verhandlungsgeschick des Reichskanzlers Bismarck. Die Schlußakte wurde am 26.2.1885 unterzeichnet. Diese Konferenz war der erste große diplomatische Akt des Kolonialzeitalters und das letzte große internationale Politikertreffen in Berlin für 111 Jahre.

Intrigen

Am 18.11.1887 stattete Kaiser Alexander III. von Rußland auf der Rückreise von Dänemark der deutschen Hauptstadt einen kurzen Besuch ab. Es gab ein Galadiner im Palais des deutschen Kaisers, und es kam zu einem Meinungsaustausch zwischen dem Zaren und Bismarck in der russischen Botschaft. Ein Thema des Gespräches war die Korrespondenz des Prinzen Ferdinand von Sachsen-Coburg und Gotha. Dem Zaren waren Dokumente vorgelegt worden, welche die deutsch-russischen Beziehungen belasten sollten. Bismarck konnte dem Zaren nachweisen, daß es sich um Fälschungen handelte. Der Fall wurde nicht aufgeklärt. Nach heutigem Kenntnisstand stammten die Fälschungen von dem französischen Geheimagenten Adalbert-Henri Foucault de Mandion, von dem auch ein in Deutschland verbotenes Skandalbuch über den Berliner Hof stammen soll, das zu jener Zeit die Berliner Gesellschaft schockierte. Diese »Enthüllungen« erschienen zuerst anonym in der französischen Zeitschrift »Nouvelle Revue«. Darüber schrieb der Staatsminister Freiherr Robert Lucius von Ballhausen in seinen Erinnerungen: »... in der Gesellschaft macht jetzt die Nouvelle Revue großes Aufsehen durch die Artikel ›La societe de Berlin‹, welche sehr abfällig und meistens übelwollend, doch mit viel Geist und Kenntnis der Berliner Hofgesellschaft geschrieben sind. Sie können nur von genau orientierten Personen geschrieben sein.«

Der Skandal zog viele Vermutungen über den Verfasser nach sich. Verdächtigt wurden damals der französische Vorleser der Kaiserin Augusta, Auguste Gérard, und die Prinzessin Katharina Radziwill.

Die Regierungszeit Kaiser Friedrichs III.

In den Jahren nach der Reichsgründung hatte Bismarck die Position des Deutschen Reiches international durch zahlreiche Verträge gesichert. Am 6.2.1888 gab er in einer Rede vor dem Deutschen Reichstag eine fundierte Beurteilung der Gesamtlage Europas. Er sagte, Deutschland könne künftig in die Krisen Europas »mit vollem Gewicht« eingreifen, zwar »nur auf diplomatischem Wege, aber mit einer Diplomatie, hinter der ein schlagfertiges und nahe bereites Heer steht. ... um Liebe werben wir nicht mehr, weder in Frankreich noch in Rußland.« Gegen Ende seiner Rede sagte Bismarck: »Wir Deutsche fürchten Gott und sonst nichts in der Welt ...« Dieser Satz brachte das Selbstbewußtsein der Deutschen zum Ausdruck, wie es die gesamte Kaiserzeit hindurch bestanden hat.

Das von Bismarck geschaffene und nur von ihm erhaltene Bündnissystem basierte auf den besonderen politischen Fähigkeiten seines Schöpfers. In den drei Jahrzehnten seiner Amtszeit konnte Bismarck sein Werk nur vollbringen, weil Wilhelm I. bei jedem Konflikt mit ihm nachgab. Kaiser Wilhelm I. starb am 9.3.1888, im Alter von 90 Jahren. Am 16.3.1888 wurde sein Leichnam ins Charlottenburger Mausoleum übergeführt. Von der Attika des Brandenburger Tores prangte in riesigen Buchstaben »VALE SENEX IMPERATOR« als letzter Gruß der Reichshauptstadt.

Der Thronfolger befand sich beim Tode seines Vaters fern der Heimat in San Remo an der italienischen Riviera. Er war an Kehlkopfkrebs erkrankt und hoffte, im Süden Heilung zu finden. Trotz seiner Krankheit beschloß der neue Kaiser unverzüglich die Rückkehr nach Deutschland. Am späten Abend des 11.3.1888 traf der Sonderzug bei eisigem Schneetreiben auf dem Bahnhof Westend ein, wo der Kronprinz, andere Angehörige der kaiserlichen Familie, hohe Beamte, Militärs und einige Diplomaten warteten. Das Kaiserpaar nahm Wohnung im Schloß Charlottenburg.

Die liberalen Kreise hatten große Hoffnungen auf den Regierungsantritt Kaiser Friedrichs III. gesetzt. Der Thronfolger vertrat zusammen mit seiner aus Großbritannien stammenden Frau Viktoria fortschrittliche Ideen. Doch machte dessen schwere Krankheit eine normale Regierungsarbeit praktisch unmöglich. In der preußischen Staatsregierung beschäftigte man sich mit der Frage, ob ein Kaiser regieren dürfe, der nicht sprechen könne. Am 24.3.1888 besuchte der Statthalter von Elsaß-Lothringen, Fürst Chlodwig zu Hohenlohe-Schillingsfürst, den Kaiser in Charlottenburg. Erschüttert schrieb der Fürst danach in sein Tagebuch, kein Martyrium der Welt sei mit diesem langsamen Sterben zu vergleichen. Ende April 1888 weilte

Königin Viktoria von Großbritannien zu einem Besuch in Charlottenburg. Bismarck nutzte die Gelegenheit, um mit der Königin über einige politische Fragen zu konferieren. Am 1.6.1888 siedelte Kaiser Friedrich III. an Bord seines Dampfers »Alexandria« von Charlottenburg nach Potsdam über und nahm Wohnung im Neuen Palais. Als letzten ausländischen Besucher empfing er dort am 13.6.1888 König Oskar I. von Schweden. Am 14.6.1888 besuchte Bismarck den Monarchen zum letzten Mal. In den Mittagsstunden des 15.6.1888 starb Kaiser Friedrich III. Damit keine wichtigen Dokumente beiseite gebracht werden konnten, ließ sein ältester Sohn, der neue Kaiser Wilhelm II., das Neue Palais sogleich militärisch abriegeln.

Für die weitere Entwicklung Deutschlands war es tragisch, daß Kaiser Friedrich III. nur eine Regierungszeit von 99 Tagen blieb. Alle großen Pläne zu einer Modernisierung des deutschen Obrigkeitsstaates im Sinne eines libertären parlamentarischen Systems blieben unausgeführt.

Die Regierungszeit Kaiser Wilhelms II.

Im Alter von 29 Jahren bestieg am 15.6.1888 der letzte deutsche Kaiser und König von Preußen den Thron. Wilhelm II. hatte eine absolutistische streng obrigkeitsstaatliche Auffassung von seinem Amt, weshalb er oft mit der konstitutionellen Realität in Konflikt kam. Für die Wirtschaft, Wissenschaft und Technik hatte er ein großes Interesse und förderte sie nach Kräften. Eher peinlich war seine Einmischung in die Kunst, wo er mit seinen Auftragswerken glaubte die Richtung vorzugeben. Wilhelm II. verhinderte in den Strukturen des Staatsaufbaus jegliche Modernisierung, was zum Untergang des deutschen Kaiserreiches nach 30 Jahren Regierungszeit führte. Da Kaiser Wilhelm II. ein glanzvolles höfisches Leben wünschte, wurde Berlin zu einem glamourösen Zentrum des Reiches. Wegen der preußischen Tradition blieb das militärische Korsett des Staates unangetastet. So galt denn auch der erste Erlaß des neuen Kaisers am Tage der Thronbesteigung der Armee: »Ich und die Armee, wir sind für einander geboren ...« Seines Volkes gedachte der neue Monarch erst drei Tage später.

Das Diplomatische Corps empfing Kaiser Wilhelm II. zum ersten Mal am 12.7. 1888 im Potsdamer Stadtschloß. Im Januar 1889 folgte ein ähnlicher Empfang im Berliner Stadtschloß. Wilhelm II. suchte einen engen Kontakt zu den Diplomaten, nicht nur offiziell, sondern auch privat. Oft lud sich der Kaiser kurzfristig zum Diner ein, was in den Küchen der Botschaften regelmäßig zu großer Aufregung führte. Die ersten offiziellen Besuche führten das deutsche Kaiserpaar am 23.2.1889 in die russische Botschaft, am 2.3.1889 in die italienische Botschaft, am 5.3.1889 in die französische Botschaft und am 28.3.1889 in die britische Botschaft. In der österreichisch-ungarischen Botschaft fanden im Jahre 1889 keine Feierlichkeiten statt, weil Trauer angesetzt war, da sich der Kronprinz Rudolf mit seiner Geliebten Mary Vetsera am 30.1.1889 im Jagdschloß Mayerling erschossen hatte. Nachdem die Schreckensnachricht in Berlin eingetroffen war, hatte sich der deutsche Kaiser unverzüglich in die österreichisch-ungarische Botschaft begeben, um zu kondolieren. Wilhelm II. und Rudolf waren befreundet gewesen. Auch mit dem österreichisch-ungarischen Botschafter Szögyeny-Marich war Wilhelm II. in Freundschaft verbunden. Der Kaiser genoß seine Besuche im Botschaftspalais in der Moltkestraße, wo er österreichische Gemütlichkeit erleben konnte. Szögyeny-Marich erfreute den deutschen Kaiser oft mit ungarischem Essen und den Klängen einer ungarischen Kapelle.

Die Beziehungen des Deutschen Reiches zu den Großmächten suchte Kaiser Wilhelm II. durch unzählige Staatsbesuche zu verbessern, wobei ihm die engen ver-

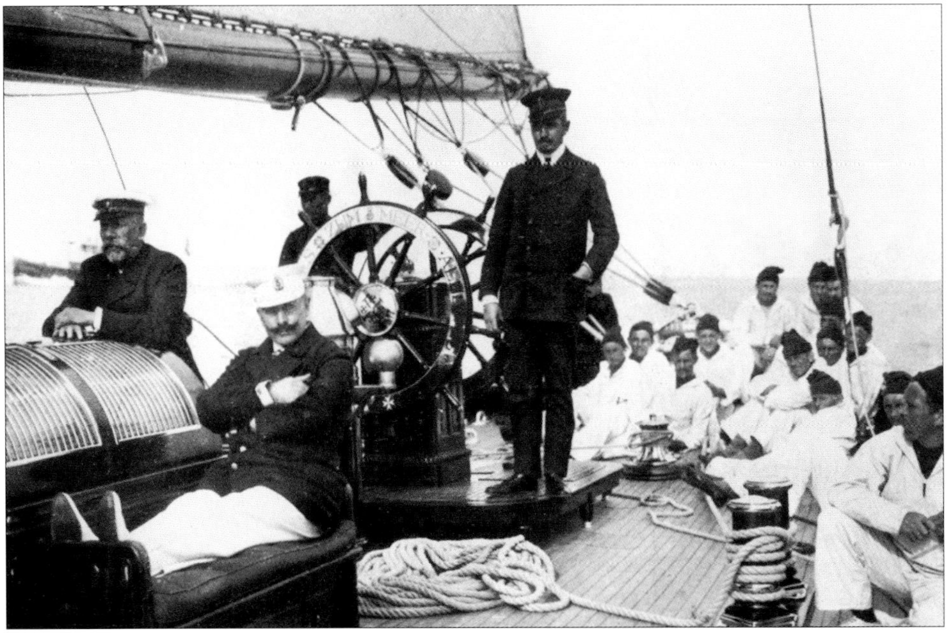

Gemeinsame Segelfahrt von Kaiser Wilhelm II. (sitzend)
und Fürst Albert I. von Monaco (ganz links)
an Bord der kaiserlichen Jacht »Meteor«.

wandtschaftlichen Verhältnisse der Hohenzollern mit den Dynastien in Großbritannien und in Rußland halfen. Noch im Jahr der Regierungsübernahme reiste Kaiser Wilhelm II. nach Rußland, Schweden, Dänemark, Österreich und Italien. Zu Besuchen in Berlin weilten in jenem Jahr die Monarchen von Portugal, Dänemark, Griechenland und Schweden.

Im Mai 1889 erfolgte der Besuch von König Humbert I. von Italien am deutschen Kaiserhof. In einem Erlaß vom 1.6.1889 an den Magistrat und die Stadtverordneten von Berlin lobte der deutsche Kaiser ausdrücklich den herzlichen Empfang des Gastes durch die Bürgerschaft der Haupt- und Residenzstadt. Im August 1889 weilte Kaiser Franz Joseph I. von Österreich in Berlin und im Oktober 1889 Kaiser Alexander III. von Rußland. Über den russischen Staatsbesuch berichtete der belgische Gesandte Baron Jules Greindl in einem Schreiben vom 12.10.1889 an den belgischen Außenminister: »Der Hof war verbindlich, das versteht sich von selbst, aber die Bevölkerung hat dem Zaren einen eisigen Empfang bereitet. Der Adel ist noch auf dem Lande; er ist auch dort geblieben. Die Menge, die die spärlich beflaggten Straßen auf dem Wege des kaiserlichen Zuges füllte, verhielt sich achtungsvoll, aber schweigend. Die Truppe allein hat auf Befehl Hoch gerufen. Welcher Gegensatz zu der begeisterten Aufnahme, die die Berliner Bevölkerung noch ganz kürzlich dem Könige von Italien und dem Kaiser von Österreich bereitet hat.« Die Bevölkerung spürte, daß sich die Beziehungen zu Rußland seit dem Berliner Kongreß verschlechtert hatten, wohingegen sich die Freundschaft mit Österreich-Ungarn und Italien vertieft hatte.

Kaiser Wilhelm II. bevorzugte als Hauptresidenz das Berliner Stadtschloß, in dem er sich Räume herrichten ließ. Er erwartete von den Berlinern, daß sie sich der Ehre eines kaiserlichen Mitbürgers für würdig erweisen würden und ihm dankbar sein müßten. Er zeigte sich verstimmt, wenn die Berliner die Sozialdemokraten in den Reichstag oder in die Stadtverordnetenversammlung wählten. So sagte Wilhelm II. in einem Gespräch mit dem Statthalter von Elsaß-Lothringen, Fürst Chlodwig zu Hohenlohe-Schillingsfürst, am 11.12.1889 nach einer musikalischen Soiree im Berliner Stadtschloß, »man werde es in Berlin noch soweit bringen, daß die Sozialdemokraten die Mehrheit haben würden. Dann würden diese die Bürger plündern, ihm sei dies gleichgültig, er werde Schießscharten in das Schloß machen lassen und zusehen, wie geplündert werde. Dann würden ihn die Bürger schon um Hilfe anflehen.«

Der Kaiser sorgte für die Ausschmückung seiner Residenzstadt Berlin mit einer Unmenge von Denkmälern aller Art. Das berüchtigste Beispiel dafür war die Siegesallee im Tiergarten, wo die Marmorstatuen von 32 brandenburgisch-preußischen Herrschern aufgestellt wurden. Am 13.6.1898 sagte der Kaiser am Rande des Festaktes aus Anlaß des 50jährigen Jubiläums der Berliner Schutzmannschaft im Hofe des Berliner Stadtschlosses zum Oberbürgermeister Robert Zelle: »Berlin wird doch noch einmal die schönste Stadt der Welt!«

Der Sturz Bismarcks und seine Nachfolger

Schon bald nach dem Regierungsantritt Kaiser Wilhelms II. zeichneten sich in vielen politischen Bereichen schwere Konflikte mit dem Reichskanzler Bismarck ab. Sowohl Wilhelm II. als auch Bismarck wollten jeweils allein regieren. Ein Grund für die jahrzehntelange erfolgreiche Politik Bismarcks lag darin, daß er das alleinige Vortragsrecht beim Kaiser hatte. Dieses Recht versagte Wilhelm II. seinem Kanzler. Bismarck reichte deswegen am 18.3.1890 das Entlassungsgesuch ein, das Wilhelm II. zwei Tage später akzeptierte. Als neuen Reichskanzler ernannte er den General der Infanterie Leo von Caprivi.

Die Abreise Bismarcks aus Berlin am 29.3.1890 gestaltete sich zu einem persönlichen Triumph. Baronin Spitzemberg schrieb dazu in ihr Tagebuch: »Kopf an Kopf stand die Menge, alle Fenster waren dicht besetzt. (...) Endlich, bald nach fünf, verkündigten Hochrufe das Nahen des Fürsten; mit einem Male standen die Bürgersteige leer, und wie eine Sturmflut warf sich die Menge dem Wagen entgegen, ihn umringend, begleitend, aufhaltend, Hüte und Tücher schwenkend, rufend, weinend, Blumen werfend. Im offenen Wagen, mit den bekannten Füchsen bespannt, saß Bismarck, totenbleich, in Kürassieruniform und Mütze, neben ihm Herbert in Zivil, vor ihnen der große schwarze Hund, alle drei schon jetzt mit Blumen überschüttet, zu denen immer neue kamen. So wogte es weiter, den Linden zu, und langsam folgten wir, alle tief ergriffen ...« Anwesend auf dem Bahnsteig waren vom Diplomatischen Corps der britische, der französische und der italienische Botschafter. Nach seinem Bericht an Außenminister Alexandre Ribot fühlte sich der französische Botschafter Jules Herbette an die Verabschiedung von Napoleon I. im Hof von Schloß Fontainebleau erinnert. Bismarck sagte zu ihm: »Ich bin glücklich, Ihnen noch einmal die Hand reichen zu können.« Die jubelnde Menge drängte durch die Absperrung und rief

»Wiederkommen!« Unter den donnernden Hochrufen setzte sich der Zug in Bewegung.

Im Jahre 1894 kam es zu einer formellen Aussöhnung zwischen Wilhelm II. und Bismarck, der am 26.1.1894 einer Einladung des Kaisers nach Berlin folgte. Im Auswärtigen Amt fürchtete man die Rückkehr Bismarcks. Über die Stimmung dort berichtete Fürst Philipp zu Eulenburg, ein Freund Kaiser Wilhelm II., in seinen Erinnerungen: »Nur wer auf dem Lande bei starken Donnerschlägen einen Hühnerhof gesehen und gehört hat, die schrillen hohen Töne des Entsetzens der Hennen und ihr unruhiges Angstgackern dazwischen, kann sich einen Begriff von dem Eindruck machen, den ich empfing, als ich in Berlin das Auswärtige Amt betrat.

Caprivi war an diesem aufregendem Tage der Ruhigste: ein würdig gefaßter General im Gefecht.« Die Aufregung war unbegründet. Bismarck kehrte nicht ins Amt zurück. Aus innenpolitischen Gründen bat Reichskanzler Caprivi um seine Entlassung, die am 26.10.1894 gewährt wurde. »Caprivi ging in stiller, vornehmer Weise. Er hat redlich nach seinen Kräften und seinem Können versucht, die Traditionen des Fürsten Bismarck fortzuführen. Er hat dabei wenig Unterstützung seitens der Parteien gefunden, dafür umsomehr Kritik und Befehdung im Publikum und von denen, die von Rechts wegen und aus Staatsinteresse ihm hätten zur Seite stehen sollen. Ohne ein Wort der Rechtfertigung hat Caprivi vornehm schweigend den Rest seiner Tage in einsamer Zurückgezogenheit verlebt.« So würdigte Wilhelm II. den entlassenen Reichskanzler in seinem Buch »Ereignisse und Gestalten«.

Über die Berufung eines Nachfolgers im Reichskanzleramt beriet sich Wilhelm II. mit seinem Freund Eulenburg auf dessen Besitzung Liebenberg während eines Jagdausflugs. Eulenburg schlug den Statthalter von Elsaß-Lothringen, Fürst Chlodwig zu Hohenlohe-Schillingsfürst, vor, der am 29.10.1894 vom Kaiser ernannt wurde. Hohenlohe war vierzig Jahre älter als Wilhelm II. und wurde von der kaiserlichen Familie als Oheim behandelt. Der Umgang zwischen Kaiser und Kanzler war sehr familiär. Reichskanzler Hohenlohe nahm im Oktober 1900 aus Altersgründen seinen Abschied.

Der Schulterkrieg

Kaiser Wilhelm II. liebte im privaten Leben einen burschikosen Umgang. Hingegen legte er bei offiziellen Zeremonien größten Wert auf die Einhaltung der Etikette. Dazu erließ er am 1.5. 1890 eine Vorschrift.

Die strengen Kleidungsvorschriften am deutschen Kaiserhof führten zu einem Konflikt, über den der zweite Sekretär bei der spanischen Botschaft, Marquis Francisco de Reynoso, in seinen Erinnerungen berichtete. »Eine auffallende Erscheinung war ... die junge kubanische Frau eines der Sekretäre. Von der Natur mit wundervollen Schultern gesegnet, begrüßte Maria de Penalver die damalige Pariser Mode mit ihren am Oberarm eng anschließenden Abendkleidern, die die Schultern ganz freiließen. Sie wählte das tiefstmögliche Dekolleté, so daß das Licht ihrer Schönheit nicht eben unter den Scheffel gestellt wurde, und zog so die allgemeine Aufmerksamkeit auf sich und nicht zuletzt die Bewunderung der Männer. (...) Der Hofzeremonienmeister ... verlor keine Zeit, dem Botschafter zu sagen, eine derartige Toilette könne ... im Schloß nie-

Es ist Mein Wunsch, daß in dem Leben an Meinem Hofe in Beziehung auf die Trachten die schönen Sitten und Gebräuche früherer Zeit wiederum zur Geltung gelangen. Zu dem Ende bestimme Ich, was folgt: I. für die Zivilbeamten. 1. Alle Kategorien von Zivilbeamten sollen befugt sein zur gestickten Uniform. a) Bei großer Gala im königlichen Schlosse zu Berlin, den dortigen königlichen und prinzlichen Residenzen, im Stadtschlosse zu Potsdam und im Neuen Palais bei Potsdam fortan Kniehosen von weißem Kasimir mit bezogenen Knöpfen, weiße seidene Strümpfe und Schuhe mit blanken Schnallen nebst Degen in weißer Scheide zu tragen; außerhalb der vorgenannten Schlösser und Palais jedoch, bei Festlichkeiten in andern Schlössern, sowie im Freien, wenn es nicht etwa für jeden besondern Fall anders befohlen wird, Beinkleider von der Farbe des Uniformrockes mit Gold- bezw. Silbertressen anzulegen. b) Zu halber Gala überall die langen Beinkleider von der Farbe der Uniform mit Gold- bezw. Silbertressen zu tragen. 2. Sämtlichen Zivilbeamten soll gestattet sein, bei befohlener Hoftrauer für die ganze Zeit derselben in den vorstehend 1 a genannten königlichen und prinzlichen Residenzen. a) zur großen Gala: Kniehosen von schwarzem Kasimir, schwarze seidene Strümpfe und Schuhe mit schwarzen bezw. blanken Schnallen (je nach der Abstufung der Trauer) nebst Degen mit schwarzer, bezw. weißer Scheide (je nach der Abstufung der Trauer); b) zur halben Gala die Beinkleider von der Farbe der Uniform mit Gold- bezw. Silbertressen zu tragen. 3. Diejenigen Zivilbeamten, welchen der blaue Uniformsfrack zusteht, sollen befugt sein, zur kleinen Uniform bei Festlichkeiten in den unter 1 a genannten königlichen Schlössern und Residenzen ebenfalls Kniehosen von schwarzem Kasimir, schwarze seidene Strümpfe und Schuhe mit schwarzen Schleifen oder auch enganschließende, bis zum Knöchel reichende Beinkleider (Collants) zu tragen. Bei allen andern Gelegenheiten, sofern nicht ein besondrer Befehl für den einzelnen Fall ergeht, verbleibt es, wie bisher, bei den langen schwarzen Beinkleidern zum kleinen Uniformsfrack. II. Für die ohne Uniform bei Hofe erscheinenden Herren. 1. Die ohne Uniform bei Hofe erscheinenden Herren sollen befugt sein, bei vorgeschriebener Gala im königlichen Schlosse zu Berlin, den dortigen königlichen und prinzlichen Residenzen, im Stadtschlosse zu Potsdam und im Neuen Palais zu Potsdam anstatt des schwarzen Frackes ein schwarzes einreihiges, vorn abgestochenes Hofkleid von schwarzem Tuch mit Kragen und Klappen von schwarzem Atlas, eine lange Schoßweste von schwarzem Atlas, ohne Patten, welche unten bis auf den halben Unterleib reicht, sowie weiße Halsbinde, dazu als Unterkleid Kniehosen von schwarzem Kasimir, schwarze seidene Strümpfe und Schuhe mit blanken Schnallen, dreieckigen Hut ohne Feder, sowie Degen zu tragen. Auch soll es gestattet sein, das eben beschriebene Hofkleid ganz von schwarzem Atlas zu tragen, wie auch statt der Kniehosen und schwarzen seidenen Strümpfe enganschließende bis zum Knöchel reichende Beinkleider (Collants) anzulegen. 2. Bei vorgeschriebener kleiner Uniform sollen diese Herren befugt sein, in den oben genannten königlichen und prinzlichen Residenzen zum schwarzen Frack die vorgeschriebenen Unterkleider zu tragen; bei allen andern Gelegenheiten sind, wie bisher, zum schwarzen Frack die langen schwarzen Beinkleider anzulegen.

Kleiderordnung am Hofe Kaiser Wilhelms II.

mals geduldet werden; der Botschafter möge dafür Sorge tragen, daß dem Kleide einige Zentimeter Stoff über der Schulterlinie zugesetzt würden.« Bei der folgenden Frühjahrsparade vor dem Potsdamer Stadtschloß wurde der Kaiser auf die Kubanerin aufmerksam. »Am Schluß der Parade kam der Kaiser von seiner erhöhten Rampe herunter und ritt die Terrasse entlang, auf der wir vom Diplomatischen Corps und viele andere prominente Besucher standen. Bei seinem Nahen wich die Menge respektvoll zurück, aber ich hatte bemerkt, daß der kaiserliche Blick auf die liebliche Maria gefallen war, deren Schönheit schon so manche Verheerung angerichtet hatte. (...) Und so standen wir allein da, als sich der Kaiser uns näherte, die Zügel fallen ließ, sich vom Pferde herabbeugte und mit seiner gesunden Hand die zitternde Hand der Dame drückte und einige Worte an sie richtete. ... als sie am nächsten Morgen erwachte, war sie das Tagesgespräch der Berliner Gesellschaft und von allen beneidet!«

Das diplomatische Leben in Berlin zur Zeit der Reichskanzler Caprivi und Hohenlohe

Die physische Ausdauer, die ein Diplomat im Berlin der Kaiserzeit besitzen mußte, war immens. Neben der behördlichen Tätigkeit galt es, gesellschaftlich aktiv zu sein. Offizielle Diners dauerten nicht selten vier Stunden und länger. Häufig folgten sie zeitlich kurz aufeinander, so daß die Diplomaten von vier Uhr nachmittags bis um zwölf Uhr nachts speisten. Gang auf Gang die schwere deutsche Kost, dazu reichlich Wein, bedeuteten eine Kraftprobe ganz eigener Art. Die Diplomaten und Offiziere im Kaiserreich erhielten in allen Berliner Restaurants eine Ermäßigung von 50 %. Besonders beliebt war bei ihnen das »Hotel Kaiserhof«, wo eine üppige Mahlzeit für nur drei Mark gereicht wurde.

Bei Politikern und Diplomaten war der tägliche Ausritt durch den Tiergarten sehr verbreitet, was allerdings in den kalten Wintermonaten nicht möglich war. Deshalb verbrachten viele Diplomaten zur kalten Jahreszeit ihre Freizeit in den Museen. Im Tiergarten konnten sie bei den üblichen Ausritten im Frühling oft dem Reichskanzler Caprivi begegnen, der von einem Soldaten begleitet, dort seinen Morgenritt unternahm.

Die Ära Bülow

Zum Nachfolger des Reichskanzlers Hohenlohe ernannte Kaiser Wilhelm II. am 17.10.1900 den Staatssekretär des Auswärtigen Amtes, Bernhard von Bülow. Von ihm stammte der wichtige Satz vom »Platz an der Sonne«, womit er den Anspruch des Deutschen Reiches auf Weltgeltung und auf den Erwerb von Kolonien zum Ausdruck gebracht hatte. Bülow unterstützte den Staatssekretär des Reichsmarineamtes, Alfred von Tirpitz, bei der Propagierung des Flottenbauprogramms. Diese Politik sollte jedoch das Deutsche Reich in Konflikte mit seinen Nachbarn bringen. Bülows Stellung war wegen seiner Freundschaft mit dem Kaiser unangreifbar. »Bülow soll mein Bismarck sein«, meinte Wilhelm II. »Er war der geistreichste und gewandteste der Höflinge, die den Thron Wilhelms II. umgaben«, schrieb Ludwig Zimmermann in der »Neuen Deutschen Biographie«. Bülow amtierte bis 1909.

Der Außenpolitik und der Weltgeltung dienten die ausgedehnten Reisen des Kaiserpaares, so auch die Reise durch das Heilige Land im Herbst 1898. Bei einem von der Stadt Damaskus gegeben Festmahl sagte Wilhelm II., es »mögen die 300 Millionen Mohammedaner ... versichert sein, daß zu allen Zeiten der deutsche Kaiser ihr Freund sein wird.«

Der Kaiser und China

Kurz vor der Jahrhundertwende brach in China ein Bürgerkrieg aus, in dessen Wirren der deutsche Gesandte Freiherr Klemens von Ketteler am 20.6.1900 einem Mordanschlag zum Opfer fiel. Die Großmächte Deutschland, Rußland, Großbritannien, Frankreich, Italien, USA und Österreich-Ungarn entschlossen sich zu einem gemeinsamen militärischen Eingreifen in den chinesischen Krieg. Kaiser Wilhelm II. gelang es, die Übertragung des Oberbefehls an seinen Freund, den General Alfred von Waldersee, zu erreichen.

Peking wurde ohne Beteiligung der deutschen Truppen am 15.8.1900 von den Alliierten erobert. Trotzdem wurde der Oberbefehlshaber Waldersee drei Tage später vom Kaiser in Marsch gesetzt und traf einen Monat nach dem Sieg am Ort des Geschehens ein. Über den Wirrwarr innerhalb der politischen Führung des Deutschen Reiches berichtete er in seinen Erinnerungen: »Eigentümliche Zustände herrschten im Auswärtigen Amt. Der Reichskanzler war auf seinen Gütern in Rußland und ist in der ganzen Chinaepisode nie um Rat gefragt worden, schien auch keine Neigung zu haben, sich darum zu kümmern. Der Staatssekretär des Äußern ... weilte in Norderney; ... gefragt ist er ... auch nicht worden. Schon das Hinaussenden des Marineexpeditionskorps, dann des Expeditionskorps und auch des Panzergeschwaders erfolgte allein durch kaiserliche Initiative. (...) Eigentlich doch ein unerhörter Zustand in politisch so bewegter Zeit.«

Der vollständige Sieg über China war schnell errungen. Zur »moralischen Demütigung« der Chinesen dachte sich der deutsche Kaiser ein lächerliches Spektakel aus. Der Bruder des Kaisers von China, Prinz Tschun Tsaifong, mußte nach Deutschland reisen, um den Kaiser persönlich um Entschuldigung für die Ermordung des Gesandten Ketteler zu bitten. Nach den Wünschen Wilhelms II. hätte der chinesische Prinz vor dem deutschen Kaiser den Kotau vollziehen sollen, die neunmalige Verneigung und dreimalige Berührung des Bodens mit der Stirn. Den Kotau durfte ein Chinese aber nur vor dem eigenen Herrscher als Sohn des Himmels, niemals vor einem fremden Monarchen, ausführen. Am 4.9.1901 empfing Wilhelm II. im Neuen Palais in Potsdam den »Sühneprinzen«, um aus dessen Händen ein Schreiben entgegenzunehmen, in dem der Kaiser von China sein tiefstes Bedauern über die Ermordung des Gesandten Ketteler zum Ausdruck bringt. Über die Zeremonie berichtete Prinz Heinrich von Schönburg-Waldenburg in seinen Erinnerungen: Im Muschelsaal des Neuen Palais war ein Thron errichtet worden, »auf dem sich vor Eintritt der Chinesen der Kaiser, mit dem Helm der Gardedukorps auf dem Kopf, niederließ – umgeben von seinem gesamten Gefolge in Paradeuniform und einer stattlichen Zahl Würdenträger.« Es »öffneten sich die Flügeltüren und Prinz Tschun, ein junger, vornehm aussehender und sich ebenso bewegender Herr trat in seiner schönen und nicht übertrieben prunkvollen Nationaltracht bis dicht an die Stufen des Thrones heran. Er verneigte sich sehr tief, führte dann den von einem seidenen Umschlag umhüllten Brief seines Kaisers an die Stirn und übergab ihn dem unsrigen, sich abermals ehrfurchtsvoll verneigend. Der Kaiser nahm den Brief sitzend in Empfang und übergab ihn seinerseits dem chinesischen Botschafter zum Vorlesen des Inhalts in deutscher Übersetzung. Glücklicherweise waren wir durch den kurz zuvor drohend gegen uns erhobenen Zeigefinder des Kaisers gewarnt, sonst hätten wir sicher ... besonders darüber gelacht, daß aus dem Munde des Botschafters ein unverfälschtes, wenig vornehm klingendes Berliner Deutsch herauskam. Einen viel besseren Eindruck machte es, als unser deutscher Diplomat Freiherr von Seckendorff, damals Generalkonsul in Prag, der zufällig in Berlin anwesend und der chinesischen Sprache durchaus mächtig war, in formvollendeter Weise die Antwort des Kaisers auf die Entschuldigungsbitte seines asiatischen Kollegen vortrug. Damit war im Saal die Zeremonie beendet ...«

Am folgenden Tag begab sich Prinz Tschun nach Berlin und nahm Quartier im »Hotel Bellevue« am Potsdamer Platz. Er besuchte den Staatssekretär des Auswärtigen Amtes, Freiherrn Oswald von Richthofen, besichtigte die Siegesallee, das Mausoleum in Charlottenburg, das Reichstagsgebäude, die Königliche Porzellanmanufaktur und das Kaufhaus Wertheim am Leipziger Platz. Am 7.9.1901 folgten Ausflüge in den Tiergarten und in den Zoologischen Garten. Am 8.9.1901 gab der Prinz in der chinesischen Gesandtschaft ein Frühstück und empfing in Berlin wohnende chinesische Kaufleute in Audienz. Am Nachmittag fand im Garten des Auswärtigen Amtes ein Konzert statt. Am folgenden Abend gab Staatssekretär Richthofen zu Ehren des Prinzen ein Diner. Nach dem Besuch in Berlin unternahm Prinz Tschun noch eine längere Deutschland-Reise. Durch sein liebenswürdiges Auftreten hatte der zierliche Prinz überall die Sympathie der Menschen gewonnen.

Die höfischen Rituale

Unter der Herrschaft Kaiser Wilhelms II. nahmen die höfischen Rituale geradezu byzantinische Ausmaße an. Zentrum des höfischen Treibens war der Weiße Saal des Berliner Stadtschlosses, wo die wichtigsten Staatsakte, Zeremonien und die größten Feste stattfanden. Der Weiße Saal war nicht nur Schauplatz der Monarchen-, Fürsten- und Diplomatenempfänge, sondern auch der Ort für fürstliche Hochzeiten, Trauerzeremonien sowie Reichstagseröffnungen.

So exakt wie für das Hofleben die Örtlichkeiten geregelt waren, so auch dessen zeitliche Abläufe. Am ersten Tag jedes Jahres begab sich der Kaiser zu Fuß mit seinen Söhnen zum Zeughaus Unter den Linden, wo die Paroleausgabe erfolgte. Danach fand im Weißen Saal des Berliner Stadtschlosses die große Defiliercour statt, wo der Kaiser die Würdenträger des Reiches und das Diplomatische Corps empfing. Am Jahrestag der Gründung des Königreiches Preußen, dem 18. Januar, versammelte der Kaiser das Kapitel der Ritter des Hohen Ordens vom Schwarzen Adler. Am ersten Samstag danach fand das Krönungs- und Ordensfest statt, zu dem alle geladen wurden, die vom Kaiser eine Auszeichnung bekommen hatten, immer mehrere tausend Personen. Beim Ordensfest 1890 wurden 1496 Dekorationen verteilt, darunter 681 Rote-Adler-Orden, 225 Kronenorden, 32 Hohenzollernsche Hausorden und 558 allgemeine Ehrenzeichen. Beim Ordensfest 1913 wurden insgesamt über 7000 Dekorationen verliehen. Der Geburtstag des Kaisers am 27. Januar war nationaler Feiertag im Deutschen Reich. Im Weißen Saal des Berliner Stadtschlosses fand aus diesem Anlaß eine große Gratulationscour statt. Bei der großen Defiliercour einige Tage später wurden alle neu am Hofe Akkreditierten dem Kaiserpaar vorgestellt, neue Angehörige des Diplomatischen Corps, Debütantinnen, neue Offiziere der Garderegimenter und neu Nobilitierte. Jeder wurde namentlich aufgerufen und vom Kaiserpaar begrüßt. Die Veranstaltung dauerte vier bis fünf Stunden. Danach galt die Ballsaison als eröffnet. In den Botschaften, den Stadtpalais und den Hotels fanden Hunderte von Bällen statt. Der Kaiser veranstaltete im Weißen Saal zwei bis drei große Bälle. Die Saison endete am Faschingsdienstag mit einem Schlußball. Berlin war somit für zwei Monate im Jahr das Zentrum des höfischen Lebens. Danach verließ der Kaiser die Hauptstadt zu Staatsbesuchen und Reisen. Im Juni nahm Wilhelm II. regelmäßig mit seinen Jachten an der Kieler Woche teil, die er selbst begründet hatte. Daran schloß sich im Juli die alljährliche Nordlandreise an, die den Kaiser an Bord einer seiner Jachten zu den Fjorden Norwegens und Finnlands führte. Im Herbst gab es Jagdaufenthalte und Manöver. Die Weihnachtstage verlebte die kaiserliche Familie privat im Neuen Palais in Potsdam. Kurz vor Jahresende erfolgte dann wieder die Übersiedlung in das Berliner Stadtschloß.

Problematisch war die Feier der Jahrhundertwende gewesen. Die Gelehrten hatten festgestellt, daß das 20. Jahrhundert erst mit dem 1.1.1901 beginne, weil es ein Jahr 0 nicht gegeben habe, sondern das 1. Jahrhundert am 1.1.1 begonnen habe. Kaiser Wilhelm II. war anderer Meinung und bestimmte am 11.12.1899, daß das neue Jahrhundert am 1.1.1900 beginne und dementsprechend zu feiern sei. Im Bundesrat wurde am 14.12.1899 das nämliche Datum als Jahrhundertanfang beschlossen und in allen deutschen Ländern gefeiert. Nur im Fürstentum Reuß jüngerer Linie begann das 20. Jahrhundert wissenschaftlich exakt am 1.1.1901. In Berlin fand in der Silvesternacht 1899 zu 1900 im Berliner Stadtschloß eine Defilier- und Gratulationscour statt.

Über die Zeremonien, die ein Botschafter zur Zeit des letzten deutschen Kaisers über sich ergehen lassen mußte, berichtete der letzte amerikanische Botschafter vor dem Ersten Weltkrieg in Berlin, James Gerard. Er hatte am 29.10.1913 Kaiser Wilhelm II. das Beglaubigungsschreiben überreicht. In seinen Erinnerungen schrieb Gerard, nach dem etwas holprigen Deutsch der zeitgenössischen Übersetzung: »Drei Wagen wurden für mich und meinen Stab entgegengesandt, Wagen, denjenigen ähnlich, worin Aschenbrödel zu ihrem Balle fährt, lauter Glas, mit Kutschern in weißen Perücken, Vorreitern in weißen Perücken, und Lakaien zu Fuß, die sich am Hinterteil des Wagens aufstellten. Freiherr von Röder, der die Botschafter einzuführen hat, fragte nach mir und geleitete mich zum ersten Wagen; die Leute vom Botschaftsstabe saßen in den beiden anderen. Unsere kleine Prozession zog feierlich durch die Straßen Berlins und fuhr auf dem Wege durch den mittleren Teil des … Brandenburger Tores, … eine Auszeichnung, die nur bei dieser Gelegenheit gewährt wird.

Wir stiegen lange Treppen hinauf und wurden in einem weiten Saale empfangen von den Adjutanten und Offizieren des kaiserlichen Hauses, alle natürlich in Uniform. Dann wurde ich allein in den anstoßenden Raum geführt, wo der Kaiser, hochaufgerichtet und gekleidet in die schwarze Uniform der Totenkopfhusaren, an einem Tische stand. Ich hielt ihm eine kleine Ansprache und präsentierte mein Beglaubigungsschreiben nebst dem Abberufungsschreiben meines Vorgängers. Darauf ließ der Kaiser in seiner hochaufgerichteten und eindruckmachenden Haltung nach und sprach mit mir in sehr freundlicher Weise, wobei er mir durch sein Interesse für Geschäfts- und Handelsangelegenheiten auffiel. Dann bat ich um Erlaubnis, gemäß der Übung, meinen Stab vorzustellen. Die Türen wurden geöffnet. Der Stab trat herein und wurde dem

Kaiser vorgestellt, der in wirklich frischer und angenehmer Weise mit jedem von uns sich unterhielt und sagte, er hoffe vor allem den ganzen Botschaftsstab beim Morgenritte im Tiergarten zu sehen. (...)

Einige Tage nach meiner Vorstellung beim Kaiser wurde ich nach Potsdam geleitet, ... und vom dortigen Bahnhof zum Neuen Palais gefahren, um der Kaiserin vorgestellt zu werden. Die Kaiserin war höchst liebenswürdig und zuvorkommend und stellte sich dar als eine wirklich distinguierte Erscheinung. Begleitet von Frau Gerard ... wurde ich auch empfangen vom Kronprinzen und von der Kronprinzessin, sowie anderen königlichen Prinzen und ihren Gemahlinnen. Bei diesen Anlässen setzten wir uns und blieben nicht stehen, wie beim Empfang durch den Kaiser und die Kaiserin, und pflegten einfach ›höfliche Unterhaltung‹, etwa zwanzig Minuten lang, indem wir zuerst von den Hofdamen und Adjutanten aufgenommen wurden. Die Prinzen waren immer irgendwie uniformiert.«

Über das diplomatische Leben im letzten Friedensjahr vor dem Ersten Weltkrieg berichtete Gerard: »In Berlin befinden sich mehr Diplomaten als in irgendeiner anderen Hauptstadt der Welt; denn jeder der fünfundzwanzig Staaten, die das deutsche Reich bilden, schickt eine Gesandtschaft nach Berlin; sogar die freien Städte Hamburg, Lübeck und Bremen haben einen Ministerresidenten in der Reichshauptstadt.

Unabänderliche Sitte verlangt es, daß ein neuer Botschafter in Berlin zwei Empfänge gibt, einen für das diplomatische Corps, den anderen für alle Leute, die das Recht haben, zu Hofe zu gehen. Letzteres sind die Beamten, Edelleute und die Offiziere von Heer und Flotte, nebst soviel weiteren Personen, als bei Hofe vorgestellt worden sind. Diese Leute werden bezeichnet als ›hoffähig‹. (...)

Diese beiden Empfänge sind in Wirklichkeit eine Einführung des neuen Botschafters in die offizielle Welt und Hofgesellschaft. (...) Beim Empfang der hoffähigen Gesellschaft stand Frau Gerard in einem Zimmer, ich in einem anderen, und bei jedem von uns stand ein Vertreter des kaiserlichen Hofstaates, um die Leute vom Hofe, sowie je ein Heeresoffizier, um die Angehörigen der Armee vorzustellen.«

Über eine Cour im Berliner Schloß schrieb Gerard: »Bei der Ankunft ... wurden wir eine lange Treppe hinaufgeführt, an deren oberem Ende eine Ehrenwache im Kostüm der Zeit Friederichs des Großen allen Botschaftern das Gewehr präsentierte und Kesselpauken dröhnten.

Durch lange Reihen von Kadetten der Kriegsschulen, als Pagen in weiß gekleidet, mit kurzen Kniehosen und gepuderten Perücken, durchschritten wir verschiedene Säle, wo alle die Leute zerstreut standen, die gemustert werden sollten. Hinter diesen, in einem Saal ... saßen auf einem Throne der Kaiser und die Kaiserin, und auf den breiten Stufen zu diesem Throne die Prinzen mit ihren Gemahlinnen, die Hofdamen und alle übrigen Mitglieder des kaiserlichen Haushaltes. Die Damen der Botschafter traten zuerst in den Saal, in Abständen von ungefähr zwanzig Fuß gefolgt von den übrigen Damen der Botschaft und den vorzustellenden weiblichen Gästen. Wenn sie in den Saal eintraten und die Richtung ihres Ganges änderten, um sich dem Throne zu nähern, breiteten Pagen in weiß mit langen Stäben die Schleppen der Damen auseinander. Gegenüber dem Throne angelangt, etwa zwanzig Fuß davon entfernt, machte jede Botschaftersgattin einen tiefen Knicks, und stellte sich dann am Fuße des Thrones auf, zur Linken des Kaisers und der Kaiserin, und während jede Dame der Botschaft, die noch nicht vorgestellt war, sowie jede vorzustellende weitere Dame auf dieser Seite des

Thrones anhielt und ihren Knicks machte, mußte die Botschafterin mit lauter Stimme den Namen einer jeden ausrufen; wenn die letzte vorüber war, folgte sie ihr zum Saal hinaus, indem sie seitwärts ging, um den Majestäten nicht den Rücken zuzuwenden, ein wahres Kunststück in Anbetracht dessen, daß sie eine fünfzehn Fuß lange Schleppe nach sich zog!

Wenn auf diese Weise alle Botschafterinnen vorbeidefiliert hatten, kam die Reihe an die Botschafter selbst, die dasselbe Programm umständlich durchzuführen hatten, nur daß sie statt der Knickse tiefe Verbeugungen machten. Den Botschaftern folgten die Damen der Minister, ihnen die Minister selbst, die ihrerseits von den Würdenträgern des Hofes abgelöst wurden. Alle gingen in die anstoßende Halle hinaus, wo ein Buffet serviert wurde. Die ganze Geschichte begann ungefähr um 8 Uhr und war nach einer Stunde vorbei.

An den Hofbällen, die ebenfalls am frühen Abend begannen, wurde ein abweichendes Verfahren befolgt. Da wurden die Gäste gebeten, sich vor 8 Uhr 20 im Ballsaal zu versammeln. Wie bei der Schleppencour stand auf einer Seite des Saales der Thron, mit Sitzen für den Kaiser und die Kaiserin, und zur Rechten dieses Thrones waren die Sitze für die Gemahlinnen der Botschafter, in der Reihenfolge des Ranges derselben, mit den Damen ihrer Botschaft sowie denjenigen, die sie zum Ball mitgebracht hatten, stehend hinter ihnen. Nach ihnen kamen die Gattinnen der Minister, in ähnlicher Anordnung, dann die Botschafter, auf erhöhten Stufen stehend, mit ihren Stäben und den Herren, für die sie Einladungen erwirkt hatten, und die Minister in entsprechender Weise. Zur Linken des Thrones standen die Gemahlinnen der Herzöge und Würdenträger des Reiches, dann ihre Eheherren. Wenn alle versammelt waren, genau zur angekündigten Stunde, ließ das Orchester, in mittelalterliche Trachten gekleidet und auf einer Galerie sitzend, Trompetenstöße ertönen; darauf betraten der Kaiser und die Kaiserin den Saal, der Kaiser natürlich in Uniform, gefolgt von den Damen und Herren des Hofstaates, alle in glänzenden Uniformen, und ein oder zwei Offiziere des Garderegiments, auserwählt nach ihrer hohen Körpergröße, und in eine ... Uniform gekleidet, ... ein Silberhelm überragt von einem Adler, ein stählerner Brustpanzer, weiße Hosen und Rock, und ungeheuer hohe Stiefel, die bis halbwegs an den Oberschenkel heraufragen. (...)

Beim Eintritt in den Saal begann die Kaiserin gewöhnlich auf der einen, der Kaiser auf der anderen Seite im Saale herumzugehen und der Reihe nach mit den Botschafterinnen, Botschaftern usw. sich zu unterhalten, die Kaiserin in ähnlicher Weise, einen Augenblick mit den deutschen Würdenträgern und ihren Damen plaudernd, die auf der entgegengesetzten Seite des Saales aufgereiht waren. Nachdem sie vielleicht auf jeder Seite halbwegs herum waren, tauschten Kaiser und Kaiserin die Seite. Dieses im Saal herumgehen und mit den Leuten der Reihe nach Plaudern wird bezeichnet als ›Cercle machen‹, und junge Majestäten werden zu diesem ›Cercle machen‹ eingeübt, indem man sie in einem Garten den Bäumen entlang gehen und an jeden Baum einige freundliche Worte richten läßt; auf diese Weise lernen sie eine der wichtigsten Pflichten des Königtums.

Getanzt wird nur von jungen Damen und jungen Offizieren adeliger Familien, die vorher die Tänze geübt haben. Sie stehen unter der Oberleitung verschiedener junger Offiziere, die als Vortänzer bekannt sind; und wenn in Berlin irgend jemand in Hofgesellschaft einen Ball gibt, sind diese Vortänzer dazu bestimmt, darüber zu wachen, daß die ganze Tanzerei nach strenger Regel vor sich geht, und die die Angelegenheiten des Ballsaales mit echt preußischer Gründlichkeit dirigieren. Das Souper findet um 1/2 11 Uhr statt bei einem Hofball, und zwar an kleinen Tischen. Jede Königliche Hoheit hält einen Tisch mit ungefähr acht Gästen; als solche werden ohne besondere Regel bezüglich des Vorranges die Anwesenden eingeladen. Die jüngeren Gäste und niedrigeren Würdenträger werden nicht beim Souper placiert, sondern setzen sich nach eigener Wahl an andere Tische. Nach dem Souper kehren alle in den Ballsaal zurück; dort führen die jungen Damen und Offiziere, angeführt von den Vortänzern, eine Art Lanciers auf, in dessen Schlußfigur lange Reihen von Tänzern gebildet werden, die vom Throne strahlenförmig auseinandergehen, und alle Tänzer machen dem Kaiser und der Kaiserin Verbeugungen und Knickse; diese stehen oder sitzen dann in diesem Augenblicke beim Throne. Ungefähr um 1/2 12 Uhr ist der Ball vorüber, und wenn die Gäste durch die lange Halle hinausgehen, erhalten sie Gläser von heißem Punsch und eine besondere Art in Berlin üblichen Kuchens, um die schleichenden Gefahren des garstigen Winterklimas abzuwenden.

Bei den Hofbällen sind die Diplomaten natürlich in ihrer schönsten Diplomatenuniform. Alle Deutschen sind irgendwie in Uniform ... (...)

Der Geburtstag des Kaisers, der 27. Januar, ist ein großer Feiertag. Um 1/2 10 Uhr morgens besuchen alle Botschafter, Minister und Würdenträger des Hofes den Gottesdienst in der Schloßkapelle. (...)

Es ist bemerkenswert, daß mir während der ganzen Dauer meines ersten Berliner Winters weder offiziell noch offiziös eine Gelegenheit dargeboten wurde, auch nur einem Mitglied des Reichstags oder einem der Führer in der Geschäftswelt zu begegnen. Die Großkaufleute, deren Bekanntschaft ich machte, sowohl wie die literarische und künstlerische Welt mußte ich aufsuchen, weil sie meistens nicht hoffähig waren, ich kam nie mit ihnen in Berührung bei irgendwelchen Hofanlässen, offiziellen Diners, oder auch nur in den Häusern des Hofadels oder denjenigen, die mit der Regierung in Beziehung standen.«

Der Ausbruch des Ersten Weltkrieges

Am Tage der Ermordung des österreichischen Thronfolgerpaares in Sarajewo befand sich der Deutsche Kaiser an Bord seiner Jacht »Meteor« und nahm an einer Regatta im Rahmen der Kieler Woche auf der Kieler Förde teil. Dorthin überbrachte ihm Admiral Georg Alexander von Müller die Todesnachricht. Der Kaiser brach die Regatta ab und reiste am folgenden Tag nach Potsdam zurück. Am Bahnhof Wildpark erwartete ihn der Reichskanzler Theobald von Bethmann-Hollweg. Von Krieg war nicht die Rede. Der Kaiser befürwortete jedoch energische Maßnahmen gegen die Serben. In einem Telegramm vom 30.6.1914 an Reichskanzler Bethmann-Hollweg berichtete der deutsche Botschafter in Wien, Heinrich von Tschirschky und Boegendorff, von dem Wunsch der Österreicher, »es müsse einmal gründlich mit den Serben abgerechnet werden«. Dazu schrieb der Deutsche Kaiser an den Rand: »jetzt oder nie«. Tschirschky hatte in seinem Telegramm außerdem mitgeteilt, daß er »nachdrücklich und ernst vor übereilten Schritten« warne. Hierzu notierte Wilhelm II.: »Mit den Serben muß aufgeräumt werden, und zwar bald.«

Am 3.7.1914 fand in der Hedwigskirche ein Tauergottesdienst für die Ermordeten statt. Zwei Tage später empfing der Deutsche Kaiser den Botschafter Österreich-Ungarns in Berlin, Graf Szögyeny-Marich, im Neuen Palais in Potsdam. Dabei überreichte der Botschafter ein Handschreiben von Kaiser Franz Joseph I. von Österreich und ein Memorandum über die Zukunft auf dem Balkan. Wilhelm II. sicherte dem Botschafter die volle Unterstützung Deutschlands zu. In einem anschließenden Gespräch mit dem Reichskanzler meinte der Kaiser, man müsse »mit allen Mitteln dagegen arbeiten, daß sich der österreichisch-serbische Streit zu einem internationalen Konflikt« ausweite. Eine Unterredung beider am selben Tag mit einigen Militärs ergab, daß von der Armeeführung die Meinung vertreten wurde, Österreich müsse »je früher je besser gegen Serbien losgehen«. Am folgenden Tag teilte Reichskanzler Bethmann-Hollweg dem Botschafter Szögyeny-Marich mit, daß Deutschland seine Bündnispflichten erfüllen und »treu an der Seite Österreich-Ungarns stehen« werde. Eine unmittelbare Kriegsgefahr wurde nicht erwartet. Kaiser Wilhelm II. begab sich auf seine alljährliche Nordlandreise. Der österreichisch-ungarische Gesandte in Belgrad, Freiherr Wladimir Giesl von Gieslingen, empfing am 10.7.1914 im Arbeitszimmer seiner Gesandtschaft den russischen Gesandten Nikolaus von Hartwig zu einem Gespräch über die politische Lage. Am Ende des Gesprächs erlitt der russische Diplomat einen Herzanfall und verstarb kurze Zeit später. In seinen Erinnerungen schrieb Giesl: »Würde Hartwig an dem kritischen 25. Juli noch gelebt haben: der Weltkrieg wäre nicht ausgebrochen.« Giesl war überzeugt, daß Hartwig auf seine Regierung hätte mäßigend einwirken können. Durch die deutsche diplomatische Rückendeckung hatte sich inzwischen in der österreichischen Regierung die Linie eines energischen politischen Vorgehens gegen Serbien durchgesetzt.

Am 23.7.1914 überreichte Giesl dem stellvertretenden serbischen Ministerpräsidenten Laza Paču eine Note, die beinhaltete, daß Österreich massive Eingriffe in die serbische Souveränität vornehmen wollte. Es drohte mit dem Abbruch der diplomatischen Beziehungen bei Nichterfüllung der Forderungen. Zur Beantwortung wurden der serbischen Regierung zwei Tage Zeit gelassen. Wenige Minuten vor Ablauf dieser Frist überreichte der serbische Ministerpräsident Nikola Pasić dem Gesandten Giesl die Antwortnote. Da in mehreren Punkten die österreichischen Forderungen abgelehnt wurden, verließen die österreichischen Diplomaten am gleichen Abend Belgrad. Schon drei Stunden vor Übergabe der Antwortnote war in Serbien die Mobilmachung angeordnet worden.

Die Nachricht von der Abreise der österreichisch-ungarischen Diplomaten aus Belgrad traf kurz nach acht Uhr abends in Berlin ein. Menschenmassen hatten sich in den Depeschensälen der großen Zeitungen versammelt. Zu Tausenden demonstrierten die Menschen am Berliner Stadtschloß, Unter den Linden und in der Wilhelmstraße vor den Gebäuden der Politik und der Diplomatie. Der französische Botschafter Jules Cambon berichtete darüber an den stellvertretenden Außenminister Jean Baptiste Bienvenue-Martin: »Beträchtliche Gruppen von mehreren Hunderten von Personen sammeln sich hier vor den Zeitungsbureaus, und soeben ist ein starker Demonstrationszug von jungen Leuten unter Hurrarufen auf Deutschland und unter Absingung vaterländischer Lieder über den Pariser Platz gezogen; er begibt sich nach der Siegessäule, zur österreichischen, dann zur italienischen Botschaft. Es ist ein bezeichnender Ausbruch des Chauvinismus.« Im »Berliner Lokal-Anzeiger« stand darüber: »Die Begeisterung in der Bevölkerung Berlins flaute auch in den späten Nachtstunden nicht ab. (...) Vor der russischen Botschaft Unter den Linden hatten sich einige hundert Menschen angesammelt, die schweigend zu den erleuchteten Fenstern des Palais hinaufblickten, sich aber jeder Demonstration enthielten. Vor dem Palais, wie auch vor dem französischen und dem italienischen hielten Schutzleute die ganze Nacht hindurch Wache. Auch vor der serbischen Gesandtschaft in der Hardenbergstraße war die gleiche Vorsichtsmaßregel getroffen.« Die Demonstrationen dauerten an den folgenden Tagen an. Die Kriegserklärung Österreich-Ungarns an Serbien erfolgte am 28.7.1914.

Der Deutsche Kaiser kehrte am 27.7.1914 von seiner Nordlandreise nach Potsdam zurück. Zur Begrüßung waren auf dem Bahnhof Wildpark neben der Kaiserin und dem Reichskanzler auch die Chefs des Generalstabs und des Admiralsstabs anwesend, die sogleich im Neuen Palais Vortrag hielten. Die russische Generalmobilmachung erfolgte am 30.7.1914. Am Nachmittag des 1.8.1914 unterzeichnete Kaiser Wilhelm II. den deutschen Mobilmachungsbefehl im Stern-Saal des Berliner Stadtschlosses. Zugegen waren der Chef des Generalstabes der Armee, Graf Helmuth von Moltke, der Staatssekretär des Reichsmarineamtes, Großadmiral Alfred von Tirpitz, und der preußische Kriegsminister Erich von Falkenhayn. Kurz darauf erschienen der Reichskanzler Bethmann-Hollweg und der Staatssekretär des Auswärtigen Amtes, Gottlieb von Jagow, mit einer Depesche des deutschen Botschafters in London, Fürst Karl Max von Lichnowsky, die besagte, daß England die Neutralität Frankreichs verbürgen wolle. Der Kaiser war darüber sehr erfreut und ließ Sekt kommen. Diese Hoffnungen wurden aber am späten Abend zerstört, als König Georg V. von Großbritannien in einem persönlichen Telegramm Kaiser Wilhelm II. über das Mißverständnis aufklärte. Der Kaiser, der sich bereits zur Ruhe begeben hatte, befahl Moltke zu sich und empfing ihn im Schlafzimmer mit den Worten: »Nun können Sie machen, was Sie wollen«. Moltke telegraphierte sofort die Marschbefehle an die Truppen. Die französische Mobilmachung war bereits am Nachmittag erfolgt. Am selben Abend überreichte der deutsche Botschafter in Sankt Petersburg, Graf Friedrich von Pourtales, dem russischen Außenminister Sergej Dimitrijewitsch Sasonow die deutsche Kriegserklärung. Am folgenden Vormittag überbrachte ein Bote des Auswärtigen Amtes dem russischen Botschafter Sergej von Swerbejew die Pässe. Über die Abreise der russischen Diplomaten stand im »Berliner Lokal-Anzeiger« vom 3.8.1914: »Kurz vor 11 Uhr fuhren vor der von Schutzleuten bewachten russischen Botschaft eine Reihe von Autos vor, die mit Koffern und Schachteln in großer Zahl bepackt wurden. Hierdurch wurde die Menge auf die bevorstehende Abreise des Botschafters aufmerksam und staute sich vor dem Palais. Das Publikum verhielt sich zunächst vollständig passiv; als aber eine Anzahl russischer Staatsangehöriger unter Lachen und Plaudern die Botschaft verließ und die offenen Autos bestieg, machte sich die Erregung des Publikums durch laute Pfuirufe Luft, die den wachthabenden Polizeioffizier veranlaßten, die Autos auf den Hof der Botschaft fahren zu lassen und das Portal zu schließen. Inzwischen war die Menschenmenge enorm angewachsen und ballte sich im Mittelgang der Linden und zu beiden Seiten der Botschaft zu undurchdringlichen Mauern zusammen. Als dann die ersten Autos mit russischen Staatsangehörigen, die unter dem Schutz des Botschafters in die Heimat zurückkehren wollten, das Portal verließen, erhob sich ein ohrenbetäubender Lärm. Schirme und Stöcke hoben sich drohend in die Luft; aber noch hielt sich die Menge im Zaum. Erst als aus einem der nächsten Autos ein Russe höhnisch lächelnd der erregten Menge zuwinkte, wuchs der Sturm zum Orkan. Die Menschenmassen durchbrachen die schwache Schutzmannskette und hieben mit Stöcken und Schirmen blindlings in die offenen Kraftwagen hinein. Zwei weiteren Wagen, die folgten, erging es ebenso. Die Insassen schützten sich, so gut es ging, gegen die von allen Seiten auf sie niederprasselnden Hiebe; die Chauffeure schlugen ein rasendes Tempo an, und bald waren die Wagen in Sicherheit. Inzwischen waren Schutzmannsverstärkungen herbeigeeilt; ein Zug Schutzleute zu Pferde galoppierte heran und trieb die Menschenmassen auf den Mittelgang zurück. Als dann kurz nach 12 Uhr in vier weiteren Autos der Botschafter mit seinen Legationsräten und Sekretären das Palais verließ, wurden seine Wagen auf beiden Seiten von berittenen Schutzleuten eskortiert, die die drohenden Menschenmassen an Handgreiflichkeiten hinderten. Die brausenden Pfuirufe, die seine Abreise begleiteten, werden dem Vertreter des Zaren aber noch lange in den Ohren dröhnen. So bedauerlich die Ausschreitungen der erregten Menge auch sein mögen, so muß man doch zu ihrer Entschuldigung anführen, daß die Russen durch ihr ganzes Verhalten und durch das Verlassen der Botschaft in offenen Autos am hellen Mittag direkt dazu provoziert haben.« Über die gleichen Vorfälle berichtete der amerikanische Botschafter Gerard in seinen Erinnerungen: »An dem Tage, als der russische Botschafter abreiste, sandte ich ihm mein Automobil, das ihn an den Bahnhof bringen sollte. Der Chauffeur und der Bediente berichteten mir nachher, der polizeiliche Schutz sei ungenügend gewesen, das Automobil sei von der Menge beinahe umgestürzt worden, Männer seien während der Fahrt auf den Tritt gesprungen und hätten den Botschafter und die ihn begleitenden Damen mit Stöcken ins Gesicht geschlagen.« Kurz nach ein Uhr verließen die russischen Diplomaten mit einem Sonderzug Berlin vom Lehrter Bahnhof aus, der militärisch abgeriegelt war.

Am 3.8.1914 übersandte der italienische Botschafter Ricardo Bollati an Staatssekretär Jagow die italienische Neutralitätserklärung. Die Italiener waren nicht bereit, an der Seite ihrer deutschen Verbündeten in den Krieg zu ziehen.

Der französische Ministerpräsident René Viviani bekam am Abend des 3.8.1914 vom deutschen Botschafter in Paris, Freiherr Wilhelm von Schoen, die Kriegserklärung überreicht. Zur gleichen Zeit überbrachte der Geheime Legationsrat im Auswärtigen Amt, Freiherr Ernst Langwerth von Simmern, dem französischen Botschafter Jules Cambon die Pässe.

Während der Reichstagssitzung am 4.8.1914 traf der britische Botschafter Sir Edward Goschen mit dem Staatssekretär Jagow im Reichstagsgebäude zusammen. Beim Angriff auf Frankreich waren deutsche Truppen unter Verletzung internationaler Verträge in die neutralen Staaten Luxemburg und Belgien eingedrungen. In einem Telegramm vom 3.8.1914 hatte König Albert I. von Belgien an König Georg V. von Großbritannien einen äußersten Appell an die diplomatische Intervention »zum Schutze von Belgiens Neutralität« gerichtet. Goschen teilte Jagow mit, daß die britische Regierung eine Verletzung der belgischen Neutralität nicht hinnehmen würde. Jagow sagte dazu, der Durchmarsch der deutschen Truppen durch Belgien werde fortgesetzt. Am Abend des gleichen Tages fand eine weitere Unterredung zwischen dem Botschafter und dem Staatssekretär im Auswärtigen Amt statt. Danach suchte der Botschafter den Reichskanzler auf, aber seine wiederholten Forderungen, daß

Deutschland die belgische Neutralität achten solle, wurden abgelehnt. In den Straßen Berlins wurden zur selben Stunde Extra-Ausgaben des »Berliner Tageblatts« verbreitet mit der Falschmeldung, Großbritannien habe Deutschland den Krieg erklärt. Daraufhin kam es zu Tumulten vor der britischen Botschaft. Darüber stand im »Berliner Lokal-Anzeiger«: »Tausende strömten von den Linden nach dem in der Wilhelmstraße gelegenen Botschaftspalast, stimmten im brausenden Chor patriotische Lieder an und eröffneten dann mit zusammengeknüllten Extrablättern, in denen auch harte Fremdkörper eingewickelt waren, ein Bombardement gegen die Fenster. Die Wirkung war nicht allzu stark; es wurden im ganzen fünf Scheiben zerschlagen, aber die Straße war mit Glassplittern besät, die Haltung des Publikums überdies eine sehr unfreundliche und rauflustige. (...) Auf den zunehmenden Tumult gab der in der Ecke der Linden stehende Schutzmann das Alarmsignal. Sogleich trabte eine in der Nähe gelegene Reservewache berittener Schutzleute zum Schutz der Botschaft heran.« Der amerikanische Botschafter Gerard begab sich »durch die Menge, die immer noch die Wilhelmstraße versperrte« zu seinem britischen Kollegen, um sich über dessen Befinden zu erkundigen. Darüber berichtete Gerard in seinen Erinnerungen: »Sir Edward und seine Sekretäre waren vollständig ruhig und lehnten höflich die Zuflucht ab, die ich ihnen in unserer Botschaft anbot. Ich unterhielt mich eine Weile mit ihnen, und wie ich mich zum Weggehen erhob, sagte mir ein Bedienter, die Menge auf der Straße habe mächtig zugenommen und bewache mein Automobil. Ich ließ durch den Bedienten anordnen, daß das Automobil geöffnet wurde, da es ein Landauer war, und dem Chauffeur sagen, wenn ich drinnen sei, solle er ganz langsam fahren. Ich fuhr langsam durch die Menge, nur bestürmt mit dem besonderen Zischwort, dessen sich die Deutschen bedienen, wenn sie besonders aufgebracht sind, und das der Voraussetzung nach die äußerste Verachtung ausdrückt. Dieses Wort ist ›Pfui‹ und hat eine seltsame Wirkung, wenn es aus tausend von teutonischen Kehlen gezischt wird.«

Zur gleichen Zeit verließen die französischen Diplomaten Berlin. Der »Berliner Lokal-Anzeiger« schrieb dazu: »Die Nachricht, daß der französische Botschafter Cambon sein Palais am Pariser Platz in den Abendstunden räumen werde, hatte ... schon frühzeitig zahlreiche Menschen auf den Platz gelockt, die diesen Staatsmann noch einmal von Angesicht zu Angesicht kennen lernen wollten. Ein starkes Polizeiaufgebot bewachte das Palais und hielt die Menge zurück, die sich auf dem breiten Fahrdamm Unter den Linden staute. (...) Tumult setzte auf dem Pariser Platz ein, als fünf Minuten vor 10 Uhr aus dem Hofe der französischen Botschaft drei Automobile mit Schutzmannsbedeckung vor das Portal fuhren und unmittelbar darauf der Botschafter mit seinem Gefolge das erste Automobil bestieg. Starke Schutzmannskolonnen zu Fuß und zu Pferd ermöglichten die ungehinderte Abfahrt des Botschafters durch das Brandenburger Tor zum Lehrter Bahnhof.« Der amerikanische Botschafter Gerard schrieb über die Abreise der französischen Diplomaten in seinen Erinnerungen: »Die Strecke von der französischen Botschaft via Brandenburger Tor zum Lehrter Bahnhof war von Truppen und Polizei abgesperrt, so daß sich nicht der geringste Zwischenfall ereignete. Cambon war in ausgezeichneter Verfassung und behielt seinen Mut und seine Fassung in bewunderungswürdiger Weise beisammen.«

Über das Ende jenes dramatischen Augusttages auf den Straßen Berlins stand im »Lokal-Anzeiger«: »Bis in die späte Nachtstunde hinein währte das unruhige, wild aufgeregte Treiben des Publikums. Die großen Ereignisse der letzten Tage hatten auf die

Nerven des Volkes derart gewirkt, daß manches ... geschehen ist, was im deutschen Interesse besser unterblieben wäre.«

Am nächsten Vormittag händigte der Vortragende Rat im Auswärtigen Amt, Graf Botho von Wedel, dem britischen Botschafter Goschen die Pässe aus. Am nächsten Morgen brachte man die britischen Diplomaten auf Umwegen zum Lehrter Bahnhof, von wo aus sie Berlin verließen.

Der Kriegseintritt der USA

Am 9.1.1917 beschloß die deutsche Regierung den uneingeschränkten U-Boot-Krieg. Damit wollten die deutschen Militärs die Nachschubversorgung der Feindmächte durch neutrale Handelschiffe stören. Dem Reichskanzler war klar, daß der Versenkung amerikanischer Schiffe die Kriegserklärung der Vereinigten Staaten von Amerika direkt folgen würde.

Botschafter Gerard führte in jenen Januartagen des Jahres 1917 in Berlin viele Gespräche, um den drohenden Krieg zwischen den Vereinigten Staaten von Amerika und dem Deutschen Reich zu verhindern. Am 6.1.1917 gab die amerikanische Handelskammer im »Hotel Adlon« einen Empfang zu Ehren des Botschafters, an dem viele deutsche Politiker, Diplomaten und Industrielle teilnahmen. Nach den Erinnerungen Botschafter Gerards war dieser Abend der letzte verzweifelte Versuch, die freundschaftlichen Beziehungen zwischen Amerika und Deutschland aufrecht zu erhalten. Am 31.1.1917 wurde Gerard von Zimmermann für 18.00 Uhr ins Auswärtige Amt bestellt. Der Staatssekretär las dem Botschafter eine Note vor, in der der Beginn des uneingeschränkten U-Boot-Krieges auf den folgenden Tag, 0.00 Uhr, angekündigt wurde. In einer Rede vor dem amerikanischen Kongreß teilte Präsident Wilson am 3.2.1917 mit, daß die diplomatischen Beziehungen zwischen den Vereinigten Staaten von Amerika und dem Deutschen Reich abgebrochen seien. Die amerikanischen Diplomaten verließen Berlin am Abend des 10.2.1917. Auf dem Potsdamer Bahnhof hatten sich viele Diplomaten zur Verabschiedung eingefunden. Amerikafeindliche Demonstrationen gab es nicht. Der Abbruch der diplomatischen Beziehungen irritierte die deutsche Führung nicht. Kaiser Wilhelm II. schrieb in einer Notiz für das Auswärtige Amt am Rand eines Schreibens des Chefs des Admiralstabes, Admiral Henning von Holtzendorff, vom 18.3.1917: »Es ist jetzt ein für allemal Schluß mit Verhandlungen mit Amerika! Will Wilson Krieg, soll er ihn herbeiführen und ihn dann haben!«

In einer Rede vor beiden Häusern des amerikanischen Kongresses am 2.4.1917 forderte Präsident Wilson den Kriegseintritt der Vereinigten Staaten von Amerika an der Seite der Alliierten. Im Senat wurde der Beschluß über den Kriegszustand zwischen den Vereinigten Staaten von Amerika und dem Deutschen Reich mit 82 gegen 6 Stimmen und im Repräsentantenhaus mit 373 gegen 50 Stimmen angenommen. Am 6.4.1917 unterzeichnete Präsident Wilson die entsprechende Proklamation.

Der Frieden an der Ostfront

In der Nacht vom 6. auf den 7.11.1917 gelangten in Rußland die Kommunisten unter Führung von Lenin und Trotzki durch einen Handstreich an die Macht.

Das erste außenpolitische Dokument der neuen russischen Regierung war das von Lenin verfaßte und vom Zweiten Gesamtrussischen Sowjetkongreß am 8.11. 1917 angenommene Dekret über den Frieden, in dem allen kriegführenden Nationen ein Frieden ohne Annexionen angeboten wurde. Gemäß diesem Konzept begannen noch im November 1917 Waffenstillstandsverhandlungen an der Ostfront. Am 9.2.1918 und am 3.3.1918 wurden in der Grenzstadt Brest-Litowsk Friedensverträge zwischen den Vertretern der Mittelmächte und der Ukraine bzw. Sowjetrußlands unterzeichnet. In den Verträgen wurde die Aufnahme diplomatischer und konsularischer Beziehungen zwischen den ehemaligen Kriegsgegnern fixiert. Gemäß diesen Regelungen überreichte einer der sowjetrussischen Friedensunterhändler von Brest-Litowsk, Adolf Abramowitsch Joffe, am 20.4.1918 im Auswärtigen Amt sein Beglaubigungsschreiben als erster diplomatischer Vertreter der Russischen Sozialistischen Föderativen Sowjetrepublik in Berlin. Am 5.9.1918 weilte das Staatsoberhaupt der Ukraine, Hetman Pawel Skoropadski, zu politischen Gesprächen mit Reichskanzler Georg von Hertling in Berlin. Tags darauf wurde Skoropadski von Kaiser Wilhelm II. auf Schloß Wilhelmshöhe bei Kassel mit dem für Souveräne üblichen Zeremoniell empfangen. Den Toast des Kaisers erwiderte der Hetman in ukrainischer Sprache, die zum ersten Mal bei einem solchen Anlaß verwendet wurde.

Die Novemberrevolution

Der Frieden von Brest-Litowsk brachte nur eine kurze militärische Entlastung für die Mittelmächte. Im Sommer 1918 gelangen den Westalliierten entscheidende Geländegewinne. Im September 1918 brachen die bulgarische und die türkische Front zusammen. Ende September 1918 wurde die deutsche Reichsregierung von der Obersten Heeresleitung aufgefordert, unverzüglich ein Waffenstillstandsersuchen an den amerikanischen Präsidenten Woodrow Wilson zu richten, worin Bezug auf dessen Friedensproklamationen genommen werden sollte. Am 30.9.1918 entließ Kaiser Wilhelm II. den Reichskanzler Georg von Hertling. Nachfolger wurde der liberale Prinz Maximilian von Baden. Das Auswärtige Amt übernahm der Staatssekretär des Reichskolonialamtes, Wilhelm Solf, zusätzlich. Am 3.10.1918 wurde das Ersuchen um Waffenstillstand und um Frieden vom neuen Reichskanzler Max von Baden unterzeichnet und an Wilson abgeschickt. In den Antwortnoten forderten die Amerikaner die Abdankung des deutschen Kaisers. Wilhelm II. empfing am 21.10. 1918 die neue Reichsregierung im Schloß Bellevue. Die Ansprache des Kaisers endete mit den Worten, man müsse bereit sein »zu kämpfen bis auf den letzten Hauch und den letzten Hieb«.

Am 26.10.1918 traf in Berlin die Meldung über den Zusammenbruch Österreich-Ungarns ein. Kaiser Karl I. von Österreich sah als letzte Rettung nur die Bitte um einen Separatfrieden. Darüber berichtete Reichskanzler Max von Baden in seinen

Erinnerungen: »Am Abend ließ sich der österreichische Botschafter Prinz Hohenlohe bei mir melden. Er war ein gebrochener Mann. ›Die Menschen werden vor mir ausspucken – ich kann mich in Berlin nicht mehr auf der Straße sehen lassen.‹ Er teilte mir mit, daß der Entschluß seines Souveräns unwiderruflich gefaßt sei, sich an den Feind zu wenden und um einen Separatfrieden zu bitten.« Der Botschafter legte ein persönliches Schreiben Karls I. an Wilhelm II. vor. Darin teilte der österreichische Kaiser mit, daß sein Volk »weder imstande noch willens ist, den Krieg weiter fortzusetzen«. Es sei sein unabänderlicher Entschluß, »innerhalb 24 Stunden um einen Separatfrieden und um einen sofortigen Waffenstillstand anzusuchen«. Wilhelm II. erhielt dieses Schreiben am Mittag des folgenden Tages und war tief erschüttert. Wegen Österreich war man einst in den Krieg gezogen, nun kapitulierten die Österreicher als erste.

Die sowjetrussische Regierung versuchte, im Sinne der Ideologie der Weltrevolution, die revolutionären Stimmungen in den kriegführenden Nationen zu schüren. Lenin hatte am 22.10.1918 gesagt, daß Deutschland das wichtigste Glied in der Kette der Revolutionen sei und daß von der deutschen Revolution der Erfolg der Weltrevolution abhängig sei. Die sowjetrussische Botschaft in Berlin wurde deshalb zur Vorbereitung der Revolution in Deutschland genutzt. Um die revolutionäre Stimmung zu mildern, wies Reichskanzler Max von Baden die Entlassung des sozialdemokratischen Reichstagsabgeordneten Karl Liebknecht aus dem Zuchthaus Luckau an. Am 24.10.1918 gab der sowjetrussische Botschafter Joffe für Liebknecht ein festliches Bankett im Botschaftspalais Unter den Linden. Der Botschafter verlas dabei ein Grußtelegramm, das Lenin, Swerdlow und Stalin im Namen des Zentralkomitees der Kommunistischen Partei Rußlands an Liebknecht gerichtet hatten. Liebknecht bekannte sich in seiner Dankesrede zur sozialistischen Revolution nach russischem Vorbild.

In jener Zeit kamen mit dem diplomatischen Kuriergepäck größere Mengen Flugblätter und anderes Propagandamaterial aus Sowjetrußland nach Deutschland. Bei der deutschen Regierung und dem Generalstab nahm man diese Verletzung diplomatischer Regeln mit wachsendem Mißfallen zur Kenntnis. Am Abend des 4.11. 1918 traf ein Kurier der sowjetrussischen Botschaft von Moskau kommend auf dem Bahnhof Friedrichstraße ein. Bei der Gepäckverladung wurde eine Kiste beschädigt. Flugblätter revolutionären Inhalts fielen heraus. Das Material wurde sichergestellt und das Auswärtige Amt verständigt. Staatssekretär Solf forderte daraufhin den Botschafter Joffe auf, Berlin innerhalb eines Tages zu verlassen. Um größeres Aufsehen zu vermeiden, wurde das sowjetrussische Botschaftspersonal am frühen Morgen des 6.11.1918 unter Polizeibewachung vom Botschaftspalais Unter den Linden zum Bahnhof Friedrichstraße gebracht, von wo aus die Diplomaten mit einem Sonderzug Berlin verließen.

Ende Oktober 1918 kam es in der deutschen Kriegsflotte zu Meutereien, die schnell auf die Hafenstädte übergriffen. Kaiser Wilhelm II. weilte zu dieser Zeit im Großen Hauptquartier in Spa im besetzten Belgien. Daraus ergaben sich Kommunikationsprobleme zwischen dem Kaiser und der Reichsregierung. Der Reichskanzler erkannte als einzige Rettung für die Monarchie in Deutschland die Abdankung des Kaisers zugunsten eines seiner jüngeren Söhne, denn auch der Kronprinz schien wegen seiner militaristischen Haltung nicht mehr tragbar.

Die SPD-Partei- und Fraktionsvorstände stellten auf Druck ihrer Basis dem Reichskanzler ein Ultimatum, in dem die Abdankung des Kaisers und der Verzicht des Kronprinzen bis zum Mittag des 9.11.1918 gefordert wurden. Max von Baden drängte Wilhelm II. telegraphisch und telefonisch zum Thronverzicht, jedoch erfolglos. Am Vormittag des 9.11.1918 informierten hohe Generäle den Kaiser darüber, daß die Truppen nicht mehr hinter ihm stünden. Zur gleichen Zeit trafen in der Reichskanzlei Meldungen über Massendemonstrationen in Berlin ein. Der Reichskanzler gab diese Nachrichten telefonisch nach Spa weiter und forderte eine Entscheidung. Am späten Vormittag wurde aus Spa gemeldet, daß der Kaiser sich zur Abdankung entschlossen habe und die Formulierung gerade ausgearbeitet werde. Daraufhin ließ der Reichskanzler eigenmächtig eine schon vorbereitete entsprechende Erklärung an das Wolffsche Telegraphenbureau weitergeben. Um die Mittagszeit wurden in den Straßen Berlins Sonderausgaben der Zeitungen mit dieser Meldung verbreitet. Inzwischen war in der Reichskanzlei eine Abordnung der SPD unter Führung von Friedrich Ebert eingetroffen, der die Regierungsgeschäfte mit Zustimmung des Reichskanzlers und sämtlicher Staatssekretäre übernahm. Auf die Frage, ob er das Amt im Rahmen der monarchischen Verfassung führen werde, meinte Ebert, dazu sei es zu spät. Danach nahm Ebert zusammen mit dem Reichstagsabgeordneten Philipp Scheidemann in der Reichstagskantine das Mittagessen ein, wobei Scheidemann ans Fenster gerufen wurde, um zu den auf dem Königsplatz versammelten Menschen zu sprechen. Scheidemann improvisierte eine Rede, in der er sich zur Republik bekannte. Seine Äußerungen wurden so aufgefaßt, als ob über Deutschlands zukünftige Staatsform schon entschieden sei.

Am Nachmittag erließ Reichskanzler Ebert Aufrufe an die Bürger, an die Behörden und an die Beamten, in denen er diese bat, weiterzuarbeiten. Am späten Nachmittag verabschiedete sich der alte vom neuen Reichskanzler. Max von Baden hatte in seiner kurzen Regierungszeit alles Erdenkliche für den Erhalt der Monarchie in Deutschland getan. Er war schließlich an der Ignoranz und am Starrsinn des Monarchen gescheitert. Schon Bismarck hatte einmal in einem Gespräch mit der Kronprinzessin Viktoria von Preußen gemeint, Gefahren für die Zukunft der Monarchie in Deutschland gäbe es, nicht weil die Royalisten, sondern weil die Könige ausgehen würden. Wie Bismarck es vermutet hatte, war es auch gekommen.

In Spa waren sich am Abend des 9.11.1918 die Generäle einig geworden, daß das beste Exil für Wilhelm II. die benachbarten Niederlande seien. Am frühen Morgen des 10.11.1918 fuhr der Hofzug von Bahnhof Spa ab. Auf dem holländischen Grenzbahnhof Eijsden mußte der Flüchtling noch den ganzen Tag warten, bis die holländische Genehmigung zur Einreise vorlag. Am 28.11.1918 unterzeichnete Wilhelm II. auf Schloß Amerongen die Abdankungsurkunde. Später kaufte er das Schloß Doorn, wo er 1941 starb. Deutschland hat er nie wieder betreten.

Am Ende der Herrschaft des letzten deutschen Kaisers befand sich das Deutsche Reich im Kriegszustand mit 27 Staaten. Diplomatische Beziehungen bestanden nur noch zu Argentinien, Bulgarien, Chile, Dänemark, zur Dominikanischen Republik, zu Finnland, Kolumbien, Luxemburg, Mexiko, zu den Niederlanden, zu Norwegen, Österreich-Ungarn, Persien, Polen, Schweden, zur Schweiz, zu Spanien, zur Türkei, zur Ukraine und zu Venezuela.

Die Zeit der Weimarer Republik

Die politische Umwälzung

Im Herbst 1918 vollzog sich innerhalb weniger Tage in Deutschland der Übergang vom Obrigkeitsstaat zur Demokratie. Die Mehrheit der autoritätsgläubigen Deutschen akzeptierte die neue Ordnung nicht, weil sie die Folgen der militärischen Niederlage, die der Kaiser und seine Generäle zu verantworten hatten, nicht anerkennen wollte. Diese lastete sie ausschließlich den Politikern der jungen Republik an. Bald bildete sich eine monarchistische Opposition, die von weiten Teilen der Bevölkerung getragen wurde und verheerende Folgen für die Entwicklung der Republik haben sollte. Während man in Großbritannien, Frankreich und in den Vereinigten Staaten von Amerika auf demokratische Traditionen zurückblicken konnte, war in Deutschland der Umgang mit den Freiheiten neu.

Der sozialdemokratische Reichskanzler Friedrich Ebert kämpfte zunächst um die Stabilisierung der innenpolitischen Verhältnisse. Außenpolitisch war man wegen des verlorenen Krieges handlungsunfähig.

Am Abend seines ersten Arbeitstages führte Reichskanzler Ebert von seinem Arbeitszimmer im Reichskanzlerpalais aus über eine abhörsichere direkte Telefonverbindung mit dem Großen Hauptquartier in Spa ein Gespräch mit dem Generalquartiermeister Wilhelm Groener, in dem eine gemeinsame Strategie im Kampf gegen Revolution, Bolschewismus und Chaos abgestimmt wurde. Die Oberste Heeresleitung stellte sich der neuen Reichsregierung zur Verfügung. Am folgenden Tag wurde die Regierung Ebert durch den Berliner Arbeiter- und Soldatenrat bestätigt.

Die Situation in der Regierungszentrale des Deutschen Reiches in jenen Tagen schilderte der Geschäftsträger an der schweizerischen Gesandtschaft, Karl Egger, in Berichten vom 11.11.1918 an Außenminister Felix Calonder und den Leiter der Handelsabteilung im Wirtschaftsministerium, Arnold Eichmann. Die Novemberrevolution fand an einem Wochenende statt. Der 11.11.1918 war ein Montag, also ein Arbeitstag. Egger schrieb: »Sämtliche Beamten sind heute früh zu gewohnter Stunde in ihren Kanzleien erschienen, doch konnte ich … bemerken, daß jede sichere Orientierung fehlt. (…) Nach unendlicher Mühe gelang es mir, die verschiedenen Kordons der Roten Garden zu durchschreiten, um endlich ins Reichstagsgebäude zu gelangen. Der Wirrwarr, der dort herrscht, ist ganz unbeschreiblich. Das ganze Haus ist erfüllt von Soldaten, Matrosen, Arbeitern, Frauen und wie mich dünkte, von viel lichtscheuem Gesindel, das sich in den prunkvollen Räumen des Reichstags planlos herumtrieb. Auf den geschnitzten Bänken und Polstermöbeln lagen schlafende Matrosen, die Teppiche und Böden waren beschmutzt durch Konserven, Speisereste, kurz, das Bild einer grenzenlosen Verwirrung und Unordnung. Ich fand schließlich Herrn Ebert im Reichskanzlerpalais ... (...) Nach all den Wahrnehmungen, die ich heute und gestern auf meinen verschiedenen Gängen gemacht habe, komme ich zu der Überzeugung, daß die Lage, ohne pessimistisch zu sein, als ernst geschildert werden darf. Niemand weiß eigentlich genau, welchen Ereignissen wir heute zutreiben.« »Es scheint, daß die Kontinuität erhalten und damit das Chaos verhindert werden kann.«

Die Entscheidung über die künftige staatliche Ordnung Deutschlands fiel Mitte Dezember 1918 auf der Allgemeinen Konferenz der Arbeiter- und Soldatenräte im Preußischen Abgeordnetenhaus. Mit großer Mehrheit entschieden sich die Delegierten für die parlamentarische Demokratie. Sie legten den 19.1.1919 als Termin für die Wahlen zu einer verfassunggebenden Nationalversammlung fest.

Die Verhandlungen zum Beitritt Österreichs

Der Zusammenbruch der Monarchien im Deutschen Reich und in Österreich-Ungarn ließ die Bildung eines großdeutschen Staatenbundes als möglich erscheinen, was Bismarck einst verhindert hatte. In der Provisorischen Nationalversammlung Deutschösterreichs – der späteren Republik Österreich – wurde am 12.11.1918 ein Gesetzentwurf einstimmig angenommen, dessen erster Satz des Artikels 2 lautete: »Deutschösterreich ist ein Bestandteil der Deutschen Republik«. Die Verwirklichung dieses Planes war die wichtigste Aufgabe des ersten Gesandten der Republik Deutschösterreich in Berlin, Ludo Moritz Hartmann. Hartmann nahm am 25.11.1918 als Gast an der Konferenz der Vertreter der deutschen Bundesstaaten im Reichskanzlerpalais teil. Er überreichte am 28.11.1918 dem Staatssekretär des Auswärtigen Amtes, Wilhelm Solf, das Beglaubigungsschreiben. Solf versicherte ihm dabei, das Auswärtige Amt würde alle Anschlußbestrebungen fördern.

Die Erarbeitung einer neuen deutschen Verfassung wurde dem Staatssekretär im Reichsamt des Innern, Hugo Preuß, übertragen. Unter seiner Leitung fanden vom 9. bis zum 12.12.1918 im Reichsamt des Innern Besprechungen statt, an denen für Deutschösterreich der Gesandte Hartmann und der Legationssekretär Alfred von Verdroß teilnahmen. Hartmann entwickelte bei den Verhandlungen um den Anschluß so viel Eifer, daß ihn der deutschösterreichische Außenminister Otto Bauer in einer Weisung vom 3.1.1919 um »etwas mehr Zurückhaltung« bitten mußte. Vom 27.2.1919 bis zum 2.3.1919 verhandelte Bauer mit dem deutschen Außenminister Graf Ulrich Brockdorff-Rantzau in Berlin über den Anschluß. An den Gesprächen nahm auch Hartmann teil. Am 2.3.1919 unterzeichneten Bauer und Brockdorff-Rantzau ein Protokoll, in dem die Vorgehensweise zur Verwirklichung des Anschlusses genau geregelt war. Auf der Fahrt zum Flugplatz Johannistal am folgenden Tag kamen die beiden Außenminister überein, den Anschluß nicht vor dem Friedensschluß zu vollziehen. Bauer meinte, »er harmoniere in allen Hauptfragen mit Dr. Hartmann, nur gehe mit diesem in der Anschlußfrage sein Temperament bisweilen durch«. Am 16.3.1919 berichtete der deutsche Botschafter in Wien, Graf Botho von Wedel, an Brockdorff-Rantzau: »Über Hartmann urteilt man hier immer kritischer. Man bezeichnet ihn als Optimisten und Phantasten.« Am 20.3.1919 telegraphierte Hartmann an

Bauer, man möge »den staatsrechtlichen Anschluß sofort vollziehen, (weil) unsere Untätigkeit die Gegner stärkt«.

Mit großem Engagement hatte sich Hartmann an der Erarbeitung der neuen deutschen Verfassung beteiligt. Am 25.1.1919 befand er sich unter 129 Konferenzteilnehmern aus dem Reich und den Ländern, die unter der Leitung von Friedrich Ebert im Reichsamt des Innern Fragen zur Verfassung berieten. Hartmann arbeitete auch im Verfassungsausschuß der deutschen Nationalversammlung mit. Dabei setzte er sich besonders für die Reichsfarben Schwarz-Rot-Gold ein, die ihre Symbolkraft in der Revolution von 1848/49 gewonnen hatten und eine großdeutsche Einigung implizierten, während sich die bisherigen Reichsfarben Schwarz-Weiß-Rot auf die kleindeutsche Einigung von 1871 bezogen. In einer Unterredung zwischen Hartmann und führenden deutschen Politikern am 4.7.1919 in Weimar, »die sich bei Wein, Brötchen und Zigarren bis ein Uhr nachts hinzog«, kam man überein, eine interfraktionelle Kommission für die Anschlußfrage zu bilden, die bereits am 7.7.1919 ihre Arbeit begann. Die am 11.8.1919 in Kraft getretene Verfassung des Deutschen Reiches sah in Artikel 61 den Anschluß Deutschösterreichs an das Deutsche Reich ausdrücklich vor. Die Friedensverträge der Siegermächte mit dem Deutschen Reich und Deutschösterreich enthielten jedoch Klauseln, die eine Vereinigung beider Staaten verhindern sollten.

Nachdem in Österreich der sozialdemokratische Außenminister Karl Renner am 22.10. 1920 seinen Rücktritt erklärt hatte, gab Hartmann am 28.10.1920 seinen Berliner Posten auf. Sein Nachfolger wurde der Regierungsbeamte Richard Riedl, der Reichspräsident Ebert am 26.7.1921 das Beglaubigungsschreiben überreichte. Ende August 1922 weilte der österreichische Bundeskanzler Ignaz Seipel in Berlin. In einem Gespräch mit Reichskanzler Joseph Wirth kam man überein, den Anschluß nicht mehr anzustreben.

Die Nationalversammlung in Weimar

Die Wahlen zur Verfassunggebenden Nationalversammlung fanden am 19.1.1919 statt. Wegen der unsicheren Lage in Berlin hielt das Parlament seine Sitzungen im Nationaltheater von Weimar ab, wo die Delegierten erstmals am 6.2.1919 zusammentraten. Am 11.2.1919 wählten sie den bisherigen Regierungschef Friedrich Ebert zum provisorischen Staatsoberhaupt. Zwei Tage später bildete Philipp Scheidemann eine neue Reichsregierung. Das Auswärtige Amt stand seit dem 30.12.1918 unter der Leitung von Graf Ulrich Brockdorff-Rantzau. Mit Erlaß vom 21.3.1919 wurden die Bezeichnungen der obersten Reichsbehörden geändert, allerdings wurde für das Auswärtige Amt wegen seiner Tradition der alte Name beibehalten.

Versailles

Die Waffenstillstandsverhandlungen zwischen den Vertretern der Alliierten und der Deutschen endeten mit der Unterzeichnung eines Abkommens am Morgen des 11.11.1918, die im Saloneisenbahnwagen des französischen Marschalls Ferdinand

Foch im Wald von Compiegne nördlich von Paris erfolgte. Ab dem Mittag dieses Tages schwiegen an den Fronten Westeuropas die Waffen.

Anfang 1919 begannen in Versailles die Friedensverhandlungen. Die deutsche Delegation leitete Reichsaußenminister Brockdorff-Rantzau. Am 7.5.1919 wurden den Deutschen im Trianon-Palast-Hotel in Versailles die Friedensbedingungen der Alliierten überreicht. Graf Brockdorff-Rantzau hielt den Vertrag für unannehmbar und war nicht bereit, seinen Namen unter das »Schanddokument« zu setzen. Er demissionierte mit dem Gesamtkabinett am 20.6.1919. Am folgenden Tag bildete der bisherige Reichsarbeitsminister Gustav Bauer eine neue Reichsregierung, deren Außenminister Hermann Müller und Verkehrsminister Johannes Bell am 28.6.1919 im Spiegelsaal des Schlosses von Versailles den Friedensvertrag zur Beendigung des Ersten Weltkrieges für Deutschland unterzeichneten. Die Alliierten hatten keine Änderungswünsche der Deutschen akzeptiert. Im Artikel 245 dieses Vertrages war festgelegt, daß die deutsche Regierung der französischen Regierung die im Kriege von 1870/71 erbeuteten Fahnen zurückzugeben habe. Diese Trophäen wurden im Berliner Zeughaus, Unter den Linden, aufbewahrt. Noch vor der Unterzeichnung des Vertrages in Versailles drangen am 23.6.1919 Soldaten und Studenten in das Zeughaus ein. Die französischen Fahnen wurden herausgeholt, vor das Denkmal Friedrichs des Großen gebracht, mit Benzin begossen und verbrannt. Die Franzosen forderten daraufhin als Ersatz die Rückgabe einiger in den Befreiungskriegen erbeuteter französischer Fahnen.

Die Unterbringung der obersten Reichsbehörden in Berlin

Die politische Führung Deutschlands weilte im ersten Halbjahr 1919 in Weimar. Dort tagte das Parlament, dort hielten sich der Reichspräsident und die Reichsregierung auf. Die Weimarer Verfassung änderte jedoch den faktischen Status von Berlin als Hauptstadt und Sitz von Parlament und Regierung des Deutschen Reiches nicht. Zu jener Zeit endete das jahrzehntelange Bemühen der preußischen Staatsregierung um die Eingemeindung der Vororte Berlins mit einem Erfolg. Am 1.10.1920 trat das Gesetz über die Bildung einer neuen Stadtgemeinde Berlin in Kraft, gemäß dem die Städte Berlin, Charlottenburg, Köpenick, Lichtenberg, Neukölln, Schöneberg, Spandau und Wilmersdorf mit 59 Landgemeinden und 27 Gutsbezirken zusammengeschlossen werden. Damit zählte die neue Einheitsgemeinde »Groß-Berlin« 3,6 Millionen Einwohner und war flächenmäßig die größte Stadt Europas. Sie wurde in zwanzig Verwaltungsbezirke aufgeteilt.

Gemäß der Weimarer Verfassung waren einige neue oberste Reichsbehörden geschaffen worden, für die in der Reichshauptstadt Dienstgebäude zur Verfügung gestellt werden mußten. Reichspräsident Ebert hatte nach der Rückkehr aus Weimar zunächst die Dienstwohnung des Reichsministers des Innern im Palais Wilhelmstraße 74 bezogen. Am 5.9.1919 wurde das Palais Wilhelmstraße 73 für das Deutsche Reich angekauft und Anfang November 1919 vom Reichspräsidenten bezogen.

Das Protokoll in der Weimarer Republik

Im Königreich Preußen war für die protokollarischen Angelegenheiten das Oberhofmarschallamt allein zuständig gewesen. In der Weimarer Republik wurden neue Institutionen für das Protokoll sowohl beim Reichspräsidenten, als auch im Auswärtigen Amt geschaffen.

Für die zeremoniellen Angelegenheiten des Reichspräsidenten Ebert richtete im Jahre 1919 der Berufsdiplomat Rudolf Nadolny ein besonderes Büro ein. Anfang 1920 übernahm Nadolny die Leitung der deutschen Gesandtschaft in Stockholm. Sein Nachfolger in Berlin wurde am 1.4.1920 Otto Meißner. Meißner behielt dieses Amt bis zum Ende des Zweiten Weltkrieges bei und war damit sowohl für den Sozialdemokraten Friedrich Ebert wie für den Monarchisten Paul von Hindenburg wie ebenso für den Nationalsozialisten Adolf Hitler tätig. Da Meißner mit seiner Familie im Reichspräsidentenpalais wohnte, entwickelten sich zu den Amtsinhabern familiäre Kontakte. Möglicherweise hatte Meißner daran mitgewirkt, daß Hindenburg seinen Widerstand gegen die Ernennung Hitlers zum Reichskanzler aufgab.

In der Abteilung I des Auswärtigen Amtes war seit 1920 das Referat 3 unter der Leitung des Geheimen Legationsrates Ferdinand von Gülich für die protokollarischen Angelegenheiten des Diplomatischen Corps zuständig. Für diese Zwecke wurde 1923 das Sonderreferat E gebildet, mit Gülich als Dirigenten. Nachfolger Gülichs wurde am 2.6.1925 Roland Köster, der am 1.3.1929 von Graf Franz von Tattenbach und dieser wiederum am 17.10.1932 von Graf Rudolf von Bassewitz abgelöst wurde.

Die diplomatischen Aktivitäten der Reichspräsidenten

In den ersten Jahren der Weimarer Republik gab es von Seiten der deutschen Behörden keine Festlichkeiten für die Diplomaten. Reichspräsident Ebert waren Zeremonien aller Art wesensfremd. Die Gesellschaftsjournalistin der »Vossischen Zeitung«, Bella Fromm, schrieb über Ebert: »Er hat kein besonderes Regierungszeremoniell eingeführt, auch wünschte er nie persönliche Ehrungen.«

Am 1.1.1922 gab Ebert den ersten Neujahrsempfang für das Diplomatische Corps. In seiner Ansprache sagte er, er betrachte »den ... Besuch der Herren Vertreter der fremden Mächte als das Symbol einer allmählichen Rückkehr der Menschheit zum Frieden ...«.

Schon am 1.1.1925 sollte Ebert seinen letzten Neujahrsempfang für das Diplomatische Corps geben. Ebert hatte sich während seiner Amtszeit gegen zahlreiche Verleumdungen wehren müssen. Im Kampf gegen seine Gegner hatte er seine Gesundheit vernachlässigt und eine Blinddarmentzündung nicht rechtzeitig behandeln lassen. An den Folgen starb Friedrich Ebert am 28.2.1925 im Westsanatorium in der Joachimstaler Straße im Alter von 54 Jahren. Während der Trauerfeier im Reichspäsidentenpalais würdigte Reichskanzler Hans Luther den Verstorbenen mit den Worten: »Er hat dem deutschen Volk in schwerster Zeit als aufrechter Mann gedient.«

Der am 26.4.1925 gewählte neue Reichspräsident Paul von Hindenburg traf am 11.5.1925 in Berlin ein und leistete am folgenden Tag im Reichstag den Eid auf die Verfassung. Am 14.5.1925 empfing das neue deutsche Staatsoberhaupt im Reichspräsidentenpalais das Diplomatische Corps. Außenminister Gustav Stresemann notierte dazu in seinem Tagebuch, der Empfang sei sehr gut verlaufen. »Seine würdige, ruhige Art hat auf die Herren ... unzweifelhaft Eindruck gemacht. Ob er im Gespräch mit den Einzelnen so geschickt abgeschnitten hat, wie Ebert es getan hätte, ist zweifelhaft.«

Über einen der Neujahrsempfänge für das Diplomatische Corps bei Reichspräsident Hindenburg berichtete Edgar von Schmidt-Pauli in seinem Buch »Diplomaten in Berlin«: »Schon vor 11 Uhr wartet in dem Auffahrtsraume, dem Vorhof des Palais, ein verstärkter Ehrenzug der Reichswehr, harren an den Stufen der Eingangstreppe, vor dem Portal in der unteren Halle, hinter der die Räume für die Garderobe eingerichtet sind, auf jedem Treppenabsatz und in den Empfangsräumen des ersten Stockes die Diener in Gala. Am Fuße der inneren Treppe steht der Haushofmeister mit dem Dreispitz auf dem Kopf und dem langen Stock in der Hand, um mit einmaligem Aufklopfen auf den Boden das Erscheinen jedes Gratulanten zu verkünden.

Trommelwirbel. Der Ehrenzug der Reichswehr tritt ins Gewehr und präsentiert. Ein Botschafter fährt im Auto durch die Kiesauffahrt vor das Portal. Ein Diener ist ihm beim Aussteigen behilflich, ein anderer reicht dem Chauffeur eine Nummernkarte und ihr Duplikat dem die Treppe hinaufsteigenden Diplomaten.

Weitere Diener geleiten ihn zur Garderobe und weisen ihn von dort die Treppe hinauf. Oben angelangt, wendet er sich nach links und betritt den Saal, der zur Vorversammlung der Diplomaten dient. Hier wird er am Eingang von dem stellvertretenden Chef des Protokolls begrüßt und zum Chef selbst geleitet, der vor den Gartenfenstern des Saales Aufstellung genommen hat, um am Eingang keine Stauung der Eintretenden zu verursachen.

Inzwischen sind unten weitere Diplomaten vorgefahren. Trommelwirbel ertönt nur für Botschafter. Beim Erscheinen von Gesandten wird präsentiert, die Trommel aber nicht gerührt.

Ebensowenig beim Erscheinen der deutschen Regierungsbeamten.

Dem diensttuenden Offizier, der natürlich die einzelnen Botschafter nicht kennen kann, wird die Anleitung zum Kommando für ein Trommeln auf folgende Weise gegeben: Von einem nach der Auffahrtseite hin gehenden Fenster des Präsidentenpalais beobachtet ein Beamter der Reichskanzlei die Nummern der einfahrenden Autos. Da die Botschafter bestimmte kleine Nummern von Nummer 2 aufwärts führen, ist für den Beamten die Feststellung der Fahrzeuge der Botschaften ohne Schwierigkeiten möglich.

Interessant ist nebenbei, daß die Nummer 1 nicht etwa das Auto des Reichspräsidenten führt, der im Gegenteil eine ganz gewöhnliche, hohe Nummer für seinen Wagen gewünscht hat, um nicht aufzufallen, sondern daß man diese Nummer aus Höflichkeit dem ersten Autobesitzer Berlins, dem Inhaber des Konfektionskaufhauses Rudolph Hertzog, gelassen hat.

Nachdem also der Beamte das einfahrende Auto als das eines Botschafters erkannt hat, drückt er einen Knopf und läßt eine kleine rote Lampe im Vorhof aufleuchten, als Zeichen für den wachthabenden Offizier, der dann das Kommando zum Trommelwirbel erteilt. (...)

Nachdem sich in dem schon bezeichneten Raume der Doyen des Diplomatischen Corps ..., die Botschafter, Gesandten und Geschäftsträger versammelt haben, begeben sie sich, vom Chef des Protokolls geführt, unter Vorantritt des Doyens, durch das nach dem Garten zu gelegene Rauchzimmer in den großen Empfangssaal und nehmen dort auf der Längsseite mit dem Rücken zur Treppenwand im Halbkreis Aufstellung. Und zwar so, daß, vom Garten aus gerechnet, zuerst die Botschafter stehen, dann die Gesandten, ferner die ständigen und endlich die interimistischen Geschäftsträger. Vor die Botschafter tritt der Doyen.

Zur Erleichterung der Aufstellung ist bereits im Vorversammlungsraum jedem Diplomaten eine Karte überreicht worden, auf der seine Nummer und sein rechter und linker Nachbar eingetragen sind. Die Reihenfolge richtet sich nach dem Dienstalter der Diplomaten innerhalb ihrer Klasse als Botschafter, Gesandter oder Geschäftsträger.

Wenn die Aufstellung beendet ist, begibt sich der Chef des Protokolls durch die an der Gartenseite befindliche Tür in den Salon des Reichspräsidenten, um ihm von der Anwesenheit der Gratulanten Meldung zu erstatten. Auf einen Wink des Reichspräsidenten werden die Flügeltüren geöffnet. Er erscheint an der Spitze seines Gefolges und schreitet quer durch den Saal bis zur Mitte, dem Halbkreis der Diplomaten gegenüber, wo er haltmacht. Hinter ihm nehmen Aufstellung: rechts der Reichskanzler, links der Reichsminister des Auswärtigen. Etwas weiter zurück der Staatssekretär des Reichspräsidenten, weiter hinten rechts der Staatssekretär des Auswärtigen, links der Chef des Protokolls und hinter diesem von rechts nach links die Referenten für innere und auswärtige Angelegenheiten der Reichskanzlei, der Adjutant und der Militärreferent.

Nach einer Verbeugung des Reichspräsidenten vor den Diplomaten, die von diesen erwidert wird, tritt der Doyen vor und verliest seine Gratulationsansprache, worauf der Reichspräsident ebenfalls eine Ansprache verliest.

Diese Ansprachen sind bereits vor Weihnachten im Entwurf fertiggestellt und haben sowohl dem Reichspräsidenten, dem Doyen wie der Reichskanzlei zur Einsicht vorgelegen. Die Reichskanzlei hat rechtzeitig den Text an die Presse weitergegeben, um die Veröffentlichung einheitlich nach abgehaltener Gratulationscour zu organisieren.

Auch der Inhalt der Gespräche des Reichspräsidenten mit den einzelnen Chefs der Missionen ist gegenseitig vereinbart worden, um jede Komplikation zu vermeiden und die Wünsche der einzelnen Missionschefs zu berücksichtigen.

Zu diesen Unterredungen begibt sich nach den offiziellen Ansprachen der Reichspräsident zu den Diplomaten, begrüßt jeden von ihnen mit einem Handschlag und zieht sie ins Gespräch, während der Doyen seinerseits das Gefolge des Reichspräsidenten ins Gespräch zieht.

Wenn der Reichspräsident seine Begrüßungen beendet hat, gibt der Haushofmeister, der ebenfalls im Saale Aufstellung genommen hat, durch dreimaliges Klopfen mit dem Stock ein Zeichen, um die Aufmerksamkeit der Diplomaten wieder auf den Präsidenten zu lenken, der sich wieder auf seinen Platz zurückbegibt. Abermals verneigt sich der Reichspräsident und verläßt unter den Verbeugungen der Diplomaten den Saal auf demselben Wege, während die Missionschefs durch die nach der Gebäudefront liegenden Tür direkt zur Treppe zurückgelangen.

Es ist ein glänzendes und buntes Bild, das die Diplomaten dem Auge bieten, die in großer Uniform mit breiten Ordensbändern, Sternen und Orden erscheinen. (...)

Dazwischen sieht man im Frack die Botschafter Amerikas und der Sowjetunion ...

Auch unter den Gesandten befinden sich einige Herren im Frack, andere wiederum in reichbestickter Diplomatenuniform.

Der Reichspräsident trägt den einfachen schwarzen Frack, aber mit den höchsten Auszeichnungen aus der Vorkriegszeit und des Krieges. So läuft über seine Brust das breite orangefarbene Band des Schwarzen Adlerordens. Um den Hals hängt ihm am Bande das Großkreuz des Eisernen Kreuzes und links auf dem Frack blinken die drei großen Sterne des Schwarzen Adlerordens, des Johanniterordens und der sehr selten verliehene sogenannte Blücherstern. Sein Staatssekretär, Dr. Meißner, der Staatssekretär im Auswärtigen Amte von Schubert, der Chef des Protokolls Graf Franz Tattenbach sowie der stellvertretende Chef des Protokolls Herr von Mumm erschienen zum Neujahrempfang 1930 in dem sogenannten Zifferfrack, einem blauen Frack mit goldenen Knöpfen, zu dem der Dreispitz, ein Degen, bei Tag eine blaue Weste und abends eine weiße Weste getragen werden. Dieser Frack ist das offizielle Kleidungsstück unserer Botschafter und Gesandten im Ausland.«

Reichspräsident Hindenburg enthielt sich weitgehend politischer Stellungnahmen. Eine Ausnahme bildete die Einweihung des »Nationaldenkmals Tannenberg« in der Nähe von Hohenstein in Ostpreußen zur Erinnerung an den Sieg über die Russen 1914. Der Initiator des Baus war der Tannenberg-Nationaldenkmal-Verein, der auch die Einweihungsfeier am 18.9.1927 organisierte. Das Diplomatische Corps war nicht eingeladen, da es sich um eine private Veranstaltung handelte. Anwesend war Reichspräsident Hindenburg als der Sieger von Tannenberg sowie der Reichskanzler Wilhelm Marx. Der preußische Ministerpräsident Otto Braun blieb der Zeremonie demonstrativ fern. Der Vereins-Ehrenvorsitzende Hindenburg sagte in der Einweihungsrede, deren Inhalt vorher mit dem Reichskanzler und dem Außenminister abgestimmt worden war: »Die Anklage, daß Deutschland schuld sei an diesem größten aller Kriege, weisen wir, weist das deutsche Volk in allen seinen Schichten einmütig zurück!« Bei der Öffentlichkeit in den Siegerstaaten erregten diese Worte große Empörung.

Das gesellschaftliche Leben in Berlin und Potsdam

Trotz der Novemberrevolution und den damit verbundenen politischen Umwälzungen änderte sich im gesellschaftlichen Leben Berlins nur wenig. Die Atmosphäre in Berlin in den ersten Jahren der Weimarer Republik schildern besonders anschaulich der Schriftsteller und Diplomat Graf Harry von Kessler, der Schriftsteller und Dramatiker Carl Zuckmayer und der Journalist Edgar Stern-Rubarth. Am 17.1.1919 schrieb Graf Kessler in sein Tagebuch: »Abends in einem Kabarett in der Bellevuestraße. Rassige, spanische Tänzerin. In ihre Nummer krachte ein Schuß hinein. Niemand achtete darauf. Geringer Eindruck der Revolution auf das großstädtische Leben. Dieses Leben ist so elementar, daß selbst eine weltgeschichtliche Revolution wie die jetzige wesentliche Störungen darin nicht verursacht. Das Babylonische, unermeßlich Tiefe, Chaotische und Gewaltige von Berlin ist mir erst durch die Revolution klargeworden, als sich zeigte, daß diese ungeheure Bewegung in dem noch viel ungeheureren Hin und Her von Berlin nur kleine örtliche Störungen verursachte, wie wenn ein Elefant einen Stich mit einem Taschenmesser bekommt. Er schüttelt sich, aber schreitet weiter, als ob nichts geschehen wäre.«

Ähnlich hat Carl Zuckmayer in seinen Erinnerungen diesen Moloch Berlin beschrieben: »Diese Stadt fraß Talente und menschliche Energien mit beispiellosem Heißhunger, um sie ebenso rasch zu verdauen, kleinzumahlen und wieder auszuspucken. Was immer in Deutschland nach oben strebte, saugte sie mit Tornado-Kräften in sich hinein, die Echten wie die Falschen, die Nullen wie die Treffer, und zeigte ihnen erst mal die kalte Schulter. Man sprach von Berlin, solange man es nicht besaß, wie von einer sehr begehrenswerten Frau, deren Kälte und Koketterie allgemein bekannt ist und auf die man umso mehr schimpft, je weniger Chancen man bei ihr hat. (...) Berlin trug damals noch den Stempel des verlorenen Krieges. Die Menschen waren nervös und schlecht gelaunt, die Straßen schmutzig und von verkrüppelten Bettlern bevölkert, Blindgeschossenen und Beinlosen, über die es mit hastigen Schritten in Halbschuhen und Stiefeletten dahinging, so wie George Grosz und Otto Dix das gemalt haben. (...) Berlin schmeckte nach Zukunft, und dafür nahm man den Dreck und die Kälte gern in Kauf.«

»Dieser Stadt, die von allen Weltstädten das gesündeste, regelmäßigste Klima besitzt, wo damals Augen und Ohren, Herz und Sinnen, alle denkbaren Genüsse und Freuden zu bescheidenem Preise und mit beispielloser Zwanglosigkeit geboten wurden, und wo das Gemisch von kosmopolitischen und bodenständigen Strömungen wahrscheinlich die vollkommene Synthese erlangt. Nicht nur ... das kleine Söhnchen des türkischen Botschafterpaars war automatisch verberlinert worden – in anderem Sinn geschah das fast allen Menschen auswärtiger oder ausländischer Herkunft, die sich längere Zeit auf dem märkischen Boden zwischen den Havelseen und den Kieferwäldern und unter den Leuten aufhielten, deren natürlicher Witz aus der Freimütigkeit ihrer selbstsicheren Bescheidenheit oder unbewußten Arroganz stammt. (...) Dutzende von erstklassigen Theatern mit einfallsreichen Lenkern, großen Mimen und originellen Dramendichtern; ein musikalisches Leben von höchstem Range, dem die ausübenden Künstler aus der ganzen Welt zuströmten; dazu ein persönlicher Verkehr, der ungeachtet der Menschenfülle einer Metropole mit viereinhalbmillionen Einwohnern dennoch immer wieder das Zusammentreffen vertrauter Kreise herbeiführte«, schrieb Stern-Rubarth in seinen Erinnerungen.

Die gesellschaftlichen Aktivitäten der Reichspräsidenten Die offiziellen Empfänge im Reichspräsidentenpalais während der Amtszeit von Friedrich Ebert verliefen in einfachen, aber würdigen Formen.

Nach der Übernahme des Reichspräsidentenamtes durch Paul von Hindenburg wurde das Reichspräsidentenpalais auch ein Ort des familiären Lebens, weil dort zugleich mit ihm sein Sohn mit seiner Familie einzog. Die Schwiegertochter des Reichspräsidenten, Margarete von Hindenburg, gab manchmal Empfänge. Alljährlich im Frühjahr gab Reichspräsident Hindenburg ein Essen für das Diplomatische Corps.

Der Reichstagspräsident Paul Löbe Geradezu legendär waren die Berliner parlamentarischen Bierabende, die einst Otto von Bismarck begründet hatte. Reichstagspräsident Paul Löbe setzte diese Tradition fort. Er lud während des Winterhalbjahrs zwei bis dreimal Politiker sowie Vertreter der Wirtschaft, der Wissenschaft und Kunst zu zwanglosen Treffen in seine Dienstwohnung im Reichstagspräsidentenpalais ein.

Geselligkeiten bei den Reichskanzlern und in den Ministerien Wegen der häufigen Wechsel im Amt des Reichskanzlers war im Reichskanzlerpalais oft nicht an Geselligkeiten zu denken, desgleichen nicht in den Reichsministerien. Eine Ausnahme bildete die verhältnismäßig lange Amtszeit von Gustav Stresemann, der zusammen mit seiner Ehefrau die Dienstvilla im Park des Auswärtigen Amtes zu einem politischen und diplomatischen Treffpunkt Berlins machte. Der Staatssekretär im Auswärtigen Amt, Ago von Maltzan, veranstaltete in seiner Mietwohnung im Haus Kaiserallee 192 manchmal Abendgesellschaften.

Die veränderte Rolle der Diplomaten Im geselligen Leben Berlins während der Zeit der Weimarer Republik war das Diplomatische Corps neben der ehemaligen Hofgesellschaft und der republikanischen Gesellschaft zum dritten wichtigen Faktor geworden. Auf dem politisch neutralen Boden der Diplomatie konnten leicht Kontakte zwischen Monarchisten und Republikanern hergestellt werden. Die Diplomaten wurden stark beansprucht und rückten in den Mittelpunkt des gesellschaftliche Lebens, da die alte Elite sich nach der Revolution, wie Bella Fromm es formulierte »grollend auf ihre Güter zurückgezogen hatte«, und erst allmählich nach dem Amtsantritt Hindenburgs zur Saison wieder nach Berlin zurückkehrte. Die Vertreter des alten Adels sahen allerdings die ausländischen Gäste und Diplomaten nicht einmal gern. »Der Weltkrieg scheint für sie noch nicht zu Ende zu sein«, urteilte Bella Fromm. Die Geselligkeiten in den diplomatischen Vertretungen waren offizielle Frühstücke und Diners, Empfänge zu nationalen Feiertagen und ein großer repräsentativer Ball während der Saison. Die jungen Botschaftssekretäre übernahmen die Rolle der Gardeoffiziere. Sie wurden vor allem als Tänzer eingeladen.

Die diplomatische Posten in Berlin waren besonders wegen ihrer großen gesellschaftlichen Bedeutung begehrt. Schmidt-Pauli schrieb dazu, »daß Berlin für die fremde Diplomatie eine besonders gastliche Stätte geworden ist. Die Diplomaten finden hier weniger Tradition, aber dafür anregende und vielseitige Unterhaltung. Und da sie durch die Entwicklung der Dinge innerhalb der Geselligkeit beinahe die Führung haben, ist für sie der Berliner Posten ein sehr begehrter, von dem man sich nur ungern trennt.« Über diese Zeit schrieb der Legationssekretär an der schweizerischen Gesandtschaft, Eduard Feer, in seinen Erinnerungen: »Bis zur Machtergreifung Hitlers 1933 lebte Berlin wie in einer Euphorie. Die Berliner nannten diese Zeit die ›tollen zwanziger Jahre‹, denn es war ein ausgiebiger Tanz auf dem Vulkan. Man wollte Krieg, Revolution, Wirtschaftsmisere vergessen und sich endlich wieder einmal unbeschwert austoben. Die diplomatischen Missionen als Sammelpunkte gesellschaftlicher Geltung wurden zu einem Jahrmarkt der Eitelkeit. Auch junge Diplomaten wurden maßlos verwöhnt. Man macht sich schwer einen Begriff von der Flut von Einladungen zu Cocktails, Tees, Mittagessen und Diners.«

Besonders beliebt als Treffpunkte zwischen den deutschen Politikern und den Diplomaten waren die Veranstaltungen des »Vereins der ausländischen Presse«, der alljährlich im »Hotel Adlon« ein Bankett und einen Ball organisierte. Das Bankett

Jahresbankett des »Vereins der ausländischen Presse« im »Hotel Adlon« 1928; stehend: Reichswehrminister Wilhelm Groener (ganz links), der Botschafter der USA, Jacob Gould Schurmann (2.v.l.), Reichsaußenminister Gustav Stresemann (4.v.l.), Der Gastgeber Louis P. Lochner (5.v.l.), Der Apostolische Nuntius Eugenio Pacelli (6.v.l.), Der Japanische Botschafter Harukazu Nagaoka (8.v.l.), sitzend u.a.: der Türkische Botschafter Kemaleddin Sami Pascha und der Botschafter der Sowjetunion, Nikolai Krestinski

war auf 150 Personen begrenzt. Der Kreis der deutschen Gäste war auf die Mitglieder der Reichsregierung, den preußischen Ministerpräsidenten, den Oberbürgermeister von Berlin, die Abteilungsleiter der Reichsministerien, die Chefredakteure der Berliner Tageszeitungen und je einen hervorragenden Vertreter der Wirtschaft, der Wissenschaft, der Literatur, der Musik und der Bildenden Künste begrenzt. Daneben wurden die Chefs der ausländischen Missionen persönlich geladen, ohne die Möglichkeit der Entsendung eines Stellvertreters. Mit dem Ball des »Vereins der ausländischen Presse« wurde die Wintersaison der Berliner Gesellschaft eröffnet. Der damalige Vorsitzende des Vereins, Louis Paul Lochner, schrieb dazu in seinen Erinnerungen: »Einer vorangehenden Modenschau und anderer Veranstaltungen bedurfte es nicht. Denn die Damen der Diplomatie überboten sich gegenseitig im Wetteifer, auf unserem Ball die neuesten Schöpfungen der Haute Couture zu zeigen, und die Redakteure und Reporter, die über das gesellschaftliche Leben berichteten, kramten aus ihrem Gehirn die entsprechenden Superlative hervor. Viele Botschafter und … Gesandte fremder Staaten trugen auf dem Frack ihre sämtlichen Orden, ebenso kamen die Vertreter Deutschlands und die Prominenten im großen Feststaat. Das eindrucks-

Jahresbankett des »Vereins der ausländischen Presse« im »Hotel Adlon« 1930; von links: der Gastgeber Louis P. Lochner, der Botschafter der USA, Frederick Sackett, der Italienische Botschafter Luca Orsini-Baroni, Reichaußenminister Julius Curtius, der Botschafter der Sowjetunion, Nikolai Krestinski, Reichstagspräsident Paul Löbe, der Französische Botschafter Pierre de Margerie, Reichskanzler Heinrich Brüning, der Apostolische Nuntius Cesare Orsenigo

volle Bild gewann an Glanz und Farbigkeit durch die ungewöhnlich große Zahl wirklich schöner Frauen, die damals dem Diplomatischen Corps in Berlin zur Zierde gereichten und zu denen einige Erscheinungen von faszinierendem Reiz gehörten.«

Die Klubs Nach der Novemberrevolution waren die alten Klubs bestehen geblieben, doch hatten sie im gesellschaftlichen Leben Berlins stark an Bedeutung verloren. Von einigen Politikern wurden neue Klubs gegründet, so im Frühjahr 1919 der Demokratische Klub für die Deutsche Demokratische Partei und ebenfalls 1919 der Nationale Klub als Treffpunkt der Deutschnationalen. In den Räumen des Nationalen Klubs im Hause Sommerstraße 6 hatte Adolf Hitler im Jahre 1922 seine ersten politischen Auftritte als Redner in Berlin. Im Sommer 1920 gründete Gustav Stresemann den Reichsklub der Deutschen Volkspartei. Besonders negativ für die deutsche Demokratie war der Herrenklub, weil über die gegenseitigen persönlichen Beziehungen der Herrenklubangehörigen Franz von Papen und Kurt von Schröter die Machtergreifung der Nationalsozialisten vorbereitet wurde.

Der Treffpunkt für die sowjetischen Diplomaten und ihnen nahestehende Personen war der Klub »Roter Stern« im Haus Dessauer Straße 2, am Potsdamer Platz.

Am 13.2.1929 wurde der Rotary Club Berlin gegründet. Zu den Gründungsmitgliedern gehörten der frühere Reichskanzler Hans Luther, der Architekt Peter Behrens, die Ärzte Gustav von Bergmann und Ferdinand Sauerbruch und Generalmusikdirektor Bruno Walter. Erster Präsident wurde der ehemalige Reichsminister Heinrich Albert. Die Charterfeier fand am 10.6.1929 im »Hotel Kaiserhof« statt.

Die Salons Private Salons wurden in der Zeit des Ersten Weltkrieges in Berlin nicht mehr geführt. Manche Damen des Hofes und des Bürgertums halfen nach dem Vorbild der Kaiserin Auguste Viktoria in den Lazaretten. In der Novemberrevolution wurde der Besitz der High Society nicht angetastet, aber der Glanz in den Palais der Hofgesellschaft war erloschen. Es entstanden neue gesellschaftliche Treffpunkte. So gab Freiherr Kurt von Reibnitz kleine Abendgesellschaften, um Gesprächsmöglichkeiten zwischen den Angehörigen der ehemaligen Hofgesellschaft und den Vertretern des neuen Staates zu schaffen. Die Umgangsformen waren dabei sehr leger.

Ein anderer gesellschaftlicher Treffpunkt war der internationale politische Salon der Pazifistin Gräfin Henriette von Treuberg in ihrer Suite im »Hotel Esplanade«. Hier verkehrten deutsche Politiker, Vertreter der alliierten Militärmissionen, Parlamentarier, Diplomaten des alten und neuen Regimes, Journalisten und Künstler aller Schattierungen. Von Seiten der Reichsregierung beobachtete man dieses Kommunikationszentrum mit großem Mißfallen. In der Kabinettssitzung am 12.5.1919 wurde auf Wunsch des Ministers Matthias Erzberger beschlossen, die Gräfin Treuberg wegen Landesverrats aus Berlin und Umgebung zu entfernen oder in Schutzhaft zu nehmen.

Zu den Treffpunkten, die von den Angehörigen der Mittelparteien bevorzugt wurden, gehörte der Salon der Reichstagsabgeordneten Katharina von Oheimb im Haus Kurfürstendamm 181, wo bedeutende Leute des neuen Deutschlands, Politiker und Diplomaten, Gelehrte und Künstler und Männer aus der Wirtschaft verkehrten, so auch Reichspräsident Ebert und Reichsaußenminister Stresemann. 1927 heiratete die Hausherrin den Vizepräsidenten des Deutschen Reichstags, Siegfried von Kardorff, und verlegte ihren Salon in ihre Wohnung im Haus Matthäikirchstraße 32, im Tiergartenviertel.

Gesellschaftliche Treffpunkte im linken politischen Spektrum waren das Haus des Kunsthändlers und Verlegers Paul Cassirer, Viktoriastraße 35, und das Haus des preußischen Finanzministers und Bankiers Hugo Simon, Drakestraße 3.

Potsdam hatte wie Berlin seine Funktion als Residenzstadt der Monarchen verloren. Aber während es in Berlin eine Fortsetzung der gesellschaftlichen Aktivitäten in den Kreisen der Politik, der Wirtschaft und der Kunst gab, und die Diplomatie die gesellschaftliche Funktion des Hofes übernahm, konnte in Potsdam der Verlust des Hoflebens nicht ersetzt werden. Auf Vermittlung von Reichskanzler Gustav Stresemann durfte Kronprinz Wilhelm von Preußen Ende 1923 aus dem holländischen Exil nach Deutschland zurückkehren. Die kronprinzliche Familie bezog wieder ihr Schloß Cecilienhof in Potsdam. Manchmal gab der Hausherr dort größere Empfänge.

In den letzten Jahren der Weimarer Republik wurde das gesellschaftliche Leben immer mehr vom politischen Radikalismus und der Wirtschaftskrise überschattet.

Das diplomatische Leben in Berlin

Die inoffiziellen Vertreter der Siegermächte

Die französische Nebenstelle Noch während der Friedensverhandlungen in Versailles wurden von den Siegermächten inoffizielle Vertreter nach Berlin entsandt. Diese besaßen keinen diplomatischen Status, mußten jedoch wichtige Aufgaben in Deutschland erfüllen. Sie sollten sich über die innere Lage informieren und sollten dafür werben, daß die Bestimmungen des Vertrages von Versailles erfüllt werden. Der Leiter der französischen Delegation war Emile Haguenin, der »anfangs praktisch mächtigste Repräsentant der Siegermächte. (...) Ein überaus kluger und wohlmeinender, mit der deutschen Sprache und den deutschen Problemen vollkommen vertrauter Gelehrter von Haus aus, trug er das Mißtrauen und selbst den Haß weiter Teile seiner Berliner Umgebung, die seine harte Mission ausgelöst hatte, mit Würde und Zurückhaltung, ohne sich in der Durchführung einer im Grunde unmöglichen Aufgabe beirren zu lassen«, schrieb Stern-Rubarth in seinen Erinnerungen. Vor dem Ersten Weltkrieg hatte Haguenin als Professor an der Berliner Universität gelehrt. Die vielen Kontakte, die er damals zu wichtigen Persönlichkeiten in Deutschland knüpfen konnte, bemühte er sich in der Weimarer Republik, zur besseren Erledigung seiner Aufgabe, wiederzubeleben. Seit dem 28.6.1921 war er Leiter der ständigen Delegation des Garantiekomitees der Reparationskommission in Berlin. Nach seinem Tode 1924 setzte sein Mitarbeiter Oswald Hesnard die Arbeit fort. »Er ist vielleicht unter allen diplomatischen Persönlichkeiten der letzten Jahre derjenige, der am meisten weiß. Wurde er doch zu fast allen vertraulichen Gesprächen Briands, auch zu den meisten intimen mit Stresemann, als Dolmetscher hinzugezogen. Ein ungewöhnlich kluger gebildeter Mann ...«, urteilte Schmidt-Pauli über Hesnard. Edgar Stern-Rubarth bestätigte diese Ansicht in seinem Buch »Drei Männer suchen Europa«: »Die französische Botschaft war ein wenig eifersüchtig auf ... ihre unabhängige Filiale in Hesnards Wohnung im Tiergarten. (...) Böse Zungen pflegten zu behaupten, daß, während Monsieur de Margerie seine Zeit damit zubrachte, mit Deutschland über Käsepreise zu verhandeln, Hesnard hinter seinem Rücken im Auftrag Briands mit Stresemann über den Wiederaufbau der Welt konferierte.«

Die alliierten Kontrollkommissionen und Militärmissionen in Berlin Der Teil V des Vertrages von Versailles sah die weitgehende Entwaffnung der deutschen Streitkräfte vor. Zu diesem Zweck wurden entsprechende Kommissionen gebildet, die ihren Sitz in Berlin nahmen. Die Interalliierte Militärkontrollkommission leitete der französische Brigadegeneral Claude Marie Nollet. Ihre Arbeit endete am 31.1. 1927. Die Arbeit der Interalliierten Luftfahrtüberwachungskommission unter der Leitung des britischen Brigadegenerals Edward Alexander Dimsdale Mastermann endete am 5.5.1922. Die Interalliierte Marinekontrollkommission leitete der britische Admiral Sir Edward Charlton bis 1923 und danach Kapitän Drax bis zu ihrer Auflösung am 30.9.1924. Die Angehörigen der alliierten Militärmissionen wohnten im »Hotel Adlon«. Die Koordinierung der Erfüllung des Vertrages von Versailles hatte die Botschafterkonferenz der Alliierten und Assoziierten Mächte in Paris übernommen, die unter der Leitung des früheren französischen Botschafters in Berlin,

Jules Cambon, tagte. Daneben gab es noch Alliierte Militärmissionen in Berlin. Die britische Mission stand unter der Leitung von General Sir Neill Malcom, die französische Mission unter der Leitung von Brigadegeneral Charles Joseph Dupont.

Die Diplomaten der Siegermächte Der Vertrag von Versailles trat am 10.1. 1920 in Kraft. Hiernach konnten die diplomatischen Beziehungen zwischen dem Deutschen Reich und den ehemaligen Feindstaaten wiederaufgenommen werden. Als erster Diplomat einer Siegermacht überreichte der britische Geschäftsträger Victor Alexander Sereld Hay Lord Kilmarnock am 16.1.1920 dem Reichsaußenminister Hermann Müller das Beglaubigungsschreiben. Ihm folgte am 18.1.1920 der italienische Geschäftsträger Graf Luigi Aldrovandi-Marescotti und am 22.1.1920 der belgische Geschäftsträger Graf André de Kerchove de Denterghem sowie der französische Geschäftsträger Henri Chassaine de Marcilly.

Der Kapp-Putsch und die Diplomaten

Im März 1920 kam es durch den Putsch einer Militärbrigade zu einer schweren innenpolitischen Krise in Berlin. Die im Versailler Vertrag vorgesehene Reduzierung der deutschen Armee auf die Stärke von 100.000 Mann führte dazu, daß viele Militärformationen aufgelöst werden mußten, darunter auch die westlich von Berlin stationierte 2. Marinebrigade. In der Absicht zu putschen, marschierte sie in der Nacht vom 12. auf den 13.3.1920 in die Reichshauptstadt. Die Kommandeure der regierungstreuen Truppen verweigerten aus militärischer Solidarität den Kampf gegen die Putschisten. Da der Reichspräsident und die Reichsminister befürchteten festgenommen zu werden, hatten sie Berlin verlassen. Nur Vizekanzler Eugen Schiffer war in Berlin geblieben. Am frühen Morgen des 13.3.1920 besetzten die Putschisten das Regierungsviertel und der frühere Generallandschaftsdirektor von Ostpreußen, Wolfgang Kapp, ernannte sich zum Reichskanzler und preußischen Ministerpräsidenten.

Über die Lage berichtete der schweizerische Gesandte Alfred von Planta an Außenminister Giuseppe Motta in einem Schreiben vom 14.3.1920: »Das Stadtbild von Berlin bietet augenblicklich nichts Beunruhigendes: Die Truppen patrouillieren überall und haben auch an allen wichtigen Plätzen und Verkehrspunkten Maschinengewehre aufgestellt. Diese Gegenden sehen aus wie ein Feldlager, die Truppe verhält sich aber durchaus diszipliniert. Der Verkehr ist an vielen Punkten kontrolliert und nur an wenigen gesperrt. Die Wachen ziehen überall mit klingendem Spiel und im Paradeschritt auf, ganz wie in der Zeit vor der Novemberrevolution. Die Straßenbeleuchtung ist auf ein Minimum reduziert.

Auf allen öffentlichen Gebäuden wehen die alten Banner mit dem Reichsadler, und das Publikum begrüßt im allgemeinen diese Abzeichen mit Sympathie. Der Straßen- und Untergrundbahnverkehr ruht vollständig.

Der Putsch kam der alten Regierung und dem weiten Publikum völlig unerwartet. (...) Alle ruhig denkenden Leute beklagen das Vorkommnis, weil sie sich sagen müssen, daß dadurch das Land in schwere und nutzlose Kämpfe gestürzt wird, welche letzten Endes den Untergang des Reiches herbeiführen können ...«

Da die Ministerialbürokratie jede Zusammenarbeit mit den Putschisten verweigerte und die Wirtschaftszentren durch einen Generalstreik lahmgelegt wurden, brach der Putsch bereits nach vier Tagen zusammen. Die Reichsregierung kehrte am 20.3.1920 nach Berlin zurück. Der Kapp-Putsch war der letzte große bewaffnete Aufstand gegen die Weimarer Republik.

Nach Beendigung des Putsches sprachen die alliierten Geschäftsträger bei Vizekanzler Schiffer vor, um der Reichsregierung dazu ihre Glückwünsche zu übermitteln. Sie betonten dabei, daß die Ententevertreter in keinerlei Verbindung mit den Putschisten gestanden hätten.

Das Diplomatische Corps in Berlin

Die Akkreditierung der ersten Botschafter der ehemaligen Feindstaaten erfolgte innerhalb weniger Tage. Am 1.7.1920 überreichte der erste französische Botschafter nach dem Ersten Weltkrieg, Charles Laurent, dem Reichspräsidenten Ebert das Beglaubigungsschreiben. Einen Tag später folgte der britsche Botschafter Sir Edgar Vincent D'Abernon. Der erste italienische Botschafter nach dem Ersten Weltkrieg in Berlin, Giacomo De Martino, überreichte Reichspräsident Ebert das Beglaubigungsschreiben am 31.7.1920.

Die apostolischen Nuntien Ein halbes Jahr nachdem die alliierten Geschäftsträger ihr Amt übernommen hatten, ließen die Siegermächte ihre Botschafter folgen. Die Franzosen wünschten, daß ihr Botschafterkandidat als erster in Berlin akkreditiert würde, um Doyen des Diplomatischen Corps zu werden. Dieser Plan der Franzosen wurde vom Auswärtigen Amt in Abstimmung mit dem Vatikan durchkreuzt.

Seit der Wiener Übereinkunft 1815 galt die Regelung, daß sich die Rangfolge der Botschafter und Gesandten aus der Dauer ihrer Amtszeit ergibt. Offiziell beginnen sie ihr Amt mit dem Tage der Überreichung des Beglaubigungsschreibens beim Staatsoberhaupt oder Außenminister des Gastlandes. Der dienstälteste Botschafter wird Doyen des Diplomatischen Corps. Mit der Doyenwürde sind gewisse Vorrechte verbunden, wie die Ansprache beim Neujahrsempfang. Nach einem ungeschriebenen diplomatischen Gesetz gebührt aber unabhängig vom Dienstalter dem Vertreter des Papstes die Würde des Doyens. Dieser Brauch hat eine tiefere Bedeutung, indem darin der Vorrang der geistigen Macht des Papstes vor der weltlichen Macht der Staatsoberhäupter anerkannt wird. In Berlin gab es vor 1920 keinen offiziellen Vertreter des Papstes. Die Beziehungen zwischen den Königen von Preußen und den Päpsten waren nie gut. Auch hatte der Heiligen Stuhl die Proklamierung des Königreiches Preußen erst nach dem Tod Friedrichs des Großen anerkannt.

Hingegen pflegten die bayerischen Herrscher stets gute Kontakte mit dem Papst. Deshalb waren seit dem Ende des 18. Jahrhunderts ständig apostolische Nuntien, die Botschafter der Päpste, in München akkreditiert. Seit 1917 amtierte als apostolischer Nuntius in München Eugenio Pacelli. Er entstammte einer römischen Juristenfamilie. Im Auftrag von Papst Benedikt XV. hatte er mit Kaiser Wilhelm II. und Reichskanzler Theobald von Bethmann-Hollweg im Zusammenhang mit dem Vermittlungsangebot des Papstes zur Beendigung des Ersten Weltkrieges verhandelt.

Am 30.6.1920 wurde Pacelli von Reichspräsident Ebert zur Überreichung des Beglaubigungsschreibens als erster apostolischer Nuntius in Berlin empfangen. Zu diesem Vorgang schrieb der schweizerische Gesandte Planta an Außenminister Motta: »Diese Lösung liegt nicht nur im Interesse des Vatikans, der darauf hält, den Doyen zu stellen und der keinen Einbruch in das hergebrachte Protokoll riskieren will, sondern sie entspricht auch den Wünschen des Auswärtigen Amtes, welches auf diesem Wege die Abmachungen der Alliierten durchkreuzt, die bekanntlich dahin gingen, daß der französische Botschafter Doyen in Berlin werden sollte. (...) ... es ist den Deutschen zu gönnen, daß die Vatikanische Vigilanz ihnen einen vorläufigen Erfolg gebracht hat ...«

Pacelli war in Preußen nicht unbekannt. Der Arzt Gustav von Bergmann schrieb über ihn in seinen Erinnerungen: »Monsignore Pacelli war schon deshalb in den Berliner Kreisen beliebt, weil er während des Ruhrkonfliktes viele Besuche in den politischen Gefängnissen gemacht hatte und seine Aufgabe überhaupt darin sah, zu helfen und zu mildern, wo es nur irgendwie für ihn durchführbar war.«

Bis zur Erfüllung einer wichtigen politischen Aufgabe, dem Abschluß des Konkordats zwischen dem Heiligen Stuhl und dem Freistaat Bayern im Jahre 1924, behielt Pacelli seinen Wohnsitz in München bei. Für die Unterbringung der Nuntiatur in Berlin wurde das Haus des Fabrikanten Julius Reichenheim im Tiergartenviertel, Rauchstraße 21, erworben. Dazu schrieb Schmidt-Pauli: »Das Haus in der Rauchstraße ... liegt ein wenig abseits der Straße hinter einem Vorgarten mit schönen Bäumen und grünem Rasen, so daß man unwillkürlich an die vornehme Weltabgeschiedenheit der vatikanischen Gärten erinnert wird.«

In der Gesellschaft erregte der Nuntius Pacelli durch seine beeindruckende Erscheinung Aufsehen. Bella Fromm schrieb über ihn: »Wo seine hohe Gestalt in der Robe von scharlachrotem und purpurnem Damast sichtbar wird, zieht er sofort aller Augen auf sich.« Der britische Botschafter D'Abernon schrieb über Pacelli: »Einer der bestinformierten Leute hier ist der päpstliche Nuntius.« Der größte Erfolg Pacellis in Berlin war der Abschluß des Konkordats zwischen dem Heiligen Stuhl und dem Freistaat Preußen. Der preußische Ministerpräsident Otto Braun schrieb in seinen Erinnerungen, Pacelli sei ihm »als einer der geschicktesten Diplomaten der Kurie entgegengetreten. Die Zähigkeit und geistige Elastizität, mit denen er die Interessen Roms vertrat, bereiteten mir mitunter einen geradezu ästhetischen Genuß.« Am 14.6.1929 unterzeichneten Braun und Pacelli im Gebäude des Preußischen Staatsministeriums, Wilhelmstraße 63, den Vertrag. Zu Pacellis Berliner Freunden gehörte der Präsident des Preußischen Staatsrates, Konrad Adenauer. Am 9.12.1929 überreichte Pacelli dem Reichspräsidenten Hindenburg das Abberufungsschreiben. Am gleichen Abend säumten Tausende den Weg von der Nuntiatur zum Anhalter Bahnhof, um Pacelli zu verabschieden. Er trat am 10.2.1930 sein neues Amt als Kardinalstaatssekretär in Rom an. Am 2.3.1939 wurde er zum Papst gewählt und nahm den Namen Pius XII. an. Bis heute umstritten ist seine Zurückhaltung gegenüber den Verbrechen im Dritten Reich. Er starb am 9.10.1958. Die deutsche Bundesregierung ordnete Trauerbeflaggung an. Am 31.3.1949 wurde die Cecilien-Allee in Berlin-Dahlem in Pacelli-Allee umbenannt. Vor dem Bezug des Hauses in der Rauchstraße hatte Pacelli in der Villa des Fabrikanten Wilhelm Kühne, Cecilien-Allee 19/21, gewohnt.

Eugenio Pacelli (1876 – 1958),
Apostolischer Nuntius in Berlin 1920 – 1929,
Kardinalstaatssekretär 1930 – 1939
Papst Pius XII. 1939 – 1958

Cesare Orsenigo (1873 – 1946),
Apostolischer Nuntius in Berlin 1930 – 1945

In Berlin war mit dem Wechsel im Amt des Apostolischen Nuntius das Problem entstanden, wer nun die Doyenswürde übernehmen sollte. Der dienstälteste Botschafter in Berlin war 1929 der Vertreter der Sowjetunion, Nikolai Krestinski, der normalerweise hätte Doyen werden müssen. Da viele Staaten keine diplomatischen Beziehungen zur Sowjetunion unterhielten, wäre ein Amtieren Krestinskis als Doyen problematisch geworden. In der Kabinettssitzung am 5.2.1930 teilte Reichsaußenminister Julius Curtius mit, daß im Berliner Diplomatischen Corps starke Strömungen vorhanden seien, das Amt dem neuen Nuntius zu überlassen, der jedoch keinen Rechtsanspruch darauf besitze. Am 24.2.1930 wurde das Problem so gelöst, daß der neue Nuntius Cesare Orsenigo das Amt »aus Courtoisie erhalte in einer Form, die erkennen lasse, daß der sowjetische Botschafter dadurch nicht desavouiert werde«. Am 1.5.1930 empfing Reichspräsident Hindenburg den neuen apostolischen Nuntius Orsenigo zur Entgegennahme des Beglaubigungsschreibens. Orsenigo war kein Absolvent der Kurialdiplomatie, sondern war in der praktischen Seelsorge tätig gewesen. Er verblieb im Amt bis 1945.

Der französische Gesandte in München Am 2.7.1920 suchte der französische Botschafter Laurent den Reichsaußenminister Walter Simons auf, um »in besonders feierlicher Form« zu eröffnen, die Regierung der Französischen Republik habe sich entschlossen, »auf Grund der Eingangsworte des Vertrages von Versailles ... in der nächsten Zeit einen Gesandten bei der Bayerischen Regierung in München zu beglaubigen«. Seine Regierung beabsichtige aber dadurch nicht, »die Einheit des Deutschen Reiches zu gefährden«. Auf den Einwand des Ministers, daß gemäß Artikel 78 Absatz 1 der Reichsverfassung die Pflege der Beziehungen zu den auswärtigen Staaten ausschließlich Sache des Reiches sei, meinte der Botschafter, der Friedensvertrag gehe den inneren Rechten Deutschlands vor. Am folgenden Tag sprach Simons mit dem bayerischen Ministerpräsidenten Gustav von Kahr in der bayerischen Gesandtschaft über das Problem. Kahr sagte: »Seien Sie überzeugt, die Anwesenheit eines französischen Gesandten in München wird nie die Ursache für eine Mainlinie sein; das könnte nur die Anwesenheit des Bolschewismus in Berlin.« Am 16.7.1920 überreichte der französische Gesandte in München, Emil Dard, dem bayerischen Ministerpräsidenten Kahr das Beglaubigungsschreiben. Dard, der in München bis 1924 amtierte, blieb ein Einzelfall. Von den anderen Siegermächten wurden keine Gesandten bei den Regierungen der deutschen Länder akkreditiert und Bayern schickte auch keinen Gesandten nach Paris.

Die britischen Botschafter Da Deutschland zur Zeit der Weimarer Republik keine Großmacht mehr war, fanden hier auch keine großen diplomatischen Ereignisse mehr statt. »Wir sind militärisch gebrochen, politisch stillgelegt und ringen wirtschaftlich um den kärglichen Lebensatem«, so schilderte Reichskanzler Konstantin Fehrenbach die deutsche Situation in einer Rede vor dem Deutschen Reichstag am 27.10.1920. Deutschlands Politiker und Diplomaten befanden sich wegen des verlorenen Weltkrieges in einer Position der Schwäche und mußten viel Mühe aufbringen, um das Ansehen wiederzuerlangen, das die deutsche Diplomatie vor dem Ersten Weltkrieg besessen hatte. Aus den ehemaligen Feindstaaten entsandte man nach Berlin diplomatische Vertreter, die Verständnis für die deutsche Problematik hatten. Der bedeutendste dieser Diplomaten war der britische Botschafter Sir Edgar Vincent Baron D'Abernon. In den sechs Jahren seiner Berliner Zeit hat er die Bemühungen der deutschen Politiker um internationale Anerkennung engagiert unterstützt. Frei von persönlichem Ehrgeiz verfolgte D'Abernon mit großer politischer Unabhängigkeit seine Pläne. Seine Abberufung im Jahre 1926 wurde in Deutschland sehr bedauert. Als Resümee seiner diplomatischen Arbeit schrieb D'Abernon in sein Tagebuch: »Ich bin von einem Gefühl der wirklichen Bewunderung für das deutsche Volk erfüllt und von einer Dankbarkeit für alle, insbesondere für diejenigen, mit denen ich in persönliche Beziehung kam. Ich habe es ihnen zu danken, daß die Jahre der mühsamen Arbeit so angenehm vergangen sind und zu so greifbaren und wesentlichen Ergebnissen geführt haben. Ich habe bei den deutschen Staatsmännern Zuverlässigkeit und Willenskraft gefunden. Welches höhere Lob läßt sich überhaupt einem Staatsmann spenden?«

D'Abernon war aber nicht nur ein Diplomat, sondern auch ein talentierter Schriftsteller. Seine Beobachtungen sind brillante Analysen Deutschlands und der Deutschen. So schrieb er über die deutsche Mentalität: »Die Arbeitstüchtigkeit der

Britische Botschaft, Wilhelmstraße 70; Aufnahme von 1896

Sir Edgar Vincent Baron D'Abernon (1857 – 1941), Britischer Botschafter in Berlin 1920 – 1926

Innenraum der Britischen Botschaft, auf dem Sofa Botschafter D'Abernon

Deutschen mag bemerkenswert sein, aber sie ist nicht beträchtlicher als ihre Fähigkeit, die Nächte bei schwerem Essen und Trinken zu verbringen. Beamte und Geschäftsleute bleiben Nacht für Nacht bis 3 oder 4 Uhr morgens auf, reden, spielen Karten oder tanzen und begleiten diese Beschäftigungen mit reichlichen Erfrischungen. Aber am nächsten Morgen gegen 9 Uhr oder schon früher sitzen sie bereits in ihrem Amt oder in ihrem Bureau und sind durchaus der schweren Tagesaufgabe gewachsen.«

D'Abernon beobachtete seine Gesprächspartner genau. In seinen Tagebüchern finden sich folgende Einschätzungen führender deutscher Politiker. Reichskanzler Fehrenbach wird als »ehrlich«, Reichsaußenminister Simons als »sehr vernünftig« und Reichsfinanzminister Wirth als »offen und ehrlich« eingeschätzt. Zu Reichstagspräsident Löbe notierte er: »Ein interessanter Mensch mit einer großen Zukunft«.

Der Nachfolger D'Abernons war Ronald Lindsay, der nur zwei Jahre in Berlin blieb. Letzter Botschafter Großbritanniens im Berlin der Weimarer Republik war Sir Horace Rumbold, der am 10.8.1928 Reichspräsident Hindenburg das Beglaubigungsschreiben überreichte.

Die britische Botschaft war ein wichtiger Ort der diplomatischen Geselligkeit im Berlin der Weimarer Republik. Die von der Hausherrin Helen D'Abernon arrangierten Empfänge in dem prachtvollen Palais in der Wilhelmstraße waren die Glanzpunkte der Saison. Am 15.1.1924 gab Botschafter D'Abernon einen Empfang für Reichspräsident Ebert und dessen Ehefrau Luise. Danach schrieb er in sein Tagebuch: »Wenn man sich überlegt, daß er ein Sattlermeister war und daß sie aus ganz kleinen Verhältnissen stammt, setzt einen die Würde und Zurückhaltung ihres Benehmens in Erstaunen. Niemand würde wagen, sich irgendwelche Freiheiten gegen Ebert herauszunehmen. Selbst vor dem blaublütigsten der abgedankten Monarchen oder Doudezfürsten würde er seine Haltung bewahren. Man kann nicht sagen, daß er sehr angenehm im Umgang ist, aber man kann sich sehr gut mit ihm unterhalten und wird dabei von der Fülle seines gesunden Menschenverstandes betroffen. Er hat nichts Auffallendes oder Eigenartiges an sich, aber auch keine einzige falsche Note. (...) Das britische Botschaftsgebäude bietet den besten Rahmen für gesellschaftliche Empfänge, der mir je vorgekommen ist.«

Die französischen Botschafter Den ersten französischen Botschafter in Berlin nach dem Ersten Weltkrieg, Charles Laurent, bezeichnete D'Abernon als »außerordentlich intelligent und geistvoll«. Laurent hatte keine leichte Aufgabe in Deutschland. Die Franzosen forderten eine genaue Erfüllung der Bestimmungen des Vertrages von Versailles. Deswegen verbesserten sich die politischen Beziehungen zwischen Frankreich und Deutschland nicht, was folgendes Beispiel belegt. Am 14.7.1920, dem französischen Nationalfeiertag, wurde auf dem Botschaftspalais am Pariser Platz die Trikolore gehißt. Vor dem Palais versammelte sich daraufhin eine erregte Menschenmenge, die durch die Polizei zerstreut wurde. Nachdem der Platz geräumt worden war, kletterte der Rohrleger Paul Krzeminsky über das Nachbargebäude auf das Dach der französischen Botschaft und holte die Fahne herunter. Aufgrund des Protestes der französischen Diplomaten sprach Reichskanzler Fehrenbach in einem Schreiben an den französischen Ministerpräsidenten Alexandre Millerand sein Bedauern über den Vorfall aus. Die Fahne wurde von der Polizei aufgefunden und am 16.7.1920 unter Ehrenbezeugung einer Kompanie der Reichswehr

Zwischenfall vor der Französischen Botschaft am Pariser Platz;
nachdem die Nationalflagge am 14.7.1920 vom Botschaftsdach gestohlen worden war, wurde sie am 16.7.1920 unter der Ehrenbezeigung einer Reichswehr-Kompagnie wieder aufgezogen.

auf dem Botschaftspalais wieder aufgezogen. Der Fahnenschänder wurde am 22.9. 1920 von der 2. Strafkammer des Landgerichts I zu 500 Reichsmark Geldstrafe verurteilt, weil er zu seiner Tat nicht durch unlautere Motive getrieben worden war, sondern durch das Benehmen der Franzosen in Erregung versetzt worden war.

Laurent verließ seinen Berliner Posten im Jahre 1922. D'Abernon schrieb darüber am 7.8.1922 in sein Tagebuch: »Laurent ist voller Wut und Empörung gegen die Deutschen und behauptet, daß man Deutschland nur mit Zwangsmaßnahmen behandeln kann.« Laurents Nachfolger Pierre de Margerie gelang mit viel Geduld der Aufbau von Kontakten zu den wichtigen Personen der Berliner Gesellschaft, den Politikern, Bankiers, Industriellen und Journalisten. Er hatte dabei viele Widerstände zu überwinden. Schmidt-Pauli schrieb darüber: »Herr de Margerie war ... viel zu klug, um nicht diese Widerstände, die sich ja nicht gegen seine Person, sondern gegen die Politik seines Landes richteten, zu erfassen, abzuschätzen, ja sogar zum Teil ihre innere Berechtigung zu empfinden. Mit taktvoller Zurückhaltung, zugleich aber mit kluger Zielbewußtheit, verstand er es, die Widerstände nach und nach zurückzuschieben und teilweise aus dem Weg zu räumen. Die Botschaft unterstützte nicht nur lebhaft ... alle Tastversuche der Verständigung zwischen Deutschland und Frankreich auf politischem und wirtschaftlichem Gebiete, sondern unternahm es auch, namhafte Künstler und Schriftsteller in den Räumen der Botschaft vor einem Publikum zur Geltung zu bringen, das sich zunächst aus den Kreisen der Diplomatie, deutscher offizieller Regierungsvertreter, der Presse und sonstigen künstlerisch oder literarisch interessierten Menschen zusammensetzte, bis diese Kreise immer größer wurden und auch einen Teil

Pierre Jacquin de Margerie (1861 – 1942),
Französischer Botschafter in Berlin
1922 – 1931

der Berliner Gesellschaft erfaßten, vor allen Dingen jenen Teil der Berliner Finanzwelt, der sowieso internationale Beziehungen hatte und mit den Diplomaten in engerer Fühlung stand. Interessant war es dabei, zu beobachten, wie geschickt das französische Auswärtige Amt, natürlich im Einverständnis mit den Botschaftern, jüngere Ehepaare an die französische Botschaft zu versetzen verstand, die durch höfliches und intelligentes Auftreten auf der männlichen Seite und durch Charme und Schönheit auf der Seite der Ehefrau geeignet waren, in der Berliner Gesellschaft sympathisch zu wirken. Diese Taktik scheint vom Quai d'Orsay so befriedigend angesehen zu werden, daß im Jahre 1932 nicht weniger als zwölf verheiratete Damen ... auf der Liste der französischen Botschaft figurieren. Mit diesem Amazonenkorps hält die französische Botschaft unzweifelhaft den Rekord.«

Letzter französischer Botschafter im Berlin der Weimarer Republik war der Politiker André François-Poncet, der am 21.9.1932 Reichspräsident Hindenburg das Beglaubigungsschreiben überreichte und bis 1938 amtierte.

Die Geselligkeit in der französischen Botschaft hielt sich in den ersten Jahren der Weimarer Republik wegen der schlechten deutsch-französischen Beziehungen in Grenzen. »Die Stimmung ist hier ganz gegen jeden gesellschaftlichen Verkehr mit Ententevertretern, ... namentlich gegen jeden geselligen Verkehr mit Franzosen«, schrieb Graf Kessler am 10.5.1920 in sein Tagebuch. Während der Amtszeit von Botschafter de Margerie fanden in dem Palais am Pariser Platz viele kulturelle Ereignisse statt. Am 27.4.1926 gab der Botschafter ein Essen für Reichskanzler Hans Luther. »An der Freitreppe, belegt mit dem für Botschaften obligaten roten Läufer, begrüßen den Kanzler ... Herr de Margerie und seine Gattin, die in der Berliner Gesellschaft für ihr kunstvolles Harfenspiel bekannt ist ... Die Tafel erglänzt mit Blumen und Silber, das Menue entspricht der vielgerühmten französischen Küche. Bei Kaffee und Kognak ergibt sich hernach auch Gelegenheit zu politischen Gesprächen, die während des Essens vermieden wurden«, schrieb der Oberregierungsrat in der Reichskanzlei, Max von Stockhausen, in seinen Erinnerungen.

Während der Amtszeit von Margeries Nachfolger François-Poncet blieb die französische Botschaft ein Ort der Kultur und der Geselligkeit. Besondere Wertschätzung fanden die kulinarischen Angebote des elsässischen Kochs. Über die Speisefolge bei großen Empfängen bestimmte François-Poncet jedoch stets persönlich, da es gerade für die Franzosen eine Prestige-Frage war, daß sie sich mit der französischen Küche und ihren Weinen optimal präsentierten. Für Geselligkeiten nutzte François-Poncet auch eine Villa am Wannsee, die im Sommer angemietet wurde. Dejeuners unter freiem Himmel oder Partien mit dem eigenen Motorboot eigneten sich gut für politische Gespräche, besonders während der Nazi-Diktatur, da man dort nicht abgehört werden konnte.

Ankunft des italienischen Botschafters
Vittorio Cerruti und
seiner Ehefrau Elisabetta Cerruti
am 26.10.1932 auf dem Anhalter Bahnhof.

Die italienischen Botschafter Der erste Botschafter des faschistischen Italiens war Graf Alessandro von Bosdari, der am 30.12.1922 Reichspräsident Ebert das Beglaubigungsschreiben überreichte. »Graf Bosdari war nicht nur ein Diplomat ersten Ranges ..., sondern eine Persönlichkeit mit weitreichenden Interessen und selbständigen Leistungen auf dem Gebiete der Wissenschaft und der Kunst. Durch mehrfache Vorträge, so über Dante, legte der Botschafter beredtes Zeugnis von seiner feinen Geistigkeit ab. Auch verstand er es mit großem Takt und außerordentlicher Gewandtheit, die durch den Krieg gerissenen Fäden zu der Berliner Gesellschaft langsam wieder zu knüpfen und selbst Beziehungen zu den zurückhaltenden Kreisen des früheren Hofes aufzunehmen«, schrieb Schmidt-Pauli. Den Italienern wurde immer noch der Vorwurf gemacht, daß sie 1914 nicht mit den Deutschen und Österreichern in den Krieg gezogen waren. Hingegen erregte der Faschismus in Italien bei den Deutschen noch keine negativen Emotionen.

Über die Gräfin Giovanna von Bosdari schrieb Schmidt-Pauli: »Die Botschafterin war sicherlich eine der interessantesten Erscheinungen der Berliner Diplomatenwelt, eine der wenigen Damen großen Stils, die mit königlicher Grazie zu repräsentieren verstehen und sich in allen Situationen mit unnachahmlicher Sicherheit bewegen. Auf jeden Fall ist sie eine starke Persönlichkeit, die sich sogar der Mode gegenüber durchsetzt und Menschen und Dingen um sich herum ihren Stempel aufsetzt. Von den vielen Botschafterinnen, die die internationale Welt in den verschiedenen Residenzstädten kommen und gehen sah, wird man wenige von so einprägsamer Eigenart gefunden haben.

In der Wintersaison pflegte die Botschafterin jeden Sonnabendnachmittag offiziell zu empfangen. Und zu diesen Empfängen erschien allmählich alles, was in Berlin Rang und Namen hatte. Im Mai 1925, also im letzten Frühjahr seines Berliner Aufenthaltes, faßte das Botschafterpaar die Gesellschaft noch einmal an vier Tanz- und Bridgenachmittagen zusammen, die mit ausgezeichneter Musik und geschmackvollen Blumendekorationen sich zu eleganten und fröhlichen Festen gestalteten.

So wurde die italienische Botschaft nach dem Kriege wieder nicht nur in ernsten

Dingen der Politik, sondern auch in den heiteren des Lebens ein interessantes und wichtiges Bindeglied zwischen Rom und Berlin.«

Nachfolger des Grafen Bosdari war Graf Luigi Aldrovandi-Marescotti, der am 4.3.1926 Reichspräsident Hindenburg das Beglaubigungsschreiben überreichte. Ihm folgte am 16.12.1929 der Berufsdiplomat Luca Orsini-Baroni. Letzter italienischer Botschafter in Berlin während der Zeit der Weimarer Republik war Vittoro Cerruti, der am 25.10.1932 Reichspräsident Hindenburg das Beglaubigungsschreiben überreichte und bis 1935 amtierte.

Die spanischen Botschafter Die diplomatischen Beziehungen zwischen dem Deutschen Reich und dem Königreich Spanien waren während des Ersten Weltkrieges nicht abgebrochen worden. Dem seit 1906 amtierenden Botschafter Luis Polo de Bernabé folgte Pablo Soler y Guardiola, der am 27.8.1920 Reichspräsident Ebert das Beglaubigungsschreiben überreichte. Nachfolger von Soler war der Berufsdiplomat Fernando Espinosa de los Monteros y Bermejillo, der am 28.5.1927 Reichspräsident Hindenburg das Beglaubigungsschreiben überreichte. Monteros war vor dem Ersten Weltkrieg als Sekretär an der spanischen Botschaft in Berlin beschäftigt gewesen. Er hatte nebenher an der juristischen Fakultät der Universität Berlin studiert und in Jena promoviert. Aus dieser Zeit stammten seine ausgezeichneten Deutschkenntnisse. Schmidt-Pauli schrieb über ihn: »Er ist ein vornehmer, stiller Mann und von jener ritterlichen Liebenswürdigkeit, die im besten Sinne spanisch ist.« Nachfolger von Monteros war Americo Castro, der am 18.5.1931 Reichspräsident Hindenburg das Beglaubigungsschreiben überreichte. Letzter spanischer Botschafter im Berlin der Weimarer Republik war Luis Araquistain y Quesado, der am 10.3.1932 Reichspräsident Hindenburg das Beglaubigungsschreiben überreichte und bis 1933 amtierte.

Die türkischen Botschafter Die Türkei war im Ersten Weltkrieg ein Verbündeter des Deutschen Reiches. Die Folgen der militärischen Niederlage führten in der Türkei am 29.10.1923 zur Proklamation der Republik. Erster Botschafter der Türkischen Republik in Berlin war der General Kemaleddin Sami Pascha, der am 7.10.1924 Reichspräsident Ebert das Beglaubigungsschreiben überreichte. Kemaleddin Sami Pascha heiratete am 28.5.1925 in Berlin Prinzessin Emineh von Ägypten. Nach Ansicht von Schmidt-Pauli war die Gemahlin des Botschafters »eine der schönsten Frauen des Berliner Diplomatischen Corps ... (...) Die Jours der Botschafterin im Winter sind stets überfüllt, ein Beweis für die allgemeine Hochschätzung, die das Botschafterpaar in Berlin genießt. Außer dem üblichen Kreis der Diplomaten, der deutschen amtlichen Vertretung und des Berliner gesellschaftlichen Lebens sind naturgemäß viele alte deutsche Militärs treue Besucher der türkischen Botschaft.« Zur

Kemaleddin Sami Pascha (1885 – 1934),
Türkischer Botschafter in Berlin 1924 – 1934,
verstorben am 15.4.1934 in Berlin

Überführung des Sarges von Kemaleddin Sami Pascha
von der Türkischen Botschaft zum Anhalter Bahnhof am 19.4.1934;
die Aufnahme zeigt den Trauerzug am Potsdamer Platz.

Unterbringung der türkischen Botschaft war am 24.5.1918 das Haus Tiergartenstraße 19, im Tiergartenviertel, angekauft worden.

Kemaleddin Sami Pascha starb am 15.4.1934 im Martin-Luther-Krankenhaus an den Folgen einer Magenoperation. Am 19.4.1934 wurde der Leichnam vom Krankenhaus zum türkischen Friedhof in der Hasenheide gebracht, wo die Einsegnung stattfand. An der darauffolgenden Trauerfeier in der türkischen Botschaft nahm das gesamte Diplomatische Corps neben Vertretern der Reichs- und preußischen Staatsbehörden teil. Den Reichspräsidenten vertrat Staatssekretär Otto Meißner. Erschienen waren auch Außenminister Konstantin von Neurath und Reichswehrminister Werner von Blomberg. Für das Diplomatische Corps sprach der Doyen, der Apostolische Nuntius Cesare Orsenigo. Danach wurde der mit der türkischen Fahne bedeckte Sarg auf einer Lafette zum Anhalter Bahnhof gebracht. »Unter dumpfem Trommelwirbel wurde die Bahre von der Lafette gehoben, dann ertönten drei Ehrensalven. Als sich der Eisenbahnwagen mit dem Sarg in Bewegung setzte, erklang dreifacher Trommelwirbel«, berichtete die »Berliner Morgenpost«.

Die japanischen Botschafter Als erster japanischer Botschafter im Berlin der Weimarer Republik überreichte der Berufsdiplomat Masu Hioki dem Reichspräsidenten Ebert am 22.1.1921 das Beglaubigungsschreiben. Von 1926 bis 1930 wurde Japan durch den Berufsdiplomaten Harukazu Nagaoka in Berlin vertreten. Botschafter Nagaoka war auch schriftstellerisch tätig und verfaßte mehrere Werke zur Geschichte der Diplomatie. Als letzter japanischer Botschafter im Berlin der Weimarer Republik überreichte der Berufsdiplomat Torikitchi Obata dem Reichspräsidenten Hindenburg am 10.4.1931 das Beglaubigungsschreiben.

Zur Unterbringung der japanischen Botschaft war am 2.9.1919 das Haus Tiergartenstraße 3, im Tiergartenviertel, angekauft worden.

Die amerikanischen Botschafter Eine Maxime der Politik der USA war seit dem 19. Jahrhundert die Monroe-Doktrin, wonach man sich auf den amerikanischen Kontinent beschränken und nicht in die europäische Politik einmischen wollte. Deshalb fand der Völkerbundsgedanke von Präsident Wilson in den USA keine politische Mehrheit. Der Vertrag von Versailles, von Wilson initiiert und unterzeichnet, wurde am 19.3.1920 im Senat abgelehnt. Mit Deutschland wurde ein separater Friedensvertrag ausgehandelt, der am 25.8.1921 von Reichsaußenminister Friedrich Rosen und dem amerikanischen Bevollmächtigten Ellis Loring Dresel in Berlin unterzeichnet wurde. Dresel wurde nach dem Inkrafttreten des Vertrages amerikanischer Geschäftsträger in Berlin.

Als erster Botschafter der Vereinigten Staaten von Amerika nach dem Ersten Weltkrieg in Berlin überreichte der Großindustrielle Alanson Bigelow Houghton dem Reichspräsidenten Ebert am 22.4.1922 das Beglaubigungsschreiben. Über den Reichspräsidenten notierte Houghton später in sein Tagebuch: »Je öfter ich Ebert sehe und je enger mein Kontakt zu ihm wird, um so sicherer bin ich, daß es für Deutschland ein Glücksfall ist, ihn an dieser Stelle zu haben.« Im Juni 1922 fanden intensive Gespräche zwischen Houghton und Reichsaußenminister Walther Rathenau statt. »Er war der einzige, auf den man in Deutschland wirklich setzen konnte«, schrieb Houghton über Rathenau in sein Tagebuch. Am Abend des 23.7.1922 gab Houghton ein Essen in der Botschaft, an dem Rathenau und der Großindustrielle Hugo Stinnes teilnahmen. Spät in der Nacht verließen die Gäste die Botschaft und setzten das Gespräch im »Hotel Esplanade« fort, wo Stinnes wohnte. Rathenau war erst am frühen Morgen wieder zu Hause in seiner Villa im Grunewald. Wenige Stunden später wurde auf ihn bei seiner Fahrt ins Auswärtige Amt von Rechtsradikalen ein Attentat verübt, dem er erlag. Aus Anlaß der Trauerfeierlichkeiten für Walther Rathenau fanden in Berlin die ersten großen Demonstrationen für die Republik statt. Nachfolger von Alanson Houghton war der Berufsdiplomat Jacob Gould Schurman, der Reichspräsident Hindenburg am 29.6.1925 das Beglaubigungsschreiben überreichte. Schurman war sehr deutschfreundlich. Er verehrte Hindenburg. Am 30.11.1927 sagte der Botschafter auf der Feier zum 150. Jahrestag der Landung Friedrich Wilhelm von Steubens in Amerika im Madison Square Garden in New York, Hindenburg sei der »Washington von Deutschland, der Erste im Krieg, der Erste im Frieden und der Erste im Herzen seiner Landsleute«. Schurman kannte Deutschland, denn er hatte an der Universität Heidelberg studiert. Anfang 1928 wurden Reichsaußenminister Stresemann und Botschafter Schurman zu Ehrendoktoren der Universität Heidelberg ernannt.

Die Überreichung der Diplome fand am 5.5.1928 in festlichem Rahmen statt. Als Dank überreichte Botschafter Schurman während eines gemeinsamen Festaktes von Stadt und Universität am 17.12.1928 eine Stiftung in Höhe von mehr als einer halben Million Dollar zur Errichtung eines neuen Vorlesungsgebäudes. Dabei verlieh Oberbürgermeister Ernst Walz dem Botschafter das Ehrenbürgerrecht »für den hochherzigen Beweis seiner Anhänglichkeit an Stadt und Universität Heidelberg«. Der Neubau wurde am 9.6.1931 in Anwesenheit von Schurman eingeweiht.

Über die Ehefrau von Botschafter Schurman schrieb Schmidt-Pauli, daß sie sich »einer aufrichtigen und herzlichen Beliebtheit in Berlin erfreute und in ihrer gütigen ... Art an der Seite des Botschafters nicht nur vornehm repräsentierte, sondern sich einen großen Kreis von Freunden schuf«. Auch die Tochter des Ehepaares Schurman erwähnte Schmidt-Pauli: »Es hat wohl kaum ein junges Mädchen aus fremdem Lande im gesellschaftlichen Leben Berlins der Nachkriegszeit eine so liebenswürdige Rolle gespielt wie Barbara Schurman.«

Letzter Botschafter der Vereinigten Staaten von Amerika in Berlin während der Zeit der Weimarer Republik war der Industrielle Frederic Moseley Sackett, der Reichspräsident Hindenburg am 12.2.1930 das Beglaubigungsschreiben überreichte. Über das gesellige Leben in der amerikanischen Botschaft zur Amtszeit von Sackett schrieb Bella Fromm: »Der amerikanische Botschafter und seine Gattin zeigen den Leuten hier wie man in den Vereinigten Staaten Gesellschaften gibt. Sogar die internationalen Diplomaten sind überrascht. Sackets servieren Hummer zum Tee, ein unerhörter Luxus in Berlin.« Botschafter Sackett kaufte das Haus Pariser Platz 2 für die Unterbringung der Amerikanischen Botschaft an. An Stelle des kriegszerstörten Gebäudes soll die künftige Amerikanische Botschaft errichtet werden

Die diplomatischen Vertretungen Sowjetrußlands und der Sowjetunion

Die Verhandlungen von Karl Radek Die diplomatische Vertretung des damals einzigen sozialistischen Landes der Welt war ein Exotikum in Berlin. Eine besondere Rolle vor der Wiederaufnahme der diplomatischen Beziehungen spielte Karl Radek, der bei den Friedensverhandlungen in Brest-Litowsk als Sekretär von Leo Trotzki mitgearbeitet hatte. Der deutsche Gesandte in Bern, Freiherr Konrad-Gisbert von Romberg, hatte Reichskanzler Georg von Hertling in einem Bericht vom 13.12.1917 über Radek geschrieben, er sei ein wissenschaftlich gebildeter Mann, von hoher geistiger Begabung, ein scharfer logischer Denker, von umfassenden Kenntnissen, ein hervorragender Publizist und Politiker.

Am 19.12.1918 traf Radek in Berlin ein, um die kommunistische Bewegung zu unterstützen. Im Zusammenhang mit den Januarkämpfen 1919 wurde er festgenommen. Da ihm nichts Belastendes nachzuweisen war, durfte er am 16.8.1919 aus seiner Zelle in eine Beamtenwohnung im Gefängnis an der Lehrter Straße umziehen. Dort eröffnete er eine Art politischen Salon, in dem er nicht nur seine kommunistischen Freunde, sondern auch Diplomaten, Militärs und Industrielle empfing, darunter Walther Rathenau.

Bei diesen privaten Gesprächen vermittelte Radek als erster inoffizieller Vertreter der neuen Macht im Osten Europas den wichtigen Personen in Politik, Militär und Industrie Deutschlands ein Bild von Sowjetrußland. Die Briefwechsel und Gespräche mit Radek stellten die ersten ernsthaften Kontakte zu dem neuen Regime in Ruß-

Der diplomatische Unterhändler Karl Radek (1885 – 1939)

land dar. Von einigen wichtigen deutschen Politikern wurde die Meinung vertreten, daß angesichts der Blockade in den Beziehungen Deutschlands zum Westen der Kontakt zum Osten aufgenommen werden sollte. Der Zentrumsabgeordnete Maximilian Pfeiffer sagte in der Sitzung der Nationalversammlung am 23.10. 1919: »Man verriegelt die Welt nach Westen, und das scheint mir für uns die Pflicht in sich zu schließen, daß wir an die Pforte des Ostens anklopfen.«

Der wichtigste Wegbereiter für eine neue »Ostpolitik« in Deutschland nach dem Ersten Weltkrieg war Adolf Georg Otto von Maltzan. Er führte als Referent für russische Angelegenheiten im Auswärtigen Amt Anfang 1921 Wirtschaftsverhandlungen mit sowjetrussischen Vertretern und unterzeichnete am 6.5.1921 das Abkommen über die gegenseitige Anerkennung von Handelsvertretungen. Die Handelsvertretungen erhielten diplomatischen Status, allerdings nicht auf Gesandtschaftsebene. Zur Unterbringung der sowjetrussischen Handelsvertretung wurden Räume im Gebäude der Victoria-Versicherung, Lindenstraße 20–25, angemietet. Leiter dieser Vertretung wurde der Rechtsanwalt und frühere sowjetrussische Finanzminister, Nikolai Nikolajewitsch Krestinski, der am 15.11.1921 Reichskanzler Joseph Wirth das Beglaubigungsschreiben überreichte. Anschließend wurde Krestinski von Reichspräsident Ebert zu einem Gespräch empfangen.

Im Rahmen der Schülerschen Reformen waren im Auswärtigen Amt den Abteilungen regionale Zuständigkeiten zugeordnet worden. Für Osteuropa war seitdem die Abteilung IV zuständig, deren Leitung Maltzan am 3.11.1921 übernommen hatte. Anfang 1922 führte Maltzan politische Gespräche mit Radek in Berlin. Am 18.1.1922 wurde Radek von Krestinski dem Reichskanzler Wirth vorgestellt. Die Übernahme des Auswärtigen Amtes durch den Großindustriellen Walther Rathenau am 1.2.1922 belastete die Verhandlungen nicht. Im April 1922 fand in Genua eine Weltwirtschaftskonferenz statt. Die daran teilnehmende sowjetrussische Delegation unter Leitung des Außenministers Georgi Wassiljewitsch Tschitscherin und seines Stellvertreters Maxim Maximowitsch Litwinow machte auf der Hinreise am 1.4.1922 in Berlin Station. Tschitscherin und Litwinow führten am 3.4.1922 politische Gespräche mit Wirth und Rathenau. Am 4.4.1922 gab Wirth einen Empfang für die sowjetischen Gäste.

Am 10.4.1922 wurde die Konferenz von Genua eröffnet. Das Deutsche Reich vertraten Wirth, Rathenau und Maltzan. Dieser kämpfte schon lange um den Abschluß eines Vertrages über normale politische Beziehungen zwischen dem Deutschen Reich und Sowjetrußland. Nachdem die Westmächte in Genua kein Entgegenkom-

Nikolai Nikolajewitsch Krestinski (1883 – 1938), Botschafter der Sowjetunion in Berlin 1922 – 1930

men bei den deutschen Wünschen nach Erleichterungen bei der Durchführung des Vertrages von Versailles signalisierten, wurde der deutsch-russische Vertrag am 16.4.1922 im Quartier der russischen Delegation in der Villa Spinola in San Michele bei Rapallo von Rathenau und Tschitscherin unterzeichnet. Das war eine Sensation. Die beiden »Paria« seit dem Ende des Ersten Weltkrieges demonstrierten hier der Welt zum ersten Mal ihre diplomatische Selbständigkeit. Der Artikel 3 des Vertrages von Rapallo sah die Wiederaufnahme der diplomatischen Beziehungen zwischen dem Deutschen Reich und Sowjetrußland vor. Für die Unterbringung einer künftigen sowjetischen Botschaft in Berlin wurde das Palais der ehemaligen kaiserlich-russischen Botschaft Unter den Linden von der Reichsregierung zur Verfügung gestellt. Am 1.8.1922 überreichte der Leiter der sowjetrussischen Handelsvertretung in Berlin, Nikolai Krestinski, dem Reichspräsidenten Ebert das Beglaubigungsschreiben als Botschafter der Russischen Sozialistischen Sowjetrepublik. Deutscher Botschafter in Moskau wurde Graf Ulrich Brockdorff-Rantzau, der am 6.11.1922 dem sowjetischen Staatschef Michail Kalinin das Beglaubigungsschreiben überreichte. Nachfolger von Nikolai Krestinski in Berlin wurde Leo Michailowitsch Chintschuk, der Reichspräsident Hindenburg am 15.12. 1930 das Beglaubigungsschreiben überreichte.

Die militärischen Kontakte Schon lange vor der Aufnahme der diplomatischen Beziehungen zwischen dem Deutschen Reich und der Sowjetunion hatten die Militärs beider Staaten enge Kontakte hergestellt. Das Interesse der deutschen Militärs lag in einer Umgehung der Abrüstungsbestimmungen des Vertrages von Versailles. Hingegen waren die sowjetischen Militärs an einer Aufrüstung mit deutscher Technologie, deutschen Experten und deutschem Geld interessiert. Auf Initiative des Chefs der Heeresleitung, Hans von Seeckt, wurde im Reichswehrministerium eine Sondergruppe gebildet, deren Aufgabe es war, enge Beziehungen zur Roten Armee herzustellen. Mit Hilfe von Tarnfirmen und finanziert durch die Reichsregierung, sollten in deutsch-sowjetischer Zusammenarbeit Metallflugzeuge, Artilleriemunition und Giftgas hergestellt werden. Darüber hinaus fanden gegenseitige Schulungen statt. Im Juli 1923 weilte der Leiter des sowjetischen Luftfahrtwesens, Arkadi Pawlowitsch Rosengolz, zu Verhandlungen in Berlin. Am 30.7.1923 fand ein Treffen von Rosengolz und Reichskanzler Wilhelm Cuno in der Wohnung des Bruders von Botschafter Brockdorff-Rantzau, Graf Ernst zu Rantzau, Viktoriastraße 32, statt. Ein Treffen zwischen Seeckt und Rosengolz erfolgte bei einem Essen in der sowjetischen Botschaft am 15.1.1925. Im März 1926 weilte der stellvertretende sowjetische Minister für Armee- und Marineangelegenheiten, Josef Stanislawowitsch Unschlicht, zu Verhandlungen in Berlin. Ihm zu Ehren gab Seeckt am 23.3.1926 in seinem Haus ein

Essen. Am 30.3.1926 fanden nach einem Frühstück in der sowjetischen Botschaft weitere Gespräche statt, an denen neben dem Botschafter Krestinski auch Reichskanzler Luther, Außenminister Stresemann, Seeckt und andere Militärs teilnahmen. Regelmäßig weilten deutsche Offiziere zu Manövern in der Sowjetunion und genauso sowjetische Offiziere in Deutschland.

Geselligkeit in der Sowjetischen Botschaft

Die gesellschaftlichen Ereignisse in der sowjetischen Botschaft hatten einen besonderen Charme. Den ersten Empfang gab Tschitscherin am 26.7.1922 anläßlich der Wiedereinweihung des alten Botschaftsgebäudes. Attachés im tadellosen Frack mit dem Sowjetstern im Knopfloch bemühten sich in der besten diplomatischen Manier um die Gäste. Zum Jahrestag der Oktoberrevolution fanden regelmäßig Empfänge statt. Über einen dieser Empfänge während der Amtszeit des Botschafters Krestinski berichtete der Maler George Grosz in seinen Erinnerungen: »Botschaftsempfänge sind einander ja alle gleich und verlaufen nach feststehenden Regeln. Man kommt in Frack und Abendkleid und trägt seine Orden, wenn man welche besitzt, im Knopfloch oder um den Hals. Nach dem glänzenden gesellschaftlichen Bild in den schönen, alten Räumen sind bei derlei Veranstaltungen bürgerliche Gesandtschaften kaum von den unbürgerlichen zu unterscheiden, und mancher runzelte darüber die Augenbrauen, wenn die Gastgeber Bolschewisten waren. Von denen wollte man, daß sie sich auch wie Bolschewisten benehmen sollten. Zog ein Bolschewist einen Frack an, so sah man darin neben der Entwürdigung des Festgewandes eine höchst zweideutige Verkleidung, denn im Frack sah der Bolschewist genau wie ein Kapitalist aus – und eben das war das Bedenkliche.

Dennoch unterschied sich der Sowjetempfang von anderen, und zwar bereits auf der Straße.

Im geschlossenen Riesenportal der Botschaft war eine kleine Tür, durch die wurde man eingelassen. Ein Botschaftsangestellter öffnete sie ganz schnell und schloß sie sofort wieder, wenn man drin war. Es hatte etwas Privates. Aha, dachte man, hier stehen die Türen nicht sperrangelweit offen ... . Auch keine Lorbeerbäume waren aufgestellt; statt dessen standen Neugierige auf dem Gehsteig Spalier, von Schutzpolizisten warnend zurückgewiesen, wenn sie sich zu sehr vordrängten. Sobald ein Auto mit Gästen vorfuhr, stürzten ein, zwei schäbig gekleidete Herumlungerer herbei, um den Schlag zu öffnen und ein paar Groschen zu verdienen. Man beeilte sich, so rasch wie möglich an den Neugierigen vorbeizukommen. Innerlich duckte man sich ein wenig; war man feinfühliger als die meisten, so spürte man fast körperlich den Neid, den Hohn und hie und da die ironische Bewunderung in den Blicken. Daß all dies nur zu den nun mal von Lenin festgesetzten Spielregeln gehörte, war diesen Zuschauern nicht klar; sie hätten es auch nicht verstanden, wenn Machiavelli es ihnen persönlich erklärt hätte. Sie sahen nur die Außenseite: große Toiletten, funkelnden Schmuck, seidene Beine, weiße Hemdbrüste, Uniformen, Helme und Zylinderhüte.

In der Stille der Garderobe, schon mit dem Ablegen des Frackmantels beschäftigt, klingt es einem noch im Ohre nach: ›Jrüße ma Jenossen Trotzki!‹ oder ›Du, Jenosse, vajiß nich een paa Sowjetknallbonbons mitzunehm'!‹

Ein wenig mißmutig steckte man die Garderobenmarke ein und stieg die teppichbelegte, breite Treppe hinauf zu den oberen Empfangsräumen. Eine vergrößerte Photographie, Lenins bekanntes Bild mit Mütze und den Händen in den Taschen, hing an der Wand. Man dachte an die dummen Proleten draußen, die keinen Frack anhatten; natürlich, deshalb konnten die auch nicht so festlich gestimmt sein, wie wir am Jahrestage der Oktoberrevolution ... Wenn man dann wieder auf das Leninbild sah, hatte es sich plötzlich verwandelt: da stand Lenin im Frack und sah aus wie ein Modeblatt im Schaufenster eines feinen Herrenschneiders!

Aber es war gar nicht Lenin. In Gedanken hatten wir das verwechselt. Es war der alte Bolschewist mit Spitzbart, der hier als Botschafter verkleidet die Honneurs machte und uns die Hände schüttelte. Und schon vom auf und nieder flutenden Strome schwatzender, essender Menschen ergriffen, sagte man sich: fort mit solchen sentimentalen Gedanken, sie passen nicht zum Frack. (...)

Die Staffage, die Dekorationen und die prächtigen Räume waren dieselben wie zur Zeit der Botschafter des Zaren. Die weiß-rot-goldene Architektur mit den vielen Spiegeln, in denen sich die vorbeiflutende Menge hundertfach wiederfand, hatte nichts von ihrem Reiz und ihrer Schönheit verloren. Sie strömte ein Gefühl von Vornehmheit, aber auch von Wärme und Behaglichkeit aus, das sich auf die Menschen übertrug – befriedigend gemischt mit dem eitlen Bewußtsein, dazu zu gehören.

In der Menge untergetaucht und mit gefülltem Teller und Champagnerglas von ihr umhergeschoben, gab man sich der lauten Feststimmung hin. Man begrüßte Bekannte und zeigte sich gegenseitig die anwesenden Diplomaten, Staatsmänner und sonstigen Berühmtheiten, deren Züge man von ihren Bildern in Zeitungen und Zeitschriften wiedererkannte. Ältere, nobel aussehende Diener, fast geschlechtslos wirkend oder wie gehorsame, gut erzogene Puppen aus einer anderen Epoche, bedienten würdevoll, unbeeindruckt vom Wandel der Zeit und der Manieren, kaum aufsehend, wenn ihnen von neugebrachtem Tablett die frischen Kaviarbrötchen buchstäblich unter den Händen weggegessen wurden. Auge und Gaumen weideten sich an den Stilleben der vollen Tische. Besonders da, wo die Kaviarbrötchen standen, drängten sich die Menschen wie ein Bienenschwarm.

Neben einem Tisch mit vielen bunten Flaschen und einer großen Bowle, in der Ananasscheiben und Eisstücke schwammen, standen höhere deutsche und russische Offiziere und tranken einander zu. Sie hoben die Gläser, klappten unisono die Hacken zusammen und sagten: ›Prosit, Kamerad!‹ Kniff man die Augen, so war man ganz erstaunt, wie sehr sie einander ähnelten. (...)

Für ein paar Minuten erschien in der Menge das unbewegliche, undurchschaubare Gesicht des Generalobersten von Seeckt. Das Monokel wie eingeschraubt, der eisgraue Schnurrbart bürstenartig gestutzt, der Karpfenmund darunter arrogant geschlossen. In seiner Schlankheit um die Mitte herum sah er wie korsettiert aus. (...)

Plötzlich tauchte in Begleitung einer schicken Frau der Prototyp des Deutschen auf, wie ihn gewisse französische Karikaturisten gerne darstellen. Ein Mann mit dem aufgedunsenen Gesicht des früheren Corpsstudenten, weiter aufgeschwollen zum Gesicht des deutschen Generaldirektors, wahrscheinlich aus der Schwerindustrie – ein rotgesichtiger Mann mit dicken Adern, viel zu hohem Blutdruck und kleinen, geröteten und verquollenen Augen. Kolossal deutsch wirkte Reichsaußenminister Stresemann ...

Ob auch eine Musikkapelle da war, habe ich sonderbarerweise vergessen. Ich glaube, ja – jedenfalls spielte später jemand auf einem Flügel die Internationale und russische Volksweisen. Es kann aber auch sein, daß dies nur ein Gast war, irgend ein berühmter, leicht berauschter Musiker oder Komponist. Überhaupt herrschte eine so angeregte Stimmung, daß die Musik im allgemeinen Lärm der lauten Gespräche und sonstigen Geräusche unterging.

Ziemlich spät verließen wir die gastliche Botschaft. Derselbe nichtuniformierte Diener ließ uns wieder durch die kleine Tür ins Freie. Die frische Luft tat gut. Die Neugierigen hatten sich längst verlaufen. (...)

Es war nach Mitternacht; man fuhr aber noch nicht nach Hause, sondern in eins der noch offenen Lokale, zu Henry Bender oder Schwanneke, um dort bei Bier und Würstchen oder heißer Erbsensuppe den Abend noch einmal an sich vorbeiziehen zu lassen ...«

Über den Empfang am 7.11.1925 berichtete Max von Stockhausen in seinen Erinnerungen: »Hunderte von Menschen drängen sich in den prunkvollen Räumen der alten russischen Botschaft Unter den Linden. 700 Personen waren geladen, weit mehr sollen erschienen sein. Die meisten wohl wegen des Kaviars, den es aber nur in bescheidenen Quantitäten gab. Zugegen waren u.a. der Reichskanzler, mehrere Reichsminister, alle mit Damen, Generäle, das gesamte Diplomatische Corps, ... Albert Einstein ... . Gegen 10 Uhr wurde die Internationale gespielt und man erhob sich, soweit man überhaupt eine Sitzgelegenheit erwischt hatte.«

Über den Empfang am 7.11.1929 berichtete Bella Fromm: »Beim Diner sitzen gewöhnlich achtzig Gäste an zwei langen Tafeln im Rokokosaal mit den Marmorwänden und den schweren Goldverzierungen. (...) Der schwere Wein wird in kostbaren Kristallgläsern kredenzt, die noch aus dem Haushalt des ... zaristischen Botschafters stammen. Die einzigen modernen Gegenstände sind die bunten Teller und Schüsseln, die ein Erzeugnis des jetzigen Rußlands sind. Welch ein Widerspruch zwischen der würdevollen Askese der Gastgeber und dem beinahe erdrückenden Pomp des Palastes.«

Sowjetische Politiker und Diplomaten fühlten sich an der Spree sehr wohl. Außenminister Tschitscherin stattete der Reichshauptstadt oft lange Besuche ab, die zwar nicht dem diplomatischen Takt entsprachen, für die Deutschen jedoch einen Vorteil hatten. Der Publizist Erich Eyck schrieb dazu in einem Zeitschriftenaufsatz: »So sehr Tschitscherins Verhalten guten diplomatischen Gebräuchen widersprach, so braucht man doch keineswegs anzunehmen, daß Stresemann über seinen ungebührlich ausgedehnten Besuch in Berlin sehr böse war. Tschitscherin in Berlin wirkte auf die Westmächte wie ein Menetekel, welches sie ständig daran erinnerte, daß Deutschland die Hand auch nach der anderen Seite ausstrecken konnte. Das konnte nur die Wirkung haben, sie nachgiebiger gegen die deutschen Wünsche zu machen und Stresemanns Rolle zu erleichtern«.

Das weitere Schicksal der sowjetischen Diplomaten Keiner der ersten diplomatischen Vertreter der Sowjetunion in Berlin sollte eines natürlichen Todes sterben. Der einzige sowjetrussische Botschafter im Berlin der Kaiserzeit, Adolf Abramowitsch Joffe, war als Gesandter nach Peking, Wien und Tokio versetzt worden und wurde anschließend Professor am Orientalischen Institut in Moskau. Als früherer Mitarbeiter Leo Trotzkis war Joffe von der Trotzkistenverfolgung Ende der

Zwanziger Jahre betroffen. Um seiner Verhaftung zu entgehen, erschoß sich der ehemalige Diplomat am 16.11.1927 in seiner Wohnung im Moskauer Kreml. Seine Beerdigung auf dem Friedhof des Neuen Jungfrauenklosters in Moskau war Anlaß für die Trotzkisten zu einer großen öffentlichen Demonstration, die zugleich deren letzte in Moskau war.

Ende der dreißiger Jahre ließ der Diktator Stalin fast alle hohen politischen Funktionäre der Leninzeit verhaften und manche nach Scheinprozessen hinrichten. Karl Radek stand im Januar 1937 vor dem Militärgericht des Obersten Gerichtshofes der UdSSR im Prozeß gegen das »sowjetfeindliche trotzkistische Zentrum« und wurde zu 10 Jahren Gefängnis verurteilt. Nach Häftlingsberichten wurde Karl Radek im Jahre 1939 von einem Kriminellen in einem Konzentrationslager ermordet.

Nikolai Krestinski übernahm nach seiner Abberufung aus Berlin in der Sowjetunion den Posten des stellvertretenden Außenministers. Im Prozeß gegen den »antisowjetischen Block der Rechten und Trotzkisten« vor dem Militärgericht des Obersten Gerichtshofes der UdSSR war Krestinski wegen »hochverräterischer Verbindung zum deutschen Spionagedienst« angeklagt worden. Krestinski war der einzige Angeklagte, der sich gegen diese absurden Vorwürfe wehrte. Darüber berichtete der Prozeßbeobachter Robert Coulondre, der zu dieser Zeit französischer Botschafter in Moskau war, in seinen Erinnerungen: »Im ... Prozeß erhebt sich Krestinski plötzlich zu Beginn einer Sitzung und ruft wörtlich etwa: ›Aber nein! Alles was ich bis jetzt sagte, entsprach nicht der Wahrheit; alle meine Erklärungen sind erlogen!‹ Die Sitzung wird sofort aufgehoben, schneller als man es niederschreiben kann. Am Tage darauf nimmt Krestinski seine Worte wieder zurück und geht dann in seinen Geständnissen noch weiter als die anderen.« Auf der Anklagebank saß neben Krestinski Arkadi Rosengolz, dem man »Spionagearbeit für den deutschen Generalstab und den englischen Spionagedienst« vorwarf. Das Militärgericht des Obersten Gerichtshofes der UdSSR verurteilte Nikolai Nikolajewitsch Krestinski und Arkadi Pawlowitsch Rosengolz zum Tode durch Erschießen. Die Urteile wurden am 15.3.1938 vollstreckt. In seinem Plädoyer hatte der Hauptankläger Andrej Januarjewitsch Wyschinski, später selbst Außenminister der Sowjetunion, gefordert: »Die Verräter und Spione, die unsere Heimat dem Feinde verschachern wollten, müssen wie räudige Hunde erschossen werden! (...) Zertretet das verfluchte Otterngezücht! ... Unkraut und Disteln wird die Gräber der verhaßten Verräter überwuchern, die auf ewig von den ehrlichen Sowjetmenschen, dem ganzen Sowjetvolk geächtet sein werden.«

Josef Stanislawowitsch Unschlicht wurde wahrscheinlich Ende Juli 1937 ohne Prozeß erschossen. Über den Tod des Botschafters Leo Michailowitsch Chintschuk ist nichts bekannt.

Die österreichischen Gesandten Nach dem Zerfall der Donaumonarchie, Ende 1918, wurde die österreichisch-ungarische Botschaft in Berlin geschlossen. Die Nachfolgestaaten der Donaumonarchie richteten hier eigene Gesandtschaften ein. Der erste Gesandte der Republik Österreich war Ludo Moritz Hartmann, der bis Ende 1920 amtierte. Am 31.12.1920 wurde zur Unterbringung der österreichischen Gesandtschaft das Haus Bendlerstraße 15 im Tiergartenviertel für 1 550 000 Reichsmark angekauft. Nachfolger von Hartmann war der Regierungsbeamte Richard Riedl, der Reichspräsident Ebert am 26.7.1921 das Beglaubigungsschreiben über-

Österreichische Gesandtschaft,
Bendlerstraße 15

Ungarische Gesandtschaft,
Corneliusstraße 8

reichte. Letzter österreichischer Gesandter im Berlin der Weimarer Republik war der mehrmalige Bundesminister Felix Frank, der Reichspräsident Hindenburg am 29.6.1925 das Beglaubigungsschreiben überreichte. Felix Frank heiratete im Jahre 1929 die Pianistin Margarete Witt. Das Diplomatenehepaar veranstaltete in der Gesandtschaft musikalische Soireen, die stets gut besucht waren.

Die ungarischen Gesandten Als erster ungarischer Gesandter in Berlin überreichte der bisherige Handelsminister Gustav Emich von Emöke dem Reichspräsidenten Ebert am 4.9.1920 das Beglaubigungsschreiben. Emichs Nachfolger war der Berufsdiplomat Koloman von Kanya, der Reichspräsident Hindenburg am 4.11.1925 das Beglaubigungsschreiben überreichte. Kanya amtierte bis 1933 in Berlin. Für die Unterbringung der ungarischen Gesandtschaft wurde das Haus Corneliusstraße 8 im Tiergartenviertel erworben.

Die tschechoslowakischen Gesandten Die Beziehungen zwischen dem Deutschen Reich und der Tschechoslowakei waren stark belastet durch die Situation im Sudetenland, das gegen den Willen der dort lebenden deutschsprachigen Bevölkerung durch die Siegermächte des Ersten Weltkrieges dem tschechoslowakischen

Staat angegliedert worden war. Für Hitler war dieses Problem der Anlaß zur Zerschlagung der Tschechoslowakei in den Jahren 1938/39.

Erster tschechoslowakischer Gesandter in Berlin war der ehemalige sozialdemokratische Ministerpräsident Vlastimil Tusar. In einem Bericht des deutschen Geschäftträgers in Prag, Samuel Saenger, vom 6.10.1920, wird Tusar als Politiker der Mäßigung bezeichnet und seine »Sachlichkeit und Unvoreingenommenheit« gewürdigt. Er sei »ein sanfter, ruhiger, fast schüchterner Mann mit einer feinen und milden Physiognomie«. Tusar überreichte am 2.3.1921 Reichspräsident Ebert das Beglaubigungsschreiben. Der britische Botschafter D'Abernon schrieb über Tusar am 21.3. 1922 in sein Tagebuch: »Er ist vielleicht der bestinformierte Vertreter einer fremden Macht in Berlin, da er in enger Verbindung sowohl mit allen deutschen sozialistischen Kreisen wie auch mit der Regierung und dem Reichspräsidenten Ebert steht.« Vlastimil Tusar starb auf seinem Berliner Posten am 22.3.1924 an einem Herzschlag. In einem Nachruf im »Berliner Tageblatt« stand über den Diplomaten: »Er war ... bemüht, die Beziehungen zwischen seinem Lande und Deutschland freundschaftlich und herzlich zu gestalten. Dabei entfaltete er eine außerordentliche feine Liebenswürdigkeit im gesellschaftlichen Verkehr und eine große durchdringende Klugheit in der diplomatischen Tätigkeit. (...) In Berlin wird man dem ungewöhnlich sympathischen, geistig bedeutenden Mann ein wehmütig herzliches Andenken bewahren.« Die Trauerfeier fand am 25.3.1924 in der tschechoslowakischen Gesandtschaft statt. Neben dem Diplomatischen Corps war in Vertretung des Reichspräsidenten Ministerialdirektor Meißner erschienen, sowie Reichskanzler Marx, Außenminister Stresemann, Staatssekretär Maltzan, Protokollchef Gülich und mehrere Reichstagsabgeordnete.

Nachfolger von Tusar war der Hochschullehrer Kamil Krofta, der von 1925 bis 1927 amtierte. Kroftas Nachfolger war der Jurist Frantisek Chvalkovsky, der Reichspräsident Hindenburg am 25.3.1927 das Beglaubigungsschreiben überreichte. Letzter Gesandter der Tschechoslowakei in Berlin vor dem Zweiten Weltkrieg war der Berufsdiplomat Vojtech Mastny, der Reichspräsident Hindenburg am 14.7.1932 das Beglaubigungsschreiben überreichte und bis 1939 amtierte.

Für die Unterbringung der tschechoslowakische Gesandtschaft wurde das Haus Rauchstraße 27 im Tiergartenviertel erworben.

Die polnischen Gesandten Von den Mittelmächten war aus strategischen Gründen während des Ersten Weltkrieges Polen als unabhängiger Staat wiederhergestellt worden. Als dessen erster diplomatischer Vertreter war der Journalist Wilhelm Feldman nach Berlin entsandt worden. Erster deutscher Gesandter in Warschau war Graf Harry von Kessler. Als erster polnischer Gesandter in Berlin überreichte Jerzy Wiktor Madeyski dem Reichspräsidenten Ebert am 6.10.1921 das Beglaubigungsschreiben. Ihm folgte auf dem Berliner Posten im Jahre 1923 Kazimierz Olszowski und diesem im Jahre 1928 Roman Knoll. Als letzter polnischer Gesandter im Berlin der Weimarer Republik überreichte der Berufsdiplomat Alfred Wysocki dem Reichspräsidenten Hindenburg am 12.2.1931 das Beglaubigungsschreiben.

Für die Unterbringung der polnischen Gesandtschaft wurde das Haus Kurfürstenstraße 136 erworben.

Die bulgarischen Gesandten Die diplomatischen Beziehungen zwischen dem Deutschen Reich und dem Königreich Bulgarien waren während des Ersten Weltkrieges nicht abgebrochen worden. Erster bulgarischer Gesandter nach dem Ersten Weltkrieg in Berlin war der Hochschullehrer Methodi Popow, der Reichspräsident Hindenburg am 30.12.1925 das Beglaubigungsschreiben überreichte. Nachfolger Popows wurde am 4.12.1931 der Berufsdiplomat Swetoslaw Pomenow, der bis 1934 amtierte.

Die rumänischen Gesandten Erster rumänischer Gesandter nach dem Ersten Weltkrieg in Berlin war Constantin Nano, der Reichspräsident Ebert am 17.2.1921 das Beglaubigungsschreiben überreichte. Nano folgte der Berufsdiplomat Nicolas Petresco Comnen, der von 1928 bis 1930 und von 1932 bis 1938 amtierte. Von 1930 bis 1932 war Georg Tasca rumänischer Gesandter in Berlin.

Für die Unterbringung der rumänischen Gesandtschaft wurde das Haus Rauchstraße 26 im Tiergartenviertel erworben.

Die jugoslawischen Gesandten Aus den ehemals unabhängigen Staaten Montenegro und Serbien und Gebieten der ehemaligen Donaumonarchie wurde am 1.12.1918 das Königreich der Serben, Kroaten und Slowenen gebildet, später Jugoslawien genannt. Erster jugoslawischer Gesandter in Berlin war Jova Markovic, der Reichspräsident Ebert am 30.12.1922 das Beglaubigungsschreiben überreichte. Sein Nachfolger war der Berufsdiplomat Zivojin Balugdzic, der von 1924 bis 1925 und von 1927 bis 1935 amtierte.

Für die Unterbringung der jugoslawischen Gesandtschaft wurde das Haus Regentenstraße 17 im Tiergartenviertel erworben.

Jugoslawische Gesandtschaft, Regentenstraße 17

Die finnischen Gesandten Ähnlich wie beim Zusammenbruch der Donaumonarchie wurden auch mit dem Zusammenbruch des Russischen Reiches mehrere Staaten unabhängig. Diese etablierten dann eigene Gesandtschaften in Berlin. Als erster finnischer Gesandter in Berlin wurde im März 1918 der Hochschullehrer Edvard Hjelt akkreditiert, der bis 1919 amtierte.

Für die Unterbringung der finnischen Gesandtschaft wurde das Haus Alsenstraße 1, im Alsenviertel, erworben.

Die estnischen Gesandten Die Republik Erstland wurde zur Zeit der Weimarer Republik in Berlin durch den Berufsdiplomaten Karl Menning vertreten, der Reichspräsident Ebert am 12.10.1923 das Beglaubigungsschreiben überreichte und bis 1934 amtierte.

Zur Unterbringung der estnischen Gesandtschaft wurde das Haus Hildebrandstraße 5, im Tiergartenviertel, erworben.

Die lettischen Gesandten Als erster Gesandter der Republik Lettland in Berlin überreichte der Arzt Oskar Woit dem Reichspräsidenten Ebert am 22.11.1921 das Beglaubigungsschreiben. Sein Nachfolger war der Berufsdiplomat Edgars Kreewinsch, der Reichspräsident Hindenburg am 2.9.1932 das Beglaubigungsschreiben überreichte und bis 1935 amtierte.

Für die Unterbringung der lettischen Gesandtschaft wurde das Haus Burggrafenstraße 13 erworben.

Die litauischen Gesandten Als erster Gesandter der Republik Litauen in Berlin überreichte der Berufsdiplomat Venceslas Sidzikauskas dem Reichspräsidenten Ebert am 8.5.1924 das Beglaubigungsschreiben. Sein Nachfolger war der Berufsdiplomat Jurgis Saulys, der Reichspräsident Hindenburg am 27.11.1931 das Beglaubigungsschreiben überreichte und bis 1938 amtierte.

Für die Unterbringung der litauischen Gesandtschaft wurde das Haus Kurfürstenstraße 134 erworben.

Die ukrainische Gesandtschaft und die diplomatischen Vertretungen von Armenien und Georgien Als erster ukrainischer Gesandter in Berlin wurde am 28.10.1918 Baron Theodor von Steinheil akkreditiert. Nach dem Ersten Weltkrieg folgten zusätzlich noch diplomatische Vertretungen von Armenien und Georgien, die auch nach der Besetzung dieser Länder durch die Sowjetunion noch kurze Zeit weiterbestanden, die Vertretung von Armenien im Haus Kurfürstendamm 175/176 und die Vertretung von Georgien im Haus Brückenallee 31. Die ukrainische Gesandtschaft war im Haus Kronprinzenufer 10 untergebracht.

Die niederländischen Gesandten Der niederländische Gesandte Baron Willem Alexander Frederik Gevers vertrat sein Land von 1906 bis 1927 in Berlin und bildete so etwas wie eine Verbindung zwischen alter und neuer Zeit. Nach dem Ersten Weltkrieg versammelte er einmal im Jahr im Gesandtschaftspalais in der Rauchstraße die ehemalige Hofgesellschaft. Der Anteil der Monarchisten war in der Berliner Gesellschaft überdurchschnittlich, so daß es der Baronin Gevers nicht immer

Niederländische Gesandtschaft, Rauchstraße 10

leichtfiel, die anderen Gäste, Diplomaten und Repräsentanten der Weimarer Republik mit den »ci-devants« zusammenzuführen. Schmidt-Pauli meinte, es sei »fast genial zu nennen, wie die Baronin Gevers bei solchen Empfängen jede eintretende Dame und jeden Herrn der deutschen Aristokratie auf die eine Seite ihres großen Salons zu bugsieren verstand, während jedes Mitglied des diplomatischen Corps durch eine geschickte Begrüßung auf der anderen Seite placiert wurde. So saß man in demselben Raum in zwei voneinander getrennten Lagern.« Im geselligen Verkehr hielt Baron Gevers die Kontakte zu den Hohenzollern aufrecht, was von manchen Politikern der Weimarer Republik kritisiert wurde. Nachfolger von Baron Gevers war der Berufsdiplomat Graf John von Limburg-Stirum, der Reichspräsident Hindenburg am 8.7.1927 das Beglaubigungsschreiben überreichte. Nach Meinung von Schmidt-Pauli gelang es dem Grafen Limburg-Stirum mit Hilfe seiner Gattin, »die Tradition des holländischen Salons in Berlin aufrechtzuerhalten.«

Die belgischen Gesandten Als erster belgischer Gesandter in Berlin nach dem Ersten Weltkrieg überreichte Graf Georges della Faille de Leverghem am 13.7.1920 Reichspräsident Ebert das Beglaubigungsschreiben. Ihm folgte Robert Everts, der von 1925 bis 1932 amtierte. Letzter belgischer Gesandter im Berlin der Weimarer Republik war der Berufsdiplomat Graf André de Kerchove de Denterghem, der Reichspräsident Hindenburg am 8.2.1932 das Beglaubigungsschreiben überreichte und bis 1935 amtierte.

Die portugiesischen Gesandten Auf dem Posten des portugiesischen Gesandten in Berlin gab es in der Zeit der Weimarer Republik einen ständigen Personal- und Quartierwechsel.

Die griechischen Gesandten In der Zeit der Weimarer Republik amtierten als griechische Gesandte in Berlin von 1920 bis 1921 Apostolos Alexandri, von 1924 bis 1930 Euthymios Kanellopulos und von 1930 bis 1933 Jean Politis.

Die schweizerischen Gesandten Zur Unterbringung der schweizerischen Gesandtschaft wurde am 15.10.1919 das Gebäude Fürst-Bismarck-Straße 4 im Alsenviertel für 1,7 Millionen Reichsmark angekauft. Die schweizerische Gesandtschaft war zur Zeit der Weimarer Republik ein gesellschaftlicher Mittelpunkt in Berlin. Der seit 1922 amtierende Gesandte Hermann Rüfenacht war ein kluger Beobachter der politischen Situation in Deutschland. Bei seinem Abschied schrieb er, daß er »das so oft verschrieene Berlin direkt liebe«, ihm »der Pulsschlag in Arbeit und Vergnügen dieser unermüdlichen Großstadt« imponiere und er viele gute Erinnerungen mitnehme. Rüfenachts Nachfolger war der Berufsdiplomat Paul Dinichert, der Reichspräsident Hindenburg am 10.11.1932 das Beglaubigungsschreiben überreichte und bis 1938 amtierte.

Die dänischen Gesandten Die diplomatischen Beziehungen zwischen dem Deutschen Reich und den skandinavischen Königreichen Dänemark, Schweden und Norwegen wurden während des Ersten Weltkrieges nicht abgebrochen. Von 1924 bis zu seinem Tode 1941 vertrat der Berufsdiplomat Herluf Zahle das Königreich Dänemark in Berlin.

Die schwedischen Gesandten Erster schwedischer Gesandter in Berlin nach dem Ersten Weltkrieg war Freiherr Sten Gustaf Fredrik Troil Ramel, der Reichspräsident Ebert am 18.4.1923 das Beglaubigungsschreiben überreichte. Von 1925 bis 1937 vertrat der Berufsdiplomat, Militär und Schriftsteller Einar af Wirsen das Königreich Schweden in Berlin.

Die norwegischen Gesandten Von 1921 bis 1940 vertrat der Berufsdiplomat Arne Scheel das Königreich Norwegen in Berlin.

Die chinesischen Gesandten Erster chinesischer Gesandter in Berlin nach dem Ersten Weltkrieg war Wei Chen-tsu, der dem Reichspräsidenten Ebert am 29.11. 1921 das Beglaubigungsschreiben überreichte und bis 1929 amtierte. Ihm folgte Tsiang Tso-ping, und diesem am 14.1.1932 Liu Von-tao.

Die siamesischen Gesandten Als erster siamesischer Gesandter nach dem Ersten Weltkrieg amtierte von 1925 bis 1926 Prinz Damras Damrong in Berlin.

Die afghanischen Gesandten Nach dem Ersten Weltkrieg wurden viele Staaten des Nahen Ostens unabhängig und etablierten Gesandtschaften in Berlin. Als erster afghanischer Gesandter überreichte Ghulam Siddig Khan dem Reichspräsidenten Ebert am 27.10.1922 das Beglaubigungsschreiben.

Für die Unterbringung der afghanischen Gesandtschaft wurde das Haus Lessingstraße 9 am Hansaplatz erworben.

Afghanische Gesandtschaft, Lessingstraße 9

Die ägyptischen Gesandten Als erster ägyptischer Gesandter in Berlin überreichte Seifullah Yusri Pascha dem Reichspräsidenten Hindenburg am 2.6.1925 das Beglaubigungsschreiben. An Seifullah Yusri Pascha erinnerte sich Schmidt-Pauli so: »Er war ein vorzüglicher Reiter und Polospieler und es war ein Genuß für das Auge, ihn auf seinem schnellen, guten Polopony über den Rasenplatz in Frohnau dem weißen Balle nachjagen zu sehen.« Die ägyptische Gesandtschaft wurde zunächst in dem Haus Delbrückstraße 8 im Stadtteil Grunewald untergebracht. Nachfolger von Seifullah Yusri Pascha war der Hochschullehrer und Politiker Hassan Nachat Pascha, der Reichspräsident Hindenburg am 14.3.1929 das Beglaubigungsschreiben überreichte. Über Hassan Nachat Pascha schrieb Schmidt-Pauli: »Nachat Pascha ist nicht nur ein kenntnisreicher Gelehrter und hervorragender Diplomat von noch jugendlichem Alter, sondern auch ein ausgezeichneter Sportsmann, der schon viele Festpreise – Fechten ist im Sport sein eigentliches Gebiet – davongetragen hat. Er liebt es sehr, eine besondere Art der Fechtkunst auszuüben, nämlich das Fechten zu Pferde, wobei es nicht nur auf die Geschicklichkeit in der Führung der Waffe, sondern auch auf eine hohe Reitkunst und ein gutes Training des Pferdes ankommt.

Ende 1929 siedelte Exzellenz Nachat Pascha mit der Gesandtschaft in das reizvoll gelegene Haus Tiergartenstraße 18 b … über und weihte das Haus am 26.3.1930 mit einem großen Ball für das diplomatische Korps und die Berliner Gesellschaft ein.«

Die persischen Gesandten Die diplomatischen Beziehungen zwischen dem Deutschen Reich und dem Kaiserreich Persien wurden während des Ersten Weltkrieges nicht abgebrochen. Als erster persischer Gesandter in Berlin in der Zeit der Weimarer Republik überreichte Abdul Ali Khan Sadigh Sadri dem Reichspräsidenten Ebert am 12.10.1923 das Beglaubigungsschreiben. Nachfolger von Abdul Ali Khan Sadigh Sadri war der Politiker Mirza Mohamed Ali Khan Farzine, der Reichspräsi-

Persische Gesandtschaft, Tiergartenstraße 33

dent Hindenburg am 8.7.1930 das Beglaubigungsschreiben überreichte. Als letzter persischer Gesandter im Berlin der Weimarer Republik überreichte Enayatollah Khan am 10.3.1932 Reichspräsident Hindenburg das Beglaubigungsschreiben.

Die argentinischen Gesandten Die diplomatischen Beziehungen zwischen dem Deutschen Reich und der Republik Argentinien wurden während des Ersten Weltkrieges nicht abgebrochen. Als erster argentinischer Gesandter in Berlin in der Zeit der Weimarer Republik überreichte Federico Quintana am 12.6.1925 dem Reichspräsidenten Hindenburg das Beglaubigungsschreiben.

Die brasilianischen Gesandten Die Republik Brasilien wurde in Berlin während der Zeit der Weimarer Republik durch den Berufsdiplomaten Adalberto Guerra Duval vertreten.

Die chilenischen Gesandten Die diplomatischen Beziehungen zwischen dem Deutschen Reich und der Republik Chile waren während des Ersten Weltkrieges nicht abgebrochen worden. Von 1925 bis 1927 und von 1928 bis 1940 amtierte als chilenischer Gesandter in Berlin der Parlamentarier Luis Varnhagen de Porto Seguro, ein Großneffe des Berliner Schriftstellers, Politikers und Diplomaten Karl August Varnhagen von Ense.

Zur Unterbringung der chilenischen Gesandtschaft wurde 1926 das Haus Tiergartenstraße 34, im Tiergartenviertel, erworben.

Die kolumbianischen Gesandten In der Zeit der Weimarer Republik amtierten als kolumbianische Gesandte in Berlin von 1921 bis 1923 Luis Enrique Bonilla, von 1925 bis 1928 Miguel Jimenez Lopez und von 1930 bis 1932 Laureano Gomez.

Die kubanischen Gesandten Als Gesandter der Republik Kuba amtierte in Berlin während der Zeit der Weimarer Republik der Hochschullehrer Aristides de Agüero y Bethancourt, der einst an der Technischen Hochschule in Charlottenburg studiert hatte.

Die mexikanischen Gesandten Auf dem Posten des mexikanischen Gesandten in Berlin gab es in der Zeit der Weimarer Republik einen ständigen Personal- und Quartierwechsel.

Die panamaischen Gesandten Als panamaische Gesandte amtierten in Berlin von 1925 bis 1927 Nicanor Alba de Obario, von 1927 bis 1929 Francisco Arias, von 1929 bis 1931 Narciso Garay und von 1931 bis 1941 Francisco Villalaz.

Die peruanischen Gesandten In der Zeit der Weimarer Republik amtierten als peruanische Gesandte in Berlin von 1921 bis 1922 Augustin Ganoza, von 1929 bis 1931 Celso Gil Pastor und von 1931 bis 1937 Enrique Gildemeister.

Die uruguayischen Gesandten In der Zeit der Weimarer Republik amtierten als uruguayische Gesandte in Berlin von 1923 bis 1925 Federico Susviela Guarch, von 1925 bis 1927 Antonio Bachini und von 1927 bis 1932 Pedro Cosio.

Die venezuelanischen Gesandten In der Zeit der Weimarer Republik amtierten als venezuelanische Gesandte in Berlin von 1921 bis 1923 Manuel Revenga, von 1923 bis 1927 Demetrio Lossada Dias und von 1927 bis 1936 Eduardo D. Penny.

Die Gesandtschaften der deutschen Länder Nach der Novemberrevolution bestanden die innerdeutschen Gesandtschaften in Berlin fort. Besonders gesellig ging es in der bayerischen Vertretung, Voßstraße 3, zu, wo der Gesandte Konrad von Preger Teestunden und Bierabende veranstaltete.

Nach der nationalsozialistischen Machtergreifung und der danach erfolgten Gleichschaltung der Länder wurden auch die diplomatischen Vertretungen der Länder in Berlin abgeschafft. Das »Gesetz über die Aufhebung des Reichsrats« vom 14.2.1934 bestimmte in § 1 Artikel 2: »Die Vertretungen der Länder beim Reich fallen fort.«

Die Deutsche Außenpolitik

Die Bestimmungen des Vertrages von Versailles behinderten die deutsche Außenpolitik derart, daß keine Hoffnung auf ein erfolgreiches Handeln aufkommen konnte. Eine besonders schwierige Aufgabe bestand darin, gegen die wirtschaftlichen Auflagen des Friedensvertrages anzukämpfen. Die Siegermächte legten im Londoner Ultimatum vom 5.5.1921 fest, daß Deutschland 132 Milliarden Goldmark Reparationen zu zahlen habe. Neben dem Kampf um die Wiedererlangung der internationalen Gleichberechtigung Deutschlands war das Bemühen um eine Senkung der Reparationen das Hauptproblem der deutschen Außenpolitiker.

Der Beginn der Ära Stresemann Die deutsche Außenpolitik in der Zeit der Weimarer Republik war geprägt durch die Persönlichkeit des Reichsaußenministers Gustav Stresemann, der sich durch seine Kompetenz, seine Zielstrebigkeit und seine Leidenschaft hohe Achtung in der Welt erwarb. Vom 13.8.1923 bis zum 23.11. 1923 war der nationalliberale Reichstagsabgeordnete Stresemann Reichskanzler und Außenminister. Danach behielt er unter dem Reichskanzler Wilhelm Marx das Auswärtige Amt und führte es bis zu seinem Tode am 3.10.1929.

Der Vertrag von Locarno Unermüdlich kämpfte Gustav Stresemann um die politische Gleichberechtigung Deutschlands. Am 9.2.1925 wurde dem französischen Ministerpräsidenten und Außenminister Edouard Herriot über die deutsche Botschaft in Paris ein deutsches Memorandum zum Abschluß eines Sicherheitsvertrages übermittelt. Die Antwort bestand in der Einladung zu einer entsprechenden Konferenz, die der französische Botschafter in Berlin, Pierre de Margerie, Stresemann am 15.9.1925 überreichte. Am Abend des 2.10.1925 reiste die deutsche Delegation unter Führung von Reichskanzler Hans Luther und Stresemann ab. Auf dem Potsdamer Bahnhof in Berlin waren zur Verabschiedung der apostolische Nuntius Pacelli, die Botschafter Großbritanniens und Frankreichs, Margerie und D'Abernon, sowie andere Angehörige des Diplomatischen Corps erschienen. Am 5.10.1925 begann die Konferenz der Vertreter Deutschlands, Frankreichs, Großbritanniens, Italiens, Belgiens, Polens und der Tschechoslowakei im Sitzungssaal des Rathauses von Locarno am Lago Maggiore. Das Vertragswerk wurde am 16.10.1925 paraphiert. In der Schlußsitzung betonten die Politiker, daß es nunmehr keine Sieger und Besiegte mehr gäbe. Der Vertrag von Locarno war der größte Erfolg für die deutsche Außenpolitik nach dem Ersten Weltkrieg. Der »Geist von Locarno« wurde zum Symbol für eine Politik der Gleichberechtigung, der Sicherheit und des Friedens. Die deutsche Delegation traf am 18.10.1925 aus Locarno kommend wieder in Berlin ein. Zur Begrüßung waren auf dem Potsdamer Bahnhof auch die Botschafter Großbritanniens, Frankreichs und Italiens erschienen. D'Abernon sagte dabei: »Der deutschen Regierung wird immer die Ehre bleiben, die Initiative ergriffen zu haben, welche zum Vertrag von Locarno geführt hat.« Am Nachmittag gratulierte auch der amerikanische Botschafter Schurman dem Außenminister Stresemann persönlich zum Erfolg. Im Deutschen Reichstag wurde das Vertragswerk am 27.11.1925 mit 292 gegen 174 Stimmen angenommen. Die Unterzeichnung des Vertrages von Locarno erfolgte am 1.12.1925 im Auswärtigen Amt in London. Für das Deutsche Reich signierten Hans Luther und Gustav Stresemann.

Die Aufnahme Deutschlands in den Völkerbund Gemäß einem Beschluß des Reichskabinetts vom 8.10.1925 überreichte der deutsche Generalkonsul in Genf, Gottfried Aschmann, am 10.2.1926 dem Generalsekretär des Völkerbundes, Sir Eric Drummond, eine Note, in der Außenminister Stresemann die Aufnahme Deutschlands in den Völkerbund beantragte. Nach komplizierten Verhandlungen konnte Drummond am 8.9.1926 Stresemann telegraphisch die Einladung übermitteln. Noch am gleichen Abend reiste eine deutsche Delegation nach Genf ab. Die Ankunft am Bahnhof in Genf wurde zu einem persönlichen Triumph für Gustav Stresemann. Am 10.9.1926 nahmen die Deutschen zum ersten Mal an einer Völkerbundssitzung teil.

Mit der Aufnahme des Deutschen Reiches in den Völkerbund fand die deutsche Diplomatie wieder Anschluß an die internationale Politik. Das Nobel-Komitee in Oslo belohnte diese Aktivitäten. Es teilte am 9.12.1926 mit, daß der Friedensnobelpreis für das Jahr 1925 an den britischen Premierminister Sir Austen Chamberlain und den Schöpfer des Dawes-Plans zur Regelung der deutschen Reparationen, Charles Gates Dawes, sowie der Friedensnobelpreis für das Jahr 1926 an die Außenminister Deutschlands und Frankreichs, Gustav Stresemann und Aristide Briand vergeben werde. Damit wurde zum ersten Mal ein deutscher Poltiker mit der höchsten Friedensauszeichnung der Welt geehrt.

Der Berliner Vertrag Gustav Stresemann erreichte mit seiner Außenpolitik nicht nur Sicherheit an den deutschen Westgrenzen, sondern konnte auch gute Beziehungen zu den östlichen Nachbarn herstellen. Am 24.4.1926 unterzeichneten Stresemann und der sowjetische Botschafter Krestinski im Auswärtigen Amt in Berlin einen deutsch-sowjetischen Freundschafts- und Neutralitätsvertrag. Im Deutschen Reichstag wurde der Vertrag am 10.6.1926 bei drei Gegenstimmen angenommen.

Der Kriegsächtungsvertrag Zu einem allgemeinen Kriegsächtungsvertrag kam es durch eine Initiative der Franzosen. Am 20.6.1927 hatte der französische Außenminister Briand dem amerikanischen Botschafter in Paris, Mayron Herrick, den Entwurf eines bilateralen französisch-amerikanischen Friedenspaktes überreicht. Daraufhin hatte der amerikanische Außenminister Frank Kellog den Vorschlag zu einem multilateralen Friedenspakt aller Großmächte unterbreitet. Am 13.4.1928 überreichte der amerikanische Botschafter in Berlin, Schurman, Außenminister Stresemann einen entsprechenden Entwurf. Der Vertrag wurde am 27.8.1928 im Uhrensaal des französischen Außenministeriums am Quai d'Orsay in Paris von den Vertretern Deutschlands, der Vereinigten Staaten von Amerika, Belgiens, Frankreichs, Großbritanniens, Italiens, Japans, Polens und der Tschechoslowakei unterzeichnet. Darin wurde der »Krieg als Mittel für die Lösung internationaler Streitfälle« verurteilt. Für das Deutsche Reich signierte Gustav Stresemann.

Das Ende der Ära Stresemann Die Erfolge der deutschen Außenpolitik in der Zeit der Weimarer Republik sowohl dem Westen als auch dem Osten gegenüber konnten vor allem durch das Wirken der Politiker und Diplomaten Gustav Stresemann, Graf Ulrich Brockdorff-Rantzau und Ago von Maltzan erreicht werden. Alle drei Persönlichkeiten wurden durch plötzlichen Tod mitten aus ihrer Arbeit gerissen.

Ago von Maltzan starb am 23.9.1927 bei einem Flugzeugabsturz. Der britische Botschafter D'Abernon hatte den früheren Staatssekretär im Auswärtigen Amt so beschrieben: »Vielleicht der klügste unter den Männern, die seit dem Kriege in der Wilhelmstraße tätig waren.«

Am 9.9.1928 starb Graf Ulrich Brockdorff-Rantzau. In der Gedenkrede würdigte Außenminister Stresemann seinen Amtsvorgänger so: »Er war der geborene Doyen eines Diplomatischen Corps. Es war Vertreter jener bis auf die Nuance ausgebildeten Courtoisie einer alten Zeit …«

Die größten deutschen außenpolitischen Erfolge in der Zeit der Weimarer Republik lassen sich jedoch hauptsächlich darauf zurückführen, daß es eine personelle Kontinuität im Amt des Reichsaußenministers gegeben hat. Sechs Jahre lang hat Gustav Stresemann diese Funktion ausgefüllt und hat sich durch seine Arbeit Vertrauen und Respekt erworben. Rastlos kämpfte er für die Verwirklichung seiner Visionen. Dabei nahm er wenig Rücksicht auf seine Gesundheit. Am Morgen des 3.10. 1929 erlag Gustav Stresemann in seiner Dienstwohnung in der Villa im Park des Auswärtigen Amtes den Folgen eines Schlaganfalls. Stresemanns Tod war für die Menschen in der ganzen Welt ein Schock. Über die Reaktion beim Diplomatischen Corps in Berlin stand in der »Vossischen Zeitung«: »Wohl nirgends war die Bestürzung und der erschütternde Eindruck des plötzlichen Todes Stresemanns größer als in den Gebäuden der ausländischen Botschafter und Gesandten. An den Flaggenmasten hängen die Fahnen der fremden Nationen halbmast. Die große Mehrzahl der in Berlin beglaubigten Botschafter und Gesandten verbanden außer ihren offiziellen Beziehungen persönliche Freundschaft und Hochschätzung mit dem verstorbenen deutschen Außenminister.

Mit Gesichtern, denen man die schmerzliche Bestürzung ansah, erschienen sie schon am frühen Vormittag in der Villa des Außenministers, um sich in das aufliegende Kondolenzbuch einzuschreiben. Als einer der ersten erschien der französische Geschäftsträger, Botschaftsrat Guerlet, wie auch das Botschaftsgebäude am Pariser Platz als erstes seine Nationalflagge senkte.«

In einer Kundgebung des Auswärtigen Amtes steht: »Der Reichsaußenminister Gustav Stresemann wird allen Angehörigen des deutschen Auswärtigen Dienstes als ein leuchtendes Vorbild der Pflichterfüllung bis zum letzten Atemzuge für alle Zeit vor Augen stehen.«

Bei einem Abendessen am 4.10.1929 in Paris sagte Aristide Briand zu Bella Fromm über Stresemann: »Seine Arbeit hat zu einem gewissen Grade Erfolg gehabt. Das Ziel seiner Arbeit war, Deutschland aus seinen Fesseln zu befreien, und in dieser Hinsicht ist sein Bemühen nicht vergebens gewesen. Es ist ihm gelungen, die Friedensbedingungen zu mildern und die internationalen Beziehungen wiederherzustellen. Der Verlust dieses teuren Freundes bedeutet mir viel, aber für Deutschland bedeutet er noch viel mehr.« Der frühere britische Botschafter D'Abernon schrieb über Stresemann: »Als einer, der ihn in den schwierigsten Zeiten seines Lebens kannte, der seinen Triumph über die großen Widerstände im Inlande und im Auslande miterlebte, kann ich mit vollem Recht behaupten, daß Deutschland nie einen klügeren und mutigeren Ratgeber besessen hat.«

Am 6.10.1929 fand ein Staatsakt für Gustav Stresemann im Reichstag statt, bei dem auch das Diplomatische Corps zugegen war. Auf dem anschließenden Trauerzug erwiesen die in Berlin akkreditierten Diplomaten dem Toten vor seiner langjährigen Wirkungsstätte, dem Auswärtigen Amt in der Wilhelmstraße, mit einer Gedenkminute die letzte Ehre.

Zum neuen Reichsaußenminister ernannte Reichspräsident Hindenburg am 4.10.1929 den Reichswirtschaftsminister Julius Curtius. Am Freitag, dem 25.10. 1929, begann mit dem New Yorker Börsenkrach die Weltwirtschaftskrise, die Anfang 1930 auf Deutschland übergriff. Am 27.3.1930 trat der seit 1928 amtierende Reichskanzler Hermann Müller aus innenpolitischen Gründen zurück. Am 30.3.1930 ernannte Reichspräsident Hindenburg den Reichstagsabgeordneten der Zentrums-

Trauerzug für Gustav Stresemann am 6.10.1929;
das Diplomatische Corps erweist dem verstorbenen Reichsaußenminister vor seiner Wirkungsstätte, dem Auswärtigen Amt in der Wilhelmstraße, mit einer Gedenkminute die letzte Ehre.

partei, Heinrich Brüning, zum neuen Reichskanzler. Mit ihm begann die Zeit der Präsidialkabinette, in der sich die Reichsregierungen nur auf das Vertrauen des Reichspräsidenten stützen konnten und mit Notverordnungen gemäß Artikel 48 der Reichsverfassung regierten. Diese Regierungen standen und fielen mit dem Willen Hindenburgs.

Staatsbesuche In den ersten Jahren der Weimarer Republik gab es in Deutschland wegen seiner außenpolitischen Isolation keine Besuche fremder Staatsoberhäupter. Zu politischen Gesprächen weilten nur österreichische Regierungschefs in Berlin, so Ende August 1922 Bundeskanzler Ignaz Seipel und Ende März 1926 Bundeskanzler Rudolf Ramek. Im August 1924 kam der gewählte mexikanische Staatspräsident Plutarco Elias Calles nach Berlin. Er wurde am 22.8.1924 von Reichspräsident Ebert, Reichskanzler Marx und dem preußischen Ministerpräsidenten Braun auf dem Lehrter Bahnhof begrüßt. Am Abend gab Ebert zu Ehren des Gastes ein Diner im Reichspräsidentenpalais.

Über den Besuch einer abessinischen Sondergesandtschaft zur Amtszeit des Reichskanzlers Wilhelm Marx im August 1924 berichtete Max von Stockhausen in seinen Erinnerungen: »Zu einem prachtvollen Ordensstern erhielt der friedliche, sanfte Kanzler Marx Schwert und Schild verliehen. Kurz darauf fand ein Empfang statt. Marx und Stresemann, der den gleichen Orden erhalten hatte, waren geladen und erschienen auch, weil wir die guten Beziehungen zu dem fernen afrikanischen Kaiserreich unterhielten. Beide legten die neue Dekoration an, ließen jedoch Schwert und Schild daheim. Marx frug mich, wo er den wirklich sehr bemerkenswerten, funkelnden Ordensstern anheften solle, auf der rechten oder linken Frackseite? Ich wußte nicht genau Bescheid und empfahl die linke Seite, während ihn Stresemann auf der rechten Seite befestigt hatte. Ich nahm an, im Auswärtigen Amt wisse man besser Bescheid und flüsterte Marx im Vorzimmer zu, er möge den Orden umstecken. Stresemann hatte jedoch Marx bereits gesehen und traute der Reichskanzlei mehr Weisheit in Etikettefragen zu. Er steckte hastig seinen Orden nach dem Vorbild des Kanzlers um. Nun erschien Marx mit dem Orden rechts, Stresemann mit dem Stern links auf der Brust. Aber die Abessinier verzogen keine Miene zu dieser Merkwürdigkeit.«

Anfang der dreißiger Jahre wurde das gestiegene Ansehen Deutschlands an einigen Besuchen fremder Staatsoberhäupter in Berlin deutlich. Skandinavische Monarchen statteten dem Reichspräsidenten Hindenburg oft private Besuche ab. Der Staatsbesuch von König Aman Ullah von Afghanistan im Jahre 1928 war offiziell. Das afghanische Königspaar traf am 22.2.1928 in Berlin ein und wurde auf dem Lehrter Bahnhof von Reichspräsident Hindenburg, Vizekanzler Hergt in Vertretung des erkrankten Reichskanzlers Marx, und dem preußischen Ministerpräsidenten Braun begrüßt. Der Reichspräsident begleitete die Gäste im Automobil durch das Brandenburger Tor in ihr Quartier, das Prinz-Albrecht-Palais in der Wilhelmstraße. Am Nachmittag stattete der König dem Reichspräsidenten einen Besuch ab. Anschließend empfing der König in seinem Quartier das Diplomatische Corps. Am Abend gab Reichspräsident Hindenburg in seinem Palais ein Diner, an dem auch die Chefs der in Berlin beglaubigten ausländischen Missionen teilnahmen. Dabei wurde das folgende Menu geboten:

Kaviar in beleuchtetem Eisblock in Schiffsform gemeißelt; Klare Suppe Diplomat; Getrüffelte Brüsseler Poularde; French Dressing-Sauce; Salade Roumaine; Frischer Stangenspargel mit Sauce mousseline; Hummer en Bellevue; Soufflé glace Noisette mit künstlichen Zuckerkörben in Form von innen erleuchteter Weltkugeln; Petits Fours; Roquefort in Gelee, Englischer Sellerie und Stilton. Der König durfte als strenggläubiger Moslem nichts anderes als Wasser trinken. Das Diner endete mit einem Großen Zapfenstreich im Ehrenhof des Palais. Am nächsten Tag besichtigte der König zunächst den Flugplatz Tempelhof. Danach gab Reichstagspräsident Löbe in seinem Palais ein Frühstück für die Gäste, an dem auch der Berliner Oberbürgermeister Böß und die Vorsitzenden der Reichstagsfraktionen teilnahmen. Am Nachmittag besichtigte der König in Begleitung des Reichspräsidenten das Zeughaus; ihnen hatte sich auch der Doyen des Diplomatischen Corps, der Apostolische Nuntius Eugenio Pacelli, angeschlossen. Am Abend fand ein Galadiner zu Ehren des Königs in der Reichskanzlei statt. Am folgenden Tag wurde das Königspaar vom Magistrat der Stadt Berlin im Roten Rathaus empfangen, wo es sich in das Goldene Buch der Stadt eintrug. Der Festakt endete mit einem Frühstück im Festsaal. Am Nachmittag schloß sich die Verleihung der Ehrendoktorwürde an den König in der Technischen Hochschule in Charlottenburg an. Dem Galakonzert am Abend in der Deutschen

Staatsbesuch von König Aman Ullah von Afghanistan 1928;
die Aufnahme zeigt den Wagen des Königs auf der Fahrt vom Lehrter Bahnhof zu seinem Quartier, dem Prinz-Albrecht-Palais in der Wilhelmstraße, am Brandenburger Tor.

Oper in Charlottenburg wohnten neben dem Königspaar und dem Reichspräsidenten auch das Diplomatische Corps bei. Zum Abschluß des offiziellen Teils des Staatsbesuches gab der König am 25.2.1928 ein Diner in der afghanischen Gesandtschaft am Hansaplatz. Dem schloß sich am 28.2.1928 ein großer Empfang in der Residenz des Staatsgastes anläßlich des afghanischen Nationalfeiertages an, an dem der Reichspräsident und das Diplomatische Corps teilnahmen. Nach einer Reise in andere Gegenden Deutschlands kehrte das afghanische Königspaar nach Berlin zurück. Ihm zu Ehren gab der sowjetische Botschafter Krestinski in der Botschaft Unter den Linden am 6.3.1928 eine Teerunde. Am folgenden Tag wurde das afghanische Königspaar auf dem Bahnhof Friedrichstraße von Staatssekretär Meißner, in Vertretung des Reichspräsidenten, verabschiedet.

Als nächster Staatsgast traf ein Jahr später, am 10.6.1929, König Fuad I. von Ägypten in Berlin ein. Er wurde von Reichspräsident Hindenburg auf dem Lehrter Bahnhof begrüßt. Danach fuhren beide im offenen Automobil durch das Brandenburger

Staatsbesuch von König Fuad I. von Ägypten 1929;
die Aufnahme zeigt Reichspräsident Hindenburg, König Fuad von Ägypten
und Reichstagspräsident Löbe in der Großen Loge der Staatsoper Unter den Linden
bei der Aufführung der Oper »Der Rosenkavalier«
unter der Leitung des Komponisten Richard Strauss.

Tor zum Prinz-Albrecht-Palais, dem Quartier des Gastes. Am Nachmittag stattete der König dem Reichspräsidenten einen Besuch ab. Danach empfing der König in seinem Quartier den Reichskanzler Hermann Müller und das Diplomatische Corps. Am nächsten Vormittag besichtigte der König den Flugplatz Tempelhof und das Druckhaus des Verlages Ullstein und wurde anschließend von Reichstagspräsident Löbe zum Frühstück empfangen. Danach besichtigte der König in Begleitung des Reichspräsidenten und des preußischen Ministerpräsidenten Braun das Zeughaus Unter den Linden. Am Abend gab Reichskanzler Müller ein Bankett zu Ehren des Gastes. Am nächsten Mittag gab es einen Empfang durch die Vertreter der Stadt Berlin im Rathaus. Die Feier fand im großen Sitzungssaal der Stadtverordnetenversammlung statt und wurde umrahmt von musikalischen Beiträgen des Berliner Symphonie-Orchesters und des Berliner Lehrergesangsvereins. Nach der Begrüßungsansprache durch Oberbürgermeister Böß trug sich der König in das Goldene Buch der Stadt Berlin ein. Den Abschluß bildete ein Frühstück im Festsaal des Rathauses. Nachmittags stattete der König der Berliner Universität einen Besuch ab und war am Abend in Begleitung des Reichspräsidenten Gast einer Aufführung der Oper »Der Rosenkavalier« in der Staatsoper Unter den Linden, die der Komponist Richard Strauss selbst leitete.

Reichskanzler Heinrich Brüning und Außenminister Julius Curtius bemühten sich darum, die Politik von Gustav Stresemann fortzusetzen. Sie konnten dadurch bei den Politikern der Siegermächte Anerkennung und Vertrauen erwerben. Sichtbar wurde der Erfolg der deutschen Außenpolitik an den Besuchen der Staatsmänner der alliierten Mächte Mitte 1931 in Berlin, die ersten Besuche hochrangiger Politiker der Siegermächte in Deutschland seit dem Ende des Ersten Weltkrieges. Am 25.7.1931 traf der amerikanische Außenminister Henry Lewis Stimson in Berlin ein. Er wurde auf dem Bahnhof Friedrichstraße vom amerikanischen Botschafter Sackett, dem deutschen Botschafter in Washington, Friedrich Wilhelm von Prittwitz und Gafron und Protokollchef Tattenbach empfangen. Stimson nahm Quartier in der amerikanischen Botschaft am Wilhelmplatz. Am Abend gab der Botschafter ein Bankett, an dem neben Stimson und Brüning auch der preußische Ministerpräsident Braun, Reichsbankpräsident Luther und Reichswehrchef Hammerstein teilnahmen. Stimson führte nicht nur politische Gespräche in Berlin, sondern besuchte auch kulturelle Sehenswürdigkeiten, so das Pergamonmuseum und in Potsdam den Park von Sanssouci. Nach den Erinnerungen des anwesenden Dolmetschers Paul Schmidt kamen sich Brüning, Curtius, Stimson und Sackett »an diesem Sommersonntag in der schönen Berliner Umgebung sehr viel näher als während der tagelangen Verhandlungen in den Konferenzsälen der Außenministerien«.

Am 28.7.1931 trafen der britische Premierminister James Ramsay Macdonald und Außenminister Arthur Henderson in Berlin ein. Über den Empfang auf dem Bahnhof

Besuch des britischen Premierministers Ramsay Macdonald und des Außenministers Arthur Henderson im Juli 1931;
die Aufnahme zeigt Macdonald im Gespräch mit Albert Einstein (3.v.l.) und Max Planck (ganz links) während eines Empfangs von Reichskanzler Heinrich Brüning, ganz rechts Reichsaußenminister Julius Curtius.

Besuch des französischen Ministerpräsidenten Pierre Laval und Außenminister Aristide Briand im September 1931; die Aufnahme zeigt Briand bei der Kranzniederlegung am Grab seines Freundes Gustav Stresemann auf dem Luisenstädtischen Friedhof am 27.9.1931, links der Französische Botschafter André François-Poncet.

Empfang von Reichskanzler Heinrich Brüning für die französischen Gäste; (v.l.n.r.) Julius Curtius, Heinrich Brüning, Pierre Laval, Aristide Briand, Reichsverkehrsminister Gottfried Reinhold Treviranus

Friedrichstraße berichtete die »Berliner Morgenpost«: »Der Empfang MacDonalds unterschied sich lebhaft von den üblichen Begrüßungen, die ausländischen Staatsmännern in Berlin in den letzten Jahren zuteil geworden sind. Der Berliner, kühl und skeptisch, bringt wenig Begeisterungsfähigkeit für fremde Diplomaten auf, die für ihn gewöhnlich nur ein Objekt der Neugierde sind. In Ramsay MacDonald jedoch, dem Führer der englischen Arbeiterpartei, sieht die Berliner Bevölkerung einen Mann, von dem sie Freundschaft erwartet und dem sie daher wärmere Gefühle entgegenbringt. Das Bild auf dem Bahnsteig bei der Ankunft des englischen Premiers entsprach daher der Volksmeinung. Dichte Menschenmassen hatten den Bahnsteig besetzt. Mit Mühe konnten sich Reichskanzler Brüning und Reichsaußenminister Curtius, Englands Außenminister Henderson und der englische Botschafter Sir Horace Rumbold einen Weg durch die Menge bahnen, die in stürmische Hochrufe ausbrach, als MacDonald den Zug verließ. (...) Auf dem ganzen Weg vom Bahnhof bis zum Hotel Kaiserhof, wo die englischen Minister abgestiegen sind, wiederholten sich spontan die Kundgebungen der Menge. MacDonald war sichtlich erfreut von den herzlichen Ovationen, die ihm die Berliner Bevölkerung darbrachte.« Am Abend gab Reichskanzler Brüning ein Essen für die britischen Gäste in der Reichskanzlei. Danach nahmen sie noch an einem Empfang der Deutsch-Englischen Gesellschaft im »Hotel Kaiserhof« teil. Am nächsten Vormittag fanden die politischen Gespräche im Garten der Reichskanzlei statt. Die britischen Gäste statteten am Mittag in Begleitung des Botschafters dem Reichspräsidenten einen Besuch ab. Danach gab der preußische Ministerpräsident Braun ein privates Essen für die Gäste im Preußischen Staatsministerium. Am Nachmittag unternahmen die Briten mit ihrem Botschafter und in Begleitung von Reichskanzler Brüning, Außenminister Curtius und Ministerpräsident Braun eine Fahrt in einem Motorboot auf der Havel. Am Abend gab der britische Botschafter einen Empfang. Premierminister MacDonald verließ die Reichshauptstadt am Morgen des 29.7.1931 an Bord einer englischen Militärmaschine. Auf dem Flugplatz Tempelhof wurde er von Brüning, Curtius und Rumbold verabschiedet.

Am 28.9.1931 trafen der französische Ministerpräsident Pierre Laval und Außenminister Aristide Briand in Berlin ein. Auf dem Bahnhof Friedrichstraße wurden die Besucher von Reichskanzler Brüning und Außenminister Curtius begrüßt. Der Weg vom Bahnhof Friedrichstraße zum »Hotel Adlon«, wo die Gäste wohnten, war von Polizeibeamten in Zivil abgesperrt. Während die beiden Regierungschefs in der Reichskanzlei konferierten, begab sich Briand in Begleitung von Botschafter Francois-Poncet und Protokollchef Tattenbach zum Luisenstädtischen Friedhof, um am Grab von Gustav Stresemann einen Kranz niederzulegen. Am Mittag statteten die französischen Gäste in Begleitung ihres Botschafters dem Reichspräsidenten einen Besuch ab. Dabei erkundigte sich Hindenburg, ob die Gäste mit ihrer Unterkunft zufrieden seien. Auf die positive Antwort meinte der Reichspräsident: »... man dürfe aus dem gewissen Luxus und den Personen, die man im Adlon antreffe, nun nicht schließen, daß das in Deutschland überall so wäre.« Anschließend besuchten die Franzosen das Pergamonmuseum und unternahmen danach eine Havelfahrt. Am Abend fand ein Bankett in der französischen Botschaft statt. Die französischen Gäste verließen Berlin am 29.9.1931.

Städtebauliche Veränderungen in Berlin In der Zeit der Weimarer Republik wurden in Berlin hauptsächlich soziale Bauprojekte realisiert, aber auch Bauten für die Kultur. Das Glanzlicht auf diesem Gebiet bis heute ist das Pergamon-Museum, das am 2.10.1930 eröffnet wurde. Aus diesem Anlaß gab die preußische Regierung ein Bankett im Berliner Stadtschloß. Graf Harry von Kessler notierte dazu in sein Tagebuch: »Der Eindruck auf mich schauerlich. Wo früher ein farbenprächtiges Bild, schöne oder in ihrer Aufmachung schön erscheinende Menschen die Säle festlich füllten, eine einförmige, formlose graue Masse, wie Läuse, die sich wie ein trüber Alltag durch die alte Barockpracht hindurchschoben. Die britische Botschafterin Lady Rumbold ... sagte: ›I feel like a ghost.‹ (...) Es war, als ob sich in einem üppigen Hoftheater eine Schmiere etabliert hätte. (...) Wenn man genauer zusieht, ist das schmierenhafte das Dekor, die verlogene wilhelminische Pracht des Weißen Saals; das Echte, ganz Untheatralische die graue ... völlig unromantische Masse.«

In der Zeit der Weimarer Republik wurde ein Erweiterungsbau für die Reichskanzlei auf dem Grundstück Wilhelmstraße 78 errichtet. Die Pläne lieferte der Architekt Eduard Jobst Siedler. Reichspräsident Hindenburg legte am 18.5.1928 den Grundstein für den Neubau, der Ende 1930 ohne besondere Zeremonie bezogen wurde. »Eine Feier soll diesmal nicht stattfinden. Die Zeit ist nicht zum Feiern angetan«, lautete die Begründung des Staatssekretärs in der Reichskanzlei, Hermann Pünder. Das alte Reichskanzlerpalais diente weiter für Repräsentationszwecke.

Das Ende der Weimarer Republik

Die schwere Wirtschaftskrise brachte die Stellung des Reichskanzlers Brüning ins Wanken. Er hoffte deshalb auf einen außenpolitischen Erfolg und bemühte sich, einen Verzicht der Siegermächte auf weitere deutsche Reparationszahlungen zu erreichen. Darüber verhandelte der amerikanische Sonderbotschafter Hugh Gibson mit dem französischen Ministerpräsidenten Edouard Herriot. Am Vormittag des 30.5.1932 sprach der amerikanische Botschafter Sackett bei Reichskanzler Brüning vor. Unter Mißachtung diplomatischer Gepflogenheiten übergab ihm Sackett einen vertraulichen Brief von Gibson, in dem stand, daß ein Durchbruch in der Reparationsfrage erreicht worden sei. Für Brüning kam diese Meldung allerdings zu spät. Er wurde kurz darauf vom Reichspräsidenten zur Überbringung der Demission empfangen. In einem Bericht an Außenminister John Simon resümierte der britische Botschafter, Brüning habe »die Stellung eines der führenden Staatsmänner Europas erlangt« und »das Vertrauen der ausländischen Staatsmänner« genossen.

Am 1.6.1932 ernannte Reichspräsident Hindenburg den preußischen Landtagsabgeordneten der Zentrumspartei, Franz von Papen, zum neuen Reichskanzler. Außenminister wurde der deutsche Botschafter in London, Freiherr Konstantin von Neurath. Am 9.7.1932 unterzeichnete Papen im »Hotel Beau Rivage« in Lausanne das Abkommen über das Ende der Reparationen. Dieser große außenpolitische Erfolg konnte den Niedergang der Weimarer Republik nicht aufhalten. Das Kabinett Papen demissionierte am 17.11.1932. Am 3.12.1932 ernannte Reichspräsident Hindenburg den Reichswehrminister Kurt von Schleicher zum neuen Reichskanzler. Außenminister blieb Neurath. Das Kabinett Schleicher demissionierte am 28.1.1933.

Die Zeit der nationalsozialistischen Gewaltherrschaft

Die Machtergreifung

Als Hauptstadt des Deutschen Reiches blieb Berlin auch in der nationalsozialistischen Zeit Regierungssitz. Dennoch war Berlin nicht das Zentrum des Nationalsozialismus. Für die Nationalsozialisten war München die »Hauptstadt der Bewegung«. Dort wohnte Adolf Hitler seit 1913, und dort wurde am 5.1.1919 die Deutsche Arbeiterpartei gegründet, die als Nationalsozialistische Deutsche Arbeiterpartei unter dem Vorsitzenden Hitler um die Macht in Deutschland kämpfte.

Der 1919 in Berlin gegründete Nationale Klub ermöglichte Hitler am 8.12.1921 den ersten politischen Auftritt in der Reichshauptstadt. In den Räumen des Klubs, nahe dem Reichstag, Sommerstraße 6, stellte Hitler seine Politik »im Falle einer Machtübernahme« vor. Dabei betonte er bereits damals die Notwendigkeit von Konzentrationslagern. Am 16.11.1928 sprach Hitler das erste Mal öffentlich in Berlin bei einer Massenveranstaltung im Sportpalast in der Potsdamer Straße.

Die in Berlin akkreditierten Diplomaten nahmen den politischen Akteur Hitler erst sehr spät wahr. Am 17.12.1929 schrieb der britische Botschafter Sir Horace Rumbold an Außenminister Arthur Henderson: »Bis vor wenigen Wochen schenkte das deutsche Publikum außerhalb Bayerns und der süddeutschen Staaten Herrn Adolf Hitler und seiner Tätigkeit nicht die geringste Aufmerksamkeit.« Bei den Wahlen zum Deutschen Reichstag am 14.9.1930 erreichte die NSDAP neunmal so viele Mandate als bei der Wahl davor und wurde zweitstärkste Partei im Reich. In der öffentlichen Meinung Großbritanniens löste diese Nachricht einen Schock aus. In einer Aufzeichnung vom 20.10.1930 über ein Gespräch mit Winston Churchill berichtet der Gesandtschaftsrat an der deutschen Botschaft in London, Fürst Otto von Bismarck, Churchill sei überzeugt, »daß Hitler oder seine Anhänger die erste Gelegenheit benutzen würden, um wieder zu den Waffen zu greifen«.

Ihr Streben nach der Macht im Reich signalisierte die nationalsozialistische Führung durch eine Verlegung von Hitlers Berliner Quartier. Bis zum Jahre 1931 wohnte Hitler bei seinen Aufenthalten in Berlin immer in dem kleinen »Hotel Sanssouci« am Potsdamer Bahnhof, Linkstraße 37. Seit dem 3.2.1931 war die Berliner Residenz Hitlers das »Hotel Kaiserhof« im Regierungsviertel, schräg gegenüber der Reichskanzlei. Für die nationalsozialistischen Führer wurde dort eine ganze Etage angemietet, was Kosten von etwa 10.000 Reichsmark pro Woche verursachte. Durch Artikel und Interviews für die Auslandspresse konnte Hitler einen Teil der Kosten abdecken.

Wichtige Gespräche zwischen Adolf Hitler und Franz von Papen zur Vorbereitung der Regierungsübernahme der Nationalsozialisten arrangierte der Kaufmann Joachim von Ribbentrop, der spätere Außenminister unter Hitler. In dessen Villa in Berlin-Dahlem, Lentzeallee, führte Hitler am 22.1.1933 eine lange Unterredung mit dem Sohn und Adjutanten des Reichspräsidenten, Oberst Oskar von Hindenburg. Dabei gelang es, auf ihn einzuwirken, so daß dieser seinen Vater dazu brachte, die Abneigung gegen den »böhmischen Gefreiten« Hitler zu überwinden. Am 28.1.1933 nahm Reichspräsident Hindenburg den Rücktritt des Reichskanzlers Kurt von Schleicher an. In jenen Tagen kam in Berlin das Gerücht auf, die Reichswehr würde den Sturz Schleichers nicht hinnehmen und würde putschen und den Reichspräsidenten absetzen. Wahrscheinlich hat dieses falsche Gerücht die Regierungsbildung beschleunigt, denn Hindenburg vereidigte noch vor der Übertragung des Reichskanzleramtes an Hitler, also unter Bruch der Weimarer Verfassung, am Morgen des 30.1.1933 den Reichswehrminister Werner von Blomberg. Der Reichskanzler Hitler und die anderen Minister wurden erst danach vereidigt. Am gleichen Abend organisierten die Nationalsozialisten eine gigantische Massendemonstration in Berlin. Mit einem stundenlangen Fackelzug, der vom Tiergarten durch das Brandenburger Tor, die Wilhelmstraße entlang und am »Hotel Kaiserhof« entlangzog, grüßten die Nazis den Reichspräsidenten an einem Fenster des Reichskanzlerpalais, den Reichskanzler an einem Fenster des Siedlerschen Neubaus und die Nazi-Prominenz am »Hotel Kaiserhof«.

Der Regierungswechsel hatte zunächst nur innenpolitische Konsequenzen. In der Außenpolitik wurde die Kontinuität betont. In einem Runderlaß des Staatssekretärs des Auswärtigen Amtes, Bernhard Wilhelm von Bülow, vom 30.1.1933 an alle deutschen diplomatischen Vertretungen wurden diese angewiesen, den Bedenken im Ausland gegen die neue deutsche Regierung mit dem Hinweis entgegenzutreten, daß die wiederberufenen Minister für Äußeres, Konstantin von Neurath, und für Finanzen, Lutz Schwerin von Krosigk, eine »kontinuierliche Linie« in der Außen-, Finanz- und Währungspolitik sichern würden. Neurath stellte sich der neuen Regierung zur Verfügung, obwohl er noch in der Ministerbesprechung am 10.8.1932 gesagt hatte, vom außenpolitischen Standpunkt aus betrachtet, werde die Herrschaft der Nationalsozialisten den deutschen Ruin bedeuten. Neurath führte seine bisherige Außenpolitik fort. Von den deutschen Diplomaten nahm nur der Botschafter in Washington, Friedrich Wilhelm von Prittwitz und Gafron, die nationalsozialistische Machtergreifung zum Anlaß, sein Amt niederzulegen. Der erste Nationalsozialist als Leiter einer deutschen diplomatischen Auslandsmission war der Gesandte in Stockholm, Prinz Viktor zu Wied.

Seinen ersten gesellschaftlichen Auftritt als Regierungschef hatte Hitler am 9.2.1933, als der Reichspräsident das jährliche Diner für das Diplomatische Corps gab. Der Reichskanzler führte die Ehefrau des italienischen Botschafters Cerruti zu Tisch.

Der Reichstagsbrand und der Tag von Potsdam

Bis heute ist die Frage ungeklärt, wer am Abend des 27.2.1933 den Brand im Reichstagsgebäude gelegt hat. Am Tatort wurde der Holländer Marinus van der Lubbe von der Polizei verhaftet. Die Nationalsozialisten gaben den Kommunisten die Schuld

Die Diplomaten sind stets interessierte Beobachter des politischen Geschehens.
Die Aufnahme zeigt die Diplomatenloge in der Kroll-Oper
während einer Rede Hitlers am 17.5.1933.
In der ersten Reihe sitzen u.a. der Britische Botschafter Sir Horace Rumbold,
der Türkische Botschafter Kemaleddin Sami Pascha und der
Italienische Botschafter Vittorio Cerruti.

am Reichstagsbrand und nutzten diesen Anlaß, um politische Gegner zu inhaftieren. Als neuer Tagungsort für den Reichstag wurde die gegenüberliegende Kroll-Oper gewählt. Der Festakt zur Reichstagseröffnung sollte jedoch wegen der preußischen Traditionen am Grabe Friedrichs des Großen in der Garnisonkirche in Potsdam stattfinden. Dort versammelten sich am 21.3.1933 im Gefolge des Reichspräsidenten Hindenburg die Militärs des Kaiserreiches und zusammen mit dem neuen Reichskanzler Hitler die Prominenz des Dritten Reiches. Zu dem Festakt in der Garnisonkirche mit Ansprachen des Reichspräsidenten und des Reichskanzlers war das Diplomatische Corps auf der Empore plaziert und bei der anschließenden Parade vor dem Gotteshaus auf der Ehrentribüne. Der britische Botschafter Rumbold schilderte in einem Bericht an seinen Außenminister die Zeremonie als »einfach, würdig und bedeutend«. Er habe das Gefühl gehabt, dem Untergang der Republik beizuwohnen, ohne zu wissen, in welcher Weise sich das neue Regime entwickeln würde. Die Feierlichkeiten klangen am Abend mit einer Aufführung von Wagners Oper »Die Meistersinger von Nürnberg« unter der Leitung von Wilhelm Furtwängler in der Staatsoper Unter den Linden aus.

Am 23.3.1933 fand in der Kroll-Oper die Reichstagssitzung statt, in der das Ermächtigungsgesetz mit 441 gegen 94 Stimmen angenommen wurde. Nur die Sozialdemokraten stimmten geschlossen gegen das Gesetz, das den Nationalsozialisten die unumschränkte Macht gab. In den folgenden Wochen wurden Tausende innenpolitische Gegner in die provisorisch errichteten Konzentrationslager gesperrt. Dem folgten die Verbote der Gewerkschaften und der demokratischen Parteien. Am 28.3. 1933 erließ die Parteileitung der NSDAP einen Aufruf zum Boykott jüdischer Geschäfte, Rechtsanwaltskanzleien und Arztpraxen für den 1.4.1933. SA-Trupps kontrollierten die Einhaltung in den Geschäftsgegenden um den Kurfürstendamm und die Friedrichstraße und wandten rabiate Gewalt an. Darüber berichtete der französische Botschafter François-Poncet an Außenminister Paul-Boncour am 5.4.1933: »Um 10.00 Uhr bezogen die Nazis Position vor den großen Läden, die von Juden geführt werden, von denen viele ihre Türen verschlossen hatten. Die kleinen SA-Trupps mit Listen der jüdischen Häuser liefen von Tür zu Tür, bevor sie überhaupt ein Wort mit den jüdischen Händlern wechseln konnten, hefteten sie Plakate mit folgenden Inschriften an die Türen: ›Es ist verboten, in diesem Geschäft zu kaufen‹, oder auch ein schwarzes Papier mit einem gelben Stern ... In den Schaufenstern der großen Läden bemerkte man ein Plakat auf deutsch und auf englisch: ›Deutsche, verteidigt euch gegen antideutsche Greuelpropaganda. Kauft nicht in den jüdischen Geschäften‹ ... In der Menge der Gaffer gab es nicht einen Protest, nicht ein Zeichen der Mißbilligung!« Am 7.4.1933 wurde das »Gesetz zur Wiederherstellung des Berufsbeamtentums« erlassen, dessen berüchtigter »Arierparagraph« 3 bestimmte, daß »Beamte, die nicht arischer Abstammung sind« in den Ruhestand zu versetzen seien. Es folgten diskriminierende Bestimmungen gegen jüdische Rechtsanwälte und Ärzte.

Veränderungen in der deutschen Außenpolitik

Wegen der Priorität der Innenpolitik ergriff Hitler in den ersten Monaten seiner Amtszeit keine außenpolitischen Initiativen. Der Dolmetscher des Auswärtigen Amtes und Kenner der deutschen Außenpolitik, Paul Schmidt, schilderte in seinen Erinnerungen seine Eindrücke vom Sommer 1933: »Im Auswärtigen Amt in Berlin hatte sich nichts geändert. An ihm war die neue Zeit spurlos vorübergegangen. Aber die Besorgnis über die internationalen Folgen der Umstellung war groß, denn die Berichte, die aus Europa und Übersee eintrafen, zeigten, daß innerhalb weniger Monate Deutschland wieder in eine fast völlige Isolierung geraten war. Die von Stresemann und seinen Nachfolgern mit so unendlicher Mühe erzielten Gewinne auf moralischem Gebiet waren so gut wie verlorengegangen.«

Nach den Worten des Staatssekretärs im Auswärtigen Amt, Baron Adolf Steengracht von Moyland, sei Hitler das Auswärtige Amt verhaßt gewesen, so dessen Zeugenaussage am 26.3.1946 beim Prozeß gegen die Hauptkriegsverbrecher vor dem Internationalen Militärgerichtshof in Nürnberg. Die Beamten galten Hitler als objektive Juristen, Defaitisten und Kosmopoliten, denen man eine Sache nur dann geben könne, wenn sie nicht durchgeführt werden solle.

In der Führung der NSDAP gab es zur Zeit der Machtergreifung keine außenpolitischen Experten. Der Offizierssohn Joachim von Ribbentrop hatte einige Jahre seiner Jugend in den Vereinigten Staaten von Amerika und in Kanada verbracht, wo er sich perfekte Kenntnisse der englischen und französischen Sprache angeeignet hatte. Diese Fertigkeiten nutzte er, als er nach dem Ersten Weltkrieg eine Spirituosen-Import-Export-Firma leitete. Bei seinen zahlreichen beruflichen Auslandsrei-

Nach dem Tod von Paul von Hindenburg wurde Adolf Hitler Staatsoberhaupt des Deutschen Reiches. In seiner neuen Funktion empfing Hitler das Diplomatische Corps zum ersten Mal am 12.9.1934 im Reichspräsidentenpalais in der Wilhelmstraße. Die Aufnahme zeigt die Vorfahrt der Diplomaten im Ehrenhof des Palais. Rechts die Ehrenformation der Reichswehr. Die Wagen der Diplomaten waren an den niedrigen polizeilichen Kennzeichen zu identifizieren.

sen knüpfte Ribbentrop viele Kontakte zu Persönlichkeiten aus Politik, Wirtschaft und Kultur. Zusammen mit seiner Frau Annelies, einer Tochter des Sektfabrikanten Henkell, machte Ribbentrop seine Dahlemer Villa zu einem Ort gepflegter Geselligkeit. Der Kontakt zu den Nationalsozialisten kam erst Mitte 1932 zustande. Hitler schätzte an Ribbentrop dessen Auslands- und Sprachkenntnisse, die den anderen nationalsozialistischen Führern fehlten. Im Sommer 1934 durfte sich Ribbentrop, der inoffiziell im diplomatischen Bereich für die Nazis tätig war, im Hause Wilhelmstraße 64, gegenüber dem Auswärtigen Amt, ein Büro einrichten, das später den Namen »Dienststelle Ribbentrop« erhielt. Hitler ernannte Ribbentrop am 1.6. 1935 zum Außerordentlichen Bevollmächtigten Botschafter des Deutschen Reiches in besonderer Mission. Dessen größter Erfolg war der Abschluß eines deutsch-britischen Flottenabkommens am 18.6.1935. Am 11.8.1936 wurde Ribbentrop von Hitler zum Botschafter in London ernannt.

Der nationalsozialistische Schriftsteller Alfred Rosenberg schuf innerhalb der NSDAP ein Außenpolitisches Amt. Am 1.4.1933 wurde er von Hitler offiziell mit der Leitung dieses Amtes beauftragt, das allerdings nicht mit dem Auswärtigen Amt konkurrieren durfte. Das Außenpolitische Amt wurde in einem Haus im Tiergartenviertel, Margarethenstraße 17, untergebracht. Es sollte keine größere Bedeutung für die deutsche Außenpolitik erlangen.

Für Kontakte zu ausländischen Journalisten war seit 1931 der Auslandspressechef der NSDAP, Ernst Hanfstaengl, zuständig. Er hatte von 1911 bis 1921 die Zweigstelle des Verlages Franz Hanfstaengl in New York geleitet. Später schloß er sich in München den Nationalsozialisten an. Mit Hilfe der Verlegerfamilie Hanfstaengl erhielt Hitler Zugang zur Münchener Gesellschaft.

Die Monopolstellung des Auswärtigen Amtes wurde in den ersten Jahren des Dritten Reiches formell nicht angetastet. Dennoch gab es viele Reibereien zwischen der Behörde und einzelnen Parteidienststellen.

Allgemein wurde erwartet, daß sich nach der Machtergreifung der Nationalsozialisten die Beziehungen zwischen dem Deutschen Reich und der Sowjetunion verschlechtern würden. Doch dieses geschah nicht. Am Tage nach dem Reichstagsbrand wurde der auf der Rückreise von der Genfer Abrüstungskonferenz in Berlin Station machende sowjetische Außenminister Maxim Litwinow zusammen mit Botschafter Leo Chintschuk von Außenminister Neurath empfangen. Neurath versicherte den Diplomaten, eine Änderung der deutschen Politik gegenüber der Sowjetunion sei nicht vorgesehen. Tatsächlich wurde bereits am 25.2.1933 ein deutsch-sowjetisches Kreditabkommen unterzeichnet, und am 24.6.1933 ratifizierte die Reichsregierung das Verlängerungsprotokoll zum Berliner Vertrag von 1926. Im Zusammenhang mit den innenpolitischen Maßnahmen gegen die Kommunisten soll Litwinow, nach den Erinnerungen von Gustav Hilger, einmal zu den deutschen Diplomaten in Moskau gesagt haben, »Was geht es uns an, wenn Ihr Eure Kommunisten erschießt.«

Da die deutsche Außenpolitik von den Nationalsozialisten zunächst nicht geändert wurde, konnten lange vorbereitete Verträge abgeschlossen werden. Am 20.7. 1933 unterzeichneten im Vatikan der Kardinalstaatssekretär Eugenio Pacelli und der deutsche Vizekanzler Franz von Papen ein Konkordat zwischen dem Heiligen Stuhl und dem Deutschen Reich.

Ein weiterer Erfolg bei der Durchbrechung der deutschen außenpolitischen Isolation gelang mit dem Abschluß eines deutsch-polnischen Nichtangriffspaktes. Im Vorfeld hatten Gespräche zwischen Hitler und dem polnischen Gesandten in Berlin, Jozef Lipski, stattgefunden. Neurath und Lipski unterzeichneten am 26.1.1934 im Auswärtigen Amt eine entsprechende Erklärung. In seiner Rede vor dem Deutschen Reichstag aus Anlaß des 1. Jahrestages der nationalsozialistischen Machtergreifung am 30.1.1934 sagte Hitler zu den deutsch-polnischen Differenzen: »Der Versuch, sie durch kriegerische Aktionen zu beheben, würde in seinen katastrophalen Auswirkun-

Schaulustige Berliner sahen der Auffahrt der Diplomaten zu. Besondere Bewunderung fanden die luxuriösen Limousinen, die in der Wilhelmstraße geparkt wurden.

gen in keinem Verhältnis stehen zu dem irgendwie möglichen Gewinn!« Mit Reichsgesetz vom 27.10.1934 wurde die deutsche Gesandtschaft in Warschau in eine Botschaft umgewandelt. Am 14.11.1934 empfing Hitler den bisherigen polnischen Gesandten Lipski, zur Entgegennahme des Beglaubigungsschreibens als erster polnischer Botschafter in Berlin.

Hitlers Besuch bei Hindenburg in Neudeck am 1.8.1934 sollte der letzte sein. Vom gleichen Tag datiert ein Reichsgesetz, nach dem das Amt des Reichspräsidenten mit dem des Reichskanzlers beim Ableben Hindenburgs vereinigt werde. Am darauffolgenden Tag starb Paul von Hindenburg. Noch am gleichen Tag wurde die Reichswehr auf Adolf Hitler persönlich vereidigt. In einem Rundschreiben des Reichsministers des Innern vom 4.8.1934 wurde angeordnet, daß die Amtsbezeichnung Hitlers im innerdeutschen Verkehr »Der Führer und Reichskanzler« lautete und im Verkehr mit dem Ausland »Der Deutsche Reichskanzler«. Bis zu Hitlers Tod wurde die Amtsbezeichnung »Reichspräsident« nicht mehr verwendet. Am 7.8.1934 wurde Hindenburg im Tannenberg-Nationaldenkmal beigesetzt. Die in Berlin akkreditierten Diplomaten machten dem neuen Staatsoberhaupt am 12.9. 1934 im Reichspräsidentenpalais ihre Aufwartung.

Veränderungen für das Diplomatische Corps in Berlin

Die Politiker der Weimarer Republik hatten mit großer Mühe versucht, Vertrauen und Freundschaft bei den in Berlin akkreditierten Diplomaten zu erwerben. Dank dem Wirken der bedeutenden Staatsmänner Friedrich Ebert, Gustav Stresemann und Heinrich Brüning konnte ein Klima der vorsichtigen Annäherung geschaffen werden. Deshalb fanden die Nationalsozialisten nach ihrer Machtergreifung in Berlin Diplomaten vor, die den Deutschen gewogen waren.

Hitler war der persönliche Umgang mit Diplomaten fremd. Bisher hatte er keine Kontakte zu Vertretern ausländischer Mächte gesucht. Im Jahr der Machtergreifung gab es nur wenige Treffen zwischen dem neuen Reichskanzler und den Angehörigen des Diplomatischen Corps. Eine Ausnahme bildete der italienische Botschafter Vittorio Cerruti, mit dem Hitler über ideologische Aspekte des Faschismus und des Nationalsozialismus konferierte. Am 16.3.1933 kam Hitler einer Einladung Cerrutis zu einem Diner mit anschließendem Konzert und Empfang in der italienischen Botschaft nach. Es war der erste Besuch des Reichskanzlers Hitler in einer fremden diplomatischen Vertretung. Für Unterhaltung sorgte neben dem berühmten italienischen Klaviervirtuosen Carlo Zeechi der Chef des Auslandspressedienstes der NSDAP, Ernst Hanfstaengl, als Pianist. Am 28.4.1933 empfing Hitler in Anwesenheit Neuraths den sowjetischen Botschafter Chintschuk zu einem Gespräch. Dabei sagte Hitler dem Diplomaten, »daß in den freundschaftlichen Beziehungen zwischen der deutschen Regierung und der Union der Sozialistischen Sowjetrepubliken keine Änderung eintreten dürfe«.

Im Juni 1933 wurde das Diplomatische Corps in Berlin durch eine schreckliche Bluttat erschüttert. Der afghanische Student der Technischen Hochschule Berlin, Sayed Kamd, feuerte am 6.6.1933 in der afghanischen Gesandtschaft am Hansaplatz aus einem Revolver Schüsse auf den afghanischen Gesandten, Sirdar Mohammed Azziz Khan. Der Diplomat wurde sofort ins Krankenhaus Moabit gebracht, wo Professor Ferdinand Sauerbruch eine Notoperation vornahm. Der Gesandte erlag jedoch seinen Verletzungen noch am gleichen Tag. Die Reichsregierung ließ ihr Beileid übermitteln. Das Auswärtige Amt flaggte Halbmast. Der Attentäter gab politische Motive für seine Tat an. Am 9.6.1933 wurde Mohammed Azziz Khan vom Krankenhaus Moabit nach dem Bahnhof Friedrichstraße übergeführt. Auf dem Weg zum Bahnhof hatten sich viele Berliner eingefunden, die dem ermordeten Diplomaten den letzten Gruß erwiesen. Auf dem Bahnsteig waren Außenminister Neurath und Staatssekretär Meißner anwesend, daneben die Botschafter von Großbritannien, Frankreich, Italien und Japan, sowie weitere Diplomaten.

Am 30.8.1933 überreichte der neue Botschafter der USA, der Historiker William Edward Dodd, dem Reichs-

William Edward Dodd (1869 – 1940),
Botschafter der USA in Berlin 1933 – 1937

präsidenten Hindenburg das Beglaubigungsschreiben. Dodd hatte am 17.10.1933 seine erste Unterredung mit Hitler. Im Zusammenhang mit dem Austritt Deutschlands aus dem Völkerbund gab es Ende 1933 und Anfang 1934 viele Gespräche zwischen Hitler und den diplomatischen Vertretern der Westmächte.

Die Diplomaten und die NSDAP

Die Führer der NSDAP beanspruchten mindestens dieselbe Respektierung wie die Führer des Staates, eigentlich sogar mehr, denn sie meinten, die Partei habe den Staat geschaffen und nicht umgekehrt. Für die Diplomaten brachten diese Veränderungen in der Hierarchie größere Probleme mit sich. In einem Schreiben vom 23.8. 1933 teilte Staatssekretär Bülow vom Auswärtigen Amt dem Staatssekretär in der Reichskanzlei, Hans Heinrich Lammers, mit, der dänische Gesandte Herluf Zahle habe ihn aufgesucht und Beschwerden seiner Kollegen vorgebracht. Die hiesigen Missionschefs würden »neuerdings durch Einladungen vieler Partei- und Privatinstitutionen mit mehr oder weniger halbamtlichem Charakter geradezu überflutet.« Wenn Diplomaten diesen Einladungen folgten, würde ihre Anwesenheit nicht genügend gewürdigt, sie würden oft nicht einmal erkannt werden. Bülow betonte, Zahle erfreue sich internationaler Berühmtheit und sei als persönlicher Freund verschiedener Monarchen ein »Beherrscher jedweden höfischen und staatlichen Zeremoniells« und »Spezialist aller Etikettefragen«. Lammers leitete das Anliegen Bülows weiter. Auf Wunsch Hitlers erließ sein Stellvertreter Rudolf Heß am 9.9.1933 eine Anordnung, nach der allen Parteidienststellen untersagt wurde, Angehörigen des Diplomatischen Corps Einladungen zur Teilnahme an Parteiveranstaltungen zukommen zu lassen. Für derartige Einladungen sei nur die Reichsparteileitung zuständig.

Bei den Veranstaltungen der NSDAP bekamen die in Berlin akkreditierten Diplomaten neue Töne zu hören. Von Zeit zu Zeit wurde ihnen bei offiziellen Vorträgen der Nationalsozialismus erklärt. Am 15.2.1934 sprach Reichsinnenminister Wilhelm Frick vor dem Diplomatischen Corps über die nationalsozialistische Rassengesetzgebung. Der Minister hatte seine Rede unter den Leitsatz gestellt: »Deutschland den Deutschen unter deutscher Führung«. Über die Veranstaltung berichtete der »Völkische Beobachter« am 17.2.1934: »Der Chef des Außenpolitischen Amtes der NSDAP, Reichsleiter Parteigenosse Alfred Rosenberg, hatte für den Donnerstag abend das Diplomatische Corps und die Berliner Vertreter der ausländischen Presse zu sich in das »Hotel Adlon« geladen, um ihnen, wie schon an den früheren Abenden gleicher Art, Gelegenheit zu geben, das Ideengut der nationalsozialistischen Bewegung und die Maßnahmen der Regierung, dieses in die Wirklichkeit zu überführen, aus berufenem Munde kennen zu lernen.

Hatte letzthin im gleichen Kreise der Reichsjustizkommissar, Reichsjustizminister Parteigenosse Frank, eine scharf gezeichnete Darstellung der nationalsozialistischen Rechtsauffassung und des sich aus ihr folgerichtig sich ergebenden neuen deutschen Rechtes geboten, so sprach diesmal Reichsminister Parteigenosse Frick über die Rassengesetzgebung des Dritten Reiches.

Unter den zahlreichen Gästen, die Reichsleiter Parteigenosse Rosenberg begrüßen konnte, sah man ... die Gesandten von Ungarn, Konstantin von Masirevics, von Griechenland, Alexandros Rizos Rangabes, von Bulgarien, Svetoslaw Pomenow, von Jugoslawien, Zivojin Balugdcic, von Irland, Charles Bewley, von Estland, Friedrich Akel, von Brasilien, Artur Araujo-Jorge, von Polen Jozéf Lipski, und von Persien, Abolghassem Khan Nadjm.«

Die Geselligkeiten der Nazi-Größen waren bei den meisten Diplomaten unbeliebt. So schrieb der Leiter des Büros von »Associated Press« in Berlin, Louis Paul Lochner, in seinen Erinnerungen: »Im Jahre 1934 begannen die Nazis ... sich um die auswärtigen Beziehungen zu kümmern. Sie veranstalteten eine Folge von Bierabenden für die fremden Diplomaten und Korrespondenten, lockere Zusammenkünfte mit Brötchen und Bier, die um acht Uhr abends begannen. Man saß in bunter Reihe an runden Tischen und hörte an, was führende Nazis über ihr jeweiliges Ministerium und dessen Abteilungen zu berichten hatten.

Botschafter Dodd nun war sehr daran gelegen, sich über den Nationalsozialismus möglichst gründlich zu unterrichten, hatte aber Hemmungen davor, als Gast der Nazis an ihrem Tische zu sitzen. Es nahte der Abend, da der trunkfreudige Robert Ley an der Reihe war und uns über die von ihm geleitete Nationalsozialistische Deutsche Arbeitsfront informieren sollte. Dodd fing mich in der Garderobe ab. »Sie müssen mir heute abend einen Gefallen tun. Ich kann diesen Trunkenbold Ley nicht ausstehen. Setzen Sie sich doch auf den Platz, der für mich reserviert ist.«

›Aber hören Sie‹, wandte ich ein, ›ich kann hier doch nicht als der Botschafter der Vereinigten Staaten auftreten!‹

›Ach was, das merkt dieser Ley doch gar nicht! Der ist doch schon wieder hinüber. Setzen Sie sich einfach auf meinen Stuhl, und sagen Sie gar nichts. Ich möchte mich weit hinten zwischen Krethi und Plethi setzen, um meinen Bericht an das State Departement in aller Ruhe zu studieren.‹

Widerstrebend gehorchte ich. Dodd behielt recht, Ley bemerkte keinen Unterschied, erinnerte sich jedoch, daß neben ihm der Amerikanische Botschafter sitzen sollte. So begrüßte er mich zuvorkommend mit den Worten ›Guten Abend, Herr Botschafter!‹ und trank mir mehrfach mit seinem Bierglas zu: ›Auf Ihr Wohl, Exzellenz!‹ Die anderen Botschafter am Tisch amüsierten sich königlich. Keiner verriet mich. Mir aber war nicht wohl in meiner Haut, während Dodd offensichtlich in bester Stimmung war. So oft ich zu ihm hinübersah, grinste er schadenfroh und war sehr zufrieden mit dem angeblichen Botschafter der Vereinigten Staaten wie auch mit sich selbst.«

Die alljährlichen Reichsparteitage der NSDAP in Nürnberg hatten eine große Bedeutung, da dort wichtige ideologische und politische Grundsatzentscheidungen getroffen wurden. Hitler wünschte dort die Anwesenheit der in Berlin akkreditierten Diplomaten. Am 19.8.1933 erhielten die Angehörigen des Diplomatischen Corps in Berlin die Einladungen zum Reichsparteitag für Anfang September 1933. Die meisten Diplomaten lehnten die Einladung unter einem Vorwand ab. Die wenigen Teilnehmer aus dem Diplomatischen Corps wurden in Sonderzügen der Deutschen Reichsbahn nach Nürnberg gebracht und wohnten, weil an geeigneten Unterkünften Mangel war, in ihren Waggons auf dem Bahnhof. Am 2.9.1933 besuchte Hitler die Diplomaten in ihren Wagen und erklärte in einer Ansprache, er würde sich freuen, wenn die Herren von Nürnberg den Eindruck mitnehmen würden, daß die nationalsozialistische Herrschaft in Deutschland nicht Zwang oder gar Tyrannei sei, sondern daß hier die Volksstimme wirklich zum innersten und tiefsten Ausdruck komme. Für die Diplomaten hatte der estnische Gesandte Karl Menning geantwortet. Den Diplomaten blieb von diesem Reichsparteitag die Bewirtung mit Nürnberger Würstchen und Nürnberger Bier in angenehmer Erinnerung. Negativ wurde vermerkt, daß die Fotografen den Diplomaten keine Aufmerksamkeit geschenkt hätten und ihnen ungünstige Plätze auf der Tribüne zugewiesen worden waren.

Die Morde im Zusammenhang mit der Röhm-Affäre Mitte 1934 hatten bei den Diplomaten zu anhaltender Verstimmung geführt. Außenminister Neurath wollte deshalb von einer Einladung an die Diplomaten zur Teilnahme am Reichsparteitag 1934 absehen. Hitler wünschte jedoch wiederum deren Anwesenheit in Nürnberg. Der Einladung folgten die Botschafter Japans und der Türkei, die Gesandten Boliviens, Ägyptens, der Dominikanischen Republik, Griechenlands, Polens, Chinas, Persiens und Mexikos und zehn Geschäftsträger oder deren Vertreter. Wie im Jahr davor wurden die Diplomaten mit Sonderzügen nach Bayern gebracht und wurden von 31 SS-Angehörigen und 29 Mitropa-Angestellten, sowie dem Protokollchef und weiteren Angehörigen des Auswärtigen Amtes betreut. Die Deutsche Reichsbahn erhielt für den Transport 21.350,90 Reichsmark. Neben den Veranstaltungen des Parteitages besichtigten die Diplomaten in Begleitung des Generalinspektors für das deutsche Straßenwesen, Fritz Todt, die Reichsautobahn bei Berchtesgaden.

Zum Reichsparteitag 1937 war das Diplomatische Corps erstmals fast vollständig in Nürnberg versammelt, bis auf den sich standhaft weigernden amerikanischen Botschafter Dodd. Hitler gab für die Diplomaten am 10.9.1937 einen Empfang im »Hotel Deutscher Hof«.

Die privaten Kontakte der Diplomaten zu den Nationalsozialisten

Die in Berlin akkreditierten Diplomaten fanden geselligen Verkehr mit der Prominenz des Dritten Reiches nur in den Häusern von Göring und Goebbels. Hitler verkehrte mit den Diplomaten nicht privat, er bevorzugte die Gesellschaft seiner alten Parteikumpane. Er behielt seine private Neun-Zimmer-Wohnung in München am Prinzregentenplatz und das Landhaus auf dem Obersalzberg bei Berchtesgaden nach seinem Amtsantritt bei. Manchmal fanden dort auch politische Treffen statt. In der Nähe des Berghofes wurde eigens eine Dienststelle der Reichskanzlei errichtet.

Der zweite Mann der Führungsspitze des Dritten Reiches war Hermann Göring. Er wurde von Hitler am 10.4.1933 zum preußischen Ministerpräsidenten ernannt. Göring ließ sich die Dienstvilla des preußischen Handelsministers, Leipziger Straße 11 a, nach seinem Geschmack umbauen. Außerdem ließ er sich von Werner March in der Schorfheide ein Jagdhaus im nordischen Stil errichten, das er nach seiner verstorbenen Ehefrau Karinhall nannte. In den folgenden Jahren wurde Karinhall zu einem pompösen Jagdschloß ausgebaut, wo Göring oft Staatsgäste empfing. Kurz vor Ende des Zweiten Weltkrieges ließ Göring die Gebäude sprengen.

Am 10.4.1935 heiratete Göring in zweiter Ehe die Staatsschauspielerin Emmy Sonnemann. Am Rande der Hochzeitsfeier im »Hotel Kaiserhof« sagte Hitler zu Emmy Göring, nun sei sie die Erste Frau des Deutschen Reiches. Damit hatte er gemeint, daß sie bei offiziellen Veranstaltungen an seiner Seite repräsentieren müsse, da er unverheiratet war. Bisher hatten entweder die Ehefrau des Staatsministers Meißner oder die Ehefrau des Berliner Gauleiters Magda Goebbels diese Aufgabe übernommen. Hitlers Lebensgefährtin Eva Braun zeigte sich in der Öffentlichkeit nie in dessen Nähe.

Der französische Botschafter André François-Poncet vermerkte zu Göring in seinen Erinnerungen: »Für uns Diplomaten war er von großem Wert. Nicht nur vermied er es nicht, mit uns zusammenzutreffen, er suchte unseren Verkehr. Er nahm unsere Einladungen an und erwiderte sie. An diesen Abenden, deren Glanz und Aufmachung er ebenso schätzte wie das gute Essen und Trinken, plauderte er vertraulich und antwortete auf diskrete Fragen. Er verabscheute vorsichtige Formulierungen und Umschreibungen, er sprach geradeheraus und frei, er lüftete einen Zipfel des Schleiers, mit dem die Wilhelmstraße und die Goebbelspresse die Wirklichkeit umhüllten. Wir wußten ihm Dank dafür und taten gern seiner Eitelkeit Genüge, wofür er sehr empfänglich war.«

Joseph Goebbels und seine Ehefrau empfingen in ihrem Haus auf Schwanenwerder manchmal Staatsgäste.

Die Wiedereinführung der Allgemeinen Wehrpflicht

Am 16.3.1935 empfing Hitler in Anwesenheit von Außenminister Neurath nacheinander die Botschafter Frankreichs, Großbritanniens, Italiens und Polens, um ihnen persönlich den in der Kabinettssitzung vom gleichen Tag gefaßten Beschluß über die Wiedereinführung der Allgemeinen Wehrpflicht mitzuteilen. »Die sämtlichen Botschafter waren, wie nicht anders zu erwarten, durch die Mitteilung völlig überrascht. (...) Die Unterredungen mit den einzelnen Botschaftern dauerten jeweils etwa eine Viertelstunde. Sowohl der französische als auch der englische Botschafter wiesen darauf hin, daß der Entschluß der Reichsregierung naturgemäß eine erhebliche Erschwerung der politischen Situation bedeute«, notierte Neurath in einer Aufzeichnung vom 18.3.1935. Am gleichen Tag überreichte der britische Botschafter an Neurath eine Protest-Note. Das gleiche taten der französische und der italienische Botschafter am 21.3.1935. Der Dolmetscher Schmidt schrieb dazu in seinen Erinnerungen: »Ein bloßer Vergleich dieser drei Notentexte zeigte mir, daß sich die Isolierung Deutschlands zu lockern begann. Die Einheitsfront bekam deutliche Risse.« Der polnische Botschafter Lipski suchte Neurath am 23.3.1935 auf, ohne einen förmlichen Protest einzureichen.

Trotz der belasteten deutsch-britischen Beziehungen fand der geplante Besuch des britischen Außenministers Sir John Simon und des Lordsiegelbewahrers Anthony Eden termingerecht statt. Die Briten wollten persönlich mit Hitler allgemeine politische Fragen erörtern. Am 24.3.1935 trafen Simon und Eden in Berlin ein. Sie wurden auf dem Flugplatz Tempelhof von Außenminister Neurath, den Staatssekretären Meißner und Bülow, dem Berliner Polizeipräsidenten von Levetzow und dem britischen Botschafter Phipps begrüßt. Weiter berichtete der »Völkische Beobachter«: »Links auf dem Rollfeld hatte eine Ehrenbereitschaft der SS-Leibstandarte Adolf Hitler Aufstellung genommen, und hinter der Absperrlinie standen die Berliner zu Tausenden, um ihrerseits den englischen Politikern ihren Gruß zu entbieten ... (...) Unter den Grüßen der Berliner Bevölkerung setzten sich die Wagen in Bewegung, um die Gäste des Führers zum Hotel Adlon zu bringen. Als die Minister in der Wilhelmstraße eintrafen, hatte sich hier, wie auch vor dem Hotel Adlon und in der Straße Unter den Linden, eine große Menschenmenge angesammelt, die den Ministern einen herzlichen Empfang bereitete. Die Polizeimannschaften hatten alle Hände voll zu tun, um die Fahrbahnen der Wilhelmstraße und der Linden für die Anfahrt der Minister freizuhalten.« Am 25.3.1935 empfing Hitler die Briten in der Reichskanzlei. Hauptthema der Unterredungen war die deutsche Aufrüstung, die Hitler mit dem Kampf gegen den Bolschewismus begründete. Die Gespräche dauerten den ganzen Tag, unterbrochen nur von einem Frühstück, das Neurath für die britischen Gäste gab. Am Abend gab Neurath im Reichspräsidentenpalais zu Ehren der britischen Gäste ein Diner, an dem auch Hitler teilnahm. Am folgenden Tag wurden die Gespräche in der Reichskanzlei fortgesetzt und nur unterbrochen von einem Frühstück, das der britische Botschafter gab, und an dem Hitler und Göring teilnahmen. Am Abend gab Hitler einen Empfang in kleinem Kreise in der Reichskanzlei. Nach den Erinnerungen des Dolmetschers Schmidt war Hitler »ein charmanter Gastgeber«, der sich natürlich und ungezwungen unter seinen Gästen bewegte. Nach dem Essen fand ein Konzert mit Gesangssolisten statt, die am Flügel von Richard Strauss begleitet wurden. Am späten Abend reiste Eden mit dem Nachtzug nach Warschau weiter. Simon flog am nächsten Vormittag nach London zurück.

Die Olympischen Spiele in Berlin

Die Nationalsozialisten lehnten den völkerverbindenden Geist der Olympischen Spiele ab. Sehr schnell bemerkte man aber in der Führung das gigantische propagandistische Potential einer solchen Veranstaltung. Unter Einsatz größerer finanzieller Mittel wurden die erforderlichen Anlagen errichtet. Die Spiele von Berlin wurden bei allen Beteiligten zu einem unvergeßlichen Erlebnis. Ein Grund dafür war die perfekte Organisation. Diese Eindrücke wurden auf das Regime mit Hitler an der Spitze übertragen. »Könige, Fürsten, berühmte Gäste kommen in die Hauptstadt, weniger vielleicht, um den bevorstehenden Sportwettkämpfen beizuwohnen, als um diesem für die Zukunft so bestimmenden Mann zu begegnen, der das Schicksal des Kontinents in seinen Händen zu halten scheint, auch um dieses Deutschland zu sehen, das er mit unwiderstehlichem Zwang verändert und wiederbelebt hat. Und alle Welt ist begeistert von der lückenlosen Organisation, der geschlossenen Ordnung und Disziplin, die mit verschwenderischer Großzügigkeit aufgezogen ist«, schrieb François-Poncet in seinen Erinnerungen über seine Eindrücke aus dem Sommer 1936.

Am Vorabend des Beginns der Spiele gab Reichsinnenminister Frick einen Empfang für das Internationale Olympische Komitee im Pergamonmuseum. Die Gäste einschließlich des Diplomatischen Corps waren wirkungsvoll vor dem Pergamon-Altar plaziert. Hitler empfing am 1.8.1936 die Angehörigen des Internationalen Olympischen Komitees in der Reichskanzlei. Am Nachmittag eröffnete er im Olympiastadion die XI. Olympischen Spiele der Neuzeit, bei denen 52 Nationen vertreten waren. Die führenden Nationalsozialisten nutzten die Olympischen Spiele zur Veranstaltung größerer Festlichkeiten. Am 11.8.1936 gab Joachim von Ribbentrop im Garten seiner Villa in Dahlem ein Abendessen für das Internationale Olympische Komitee und andere ausländische Gäste. Zugegen waren viele in Berlin akkreditierte Botschafter und Gesandte. Für die musikalische Unterhaltung sorgten Kammersängerin Frida Leider und Kammersänger Julius Patzak. Am 12.8.1936 gab Hitler für die ausländischen Gäste einen Abendempfang in der Reichskanzlei. Einen Tag später veranstaltete das Ehepaar Göring ein großes Gartenfest. Neben dem Internationalen Olympischen Komitee war das Diplomatische Corps vollzählig anwesend. Zugegen waren auch König Boris III. von Bulgarien, das schwedische Thronfolgerpaar und Kronprinz Paul von Griechenland. Für die künstlerischen Glanzpunkte sorgte das Ballett der Staatsoper. Der Garten hinter dem Göringschen Palais am Leipziger Platz war zu einem Jahrmarkt gestaltet worden. »Schnell entwickelte sich hier ein lebhaftes und buntes Treiben, eine Stimmung der ungezwungenen Heiterkeit, die manch neues Band zwischen ausländischen und deutschen Gästen knüpfte«, berichtete darüber der »Völkische Beobachter«. Höhepunkt dieser Festlichkeiten war aber zweifellos die Italienische Nacht, die Propagandaminister Goebbels am 15.8.1936 auf der Pfaueninsel veranstaltete. Wehrmachts-Pioniere hatten eine feste Brücke zur Insel installiert, die ganze Insel war festlich illuminiert, es gab drei große Tanzflächen mit drei Orchestern. Der Sohn von Staatsminister Meißner berichtete: »Am Rande der Rasenflächen stehen lange weißgedeckte Tafeln mit kaltem Büfett. Sie biegen sich unter lukullischen Speisen. Befrackte Kellner, livrierte Diener ... bieten Platten und Gläser an. Der Luxus des Gebotenen grenzt ans Bombastische. Rostrote Hummer liegen zu Bergen gehäuft, Schüsseln mit Kaviar, Platten voll Austern, kalter Truthahn und gespickte Rebhühner werden pausenlos herumgereicht. Sektgläser füllen sich unentwegt mit Champagner, allerdings nur für jene, die es nicht vorziehen, sich der Einfachheit halber mit mehreren Flaschen unter dem Arm selbständig zu machen.«

Der Besuch von Mussolini

Der Festigung der Freundschaft zwischen Deutschland und Italien diente der Besuch von Benito Mussolini im Herbst 1937 in Deutschland. Entsprechend pompös wurde dieser Staatsbesuch ausgerichtet. Gemäß dem kurz zuvor erlassenen »Gesetz über Sonderfeiertage für die Reichshauptstadt Berlin und die Hauptstadt der Bewegung München«, vom 23.9.1937, waren Mussolinis Besuchstage in diesen Städten allgemeine Feiertage. Hitlers Stellvertreter Rudolf Heß begrüßte Mussolini am 25.9.1937 auf dem deutschen Grenzbahnhof Kiefersfelden. Der italienische Gast reiste mit einem Sonderzug. Hitler erwartete Mussolini in München. Nach den Gesprächen dort reiste Mussolini durch Deutschland. Kurios daran war, daß Hitler Mussolini jedesmal zum Bahnhof begleitete und anschließend in seinem eigenen Zug hinterher fuhr. Unterwegs überholte er dessen Zug und konnte am nächsten Zielbahnhof seinen Gast wieder am Bahnsteig begrüßen. Als Höhepunkt dieses Imponiergehabes hatte sich die Deutsche Reichsbahn für den Einzug in Berlin ein »regietechnisches Kunststück« ausgedacht, das die Lokführer bereits tagelang vorher einstudieren mußten. Vor Spandau-West tauchte unerwartet auf dem linken

Während seines Aufenthaltes in Deutschland im Herbst 1937
besuchte der italienische Diktator Mussolini auch Göring in Karinhall.

Gleis Hitlers Zug neben dem Mussolinis auf und blieb von da ab auf gleicher Höhe mit diesem, so daß sogar eine mühelose Unterhaltung von Zug zu Zug möglich war. Erst kurz vor der Einfahrt in den Bahnhof Heerstraße fuhr der deutsche Zug kaum merklich schneller, um eher anzukommen. Das gab Hitler die Möglichkeit, über den Bahnsteig zu eilen und Mussolini in dem Moment die Hand zum Gruß entgegenzustrecken, in dem der italienische Zug hielt.

Vor dem Bahnhof wartete eine Kolonne offener Mercedeswagen, die die Delegationen über die neue Paradestraße, die Ost-West-Achse durch das Brandenburger Tor zur Wilhelmstraße brachten. Die Straßenränder waren von dichten Menschenmassen bevölkert. Mussolini nahm Quartier im Reichspräsidentenpalais. Am Abend gab Hitler im Reichskanzlerpalais ein Abendessen für die italienischen Gäste. Am folgenden Tag besichtigte Mussolini einige Berliner und Potsdamer Sehenswürdigkeiten und besuchte Göring in Karinhall. Am Abend fand eine Großkundgebung auf dem Maifeld neben dem Olympiastadion statt. Dem schloß sich am folgenden Tag eine Parade vor der Technischen Hochschule in Charlottenburg an. Danach gab Hitler ein Frühstück in der Reichskanzlei. Am Nachmittag verabschiedete Hitler seinen Gast auf dem Lehrter Bahnhof. In einem Telegramm vom 30.9.1937 an alle deutschen Missionen in Europa schrieb Außenminister Neurath: »Besuch italienischen

Regierungschefs ist in jeder Beziehung glänzend und in vollster Harmonie verlaufen.« In einer Aufzeichnung des Chefs des Protokolls des Auswärtigen Amtes, Vicco von Bülow-Schwante, vom 2.10.1937 über die Gespräche mit Mussolini auf den Fahrten von Berlin nach Potsdam und in die Schorfheide ist vermerkt, daß Mussolini sich auch »nach der Entwicklung der Judenfrage« erkundigt habe. Weiter unterhielt sich Mussolini mit Bülow-Schwante über das Diplomatische Corps in Berlin und meinte, daß die italienische Botschaftersgattin Attolico »eine seiner geschicktesten Diplomatenfrauen mit großem Charme sei«. In der Folge von Mussolinis Besuch in Deutschland trat Italien mit Protokoll vom 6.11.1937 dem Antikominternpakt bei. Jahre später folgten Ungarn und Mandschukuo, am 24.2.1939, und am 27.3.1939 Spanien.

Vermutlich ist in der Folge des Mussolini-Besuchs dem Auswärtigen Amt eine Bestimmung über die Bekleidung auferlegt worden. Hitler hatte bei der Durchsicht von Pressefotografien festgestellt, daß der dem Auswärtigen Amt angehörende Dolmetscher Paul Schmidt neben den deutschen und italienischen Uniformträgern als einziger Zivilist in seinem Frack mit Zylinder hervorstach. Daher wurde angeordnet, daß er in Zukunft in Uniform zu erscheinen habe, wenn er für Hitler in der Öffentlichkeit als Dolmetscher tätig sein sollte. Am 30.3.1939 folgte ein Erlaß Hitlers über die Beamtenuniform, die alle höheren Beamten zu tragen hatten.

Der Personalwechsel in der Führung des Auswärtigen Amtes

Am 4.2.1938 wurden umfangreiche personelle Veränderungen an der Spitze des Dritten Reiches bekanntgegeben. Hitler selbst übernahm das unmittelbare Kommando über die Wehrmacht. Reichsaußenminister Neurath wurde zum Präsidenten eines Geheimen Kabinettsrates ernannt, der zur Beratung Hitlers in der Führung der Außenpolitik dienen sollte. Neuer Außenminister wurde der deutsche Botschafter in London, Joachim von Ribbentrop. Er bezog das ehemalige Reichspräsidentenpalais in der Wilhelmstraße und ließ das barocke Gebäude von dem Architekten Franz Böhmer im nationalsozialistischen Sinne umbauen. Im Erdgeschoß wurde die Privatwohnung des Ministers eingerichtet und in den Obergeschossen die Gesellschaftsräume. Die Möblierung wurde von den Vereinigten Werkstätten übernommen. Das Arbeitszimmer des Ministers wurde besonders kostbar eingerichtet, das Botschafterwartezimmer war dagegen eher schlicht.

Der neue Außenminister führte das Auswärtige Amt ganz im Sinne Hitlers, ohne eigene Akzente zu setzen. Der Staatssekretär im Auswärtigen Amt, Baron Adolf Steengracht von Moyland, sagte nach dem Krieg, im Prozeß gegen die Hauptkriegsverbrecher vor dem Internationalen Militärgerichtshof in Nürnberg am 26.3.1946: »Die Außenpolitik wurde nicht nur in den Richtlinien, sondern sehr häufig bis in die kleinsten Einzelheiten von Hitler selbst bestimmt.« Dolmetscher Schmidt schrieb in seinen Erinnerungen über Ribbentrops diplomatische Verhandlungsführung, »daß sein Verhalten sich durch nichts besser versinnbildlichen ließ als durch die Handelsmarke der Grammophonfirma ›Die Stimme seines Herrn‹. Genauso wie der Terrier dort scharf und fasziniert auf die aus dem Grammophontrichter heraustönende Stimme seines Herrn lauscht, nahm auch Ribbentrop die Worte und Weisungen Hitlers in sich auf und führte sie dann ohne viel eigene Überlegung und Phantasie aus. Von vielen in- und ausländischen Beobachtern wurde er deswegen für dumm gehalten. Er besaß eine gehörige Portion Arroganz und Eitelkeit und war von einem nicht zu übertreffenden Mißtrauen und Argwohn, wodurch oft der Eindruck von Dummheit entstehen kann... Zu Hitler stand er in einem ausgesprochenen Hörigkeitsverhältnis... Er war eben tatsächlich nichts weiter als die Stimme seines Herrn und erschien daher vielen als gefährlicher Narr.« Hitler schätzte die Unterwürfigkeit seines Außenministers. In einem Tischgespräch im Führerhauptquartier »Wolfsschanze« soll Hitler am 6.7.1942 gesagt haben, das Auswärtige Amt sei vor Ribbentrops Zeit ein wahrer Schuttplatz der Intelligenz gewesen. Während der Amtszeit Ribbentrops wurden hohe Funktionäre nationalsozialistischer Organisationen als Diplomaten eingesetzt, so die SA-Obergruppenführer Freiherr Manfred von Killinger als Gesandter in Preßburg und Bukarest, Dietrich von Jagow als Gesandter in Budapest, Hanns Ludin als Gesandter in Preßburg, Adolf-Heinz Beckerle als Gesandter in Sofia und Siegfried Kasche als Gesandter in Agram. Die Diplomaten Ludin und Kasche wurden nach dem Zweiten Weltkrieg in ihren Gastländern zum Tode verurteilt und hingerichtet.

Veränderungen im Diplomatischen Corps in Berlin

Der neue britische Botschafter Sir Neville Henderson hatte Hitler am 11.5.1937 im Reichspräsidentenpalais das Beglaubigungsschreiben überreicht. Der Berufsdiplomat Henderson versuchte, bei vielen gesellschaftlichen Gelegenheiten freundschaftliche Beziehungen zu den Deutschen herzustellen. Am 1.6.1937 gab der Präsident der Deutsch-Englischen Gesellschaft, Herzog Karl Eduard von Sachsen-Coburg und Gotha, zu Ehren des britischen Botschafters einen Empfang im »Hotel Kaiserhof«, an dem mehrere hundert Gäste teilnahmen. Henderson hielt eine besonders deutschfreundliche Rede, die in Großbritannien heftig kritisiert wurde. Am folgenden Tag empfing Henderson den österreichischen Gesandten Stephan Tauschitz zu einem Gespräch. Dieser berichtete darüber nach Wien und teilte mit, daß sein erster Eindruck gewesen sei, er habe sich in der Nummer der Wilhelmstraße geirrt.

Die Akkreditierung des neuen Botschafters der Vereinigten Staaten von Amerika, Hugh Robert Wilson, sollte sich problematisch gestalten. Der frühere amerikanische Botschafter in Berlin, William Dodd, engagierte sich nach seiner Rückkehr in die USA im Kampf gegen den Nationalsozialismus, indem er öffentliche Vorträge über Deutschland hielt. Dessen Rede vom 13.1.1938 brachte der deutsche Botschafter in Washington, Hans-Heinrich Dieckhoff, am folgenden Tag beim amerikanischen Außenminister Cordell Hull zur Sprache und erhob schärfsten Protest. Hull sagte dem Botschafter eine Intervention zu. Über die Aktivitäten Dodds hielt Reichsminister Lammers Vortrag bei Hitler. Darüber berichtete er Außenminister Neurath am 21.1.1938: »Für den Fall, daß die Amerikanische Regierung nicht geneigt sein sollte, die Angelegenheit in einer für das Deutsche Reich zufriedenstellenden Weise zu bereinigen, erwägt der Führer, so lange, bis dies geschehen ist, von dem Empfang des neuen amerikanischen Botschafters abzusehen.« Neurath antwortete am 5.2.1938, daß es besser sei, »die gerechte Empörung über das unqualifizierte Benehmen Dodds den neuen Botschafter nicht entgelten zu lassen«. Der neue Botschafter Wilson sei »nach allen uns zugehenden Nachrichten voll der besten Vorsätze, stellt eine viel ernster zu nehmende Erscheinung auch im diplomatischen Verkehr dar und hat ... seine Reise nach Deutschland bereits angetreten.« Wilson überreichte am 3.3.1938 Hitler unter dem üblichen Zeremoniell das Beglaubigungsschreiben. Botschafter Wilson setzte sich sehr engagiert für die Belange der diskriminierten Juden ein. Aus Protest gegen die Pogrome in der Nacht vom 9. auf den 10.11.1938 wurde Wilson zur Berichterstattung zurückgerufen und verließ am 16.11.1938 Berlin. Der Posten des Botschafters der USA in Berlin wurde nicht wieder besetzt.

Im Herbst 1938 weilte Hitler selten in Berlin und war meist auf seinem Berghof. Zu den wichtigen Terminen mußten sich die Diplomaten dorthin begeben, so am 18.10.1938 der japanische Botschafter Togo zum Abschiedsbesuch. Am gleichen Tag erschien auch der französische Botschafter François-Poncet zum Abschiedsbesuch. Hitler empfing ihn im Teehaus auf dem 1820 Meter hohen Kehlstein. Nachfolger von François-Poncet war der Berufsdiplomat Robert Coulondre, der Hitler am 22.11.1938 auf dem Berghof das Beglaubigungsschreiben überreichte. Darüber schrieb der Diplomat in seinen Erinnerungen: »Während ich peinlich das Zeremoniell der zweimaligen Verbeugung erfülle, erhebt er sich und kommt mir ein paar Schritte entgegen. Er hält sich steif aufgerichtet, leicht nach einer Seite geneigt; er macht einen linkischen, ja befangenen Eindruck, ein bißchen wie ein abgerichteter Hund, der sich auf seinen Hinterpfoten unbehaglich fühlt.«

Die Besetzung Österreichs und des Sudetenlandes

Nach fünf Jahren der Machtkonsolidierung fühlte sich Hitler stark genug dazu, eine aktive Annexions-Politik zu treiben. Am 12.3.1938 besetzten deutsche Truppen Österreich, das annektiert wurde.

Im September 1938 fand der letzte Reichsparteitag der NSDAP in Nürnberg statt. Das Diplomatische Corps war fast vollzählig anwesend, darunter der Gesandte der Tschechoslowakei. Am 7.9.1938 gab Hitler für die Diplomaten einen Empfang im »Hotel Deutscher Hof«. Zum Schluß des Parteitages drohte Hitler in einer Rede der Tschechoslowakei wegen des Sudetenproblems. Er unterstützte seit einiger Zeit die Bemühungen der Sudetendeutschen um einen Anschluß der von ihnen bewohnten Gebiete an das Deutsche Reich. Am 14.9.1938 überreichte der britische Botschafter in Berlin, Sir Neville Henderson, im Auswärtigen Amt eine Mitteilung des britischen Premierministers Neville Chamberlain, wonach dieser um eine Unterredung mit Hitler ersuchte. Chamberlain wollte einen europäischen Krieg wegen des Sudetenproblems verhindern. Er wurde von Hitler am 15.9.1938 auf dem Berghof empfangen. Hitler forderte den Verzicht der Tschechoslowakei auf die Sudetengebiete. Nach Beratungen zwischen der britischen und der französischen Regierung wurde der tschechoslowakischen Regierung am 19.9.1938 empfohlen, der Forderung Hitlers nachzukommen und den Anschluß des Sudetenlandes an das Deutsche Reich zu akzeptieren. Die tschechoslowakische Regierung nahm am 21.9.1938 unter Protest an. Die Formalitäten wurden am 28.9.1938 auf einer Konferenz von Hitler, Mussolini, Chamberlain und dem französischen Ministerpräsidenten Edouard Daladier in München geregelt und im Münchener Abkommen fixiert.

Die Auswirkungen der baulichen Umgestaltung Berlins auf die Diplomatie

Mit Urkunde vom 30.1.1937 ernannte Hitler den Architekten Albert Speer zum Generalbauinspektor für die Neugestaltung der Reichshauptstadt. Da die neue Behörde im Gebäude der Akademie der Künste am Pariser Platz untergebracht war, hatte Hitler die Möglichkeit, sich durch die Ministergärten unbemerkt von der Öffentlichkeit dorthin zu begeben. Auf Hitlers Wunsch plante Speer die vollständige Umgestaltung des Berliner Stadtzentrums. Auf der Trasse der Siegesallee sollte eine Nord-Süd-Achse die schon angelegte Ost-West-Achse schneiden. Den Spreebogen sollte eine gigantische Große Halle des Volkes ausfüllen, so daß für den Baugrund das gesamte Alsenviertel abgerissen werden mußte. Für die dort befindlichen diplomatischen Vertretungen wurden neue Gebäude errichtet. Betroffen waren die Gesandtschaften von Finnland, Alsenstraße 1, von Norwegen, Alsenstraße 2, von Dänemark, Alsenstraße 4, und der Schweiz, Fürst-Bismarck-Straße 4. Im Bereich der Bebauung der Nord-Süd-Achse waren betroffen: die Botschaften von Italien, Standartenstraße 9–11, von Japan, Tiergartenstraße 3, von Argentinien, Großadmiral-Prinz-Heinrich-Straße 2–4, von Spanien, Großadmiral-Prinz-Heinrich-Straße 21 und die jugoslawische Gesandtschaft, Großadmiral-Prinz-Heinrich-Straße 17.

Für die diplomatischen Vertretungen von Finnland, Jugoslawien und Norwegen sowie der Schweiz und der Slowakei waren Neubauten in der Rauchstraße vorgesehen, und in der Tiergartenstraße für die diplomatischen Vertretungen von Argentinien, Dänemark, Italien, Japan und Spanien. Während zur Unterbringung der finnischen Gesandtschaft das Gebäude Rauchstraße 1 ausgebaut wurde, errichteten die Architekten Otto von Estorff und Gerhard Winkler in den Jahren 1940/41 auf dem Grundstück Rauchstraße 11 ein Gebäude für die norwegische Gesandtschaft. Wenige Tage vor der Fertigstellung wurde Norwegen von den Deutschen militärisch besetzt, und das Gebäude wurde dem Auswärtigen Amt zur Verfügung gestellt. Nach dem Krieg wurde hier die Norwegische Militärmission untergebracht.

Das Gebäude der jugoslawischen Gesandtschaft wurde unter der Leitung des Architekten Werner March in den Jahren 1938 bis 1940 auf den Grundstücken Rauchstraße 17/18 errichtet. Nach der deutschen Besetzung Jugoslawiens wurde das Gebäude als Gästehaus der Reichsregierung genutzt. Heute befindet sich dort das Oberste Rückerstattungsgericht. Der Neubau für die Schweizerische Gesandtschaft auf dem Grundstück Rauchstraße 15 wurde 1943 bei Luftangriffen zerstört. Als einziges Gebäude des Alsenviertels neben dem Reichstag hat die Schweizerische Gesandtschaft die Zeiten überdauert und wird künftig als Botschaft der Schweiz dienen.

Auf dem Grundstück Tiergartenstraße 21–23 errichtete der Architekt Friedrich Hetzelt in den Jahren 1938 bis 1941 ein repräsentatives Gebäude für die Unterbringung der italienischen Botschaft. Heute wird ein Teil des im Krieg beschädigten Gebäudes vom italienischen Generalkonsulat genutzt. Auf dem Grundstück nebenan, Tiergartenstraße 26–27, errichtete der Architekt Ludwig Moshamer in den Jahren 1938 bis 1942 das Gebäude der japanischen Botschaft, das bis vor kurzem Sitz des Japanisch-Deutschen Zentrums war. Künftig wird dort wieder die Japanische Bot-

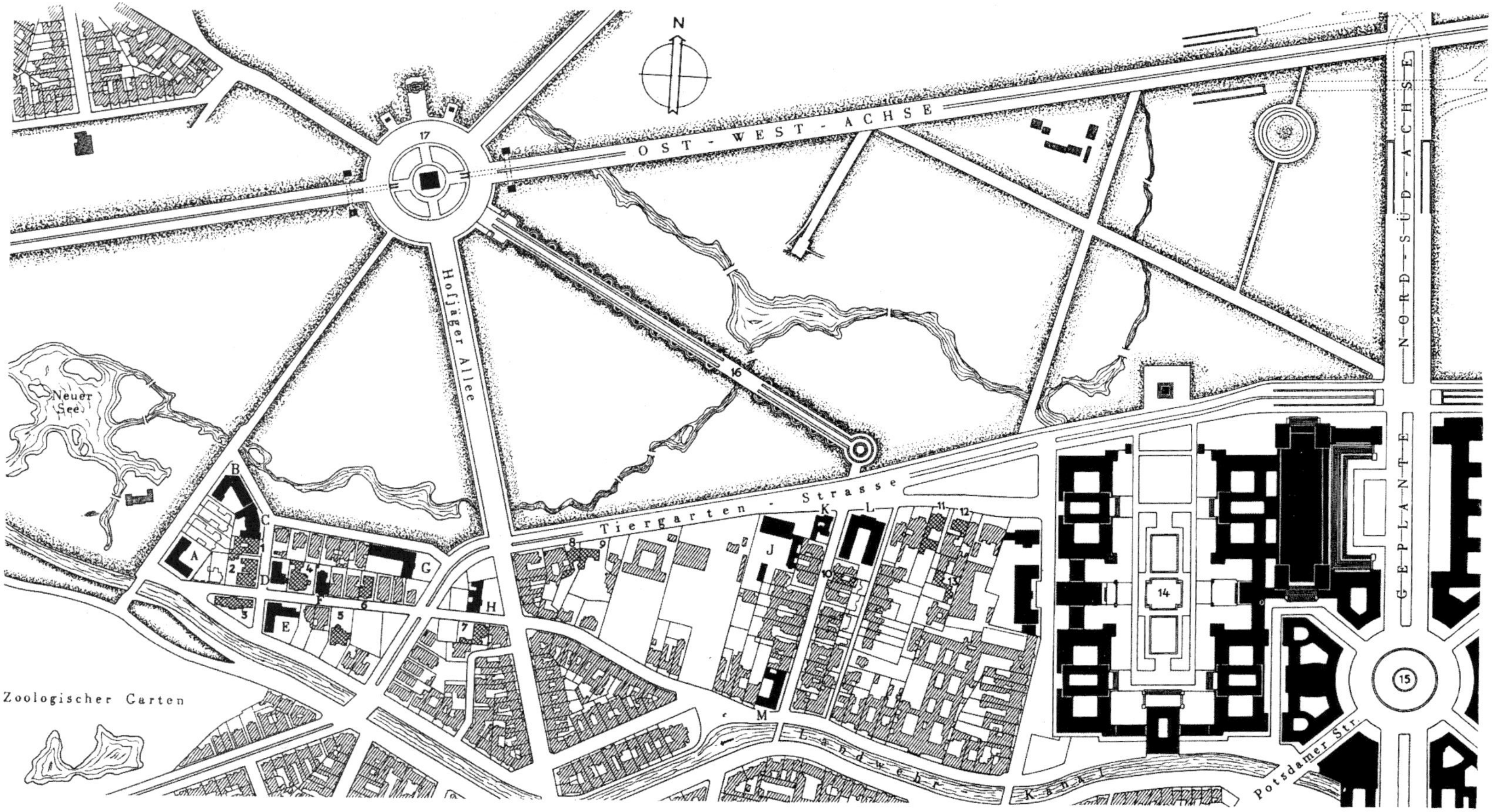

DIE NEUGESTALTUNG BERLINS UNTER DER LEITUNG DES GENERALBAUINSPEKTORS FÜR DIE REICHSHAUPTSTADT · NEU- UND ALTBAUTEN DER AUSLÄNDISCHEN MISSIONEN IM TIERGARTENVIERTEL ÜBERSICHTSPLAN, MASSTAB 1:10000

NEUBAUTEN: A Schweiz, B Spanien, C Dänemark, D Norwegen, E Jugoslawien, F Slowakei, G Argentinien, H Finnland, I Japan, K Frankreich (Generalkonsulat), L Italien, M Haus des Fascio

ALTBAUTEN: 1 Ungarn, 2 Irland, 3 Portugal, 4 Niederlande, 5 Vatikan, 6 Kuba, 7 Rumänien, 8 Chile, 9 Iran, 10 Griechenland, 11 Türkei, 12 Südafrika, 13 Ägypten

GROSSANLAGEN DER NEUGESTALTUNG: 14 Oberkommando des Heeres, 15 Runder Platz, 16 Siegesallee, 17 Siegessäule

schaft untergebracht. Das Gebäude der dänischen Botschaft wurde von dem Architekten Johann Emil Schaudt in den Jahren 1938 bis 1940 auf dem Grundstück Tiergartenstraße 48 errichtet. In der Nachkriegszeit war dort die Dänische Militärmission untergebracht. Auf dem Grundstück Tiergartenstraße 49–51 errichteten die Architekten Johannes Krüger und Walter Krüger in den Jahren 1938 bis 1943 das Gebäude der spanischen Botschaft. In einem Teil des kriegsbeschädigten Gebäudes befindet sich heute das Spanische Generalkonsulat.

Die vorgesehenen Neubauten für die argentinische Botschaft auf dem Grundstück Tiergartenstraße 38–41 und für die tschechoslowakische Gesandtschaft auf dem Grundstück Rauchstraße 22 wurden nicht ausgeführt.

Die Neue Reichskanzlei

Im Jahre 1934 fanden erste Gespräche zwischen Hitler und Vertretern der Stadt Berlin über den Neubau einer Kanzlerresidenz statt. Als Bauplatz wurde die Nordseite der Voßstraße im Regierungsviertel ausgewählt. Die dort stehenden alten Häuser wurden aufgekauft und abgerissen, darunter die ehemaligen Gesandtschaftsgebäude von Bayern, Voßstraße 3, Württemberg, Voßstraße 10, und Sachsen, Voßstraße 19. Die Neue Reichskanzlei wurde vom Architekten Albert Speer innerhalb eines Jahres errichtet und am 12.1.1939 mit den Neujahrsgratulationen eingeweiht. Über den Neujahrsempfang für das Diplomatische Corps berichtete der »Völkische Beobachter«: »Die Ehrenkompanie stand mit präsentiertem Gewehr und erwies den fremden Missionschefs die Ehrenbezeigung. Beim Eintreffen des Nuntius und der Botschafter spielte die Musik den Präsentiermarsch, bei der Ankunft der Gesandten und Geschäftsträger wurde das Spiel gerührt.

Im Mosaiksaal empfing der Staatsminister und Chef der Präsidialkanzlei Meißner und der Chef des Protokolls des Auswärtigen Amtes Freiherr von Dörnberg die Diplomatischen Vertreter sämtlicher in Berlin beglaubigten 52 ausländischen Botschaften und Gesandtschaften und geleiteten sie durch die Runde Halle und die Große Galerie in den Großen Empfangssaal.

Punkt 12 Uhr betrat der Führer und Reichskanzler mit dem Reichsminister des Auswärtigen von Ribbentrop und dem Chef des Protokolls den Saal.« Die Ansprache trug der Apostolische Nuntius Orsenigo vor. Er brachte seinen Wunsch zum Ausdruck, der Allmächtige möge das friedliche Verfahren der Münchener Zusammenkunft zu einem üblichen Mittel bei allen internationalen Streitfällen werden lassen. »Nach dem Austausch der Ansprachen begab sich der Führer und Reichskanzler, begleitet vom Reichsminister des Auswärtigen, zum Doyen, beglückwünschte ihn und die nach ihrer Rangfolge stehenden Botschafter, Gesandten und Geschäftsträger einzeln und nahm deren Glückwünsche entgegen. (...)

Nach Abschluß seines Rundganges grüßte der Führer und Reichskanzler von der Mitte des Saales aus zum Abschied das Diplomatische Corps und verließ hierauf mit seiner engeren Begleitung wieder den Großen Empfangssaal. Der Chef des Protokolls geleitete alsdann den Doyen und die übrigen Missionschefs durch die Große Galerie und die Reihe der übrigen Säle zurück zu der Freitreppe des Ehrenhofes, von wo gegen 13 Uhr die Abfahrt des Diplomatischen Corps unter den gleichen Ehrenbezeigungen

Am 12.1.1939 erfolgte der erste Neujahrsempfang für das Diplomatische Corps in der Neuen Reichskanzlei. Die Aufnahme zeigt die Diplomaten im Mosaiksaal. In der ersten Reihe v.l.n.r. der Apostolische Nuntius Cesare Orsenigo, der Türkische Botschafter Mehmet Hamdi Arpag, der Polnische Botschafter Jozef Lipski und Staatsminister Otto Meißner.

der Ehrenkompagnie wie bei der Ankunft erfolgte.« Der Neujahrsempfang war in derselben Zeitung auch Gegenstand dieses Kommentars: »Als gestern unter dem Trommelwirbel der präsentierenden Ehrenkompanie die Autos der ausländischen Diplomaten durch das neue Tor am Wilhelmplatz in den monumentalen Ehrenhof der neuen Reichskanzlei einfuhren und die Vertreter der fremden Mächte dann nach einem Gang durch die 300 Meter lange Flucht der großartigen Empfangsräume dieses gewaltigen neuen Bauwerks im festlich strahlenden Empfangssaal dem Führer und Reichskanzler ihre Neujahrswünsche darbrachten, da wird wohl jedem Teilnehmer dieses eindrucksvollen Staatsaktes die Größe der Veränderung bewußt geworden sein, die zwischen den früheren Neujahrempfängen und dem dieses Jahres liegt.«

Der erste Neujahrsempfang für das Diplomatische Corps in der Neuen Reichskanzlei war für lange Zeit die letzte derartige Veranstaltung in Berlin. Am 2.1.1940 wurde die Meldung veröffentlicht: »Da infolge der Sonderverhältnisse des Krieges der große Neujahrsempfang des gesamten diplomatischen Corps, ebenso wie die sonstigen feierlichen Neujahrempfänge in diesem Jahre abgesagt waren, hat der apostolische Nuntius und Doyen des diplomatischen Corps durch einen Besuch in der Präsidialkanzlei die Neujahrglückwünsche des Papstes und des diplomatischen Corps für den Führer überbracht. Ihm folgten die übrigen in Berlin anwesenden Botschafter, Gesandten und Geschäftsträger, indem sie durch Eintragung in das in der Präsidialkanzlei aufliegende Besuchsbuch dem Führer die Glückwünsche der von ihnen vertretenen Staatsoberhäupter, Regierungen und Völker zum Ausdruck gebracht haben.« Den ersten Neujahrsempfang für das Diplomatische Corps im wiedervereinigten Berlin gab Bundespräsident Richard von Weizsäcker am 12.1.1994 in seinem Amtssitz Schloß Bellevue.

Als erstes fremdes Staatsoberhaupt empfing Hitler Anfang März 1939 den Fürsten Franz Joseph II. von Liechtenstein in der Neuen Reichskanzlei. Der Fürst wollte in einem Gespräch mit Hitler die Unabhängigkeit seines Landes sichern.

Das Ende der Tschechoslowakei

Hitler hatte lange Zeit die Separationsbemühungen einiger slowakischer Politiker unterstützt, in der Absicht, die Tschechoslowakei politisch zu schwächen. Am 11.3.1939 entsandte er Staatssekretär Wilhelm Keppler und Gauleiter Josef Bürckel nach Preßburg, um den slowakischen Ministerpräsidenten Tiso nach Berlin einzuladen. Jozef Tiso traf am 13.3.1939 in Berlin ein und wurde von Hitler in der Neuen Reichskanzlei empfangen. Dabei forderte Hitler seinen Gast auf, die Unabhängigkeit der Slowakei zu proklamieren, es gehe um Stunden. Tiso erfüllte Hitlers Wunsch. Er verlas schon gleich nach seiner Rückkehr am 14.3.1939 im slowakischen Parlament die Unabhängigkeitserklärung. Daraufhin unternahm der tschechoslowakische Staatspräsident Emil Hacha einen Rettungsversuch für sein Land und reiste mit Außenminister Frantisek Chvalkovsky noch am selben Tag nach Berlin. Die Gäste wurden vor dem Anhalter Bahnhof von Staatsminister Meißner mit militärischen Ehren begrüßt und begaben sich zunächst ins »Hotel Adlon«. Kurz nach ein Uhr nachts empfing Hitler die Besucher in seinem Arbeitszimmer in der Neuen Reichskanzlei. Zugegen waren noch Ribbentrop, Göring, der Chef des Oberkommandos der Wehrmacht, Wilhelm Keitel, und der Dolmetscher Schmidt. Hitler hielt den Gästen eine lange Anklagerede, die mit den Worten schloß: »Der Einmarsch der deutschen Truppen ist unabwendbar. Wenn Sie Blutvergießen verhindern wollen, dann telephonieren Sie am besten sofort mit Prag und geben Weisung an Ihren Kriegsminister, daß kein Widerstand von den tschechischen Truppen geleistet wird.« Göring bemerkte, es täte ihm leid, die schöne Stadt Prag bombardieren zu müssen. Die Tschechen hatten den Worten Hitlers und Görings wie erstarrt zugehört. Hacha erlitt einen Schwächeanfall und mußte von Hitlers Leibarzt Theodor Morell behandelt werden, der ihn mittels einer Infusion wieder zu Bewußtsein brachte. Dolmetscher Schmidt stellte eine Telephonverbindung mit Prag her, über die Hacha die tschechischen Minister über das Geschehene informierte. Kurz vor vier Uhr morgens unterzeichneten dann der Staatspräsident und der Außenminister eine Erklärung, in der sie »das Schicksal des tschechischen Volkes und Landes vertrauensvoll in die Hände des Führers des Deutschen Reiches« legten. Danach begaben sich die Gäste zurück ins »Hotel Adlon«. Um diese Stunde rückten die deutschen Truppen in die Tschechei ein. Widerstand wurde nicht geleistet. Hitler folgte am Nachmittag und traf am Abend auf der Prager Burg ein. Am folgenden Tag unterzeichnete er den Erlaß über die Bildung eines Protektorates Böhmen und Mähren.

Hitler wurde bei seiner Rückkehr in Berlin am Abend des 19.3.1939 auf dem Görlitzer Bahnhof von Göring begrüßt. Die anschließende Fahrt durch die Straßen Berlins war eine inszenierte Triumphfahrt. Unter den Linden bildeten Flakscheinwerfer einen Lichttunnel. Am Tag zuvor hatten nacheinander die Botschafter Frankreichs und Großbritanniens, Robert Coulondre und Sir Neville Henderson, bei Staatssekretär Ernst von Weizsäcker im Auswärtigen Amt vorgesprochen und Protestnoten ihrer Regierungen überreicht. Beide Botschafter wurden danach vorübergehend abberufen. Die Auflösung des tschechoslowakischen Staates brachte entsprechende Veränderungen im Diplomatischen Corps in Berlin. Vertreter der Protektoratsregierung wurde der frühere tschechoslowakische Gesandte in Berlin und Außenminister der Tschechoslowakei, Chvalkosky, der sein Büro im Haus Kurfürstendamm 190 – 192 einrichtete. Gesandter der Slowakei wurde der Lehrer Matus Cernak. Die slowakische Gesandtschaft wurde im Haus Rauchstraße 9 untergebracht. Matus Cernak emigrierte nach dem Zweiten Weltkrieg in die Bundesrepublik Deutschland und leitete in München die Emigrantenorganisation »Slowakischer Nationalrat«. Er fiel einem Sprengstoffanschlag zum Opfer, als er am 5.7.1955 in der Schalterhalle des Postamtes 13 in München-Schwabing ein Paket öffnen wollte, das an den Slowakischen Nationalrat adressiert war. Matus Cernak wurde am 12.7.1955 auf dem Münchener Westfriedhof beigesetzt. Der Fall wurde nie aufgeklärt. Als Auftraggeber des Mordes wurde der tschechoslowakische Geheimdienst vermutet.

Der Besuch des jugoslawischen Prinzregentenpaares

Am 31.5.1939 besichtigte Hitler das unter der Leitung des Architekten Paul Baumgarten zum Gästehaus des Deutschen Reiches umgestaltete Schloß Bellevue. Die ersten dort untergebrachten Gäste waren das jugoslawische Prinzregentenpaar, das am folgenden Tag in Berlin eintraf. Im Hintergrund dieser Einladung stand Hitlers

Bei Staatsbesuchen im Dritten Reich wurde die gesamte Propaganda mobilisiert, so auch zum Empfang des jugoslawischen Prinzregentenpaares im Juni 1939.

Aufruf!

Am Donnerstag, dem 1. Juni 1939, um 15.30 Uhr, werden Ihre Königlichen Hoheiten der Prinzregent und die Prinzessin Paul von Jugoslawien zum Staatsbesuch auf dem Lehrter Bahnhof in Berlin eintreffen. Auf Einladung des Führers werden sich die königlichen Gäste bis zum 5. Juni in der Hauptstadt des Dritten Reiches aufhalten. Mit Freude und Begeisterung begrüßt die ganze Berliner Bevölkerung den Prinzregenten der uns befreundeten jugoslawischen Nation und seine Gattin, die Prinzessin Olga.

Berliner und Berlinerinnen!

An den Anfahrtstraßen der königlichen Gäste vom Lehrter Bahnhof über Moltkebrücke — Herwarthstraße — An der Kroll-Oper — Zeltenallee — Friedensallee — Hindenburgplatz — Charlottenburger Chaussee — Großer Stern — Spreeweg wird Spalier gebildet.

Beflaggt Eure Häuser!
Schmückt die Straßen der Stadt!

Die Fahnen der befreundeten jugoslawischen Nation werden neben denen des Dritten Reiches wehen. Von Donnerstag, dem 1. Juni, bis Montag, dem 5. Juni, soll Berlin in ein Flaggenmeer getaucht sein.

Heil unserem Führer!

Der Gauleiter von Berlin

Reichsminister Dr. Goebbels

In der Zeit des Dritten Reiches fanden selten offizielle Empfänge in den Berliner Schlössern statt, da die Nationalsozialisten diese Bauwerke wegen ihrer monarchischen Tradition ablehnten. Eine Ausnahme war der Empfang des preußischen Ministerpräsidenten Hermann Göring für das jugoslawische Prinzregentenpaar im Schloß Charlottenburg am 4.6.1939.

Interesse, die Regierungen der Balkanstaaten zu Freundschafts- und Beistandsbündnissen mit dem Deutschen Reich zu bewegen. Hitler begrüßte die jugoslawischen Gäste auf dem Lehrter Bahnhof. Am Abend gab er ein Bankett in der Neuen Reichskanzlei. Am folgenden Tag fand auf der Ost-West-Achse die übliche Parade statt, und am Abend besuchte Hitler mit seinen Gästen eine Festaufführung der Oper »Die Meistersinger von Nürnberg« in der Staatsoper Unter den Linden. Das Prinzregentenpaar besichtigte am folgenden Tag Potsdam und nahm den Tee bei der Familie Goebbels auf Schwanenwerder. Abends gab Außenminister Ribbentrop ein Essen für die Gäste im »Hotel Kaiserhof«. Am darauffolgenden Tag gab das Ehepaar Göring einen großen Empfang für die Gäste im Schloß Charlottenburg. Aus Schauspielerkreisen nahmen unter anderen Zarah Leander, Olga Tschechowa, Viktor de Kowa, Paul Hörbiger und Willy Birgel teil. Nach dem Essen gab es ein Konzert im Park. »Danach überraschte die Gäste ein prächtiges Feuerwerk; unvergleichlich sein Schlußakkord: aus zersprühenden Raketen entfalteten sich Fallschirme, an denen die Flaggen Jugoslawiens und Deutschlands in die Nacht hinaussegelten. Das einzigartige Schauspiel begeisterte nicht allein die Gäste, sondern auch Zehntausende von Berlinern, die sich in der Umgegend des Schlosses versammelt hatten.

Anschließend wurden die in einem weiten Umkreis um das Charlottenburger Schloß aufgefahrenen Scheinwerfer eingeschaltet, steil sandten sie ihre Strahlenbündel gen Himmel. Unter dem gewaltigen Lichtdom, der bis zu 16.000 Meter Höhe aufragte, klang der festliche Abend aus, der nicht nur den hohen Gästen, sondern allen, die daran teilnahmen, ein Erlebnis bleiben wird«, berichtete die »Berliner Morgenpost«. Am 5.6.1939 verabschiedete Hitler die jugoslawischen Gäste auf dem Lehrter Bahnhof.

Der Beginn des Zweiten Weltkrieges

Im Sommer 1939 entschloß sich Hitler, seine Eroberungspläne nach Osten in die Tat umzusetzen. Eine wichtige Voraussetzung dafür war das Arrangement mit der Sowjetunion.

Der ideologische Gegensatz zwischen dem nationalsozialistischen Deutschen Reich und der kommunistischen Sowjetunion behinderte die diplomatischen Kontakte nicht. In seinem Rechenschaftsbericht auf dem XVIII. Parteitag der KPdSU am 10.3.1939 hielt sich Stalin mit seiner Kritik an Deutschland sehr zurück. Manche deutsche Diplomaten vermuteten deshalb, die sowjetische Führung wünsche eine Verbesserung der Beziehungen zu Deutschland. Bestätigung fand diese Ansicht bei einem Gespräch zwischen dem Staatssekretär des Auswärtigen Amtes, Ernst von Weizsäcker, und dem sowjetischen Botschafter in Berlin, Alexej Fjodorowitsch Merekalow, am 17.4.1939.

Am 19.8.1939 wurde in Moskau ein deutsch-sowjetisches Handelsabkommen unterzeichnet. In diesem Zusammenhang regte die sowjetische Regierung den Abschluß eines Nichtangriffspaktes an. Nach einem Telegrammwechsel zwischen Hitler und Stalin begab sich Reichsaußenminister Ribbentrop am 23.8.1939 auf dem Luftweg nach Moskau und wurde noch am gleichen Abend im Kreml von Stalin und Außenminister Wjatscheslaw Molotow empfangen. Innerhalb weniger Stunden war man sich einig. Noch in der gleichen Nacht unterzeichneten Ribbentrop und Molotow den deutsch-sowjetischen Nichtangriffspakt und das geheime Zusatzprotokoll, in dem die Neuaufteilung Osteuropas fixiert wurde. Ribbentrop kehrte am 24.8.1939 nach Berlin zurück und erstattete Hitler Bericht. Zugegen waren Göring und Weizsäcker, der dazu in seinen Erinnerungen schrieb, Ribbentrop habe berichtet, daß er sich in Moskau »gewissermaßen wie zwischen alten Parteigenossen gefühlt« habe.

Nach Abschluß des deutsch-sowjetischen Nichtangriffsvertrages konnte Hitler seine Annexionspolitik gegenüber Polen durchführen. Vorwand war das Problem der Freien Stadt Danzig, die durch den Vertrag von Versailles unter Völkerbundsverwaltung gestellt worden war. Hitler wollte den Anschluß von Danzig an das Deutsche Reich durchsetzen, was nicht nur den Widerstand Polens, sondern auch den der mit Polen durch militärische Abkommen verbundenen Westmächte hervorgerufen hätte.

Am Mittag des 25.8.1939 empfing Hitler den britischen Botschafter Sir Neville Henderson zu einem Gespräch über Polen. Er erklärte, das polnische Problem müsse und werde gelöst werden. Henderson bestand auf einem friedlichen Vorgehen. Nach diesem Gespräch gab Hitler an den Chef des Oberkommandos der Wehrmacht, Keitel, den Befehl zum Angriff auf Polen für den 26.8.1939, 4.30 Uhr. Am Nachmittag desselben Tages empfing Hitler den französischen Botschafter Robert Coulondre. Dieser gab Hitler sein Ehrenwort als französischer Offizier, daß die französische Armee bei einem Angriff auf Polen an der Seite der polnischen Armee kämpfen werde. Am Abend empfing Hitler den italienischen Botschafter Bernardo Attolico. Er legte ein Schreiben Mussolinis vor, in dem dieser mitteilte, Italien sei nicht kriegsbereit. Hitler verabschiedete den Botschafter mit eisigem Gesicht. Nach den Erinnerungen von Dolmetscher Schmidt hallte die Reichskanzlei in der nächsten Stunde wider von abfälligen Bemerkungen über den »ungetreuen Achsenpartner«. Nach der Verabschiedung Attolicos war Keitel zu Hitler geeilt und erfuhr, daß er den Befehl zum Angriff auf Polen zurückgenommen hatte. »Führer ziemlich zusammengebrochen«, notierte dazu der Generalstabschef des Heeres, Franz Halder, in sein Tagebuch.

Am 26.8.1939 empfing Hitler die Botschafter Italiens und Frankreichs, die Briefe ihrer Regierungschefs überreichten. Gegen Mitternacht begab sich Hitler zur Ruhe, die nicht lange dauerte. Am Abend war der Unterhändler Birger Dahlerus von London kommend in Berlin eingetroffen. Dahlerus überbrachte einen Brief des britischen Außenministers Edward Halifax mit einem Verhandlungsangebot. Um Mitternacht trafen Göring und Dahlerus vor der Reichskanzlei ein, wo aber kein Licht mehr brannte. Während Dahlerus im »Hotel Esplanade« wartete, begab sich Göring zu Hitler. Sofort wurde ein Empfang von Dahlerus mit militärischen Ehren angeordnet. Dahlerus flog am folgenden Tag wieder nach London und unterrichtete Chamberlain und Halifax über das nächtliche Treffen. Er kehrte am gleichen Abend nach Berlin zurück.

Am 28.8.1939 empfing Hitler Botschafter Henderson, der ein Memorandum der britischen Regierung überreichte. Hitlers Antwort nahm Henderson am folgenden Tag entgegen. Dabei nutzte Hitler die Gelegenheit, um erneut mit drastischen Worten und Wutausbrüchen seiner Erregung über die angeblichen polnischen Provokationen Ausdruck zu geben. Botschafter Henderson reagierte diesmal undiplomatisch und schrie zurück. »Ich hatte das Gefühl, daß ich Hitler mit seinen eigenen Mitteln entgegentreten müsse; ... Ich ging deshalb dazu über, Herrn Hitler zu überschreien ... Ich schrie noch eine Weile mit voller Stimmkraft. Es ist natürlich nicht Aufgabe eines britischen Vertreters zu brüllen. Aber Hitler ist eine Anomalität. In Berchtesgaden ... fühlte ich, daß er früher oder später zu lernen habe, daß nicht allein er das Monopol des Brüllens besitzt ... Jedoch, glauben Sie mir, ich befriedigte nicht nur einen lange gehegten Wunsch, sondern ich tat es nach der sorgfältigen vorherigen Überlegung, daß es gut sein werde. Ich muß hinzufügen, daß ich nach dem Ärgsten aufstand, um zu gehen, aber er rührte sich nicht.« So berichtete Henderson in einem Brief vom 30.8.1939 an Halifax. Nach den Erinnerungen von Ribbentrop habe sich der britische Botschafter sogar erlaubt, »mit der Faust auf den Tisch zu schlagen«. Anschließend empfing Hitler Attolico, der die Vermittlung Mussolinis zwischen Deutschland und Großbritannien anbot.

In der Nacht vom 30. auf den 31.8.1939 empfing Ribbentrop den britischen Botschafter, der ein Memorandum überreichte. Als der Botschafter auf deutsche Sabotageaktionen in Polen zu sprechen kam, wurde Ribbentrop ausfällig. Henderson schrie zurück. Der Dolmetscher Schmidt befürchtete nach seinen Erinnerungen, daß die Gesprächspartner nun von Worten zu Taten übergehen würden und dachte, das mindeste sei, daß der Reichsaußenminister den Botschafter Seiner britannischen Majestät zur Tür hinauswerfen würde. Die Handgreiflichkeiten blieben aber aus.

Am Mittag des 31.8.1939 gab Hitler den Befehl zum Angriff auf Polen für den folgenden Morgen, 4.45 Uhr. An jenem letzten Nachmittag des Friedens fand in Görings Wohnung eine letzte deutsch-britische Konferenz am Teetisch statt. Zugegen waren neben dem Hausherrn und dessen Vermittler Dahlerus nur Botschafter Henderson und Botschaftsrat Sir George Ogilvie-Forbes. Um 17.00 Uhr sprach der italienische Botschafter beim Reichsaußenminister vor. Attolico überbrachte die Bitte Mussolinis, Hitler möge den polnischen Botschafter Lipski empfangen. Hitler lehnte ab, jedoch empfing Ribbentrop den polnischen Botschafter um 18.30 Uhr. Da Lipski keine Vollmacht zu Verhandlungen hatte, dauerte die Unterredung nur wenige Minuten. Um 19.00 Uhr empfing Hitler den italienischen Botschafter und teilte ihm mit, alle Vermittlungsversuche seien gescheitert. »Auf die Frage Attolicos, ob damit dann wohl alles zu Ende sei, erwiderte der Führer bejahend«, ist dazu im Protokoll vermerkt.

Am Morgen des 1.9.1939 eröffnete das im Hafen von Danzig liegende deutsche Linienschiff »Schleswig-Holstein« das Feuer auf die polnische Festung Westerplatte. Eine Kriegserklärung erfolgte nicht. Um 5.40 Uhr verbreitete der deutsche Rundfunk eine Proklamation Hitlers. Kurz vor zehn Uhr begab sich Hitler im Automobil zur Kroll-Oper. SA-Formationen bildeten das Spalier, sonst hatten sich kaum Menschen eingefunden. Dahlerus, der von der britischen Botschaft aus den Vorgang beobachtet hatte, schrieb darüber in seinen Erinnerungen: »Die Straßen wirkten recht verlassen und die von der englischen Botschaft aus zu beobachtenden Passanten sahen ... schweigend zu, wie Hitler zur Reichstagssitzung fuhr.«

Am Abend wurde ein Rundtelegramm des Staatssekretärs Weizsäcker an alle deutschen diplomatischen Missionen abgeschickt, in dem zur Regelung der Sprache festgelegt war, die Aktionen der deutschen Truppen gegen Polen seien »vorläufig nicht als Krieg zu bezeichnen, sondern lediglich als Kampfhandlungen«. Um 21.00 Uhr empfing Ribbentrop den britischen Botschafter Henderson, der eine Note überreichte, in der die britische Regierung ankündigte, ihre Verpflichtungen gegenüber Polen zu erfüllen. Kurz darauf überreichte ihm der französische Botschafter Coulondre eine Note gleichen Inhalts. Die Noten ließen an Deutlichkeit nichts zu wünschen übrig.

Am 3.9.1939 empfing um 9.00 Uhr Dolmetscher Schmidt in Vertretung des Reichsaußenministers in dessen Arbeitszimmer den britischen Botschafter Henderson. Dieser lehnte ab, Platz zu nehmen und blieb in der Mitte des Raumes stehen. Dann verlas er das auf 11.00 Uhr gestellte Ultimatum der britischen Regierung. Nach der Verlesung drückte der Botschafter dem Dolmetscher sein Bedauern aus. Schmidt begab sich mit dem britischen Ultimatum in die Neue Reichskanzlei. Hitler saß am Schreibtisch seines Arbeitszimmers, Ribbentrop stand am Fenster. Schmidt übersetzte das britische Dokument ins Deutsche. Über die Reaktion der beiden Adressaten berichtete der Dolmetscher beim Nürnberger Prozeß gegen die Hauptkriegsverbrecher am 28.3.1946: »Als ich mit der Übersetzung fertig war, herrschte zunächst Stillschweigen... Hitler saß eine Weile lang nachdenklich auf seinem Stuhl und blickte einigermaßen besorgt vor sich hin. Dann beendete er das Schweigen mit einer etwas brüsken Frage an den Außenminister und sagte: ›Was sollen wir denn nun machen?‹ Darauf begannen dann die Herren unter sich über die nächsten diplomatischen Schritte, die zu ergreifen wären, zu sprechen, ob dieser oder jener Botschafter herbeizurufen wäre und so weiter. Ich verließ natürlich das Zimmer, da ich weiter nichts zu tun hatte.«

Um 12.20 Uhr empfing Ribbentrop den französischen Botschafter Coulondre, der ein auf 17.00 Uhr befristetes Ultimatum der französischen Regierung überreichte. Wie Hammerschläge empfand der Botschafter die Fünf-Uhr-Glockentöne, als das Ultimatum ablief. »Seit dem frühen Nachmittag sind wir von der Welt abgeschnitten. Das Telefon ist gesperrt. Das Botschaftsgebäude ist von Polizeiposten umstellt ... Die Abendstunden benutzt jeder, um das Wichtigste in die zwei Handkoffer zu packen, die ihm als einziges Gepäck zugestanden sind.

Am 4.9.1939 um 8.15 Uhr holen uns zwei Autobusse ab. Voraus fährt das Auto des Geschäftsträgers der Vereinigten Staaten von Amerika, der es sich nicht nehmen läßt, mich in seinem Wagen zur Bahn zu bringen. Kirk ... leistet in seiner fürsorgenden Teilnahme und rührenden Hilfsbereitschaft uns allen unschätzbare Dienste. Die Abfahrt vor dem Botschaftsgebäude vollzieht sich ohne den geringsten Zwischenfall. Die wenigen Neugierigen, die gruppenweise auf dem Pariser Platz stehen, verhalten sich genauso farblos wie am Tage zuvor. Ein Dienstwagen fährt uns voran. Der mir bekannte Polizist an der Ecke grüßt mich. Auf dem Bahnhof Charlottenburg erwartet uns schon der Zug.« So schilderte Coulondre die Abreise der französischen Diplomaten aus Berlin. Die britischen Diplomaten folgten kurze Zeit später. Darüber schrieb Henderson in seinem Abschlußbericht über seine Tätigkeit in Berlin: »Eine kleine Menschenmenge sammelte sich vor der Botschaft, ehe wir sie verließen, aber im Gegensatz zu 1914 war auch nicht das kleinste Zeichen einer Feindseligkeit zu bemerken. Der amerikanische Geschäftsträger Kirk ließ es sich nicht nehmen, mich noch in seinem Auto zum Bahnhof Charlottenburg zu fahren. Die Straßen Berlins waren öde und leer. Nichts zeigte, daß ein Krieg begonnen hatte ...«

Hitler hatte am Mittag des 3.9.1939 den neuen sowjetischen Botschafter Alexan-

Während die Botschafter von Großbritannien und Frankreich am 3.9.1939 die Kriegserklärungen an Deutschland wegen des Überfalls auf Polen abgaben, empfing Hitler den neuen sowjetischen Botschafter Alexander Schkwartzew zur Überreichung des Beglaubigungsschreibens. Die Aufnahme zeigt den Botschafter beim Verlassen der Neuen Reichskanzlei.

der Schkwarzew zur Überreichung des Beglaubigungsschreibens in der Neuen Reichskanzlei empfangen. Am Abend hatte Hitler die Reichshauptstadt in einem Sonderzug verlassen. Da er in den folgenden Jahren nur noch selten in Berlin weilte, waren von nun an die Sonderzüge und Führerhauptquartiere die Schauplätze der Diplomatie. Ribbentrop verfügte ebenfalls über einen Sonderzug und ließ sich Feldquartiere einrichten. Über die Arbeitsteilung im Auswärtigen Amt in der Zeit des Zweiten Weltkrieges berichtete Staatssekretär Steengracht in der bereits zitierten Zeugenaussage im Nürnberger Prozeß: »Seit Kriegsbeginn hatte der Außenminister seinen Dienstsitz in der Nähe des Hauptquartiers von Hitler, also meist mehrere hundert Kilometer von Berlin entfernt. Hier wirkte er mit einem beschränkten Personenkreis. Das Auswärtige Amt Berlin hatte Routine- und Verwaltungsaufgaben. Vor allem aber oblag ihm auch die Erledigung des laufenden Verkehrs mit ausländischen Diplomaten.« Über die Beschwerlichkeiten, Hitlers Hauptquartier »Wehrwolf« bei Winniza in der Ukraine zu erreichen, schrieb Dolmetscher Schmidt in seinen Erinnerungen: »... die fremden Botschafter wurden oft ins Hauptquartier bestellt. (...) Ein besonderer Schlafwagenzug, der sogenannte Dienstzug, stand hierfür zur Verfügung. Er verließ jeden Abend den Schlesischen Bahnhof in Berlin. Seine Abfahrt wurde im Winter vorgelegt, um den Fliegerangriffen zu entgehen. Am nächsten Morgen war man in Warschau, mittags in Brest-Litowsk, abends an der alten polnisch-russischen Grenze, und von da ab fuhr dieser Luxuszug wegen der Partisanen und der häufigen Schienensprengungen im Schneckentempo bis nach Winniza, das er am nächsten Morgen erreichte. Die ausländischen Diplomaten mußten aber bereits um 3 Uhr morgens in Berditschew aussteigen und erreichten in zweistündiger Autofahrt das ›Feldquartier‹ Ribbentrops, der sie um 11 Uhr empfing, um 12 Uhr mit ihnen zu Mittag aß und um 1 Uhr im Flugzeug mit ihnen zu Hitler aufbrach. Dort fand dann gegen drei oder vier Uhr die Besprechung statt, die sich ein bis zwei Stunden hinzog, worauf die Rückfahrt per Wagen ins Feldquartier angetreten wurde. Nach einem Abendessen fuhr man um 12 Uhr nachts nach Berditschew zurück, wo um 2 Uhr nachts der Dienstzug nach Berlin durchkam, der am übernächsten Morgen um 8 Uhr wieder auf dem Schlesischen Bahnhof eintraf. Auf diese Weise war ein Botschafter oder ein anderer prominenter Besucher wegen einer fast immer nebensächlichen oder belanglosen Angelegenheit und einer kurzen Besprechung mit Hitler drei Tage und vier Nächte unterwegs. Das ist ein bezeichnendes Beispiel für die Arbeitsmethoden, die Hitler und Ribbentrop bevorzugten. Dabei wurden nicht nur der Botschafter und der Dolmetscher, sondern meistens noch ein Begleiter vom Protokoll in Bewegung gesetzt. Gelegentlich, wie zum Beispiel bei Überreichung des Beglaubigungsschreibens des ... türkischen Botschafters Saffet Arikan ... wurde ein ganzer Salonwagen mit Bedienungspersonal an den Dienstzug angehängt, und Staatsminister Meißner mußte als Zeremonienmeister Hitlers selbst die Begleitung des Gastes übernehmen.«

Im Führerhauptquartier »Wolfsschanze« bei Rastenburg in Ostpreußen überreichten ihr Beglaubigungsschreiben: am 11.9.1941 der spanische Botschafter Don José Finat y Escviva de Romani Graf von Mayalde, der portugiesische Gesandte Graf Pedro von Tovar und der dänische Gesandte Otto Carl Mohr, am 2.12.1942 der Nachfolger von Graf Mayalde, Gines Vidal y Saura, und am 29.8.1943 der kroatische Gesandte Stjepan Ratkowić und der rumänische Gesandte Ion Gheorghe.

Das Schicksal der baltischen Staaten

Gemäß dem Geheimen Zusatzprotokoll zum deutsch-sowjetischen Nichtangriffsvertrag besetzten sowjetische Truppen Mitte Juni 1940 die baltischen Staaten Estland, Lettland und Litauen. In einem Runderlaß an alle deutschen Missionen im Ausland vom 17.6.1940 ordnete Staatssekretär Weizsäcker an, wegen der »unverändert freundschaftlichen Beziehungen zur Sowjetunion« läge kein Grund zur Nervosität vor. Man möge sich jeder Parteinahme enthalten. Am gleichen Tag baten der rumänische und der finnische Gesandte sowie der japanische Botschafter den Leiter der Politischen Abteilung des Auswärtigen Amtes, Ernst Woermann, um eine Stellungnahme zu den Ereignissen im Baltikum. Woermann teilte mit, die deutsche Regierung sei an den Vorgängen nicht beteiligt. Am 22.7.1940 sprachen der litauische Gesandte, Kazys Skirpa, und der lettische Gesandte, Edgars Kreewinsch, bei Woermann vor und überreichten Protestschreiben gegen die Annexion ihrer Länder durch die Sowjetunion. Am 24.7.1940 wollte der estnische Gesandte, Rudolf Möllerson, ein ähnliches Schreiben überreichen. Woermann nahm die Note nicht entgegen und reichte die beiden anderen Schreiben »in freundlicher Form« zurück. Woermann sagte den drei Gesandten, sie und die übrigen Angehörigen der Gesandtschaft nebst Familien könnten in Deutschland verbleiben. Die Diplomaten nahmen dankbar an. Der Oberste Sowjet der UdSSR akzeptierte die Annexion der baltischen Staaten durch einstimmigen Beschluß. Litauen wurde am 3.8.1940 als 14. Sowjetrepublik proklamiert, Lettland am 5.8.1940 als 15. Sowjetrepublik und Estland am 6.8.1940 als 16. Sowjetrepublik. Das Eigentum an den Gebäuden und Grundstücken der baltischen diplomatischen Vertretungen in Berlin wurde zunächst an die Sowjetunion übertragen und ging nach Beginn des deutsch-sowjetischen Krieges an das Deutsche Reich. Die Westmächte hatten die Annexion der baltischen Republiken durch die Sowjetunion völkerrechtlich nicht anerkannt, und später auch die Bundesrepublik Deutschland nicht. Somit waren die baltischen Immobilien in Berlin unangetastet geblieben. Nach der Wiederherstellung der souveränen Staaten Estland, Lettland und Litauen im Jahre 1990 konnten sie ihre Berliner Immobilien wieder in Besitz nehmen.

Der Krieg gegen die Westmächte

Nach dem Sieg über Polen begann Hitler den Kampf gegen die Nachbarn im Westen. Am 9.5.1940 begab er sich mit einem Sonderzug vom Bahnhof Finkenkrug bei Berlin an die Westfront. Am Abend gab er den Befehl zum Angriff für den nächsten Morgen. In Berlin empfing Außenminister Ribbentrop um diese Zeit den belgischen Botschafter Vicomte Jacques Davignon und den niederländischen Gesandten Jonkheer Hendrik Maurits van Haersma de With zur Überreichung der entsprechenden Memoranden. Innerhalb weniger Wochen mußten die Niederländer, Belgier und Franzosen kapitulieren. Als besondere Demütigung mußten die französischen Militärs den Waffenstillstandsvertrag in jenem Eisenbahnwaggon im Wald von Compiegne unterzeichnen, in dem 1918 Deutsche als Verlierer saßen. Am 6.7.1940 kehrte Hitler in seinem Sonderzug nach Berlin zurück. Die Fahrt vom Anhalter Bahnhof zur Reichskanzlei war sein größter Triumphzug. Am 18.7.1940 zogen die siegreichen Truppen durch das Brandenburger Tor, wie 1871.

Diplomatisches Leben in Berlin während des Zweiten Weltkrieges

Hitler und Ribbentrop verbrachten die meiste Zeit des Krieges in ihren Hauptquartieren und Sonderzügen weit entfernt von Berlin. Zu vielen Staaten wurden die Beziehungen abgebrochen. So kam das diplomatische Leben in Berlin fast zum Erliegen.

Über die Situation in der Stadt im ersten Kriegswinter 1939/40 berichtete der 1. Sekretär an der amerikanischen Botschaft, George Kennan, in seinen Erinnerungen. Besonders einprägsam war ihm der nächtliche Heimweg im verdunkelten Berlin von der Botschaft am Pariser Platz zu seiner Wohnung in Westend, Württemberg-Allee 24: »... das Weitertasten von einer Säule des Brandenburger Tores zur nächsten in pechschwarzer Finsternis, bis ich mich Hand über Hand bis zur Bushaltestelle vorgefühlt hatte; das Warten, bis die mattblauen Lichter des Busses aus dem Nichts auftauchten; die Neun-Kilometer-Reise entlang der ›Ost-West-Achse‹; die dämmrige Stille im Inneren, in der die Taschenlampe des Schaffners helle Bögen beschrieb; das Staunen darüber, wie es dem Fahrer überhaupt möglich war, sich auf der riesigen, unmarkierten und häufig schneebedeckten Asphaltfläche dieser breiten und endlosen Straße zurechtzufinden; der gruselige Heimweg am andern Ende, wieder mit vorgestreckten

Händen und dem Tasten nach Bordsteinkanten; die gedämpften Stimmen anderer Fußgänger, die man hörte, aber nicht sah; endlich die Konfrontation mit einer von außerhalb der Verdunkelungsvorhänge düster und verlassen wirkenden Fassade; und dann schließlich die erfreuliche und immer wieder ein wenig überraschende Entdeckung beim Öffnen der Haustür, daß das Haus bewohnt war ... . (...) Die Berliner selber ... waren von allen Bevölkerungsteilen in Stadt und Land am wenigsten vom Nazismus angesteckt. Sie waren nicht zu bewegen, den Nazi-Gruß zu benutzen. Sie grüßten einander nach wie vor mit ›Guten Morgen‹ anstatt mit dem obligatorischen ›Heil Hitler‹. Sie zeigten auch keine besondere Kriegsbegeisterung. Ich kann bezeugen ..., daß sie die Siegesparade anläßlich der Beendigung des Polenfeldzuges mit zurückhaltendem, mürrischem Schweigen an sich vorüberziehen ließen. Trotz heftigsten Bemühens gelang es den berufsmäßigen Nazi-Agitatoren nicht, ihnen Zeichen des Hochgefühls oder der Zustimmung zu entlocken. Die Nachricht von der Einnahme von Paris wurde mit derselben Reserve und demselben undurchdringlichen Schweigen aufgenommen.«

Der Besuch von Molotow in Berlin

Ein bedeutendes diplomatisches Ereignis in Berlin während des Zweiten Weltkrieges war der Besuch des sowjetischen Regierungschefs Wjatscheslaw Michailowitsch Molotow. Er traf am 12.11.1940 in Berlin ein, »um im Rahmen der freundschaftlichen Beziehungen zwischen beiden Ländern den laufenden Gedankenaustausch durch eine erneute persönliche Fühlungnahme fortzusetzen und zu vertiefen«. Vor dem Anhalter Bahnhof wurde Molotow von Ribbentrop, Keitel und Meißner mit militärischen Ehren begrüßt. Danach begaben sich die sowjetischen Gäste in ihr Quartier, das Reichsgästehaus Schloß Bellevue. Später wurde Molotow zu einem ersten Gespräch von Ribbentrop in dessen Arbeitszimmer im ehemaligen Reichspräsidentenpalais empfangen. An dem Gespräch nahmen auch der stellvertretende sowjetische Außenminister Wladimir Georgiewitsch Dekanosow, die Botschaftsräte Iwan Pawlow und Gustav Hilger als Dolmetscher sowie Paul Schmidt als Protokollant teil. Nach einem Frühstück wurden Molotow von Hitler in dessen Arbeitszimmer in der Neuen Reichskanzlei empfangen. Hitler beendete das Gespräch mit Hinweis auf einen möglichen Fliegeralarm, der aber ausblieb. Ribbentrop konnte den sowjetischen Gästen einen ungestörten Empfang im »Hotel Kaiserhof« geben. Am darauffolgenden Tag wurde Molotow von Hermann Göring und Rudolf Heß empfangen. Danach fand das zweite Gespräch bei Hitler statt. Am Abend sollte ein großer Empfang in der sowjetischen Botschaft stattfinden. Über dessen Verlauf berichtete Paul Schmidt: »In den herrlichen Räumen der unverändert gelassenen zaristischen Botschaft Unter den Linden wurden uns, sozusagen unter den Augen Lenins, dessen Büste die Botschaft schmückte, die herrlichsten Erzeugnisse Rußlands, vor allem natürlich Kaviar und Wodka, gereicht. Keine kapitalistische ... Tafel ... hätte reicher bestellt sein können. Alles in diesem alten russischen Milieu war sehr geschmackvoll arrangiert. Die Russen erwiesen sich als vollendete Gastgeber, so daß trotz der Sprachschwierigkeiten eine recht angeregte Stimmung herrschte. Molotow brachte einen freundlichen Trinkspruch aus. Gerade wollte ihm Ribbentrop antworten, als sich die Engländer als dritter Gesprächs-

Besuch des sowjetischen Regierungschefs und Außenministers Wjatscheslaw Molotow im November 1940; die Aufnahme zeigt den Empfang des Gastes vor dem Anhalter Bahnhof mit militärischen Ehren.

partner in die deutsch-sowjetische Bankettharmonie einschalteten. Es war Voralarm, und überstürzt verließen die Bankettteilnehmer die Botschaft, da die meisten mit ihren Wagen noch schnell nach Hause fahren wollten.« Da in der sowjetischen Botschaft kein Luftschutzraum existierte, begab sich Molotow mit Ribbentrop in dessen Luftschutzbunker unter dem ehemaligen Reichspräsidentenpalais. Dort fand eine längere Unterredung statt, die erst gegen Mitternacht endete. Nach der Aufzeichnung des Dolmetschers Hilger »verabschiedete sich Herr Molotow in herzlicher Weise von dem Herrn Reichsaußenminister und betonte, daß er dem Luftalarm nicht gram sei, weil er diesem eine so ausgiebige Unterhaltung mit dem Herrn Reichsaußenminister verdanke«. Am folgenden Tag verließen die sowjetischen Gäste Berlin. Sie wurden vor dem Anhalter Bahnhof von Ribbentrop mit militärischen Ehren verabschiedet. Molotows Begleiter Dekanosow wurde am 19.12.1940 von Hitler in der Neuen Reichskanzlei zur Überreichung des Beglaubigungsschreibens als neuer sowjetischer Botschafter in Berlin empfangen.

Trotz der positiv lautenden offiziellen Kommuniques waren die deutsch-sowjetischen Gespräche äußerst frostig verlaufen. Mit einer besonders demonstrativen Geste deutete Hitler an, daß sich die Freundschaft mit Rußland ihrem Ende zuneigte und eine Freundschaft mit Japan begonnen habe. Einen Tag nach der Abreise Molotows nahm Hitler mit Gefolge an einem Empfang in der japanischen Botschaft teil, der aus Anlaß des 2600jährigen Jubiläums des japanischen Kaiserhauses gegeben wurde.

Der Besuch von Matsuoka in Berlin

Zur Festigung der deutsch-japanischen Freundschaft traf am 26.3.1941 der japanische Außenminister Yosuke Matsuoka in Berlin ein. Er wurde von Ribbentrop vor dem Anhalter Bahnhof mit militärischen Ehren begrüßt. Von seinem Quartier im Schloß Bellevue war der Gast sehr angetan. Nach den Erinnerungen von Paul Schmidt soll Matsuoka zu ihm gesagt haben, er fühle sich dort außerordentlich wohl, »weil es im Zentrum der Stadt mitten in einem großen Park liegt, ›in dem man sogar die Vögel singen hören kann‹«. Am 27.3.1941 wurde Matsuoka von Hitler in dessen Arbeitszimmer in der Neuen Reichskanzlei empfangen. Am Abend gab Ribbentrop zu Ehren des Gastes einen Empfang im »Hotel Esplanade«. Am darauffolgenden Tag gab Hitler ein Essen für Matsuoka. Der Japaner führte in Berlin noch weitere Gespräche mit Ribbentrop. Es fand auch ein Besuch bei Göring in Karinhall statt. Angesichts der verschneiten Schorfheide fühlte sich Matsuoka an seine japanische Heimat erinnert. Am 4.4.1941 fand das letzte Gespräch zwischen Hitler und Matsuoka statt. Am folgenden Tag besichtigte der japanische Außenminister noch die Rheinmetall-Borsig-Werke in Tegel und verließ danach Berlin.

Besuch des japanischen Außenministers Yosuke Matsuoka im März 1941;
die Aufnahme zeigt die Wagenkolonne auf der Fahrt zum Reichsgästehaus Schloß Bellevue.
Die Scheinwerfer der Automobile tragen Stoffkappen, damit bei nächtlichen
Luftangriffen das Licht abgedunkelt werden kann.

Die kroatische Gesandtschaft

Am 6.4.1941 drangen deutsche Truppen in Jugoslawien und in Griechenland ein. Am 14.4.1941 richtete der selbsternannte Staatsführer des neuen Staates Kroatien, Ante Pavelić, an Hitler und Mussolini Ergebenheitsadressen. Hitler erkannte das neue Staatsgebilde mit Telegramm vom 15.4.1941 an. Erster kroatischer Gesandter in Berlin war Branko Benzon, der Hitler am 7.5.1941 das Beglaubigungsschreiben überreichte. Für die Unterbringung der kroatischen Gesandtschaft wurde das vom Deutschen Reich erworbene Palais der Familie von Pannwitz im Stadtteil Grunewald, Brahmsstraße 8–10, zur Verfügung gestellt. Später ging das Haus in das Eigentum der Bundesrepublik Deutschland über und wurde an den Hotelier Wolfgang Gerhus verpachtet. Die Bundesregierung und der Senat von Berlin nutzten das »Hotel Gerhus« aus Mangel an anderen angemessenen Baulichkeiten in der Stadt zur Unterbringung bedeutender Gäste und für gesellschaftliche Anlässe. So fanden hier damals die großen Bälle während der Berliner Filmfestspiele statt. Nach der Wiedervereinigung Berlins wurde das Haus privatisiert und am 1.9. 1994 als »Schloßhotel Vier Jahreszeiten« wiedereröffnet. Für die Innenausstattung zeichnete Karl Lagerfeld verantwortlich. Im »Schloßhotel Vier Jahreszeiten« wohnten bei ihren Besuchen in Berlin 1995 das belgische Königspaar, 1996 der israelische Staatspräsident Ezer Weizman und 1997 das spanische Königspaar.

Der Beginn des Krieges gegen die Sowjetunion

Am Morgen des 22.6.1941 erfolgte der deutsche Angriff auf die Sowjetunion. Um 4.00 Uhr empfing Ribbentrop in seinem Arbeitszimmer den sowjetischen Botschafter Dekanosow. Paul Schmidt berichtete darüber: »Noch nie hatte ich Ribbentrop so aufgeregt gesehen wie während der fünf Minuten vor der Ankunft Dekanosows. Mit großen Schritten lief er wie ein gefangenes Tier in seinem Zimmer auf und ab.« Ribbentrop scheint die Tragweite seines Handelns geahnt zu haben, als er den Botschafter über den deutschen Angriff in Kenntnis setzte.

Das letzte Diplomatentreffen in Berlin

Ende November 1941 veranstaltete Hitler ein letztes großes Politiker- und Diplomatentreffen in Berlin. Am 25.11.1941 fand in der Neuen Reichskanzlei die Unterzeichnung eines Protokolls zur Verlängerung der Gültigkeitsdauer des Antikominternpaktes statt, der am 25.11.1936 von Ribbentrop und dem japanischen Botschafter in Berlin, Vicomte Kintomo Mushakoji, abgeschlossen worden war. Zugleich wurde der Beitritt von Bulgarien, China, Dänemark, Finnland, Kroatien, Rumänien und der Slowakei fixiert. Am 26.11.1941 gab Ribbentrop zu Ehren der versammelten Politiker und Diplomaten einen Empfang im »Hotel Kaiserhof«. Hitler empfing am folgenden Tag in der Neuen Reichskanzlei die Gäste in Einzelaudienzen. Der Kommentar dazu im »Völkischen Beobachter« lautete: »Auf dem Wilhelmplatz harrt eine dichtgedrängte Menge und sieht der Auffahrt der Staatsmänner zu, die als Abgesandte ihrer Völker vom Führer empfangen werden. Das äußere Bild solcher Vorgänge ist den Berlinern vertraut. Seit das Reich den Bettlermantel einer entwaffneten und entehrten Tributkolonie abwarf, und dann die wahre Rangordnung der Werte in Europa wieder Geltung gewann, mehrten sich von Jahr zu Jahr die Zahl der Besucher an dieser Stätte. Hier wurden Verträge unterzeichnet, die Weltgeschichte machten, der heiße Atem umstürzenden Geschehens wehte von hier aus über ganz Europa.« Dolmetscher Schmidt behielt das Treffen so in Erinnerung: »Es war Hitlers große Heerschau über seine Verbündeten und Vasallen, die einzeln von ihm empfangen und mit einer besonderen Mutinjektion versehen wurden.«

Der Beginn des Krieges gegen die USA

Am 7.12.1941 erfolgte der japanische Angriff auf die USA durch die Bombardierung von Pearl Harbor. Die deutschen und italienischen Verbündeten waren zuvor nicht informiert worden. Am 11.12.1941 überreichte Reichsaußenminister Ribbentrop in seinem Arbeitszimmer dem Geschäftsträger der USA, Leland Morris, die Kriegserklärung.

Die Diplomaten und die Spionage

Die Führung des Dritten Reiches fürchtete die Diplomaten als Überbringer von Geheimnissen. Unter dem Datum des 17.6.1938 teilte der Chef der Reichskanzlei Hans Heinrich Lammers dem Außenminister Ribbentrop mit, daß Hitler »dienstliche Besuche von Beamten und Angestellten deutscher Behörden bei den hiesigen Missionen fremder Staaten grundsätzlich nicht wünscht. Den Mitgliedern des Diplomatischen Corps würde nämlich sonst durch unmittelbaren dienstlichen Verkehr mit innerdeutschen Stellen unter Umgehung des diplomatischen Weges, das heißt des Auswärtigen Amtes, eine Informationsquelle geöffnet, die deutschen Diplomaten im Auslande regelmäßig verschlossen ist.« Über ihren gesellschaftlichen Verkehr mit Angehörigen der diplomatischen Vertretungen sollten die Beamten und Angestellten »ihren Vorgesetzten in regelmäßig wiederkehrenden Zeitabschnitten im einzelnen schriftlich« Meldung erstatten. Diese Meldungen sollten »in übersichtlicher Zusammenstellung« im April und Oktober jeden Jahres unmittelbar zugeleitet werden. Ähnliche Verpflichtungen wurden auch den Parteifunktionären auferlegt.

Unter dem Datum des 25.4.1941 teilte das Oberkommando der Wehrmacht zur »Wahrung militärischer Geheimnisse mit«: »Ganz besondere Zurückhaltung ist in Unterhaltungen und im gesellschaftlichen Verkehr mit ausländischen Diplomaten und anderen Mitgliedern neutraler ausländischer Missionen geboten. Dem Oberkommando der Wehrmacht – Amt Ausland/Abwehr – liegt umfangreiches Material über die nachrichtendienstliche Tätigkeit neutraler ausländischer Vertretungen, insbesondere der fremdländischen Militärattachés vor. Verschiedene Aktenfunde in den Kriegsministerien der Feindstaaten und ehemaliger angeblich neutraler Staaten waren gerade in dieser Beziehung besonders aufschlußreich.

Unvorsichtige Bemerkungen über mutmaßliche Entschlüsse der Obersten Führung, die in Gesprächen mit Mitgliedern ausländischer Missionen fallen, können in kürzester Zeit als chiffriertes diplomatisches Telegramm ungehindert einer ausländischen Regierung mitgeteilt werden.

Das Oberkommando der Wehrmacht – Amt Ausland/Abwehr – bittet daher, alle Beamten der obersten Reichsbehörden in vorstehendem Sinne erneut belehren zu lassen. Das gleiche gilt für die Beamten der obersten Landesbehörden.«

Die Diplomaten und der Widerstand

Eine der wichtigsten Widerstandsgruppen gegen den Nationalsozialismus wurde von dem Oberregierungsrat im Reichswirtschaftsministerium Arvid Harnack und dem Oberleutnant Harro Schulze-Boysen geleitet. Nach der Enttarnung im Herbst 1942 erhielt die Gruppe von der Gestapo den Namen »Rote Kapelle«. Harnack unterhielt Kontakte zum Mitarbeiter an der sowjetischen Handelsvertretung in Berlin, Alexander Korotkow. Auf diesem Wege ließ man der sowjetischen Führung zahlreiche Warnungen über den bevorstehenden Überfall zukommen, die aber von Stalin ignoriert wurden. Der Kontakt endete, als die sowjetischen Diplomaten Berlin verließen. Aus dem Auswärtigen Amt hatten der Legationsrat I. Klasse, Rudolf von Scheliha, und die Sekretärin Ilse Stöbe Kontakte zu Harnack. Rudolf von Scheliha und Ilse Stöbe wurden am 14.12. 1942 vom Reichskriegsgericht wegen Landesverrats zum Tode verurteilt und am 22.12.1942 in Plötzensee hingerichtet, ebenso Harnack und Schulze-Boysen.

Zur Widerstandgruppe um Hanna Solf, der Witwe des ehemaligen Staatssekretärs des Auswärtigen Amtes und deutschen Botschafters in Tokio, Wilhelm Solf, die sich in der Wohnung von Hanna Solf im Alsenviertel, Alsenstraße 9, traf, gehörte der ehemalige Leiter der Presseabteilung der Reichsregierung, Botschaftsrat an der deutschen Botschaft in Washington und deutscher Generalkonsul in New York, Otto Karl Kiep, der am 16.1.1944 verhaftet und am 26.8.1944 in Plötzensee hingerichtet wurde.

Zur Widerstandsgruppe im Auswärtigen Amt gehörten der Botschaftsrat an der deutschen Botschaft in London, Graf Albrecht von Bernstorff, der Vortragende Legationsrat in der kulturpolitischen Abteilung des Auswärtigen Amtes, Hans-Bernd von Haeften und der Legationsrat in der Informationsabteilung des Auswärtigen Amtes, Adam von Trott zu Solz. Sie wurden nach dem Attentat auf Hitler vom 20.7.1944 verhaftet und hingerichtet, ebenso die früheren deutschen Botschafter in Moskau, Graf Werner von der Schulenburg, und in Rom, Ulrich von Hassell.

Die Auswirkungen des Krieges auf die Diplomaten in Berlin

Die in Berlin verbliebenen Diplomaten wurden durch den Krieg massiv und direkt betroffen, zunächst nur zivil, später auch militärisch. Mit Schreiben vom 14.1.1942 wies Staatssekretär Meißner darauf hin, es sei »aus psychologischen Gründen« nicht zweckmäßig Galauniform, Frack oder Abendkleider anzulegen und in öffentlichen Verkehrsmitteln zu zeigen; in einer Zeit, »in der weite Volkskreise sich in der Kleidung erhebliche Einschränkungen auferlegen müssen«.

Vom 7.7.1942 datiert ein Erlaß des Reichsministers für Ernährung und Landwirtschaft über die Verpflegung der Chefs und Mitglieder der ausländischen Missionen. Die Zuteilung der Lebensmittel ist darin detailliert aufgelistet. Die Angehörigen der diplomatischen Missionen erhielten ein Vielfaches an Rationen gegenüber dem Normalverbraucher, und die Zuteilungen an die Chefs der Missionen waren nicht begrenzt.

Vom Propagandaministerium wurde mitgeteilt, daß die Diplomaten kein Recht zur schnelleren Abfertigung bei den Einzelhändlern hätten.

Mitte 1942 wurde vom Reichsaußenminister den Angehörigen fremder Missionen das Reisen in von Luftangriffen betroffene Städte und Gebiete untersagt.

Im Februar 1943 verfügte die Regierung im Anschluß an die Katastrophe von Stalingrad die Schließung der letzten Berliner Luxusrestaurants. Betroffen war vor allem das Restaurant »Horcher«, das »Quartier Latin«, das »Neva Grill«, Peltzer's »Atelier« und das am Kurfürstendamm gelegene Restaurant »Tuskulum«.

Horcher war zu einem der wichtigsten Restaurateure des Reiches aufgestiegen und wurde vorrangig mit der Ausrichtung von Staatsdiners beauftragt. Wer bei »Horcher« einen Tisch bekommen wollte, mußte sich bereits Tage vorher anmelden. Man traf dort vorwiegend die hochrangigen Angehörigen des Reichsluftfahrtministeriums und der Luftfahrtindustrie, aber auch die Diplomaten wußten dessen kulinarische Qualitäten zu schätzen.

Über die Stimmung im Auswärtigen Amt gegen Ende des Krieges berichtete Dolmetscher Schmidt in seinen Erinnerungen: »Die Klammer, die das Gebäude des alten Amtes zusammenhielt, war der Staatssekretär Freiherr von Weizsäcker, der bei allen Beamten und bei sämtlichen ausländischen Diplomaten hohes Ansehen genoß und mit höchster moralischer Ehrenhaftigkeit eine äußerste diplomatische Geschicklichkeit verband.«

In der Nacht vom 1. auf den 2.3.1943 flogen britische Bomber den bis dahin schwersten Luftangriff auf Berlin, bei dem ganze Stadtteile verwüstet wurden, darunter auch das Diplomatenviertel am Tiergarten. Über die Folgen für die Diplomaten schrieb der Referatsleiter in der Presseabteilung des Auswärtigen Amtes, Hans Georg von Studnitz, am 20.3.1943 in sein Tagebuch: »Als Folge des schweren Luftangriffs vom 1.3.1943 hat eine allgemeine Flucht der hiesigen Diplomaten auf in der Nähe Berlins gelegene Landsitze eingesetzt. (...) Die Knappheit an Ausweichquartieren und Wohnungen führt zu wilden Kämpfen der Diplomaten untereinander. (...) Die Unfairneß, die die Diplomaten beim Wohnungskampf an den Tag legen, harmoniert nicht gerade mit den Umgangsformen, auf die das Diplomatische Corps sonst Wert legt.« Der spanische Botschafter Gines Vidal y Saura suchte Zuflucht auf dem Schloß Wilkendorf der Familie von Dippe bei Straußberg, sein portugiesischer Kollege Graf Pedro von Tovar auf dem Schloß Hohenfinow der Familie von Bethmann-Hollweg bei Eberswalde. Die Apostolische Nuntiatur wurde im Oktober 1943 in das Schloß Prötzel der Familie von Eckhardtstein verlegt.

Ein Ort, an dem im untergehenden Berlin die Ruhe bis zum Schluß bestehen blieb, war das »Hotel Adlon« mit seinem Tiefbunker. Über die Stimmung dort schrieb die Journalistin Ursula von Kardorff am 4.12.1943 in ihr Tagebuch: » ... Bonzen in klirrender Partei-Uniform, Urlauber aller Dienstgrade, die noch eine Illusion von Komfort an die Front mitnehmen wollen, ausländische und deutsche Diplomaten, Schauspieler, Dahlemer Damen in Hosen, die sich vom Aufräumen in ihren zerstörten Villen erholen, Geschäftsleute, die die Aura ›Rüstung‹ um sich verbreiten ... und schließlich Abenteurerinnen aller Grade, die sich der Männer annehmen. Denn Berlin ist eine Männerstadt geworden, seitdem die Familien evakuiert und die Schulen geschlossen wurden. (...) Seltsame, spannungsgeladene Atmosphäre. Seit es den Tiefbunker gibt, zu dem vom Hotel aus ein besonderer Eingang führt, gilt das Adlon als bombensicher. Deshalb bekommt auch zur Gespensterstunde niemand hier den nervösen Blick und das gespannte Ohr. Hier ist man sicher, kann folglich in aller Ruhe seinen Rotwein trinken, ehe man sich ... unter eine neun Meter dicke Betondecke in Fliegerdeckung begibt.« Hedda Adlon schrieb in ihren Erinnerungen: »Jene Räume, die für Diplomaten bestimmt waren, besaßen eine beinahe komfortable Einrichtung und waren mit Teppichen, bequemen Sesseln, Rundfunkgeräten, Schreibmaschinen, kleinen Eckschränken und mit dem notwendigsten Glas und Porzellan ausgestattet.« Das »Hotel Adlon« wurde nicht durch Kriegseinwirkung zerstört, sondern durch einen Brand am 3.5.1945, unmittelbar nach der Übergabe der Stadt.

Das Ende des Dritten Reiches

Der in Berlin geplante und vorbereitete Krieg endete auch hier. Bei den schweren Luftangriffen in den Jahren 1943 und 1944 war das Regierungsviertel kaum getroffen worden. Schwere Schäden richteten dort erst die Bombardements Anfang 1945 an. Als letzten Staatsgast empfing Hitler am 28.1.1945 den norwegischen Ministerpräsidenten Vidkun Quisling in der Neuen Reichskanzlei.

Am 1.2.1945 notierte Wilfred von Oven in sein Tagebuch: »Stalin ante portas! Dieser Schreckensruf verbreitet sich mit Windeseile durch die Reichshauptstadt, als heute morgen die Meldung eintrifft, daß es den Russen gelungen ist, die Oder zu überschreiten.« Am 19.2.1945 notierte Studnitz in seinem Tagebuch: »Das Diplomatische Corps hat Berlin fast vollständig geräumt. Während das Auswärtige Amt dementiert, daß die Reichsregierung Berlin verläßt ... ermuntert das Protokoll die Diplomaten inoffiziell abzureisen und weist ihnen neue Quartiere zu. So wurden im ›Österreichischen Hof‹ in Salzburg Räume für die irische und portugiesische Gesandtschaft, für die Gesandtschaft von Mandschukuo und die spanische Botschaft beschlagnahmt. Die schwedische Gesandschaft hat das dem Fürsten Lippe gehörende Schloß Alt-Döbern wegen Näherrücken der Front geräumt und bezieht das Bismarcksche Schloß Schönhausen an der Elbe. (...) Gleichzeitig legt man den ausländischen Vertretungen nahe, Scheingesandtschaften in Berlin zu belassen.«

Unverdrossen gab Ribbentrop noch in den letzten Kriegswochen Empfänge für die kläglichen Reste des Diplomatischen Corps in Berlin. Diese Empfänge fanden immer am Mittwochnachmittag in dem unversehrten Reichspräsidentenpalais statt. Dazu schrieb Studnitz: »Diese Einrichtung kommt zwölf Jahre zu spät. Wäre sie früher getroffen worden, so hätte der Reichsaußenminister den Kontakt mit den fremden Missionen herstellen können, der ihm alle die Jahre hindurch fehlte. Die einzige gesellschaftliche Berührung, die es zwischen Vertretern ausländischer Mächte und dem Amt noch gibt, sind Mittagessen, die der Staatssekretär zweimal im Monat im ›Adlon‹ gibt. Leider werden Damen nicht zugelassen und immer die gleichen politisch bedeutungslosen und gesellschaftlich langweiligen Referenten aus der Politischen Abteilung und dem Protokoll des Amtes zu diesen Veranstaltungen abgeordnet.« Über die kroatische Gesandtschaft schrieb Studnitz: »Die Kroaten feiern in der Dahlemer Villa der Frau von Pannwitz seit vier Monaten Nacht für Nacht ›Abschied‹. Einem Gelage folgt jeweils eine ergiebige Trinkerei, bei der die schärfsten Schnäpse geboten werden. Um Mitternacht tritt ein kroatischer Sängerchor auf, der Volkslieder vorträgt. Wenn die Luftgefahr vorbei ist, erscheinen die Kanoniere einer zum Schutz der Gesandtschaft eingesetzten kroatischen Flakbatterie und spielen Jazz. Bei diesen Festereien wird häufig mit Revolvern geschossen. Der Portier der kroatischen Gesandtschaft verlor auf diese Weise drei Finger. Teilnehmer der Abschiedsfeiern sind neben dem Gesandtschaftspersonal Deutsche aus allen Gesellschaftsschichten, Bühnen- und Filmstars, Vertreter des Regimes und fremde Diplomaten. Nicht selten müssen berauschte Würdenträger aus dem Saal getragen werden. Der kroatische Gesandte Kosak begründet diese Geselligkeit mit der Notwendigkeit, sich ›Informationen‹ zu verschaffen!«

Am 9.3.1945 erließ Generalleutnant Hellmuth Reymann den »Grundsätzlichen Befehl für die Vorbereitungen zur Verteidigung der Reichshauptstadt«, der bestimmte: »Die Reichshauptstadt wird bis zum letzten Mann und bis zur letzten Patrone verteidigt.« Am 19.3.1945 erließ Hitler den sogenannten »Nero-Befehl«, in dem er anordnete, alle »militärischen, Verkehrs-, Nachrichten-, Industrie- und Versorgungsanlagen sowie Sachwerte innerhalb des Reichsgebietes« seien zu zerstören. Am 20.4.1945 versammelten sich die Führer von Staat und Partei zur letzten Gratulationscour für Hitler. Einen Tag später schlugen im Zentrum von Berlin die ersten sowjetischen Granaten ein. Hitler begriff endlich, daß der Krieg verloren war und kündigte seinen Selbstmord an. Berlin wollte er nicht verlassen. Inzwischen war im Bunker unter der Reichskanzlei seine Lebensgefährtin Eva Braun eingetroffen. Nach der Hochzeit am 29.4.1945 diktierte Hitler seine Testamente. Im politischen Testament bestimmte Hitler die neue Reichsregierung: Reichspräsident sollte Großadmiral Karl Dönitz, Reichskanzler Goebbels und Außenminister Arthur Seyß-Inquart werden. Als letzte politische Nachricht erhielt Hitler am Abend die Meldung über die Erschießung von Benito Mussolini und dessen Geliebter Clara Petacci am 28.4.1945 vor der Villa Belmonte am Comer See. Die Leichen hatte man in Mailand auf der Piazzale Loreto an einem Gerüst an den Füßen aufgehängt. Diesem Schicksal wollte Hitler entgehen. Am Nachmittag des 30.4.1945 setzten Eva und Adolf Hitler im Bunker ihrem Leben ein Ende. Die Leichen wurden im Garten der Reichskanzlei verbrannt. Der neue Reichskanzler Goebbels und seine Frau folgten am 1.5.1945 Hitler in den Selbstmord. Der Rest der Bunkerbesatzung unternahm einen Ausbruchsversuch. Um 18.30 Uhr begann der Sturm auf die Reichskanzlei durch die 248. und die 301. Schützendivision der 5. sowjetischen Stoßarmee. Am gleichen Abend wehte über der nationalsozialistischen Kommandozentrale die Rote Fahne. Seltsamerweise brachten die Russen den Sieg über Deutschland mit dem Reichstagsgebäude in Verbindung, das seit dem Brand 1933 leer stand und keine nationalsozialistische Identität hatte. So verbreiteten sie als propagandistisches Siegesbild ein Foto, das die sowjetische Fahne auf dem Reichstagsgebäude zeigt. Am 2.5.1945 kapitulierte der Kommandant von Berlin, General Helmuth Weidling.

Diplomatie im geteilten Berlin

Die bedingungslose Kapitulation

Am 8.5.1945 wurde die bedingungslose Kapitulation der deutschen Wehrmacht vollzogen. Zu diesem Zwecke versammelten sich in der Kantine der Heerespionierschule im Stadtteil Karlshorst die Vertreter der alliierten Armeen. Kurz nach Mitternacht unterzeichneten Generalfeldmarschall Wilhelm Keitel, Generaladmiral Hans Georg von Friedeburg und Generaloberst Hans-Jürgen Stumpff die Kapitulationsurkunde. Für die Alliierten signierten der Marschall der Sowjetunion Georgi Konstantinowitsch Schukow, der britische Luftadmiral Sir Arthur William Tedder, der Befehlshaber der amerikanischen strategischen Luftwaffe, General Carl Andrew Spaatz und der Oberbefehlshaber der französischen Armee, General Jean de Lattre de Tassigny. Danach gab Marschall Schukow für die Vertreter der Alliierten einen Empfang.

Nach der Besetzung Berlins durch die Rote Armee wurde die Verwaltung der Stadt neu organisiert. Am 19.5.1945 wurde der erste Nachkriegs-Magistrat in einem Saal des Gebäudes der Feuersozietät in der Parochialstraße vom sowjetischen Stadtkommandanten Nikolai Erastowitsch Bersarin eingesetzt. Oberbürgermeister wurde der parteilose Architekt Arthur Werner.

Am 5.6.1945 unterzeichneten in einer Gaststätte im Stadtteil Wendenschloß die Vertreter der Alliierten eine Erklärung zur Übernahme der Regierungsgewalt durch die Alliierten in Deutschland. Es signierten für die Sowjetunion Marschall Schukow, für die USA General Dwight D. Eisenhower, für Großbritannien Feldmarschall Bernhard Law Montgomery und für Frankreich, Armeegeneral de Lattre de Tassigny. Danach gaben die Russen ein Bankett. Ein Soldatenchor sorgte für die Unterhaltung.

Die Alliierte Militärkommandantur

Wie bei den Treffen der Alliierten vereinbart, bezogen die Westalliierten Anfang Juli 1945 ihre Sektoren. Unter sowjetischer Kontrolle verblieben die Stadtbezirke Mitte, Friedrichshain, Prenzlauer Berg, Pankow, Weißensee, Lichtenberg Treptow und Köpenick. Den französischen Sektor bildeten die Stadtbezirke Reinickendorf und Wedding, den britischen Sektor die Stadtbezirke Spandau, Tiergarten, Charlottenburg und Wilmersdorf, und den amerikanischen Sektor die Stadtbezirke Zehlendorf, Steglitz, Schöneberg, Kreuzberg, Tempelhof und Neukölln. Mit dem Befehl Nr. 1 vom 11.7.1945 wurde die Kontrolle über die Verwaltung Berlins übernommen. Auf Empfehlung der Amerikaner wurde das in ihrem Sektor gelegene Gebäude des Verbandes der öffentlichen Feuerversicherungsanstalten in Dahlem, Kaiserswerther Straße 16–18, als Sitz der Alliierten Kommandantur gewählt.

Die sowjetischen Vertreter verließen aus Protest gegen die Währungsreform in den Westsektoren Berlins im Frühjahr 1948 die Alliierte Kommandantur. Die Westalliierten setzten die Arbeit fort. Die letzte Sitzung fand am 2.10.1990 statt. Dabei unterzeichneten die Stadtkommandanten Raymond Haddock, Robert Corbett und François Cann ein Schreiben an den Regierenden Bürgermeister von Berlin, Walter Momper, über die Suspendierung der alliierten Rechte. Darin heißt es: »Heute um Mitternacht ist die Aufgabe der Stadtkommandanten erfüllt. Wir drei Stadtkommandanten werden Berlin in Kürze verlassen und dabei Genugtuung empfinden, daß unsere gemeinschaftlichen Bestrebungen zum Erfolg geführt haben. Das Berlin, das wir zurücklassen, wird vereint und frei sein.«

Das Treffen von Potsdam

Im Sommer 1945 sollte in der Folge der Konferenzen der Alliierten von Teheran und Jalta ein weiteres Treffen der Großen Drei stattfinden, diesmal in Berlin. Über die Vorbereitungen schrieb Marschall Schukow in seinen Erinnerungen: »Bald ... kam zu uns eine Gruppe Generale vom Komitee für Staatssicherheit und vom Volkskommissariat für Auswärtige Angelegenheiten, um die Konferenz vorzubereiten. Ich erklärte ihnen, daß Berlin über keine geeigneten Voraussetzungen für eine Gipfelkonferenz verfüge, und schlug vor, sich einmal Potsdam und Babelsberg anzusehen. Potsdam war ebenfalls stark zerstört, so daß es schwierig gewesen wäre, die Delegationen dort unterzubringen. Als einziges großes Gebäude war nur das Schloß Cecilienhof im Neuen Garten übriggeblieben. Dort gab es Raum genug für Sitzungen und für die Arbeit der zahlreichen Experten und Berater. Für die Einquartierung der Delegationsleiter, der Außenminister, der wichtigsten Berater und Experten eignete sich der Vorort Babelsberg, den der Krieg fast unbehelligt gelassen hatte.« Für den amerikanischen Präsidenten Harry Truman wurde die Villa des Verlegers Gustav Müller-Grote, Kaiserstraße 2, hergerichtet. Dort gab Truman am 24.7. 1945 den Befehl zum Abwurf der Atombombe auf Hiroshima.

Premierminister Winston Churchill bezog die Villa des Mitinhabers der Deutschen Bank, Franz Urbig, Ringstraße 23. Stalin sollte in der Villa des Kaufhausinhabers Herpich, Kaiserstraße 27, wohnen. Am Nachmittag des 15.7.1945 trafen der amerikanische Präsident Truman und Außenminister James Byrnes auf dem Flugplatz Gatow ein, wenig später der britische Premierminister Churchill, Außenminister Eden und Oppositionsführer Clement Attlee. Stalin reiste mit einem Sonderzug, da er einem Gerücht zufolge unter Flugangst litt. Er traf am Mittag des 17.7.1945 auf dem Hauptbahnhof Potsdam ein. Am Nachmittag begann die Konferenz im Schloß Cecilienhof. Die britische Delegation leitete ab dem 28.7.1945 der neugewählte Premierminister Clement Attlee. Am späten Abend des 1.8.1945 unterzeichneten Stalin, Truman und Attlee eine »Amtliche Verlautbarung über die Berliner Konferenz der drei Mächte«, das sogenannte Potsdamer Abkommen.

Die politische Situation nach dem Krieg

Deutschland und seine Hauptstadt Berlin standen völkerrechtlich unter der Verantwortung der vier Hauptsiegermächte des Zweiten Weltkrieges.

Am 30.10.1943 hatten die alliierten Mächte USA, Großbritannien und Sowjetunion auf der Moskauer Konferenz ihrer Außenminister die Errichtung einer »Europäischen Beratenden Kommission« (EAC) beschlossen. Diese Kommission wurde beauftragt, Pläne für die Verwaltung Deutschlands nach der Kapitulation und Besetzung auszuarbeiten. Ihre Beratungsergebnisse wurden im Londoner Protokoll vom 12.9.1944, dem Frankreich am 7.5.1945 beitrat, sowie in den Abkommen von Jalta vom 11.2.1945 und von Potsdam vom 2.8.1945 völkerrechtlich fixiert. Diese Bestimmungen waren die Grundlage für die gemeinsame Kontrolle und Verwaltung Deutschlands durch die Besatzungsmächte. Die darin enthaltenen Sonderbestimmungen für Berlin begründeten den Viermächte-Status der Stadt. Ein Alliierter Kontrollrat wurde als Oberstes Regierungsorgan und als Träger der Verwaltung in Deutschland eingerichtet. Dessen Verwaltungssitz wurde in Berlin etabliert, das seinen Charakter als Regierungszentrale und Hauptstadt Deutschlands behielt. Die erste Sitzung des Alliierten Kontrollrates fand am 30.8.1945 im Gebäude des Kammergerichts am Kleistpark in Schöneberg statt. Das Land Preußen wurde mit Gesetz vom 25.2.1947 aufgelöst, damit endete die Funktion von Berlin als preußischer Hauptstadt. Berlin erhielt den Status eines deutschen Landes. Im Gegensatz zu dem in Zonen aufgeteilten Deutschland wurde Berlin von den vier Besatzungsmächten gemeinsam verwaltet. Zur Erleichterung der Verwaltung wurde das Stadtgebiet in vier Sektoren aufgeteilt und je einer jeder Besatzungsmacht zugewiesen.

Diplomatie in den ersten Jahren nach dem Krieg

Mit dem Zusammenbruch des Dritten Reiches endete auch jede außenpolitische Handlungsfähigkeit der deutschen Regierung. Die von Hitler eingesetzte Regierung Dönitz amtierte in Flensburg 23 Tage lang, bis die Alliierten diesem durch die Verhaftung der Regierung ein Ende machten. In Berlin war das diplomatische Leben schon einige Zeit vor der militärischen Kapitulation erloschen. Hatten in den dreißiger Jahren noch etwa 50 diplomatische Vertretungen an der Spree gearbeitet, ging ihre Zahl bis 1943 auf 20 zurück. Kurz vor der Kapitulation waren noch dreizehn Vertretungen in Berlin aktiv, darunter die der neutralen Staaten Afghanistan, Irland, Portugal, Schweden, Schweiz, Spanien und Thailand sowie die Vertretung des Vatikans. Außerdem verblieben einige Vertreter des Internationalen Komitees vom Roten Kreuz in der Stadt, denen jedoch keine diplomatischen Rechte gewährt wurden.

Besondere Aufmerksamkeit verdienen die schwedische Vertretung sowie die der Schweiz und Spaniens. Sie nahmen eine Doppel- bzw. Dreifachfunktion ein. Diese Staaten vertraten deutsche Interessen in den Ländern, die den Kriegszustand mit Deutschland noch nicht beendet hatten. Zusätzlich vertrat Schweden in Deutschland die Interessen der Sowjetunion. Außenpolitische Interessen der Vereinigten

Staaten von Amerika und Großbritanniens im Nachkriegsdeutschland wurden durch die Schweiz vertreten. Dabei kümmerten sich die Schweizer hauptsächlich um das Schicksal der amerikanischen und britischen Kriegsgefangenen auf deutschem Boden und nahm im Sinne der Genfer Konvention über Rechte und Pflichten der Kriegsgefangenen vom 27.7.1929 Kontrollrechte wahr. Bis zum 1.6.1945 hatten gemäß einer Anweisung der sowjetischen Kommandantur alle Ausländer Berlin zu verlassen. Den wenigen, bei Kriegsende noch in Berlin verbliebenen Diplomaten, wurde Ende Mai die Rückreise über die Sowjetunion in ihre Heimatländer ermöglicht. Am 9.6.1945 gab der Oberbefehlshaber der sowjetischen Besatzungstruppen in Deutschland, Marschall Schukow, mit dem Befehl Nr. 1 die Errichtung der Sowjetischen Militäradministration in Deutschland bekannt. Diese war ein Organ, das außenpolitische Funktionen erfüllte sowie Verwaltungstätigkeiten ausübte, die sich aus den Besatzungsrechten und dem Fehlen einer deutschen Regierung ergaben. Die Militäradministration war direkt der sowjetischen Regierung unterstellt. Die diplomatischen Funktionen wurden durch einen politischen Berater und seinem Stab ausgeübt. Der Berater mußte Kontakt mit den westlichen Verbündeten halten, die Tätigkeit der sowjetischen Vertreter im Alliierten Kontrollrat und in der Alliierten Kommandantur kontrollieren und auf die Erfüllung des Potsdamer Abkommens und anderer Beschlüsse der Alliierten achten. Mit der Zeit hatte er auch zunehmenden Kontakt mit den deutschen Selbstverwaltungsorganen und den Parteien und legte diesen die Grundsätze der sowjetischen Außenpolitik dar. Als eine Art diplomatisches Organ unterhielt der Apparat des politischen Beraters Verbindungen mit verschiedenen militärischen Missionen und ausländischen Vertretungen beim Kontrollrat, mit ausländischen Korrespondenten der Zeitungen und anderen. Er erfüllte auch bestimmte Konsulatspflichten sowohl gegenüber sowjetischen als auch deutschen Bürgern. Der politische Berater war dem Außenministerium der UdSSR unterstellt.

Der diplomatischen Beziehungslosigkeit in Deutschland wurde am 6.12.1945 ein Ende in Aussicht gestellt. Die Generäle Lucius D. Clay und Sir Brian Robertson schlugen die Wiedereröffnung von Konsulaten vor. Ihre Absicht war, auch anderen Nationen zu ermöglichen, die Entwicklung in Deutschland mitzuverfolgen. Jedoch verweigerte General Wassili Danilowitsch Sokolowski seine Zustimmung. In seinen Erinnerungen zitierte Lucius seinen sowjetischen Amtskollegen: »Das gehört nicht zum Entscheidungsbereich des Kontrollrates ..., sondern in den unserer Regierungen. Daher haben die Zonenbefehlshaber nicht das Recht, über eine solche Frage zu entscheiden.« Gleichwohl hatten die drei Mächte in Potsdam vereinbart, in Berlin die Missionen jener 16 Staaten zu empfangen, die im Krieg als Verbündete gegen Deutschland zusammenstanden und nun beim Alliierten Kontrollrat akkreditiert waren. Die sowjetische Seite blockierte jeden Versuch, diese Liste zu erweitern oder konsularische Vertretungen dieser und anderer Nationen in verschiedenen Zonen zuzulassen. Die Anzahl der akkreditierten Vertretungen war noch 1949 begrenzt. Verstärkt wurde das Problem, als Brasilien die diplomatischen Beziehungen zur Sowjetunion abbrach. Nun wollte die sowjetische Militäradministration die Beglaubigung der brasilianischen Militärmission zurücknehmen. Dieses wurde durch die drei Westalliierten verhindert, auch sollten im Osten Berlins keine Konsularvertretungen zugelassen werden – der Eiserne Vorhang warf seine Schatten voraus.

Die Bestimmungen des Alliierten Kontrollrates zur deutschen Diplomatie

Mit der Proklamation Nr. 2 des Alliierten Kontrollrates vom 20.9.1945 wurde bestimmt:

»5.) Die Alliierten Vertreter werden alle Fragen regeln, die Deutschlands Beziehungen mit anderen Ländern betreffen. Keine ausländischen Obligationen oder Verpflichtungen irgendwelcher Art dürfen von deutschen Behörden oder Staatsangehörigen, oder in ihrem Namen ohne Bewilligung der Alliierten Vertreter übernommen oder eingegangen werden.

6.) Die Alliierten Vertreter werden Anweisungen geben in Bezug auf die Auflösung, Inkraftsetzung, Wiederaufnahme oder Anwendung aller von Deutschland eingegangenen Verträge, Konventionen oder anderer internationaler Abkommen oder irgendeines Teiles oder irgendeiner Bestimmung derselben.

7a) Kraft der bedingungslosen Kapitulation Deutschlands und vom Tage dieser Kapitulation an gerechnet, haben die diplomatischen, konsularen, Handels- und anderen Beziehungen des deutschen Staates mit anderen Staaten aufgehört zu bestehen.

b) Diplomatische, Konsular- Handels und andere Beamte und Mitglieder von Militärmissionen in Deutschland von Ländern, die sich mit einer der vier Mächte im Kriegszustand befinden, werden in der von den Alliierten Vertretern vorgeschriebenen Weise behandelt werden. Die Alliierten Vertreter können andererseits die Abberufung aus Deutschland der neutralen diplomatischen Konsular-, Handels- und anderen Beamten und Mitglieder von neutralen Militärmissionen verlangen.

c) Alle deutschen diplomatischen, Konsular-, Handels-, und andere Beamte oder Mitglieder von Militärmissionen im Ausland werden hiermit zurückgerufen. Die Kontrolle und Verfügung über die Gebäude, das Eigentum und die Archive aller deutschen diplomatischen und anderen Vertretungen im Ausland wird von den Alliierten Vertretern vorgeschrieben werden.«

Die alliierten Militärmissionen Im Londoner Abkommen vom 14.11.1944 war in Artikel 8 festgelegt, daß die Verbindungen mit den Regierungen der anderen Siegermächte von Militärmissionen wahrgenommen werden sollten. Die Militärmissionen sollten von ihren Regierungen berufen werden und auch zivile Angestellte beschäftigen können. Dieser Sachverhalt war der Neubeginn des diplomatischen Lebens im Nachkriegs-Berlin. Bis zum Herbst 1945 gingen über 100 Anträge auf Akkreditierung von Militärmissionen beim Kontrollrat ein. Für die Alliierten stellte sich nun das Problem der Unterbringung der Militärmissionen in der zerstörten Stadt. Ein Beschluß zur Begrenzung des eingesetzten Missionspersonals mußte getroffen werden. Die Politische Direktion des Kontrollrates empfahl in dem »Bericht an den Koordinierungsausschuß über die Zulassung Alliierter Militärmissionen bei der Alliierten Kontrollbehörde in Berlin CORC/P(45)86« den Entsendestaaten »über die Zusammensetzung ihrer Mission selbst zu entscheiden, doch sollte die Personalstärke der Staatsangehörigen dieses Staates, die der Mission angehören, für alle Ränge zusammen höchstens 10 betragen. Dies würde aber nicht die Beschäftigung einer angemessenen Zahl von Ortskräften als Hauspersonal ausschliessen«. Des weiteren sollten nur Militärmissionen von Staaten zugelassen werden, »die ein unmittelbares Interesse an den gegenwärtigen Deutschlandfragen haben«. Die Politische Direktion empfahl, den Anträgen von 16 Staaten stattzugeben und die Errichtung je einer Militärmission in Berlin zu genehmigen. Vorgesehen war, jeweils vier Missionen in jedem Sektor einzurichten. Außerdem sollte jeder Entsendestaat sofort einen Vertreter nach Berlin schicken, »der die vorhanden Unterkünfte in Augenschein nimmt und bei der Besucher- und Verwaltungsabteilung der Alliierten Kontrollbehörde die für die Ankunft seiner Mission notwendigen Vorkehrungen trifft«. Den Militärs standen »während ihres Aufenthaltes in einer der Besatzungszonen oder -sektoren die gleichen Vorrechte und Befreiungen von der deutschen Gerichtsbarkeit, von der deutschen Besteuerung und von den Verwaltungsakten der deutschen Behörden wie die Angehörigen der Alliierten Kontrollbehörde genießen« zu. Zusätzlich wurden alle Mitarbeiter der Missionen, ganz gleich ob Militär- oder Zivilperson, dem Militärrecht oder dem Recht der Militärregierung unterstellt. Die daraufhin akkreditierten Militärmissionen kamen aus Australien, Belgien, China, Kanada, den Niederlande, aus Norwegen, Polen, Jugoslawien und der Tschechoslowakei und waren bis Anfang 1946 errichtet. Im Laufe des Jahres 1946 zogen Brasilien, Dänemark, Griechenland, Indien, Luxemburg und Südafrika nach. Lediglich Neuseeland machte von seinem Recht keinen Gebrauch. Entgegen der Vorstellung, die Militärmissionen auf die vier Sektoren zu verteilen, entstand im ehemaligen Diplomatenviertel am Tiergarten im britischen Sektor ein Schwerpunkt: Argentinien, Chile, Ägypten, Finnland, Ungarn, Iran, Irland, Japan, Portugal, Rumänien, Spanien und die Türkei richteten hier ihre Niederlassungen, zum Teil unter Nutzung ihrer früheren Botschafts- oder Gesandtschaftsgebäude. Die räumliche Konzentration auf den britischen Sektor hatte Auswirkungen auf das diplomatische Protokoll der Alliierten. So erschien die Protokollliste, die »Official List of Military Missions accredited to the Control Authority in Berlin«, nur in englischer Sprache.

Die vier Besatzungsmächte errichteten wegen der großen humanitären Aufgaben beim Heimtransport von Kriegsgefangenen und Flüchtlingen noch 1945 Konsularabteilungen bei ihren Besatzungsbehörden in Berlin. Außerdem wurde 1947 in Berlin eine Niederlassung des International Childrens's Emergency Fund (UNICEF) der Vereinten Nationen eröffnet. Für die Organisierung der Rückkehr der schweizerischen Staatsangehörigen wurde bereits Ende 1945 eine Schweizer Heimschaffungsdelegation unter der Leitung eines Offiziers nach Berlin entsandt. Das Gesuch um Akkreditierung einer Schweizer Mission wurde im Kontrollrat durch die sowjetische Seite abgelehnt, die Arbeit der Heimschaffungsdelegation auf sowjetischem Besatzungsgebiet wurde jedoch erlaubt. Für das Internationale Komitee vom Roten Kreuz bestand die Möglichkeit, eine als Delegation bezeichnete, jedoch nicht akkreditierte Vertretung, in Berlin zu unterhalten. Für die in Deutschland lebenden Österreicher wurde eine Repatriierungsstelle aufgebaut.

Das Schicksal der diplomatischen Immobilien Die meisten Botschafts- und Gesandtschaftsgebäude waren im Krieg zerstört worden. Eine Ausnahme bildete die Schweizerische Gesandtschaft, die nicht nur als einziges Haus neben dem Reichstag den Abriß des Alsenviertels im Dritten Reich, sondern auch Luftangriffe und Artilleriekämpfe leidlich überstanden hatte. Die Botschaften der drei Westmächte lagen alle im sowjetischen Sektor und waren im Krieg zerstört oder schwer beschädigt worden. Die Briten konnten aus dem Trümmerhaufen ihres prachtvollen Botschaftspalais in der Wilhelmstraße »nur« die schmiedeeiserne Eingangspforte sicherstellen und in das Portal des Sitzes der Britischen Militärregierung in der ehemaligen Reichssportschule einfügen. Die Grundstücke derjenigen Staaten, die in Berlin keine Akkreditierung erhielten, wurden zeitweise von den Militärbehörden verwaltet. Beschlagnahmt wurden jedoch die Gebäude, »deren Staaten mit einem Mitglied der Vereinten Nationen zu irgendeinem Zeitpunkt seit dem 1.9.1939 im Kriegszustand sich befanden«, wie es das Gesetz Nr. 52 der westlichen Militärregierungen beziehungsweise der Befehl Nr. 124 des sowjetischen Oberbefehlshabers vorsahen. Die Grundstücke von neutralen Ländern, deren Administrationen sich – auch aufgrund geographischer Entfernung, unter anderem Ägypten, Afghanistan, Argentinien, Chile, Japan, Mexiko und Peru – nicht vor Ort um ihr Objekt kümmern konnten, wurden in den Westsektoren bis zum Zeitpunkt der Aufnahme normaler diplomatischer Beziehungen in die Verwaltung des Senats von Berlin übertragen. Später wurden einige der Grundstücke an das Land Berlin oder an Wohnungsbaugesellschaften verkauft.

Die Grundstücke der ehemaligen Gesandtschaften von Polen, Estland, Lettland, Kroatien, Bulgarien und China wurden aufgrund komplizierter Eigentumsverhältnisse dem Senat von Berlin zugeordnet.

Blockade und Luftbrücke

Die Siegermächte hatten sich im Potsdamer Abkommen auf eine gemeinsame Verwaltung im geteilten Deutschland geeinigt. Nachdem der in Potsdam beschlossene Alliierte Kontrollrat errichtet war, trat Frankreich als Siegermacht hinzu. Es verhinderte in diesem Gremium durch sein Veto die Einrichtung einer gemeinsamen Verwaltung. Um den Streit über eine gesamtdeutsche Währungsreform kam es 1948 zum endgültigen Bruch. Am 20.6.1948 führten die Westmächte in ihren Zonen eine separate Währungsreform durch. Als Antwort sperrten die Russen am 24.6.1948 die einzige Einsenbahnverbindung zwischen West-Berlin und den Westzonen. Am 1.7. 1948 erfolgte die Mitteilung über die Einstellung der sowjetischen Mitarbeit in der Alliierten Kommandantur. Über die Situation in Berlin schrieb General Clay in seinen Erinnerungen: »Als der Befehl der Sowjetischen Militär-Verwaltung, der den Bahnverkehr mit den Westzonen stillegte, am 24.6.1948, um 6 Uhr früh in Kraft trat, waren die drei Berliner Westsektoren mit einer Zivilbevölkerung von rund 2,5 Millionen Menschen auf die vorhandenen Vorräte und den Nachschub über die Luftbrücke angewiesen. Es war einer der brutalsten Versuche der neueren Geschichte, eine Massenhungersnot als politisches Druckmittel zu benutzen. Unsere Lebensmittelvorräte reichten für 36, die Kohlevorräte für 45 Tage.« Noch am Morgen des 24.6.1948 begann General Clay mit den Vorbereitungen zu einer beispiellosen Rettungsaktion für die Stadt. Über eine Luftbrücke sollten die 2,5 Millionen Menschen monatelang versorgt werden. Schon am 25.6.1948 landeten die ersten Maschinen mit Nahrungsmitteln für die Berliner Bevölkerung. Der Durchhaltewillen der Berliner manifestierte sich unüberhörbar auf einer Kundgebung auf dem Platz der Republik am 9.9.1948, als Oberbürgermeister Ernst Reuter vor etwa 350 000 Menschen die berühmten Worte sprach: »Ihr Völker der Welt, ihr Völker in Amerika, in England, in Frankreich, in Italien! Schaut auf diese Stadt und erkennt, daß ihr diese Stadt und dieses Volk nicht preisgeben dürft, nicht preisgeben könnt!« Ein weiteres Zeichen für den Widerstand gegen die kommunistische Bedrohung war die Gründung einer Universität in den Westsektoren Berlins, da die alte Berliner Universität Unter den Linden im sowjetischen Sektor lag und dort dem ideologischen Druck der Kommunisten ausgesetzt war. Die Gründung der Freien Universität Berlin erfolgte am 4.12.1948 während eines Festaktes im Titania-Palast in Steglitz, an dem auch General Clay teilnahm. Die Amerikaner zeigten sich der Freien Universität immer sehr verbunden und finanzierten das Hörsaalgebäude, den Henry-Ford-Bau. Zum Dank für dieses Engagement erhielt der amerikanische Präsident John F. Kennedy bei seinem Besuch in Berlin am 26.6.1963 die Ehrendoktorwürde verliehen. Nachdem in der Sowjetunion bemerkt wurde, daß die Westalliierten mit der Luftbrücke die Versorgung von West-Berlin auf unbestimmte Zeit fortsetzen könnten, gab man die Blockade am 12.5.1949 auf. Bei der Luftbrücke hatten 70 alliierte Piloten und acht deutsche Hilfskräfte ihr Leben verloren. Die Hilfe der Westalliierten für die Berliner ließ aus den Besatzern Schutzmächte werden, die bis zum Ende der Teilung die Freiheit West-Berlins garantierten.

Berlin nach der Gründung der Bundesrepublik Deutschland

Am 23.5.1949 trat das Grundgesetz für die Bundesrepublik Deutschland in Kraft. Wegen des Einspruchs der drei westlichen Militärgouverneure galt es rechtlich nicht für Berlin. Die West-Berliner hatten kein Wahlrecht zum Deutschen Bundestag. Für sie galten Sonderbestimmungen, so die, daß sie ihre besonderen Personalausweise immer bei sich tragen mußten und keine Messer mit sich führen durften. Faktisch wurde West-Berlin jedoch als Bestandteil der Bundesrepublik Deutschland behandelt. Der erste Bundespräsident Theodor Heuss stattete Berlin am 31.10.1949 den Antrittsbesuch ab. Seine Ansprache an die Berliner vor dem Rathaus Schöneberg endete mit den Worten: »Der Tag wird kommen, an dem Berlin wieder Hauptstadt eines geeinten Deutschlands sein wird.« Als Berliner Amtssitz der Bundespräsidenten wurde in den Jahren 1954 bis 1959 das Schloß Bellevue im Tiergarten hergerichtet. Am 18.6.1959 konnte Theodor Heuss den Schlüssel des Schlosses in Empfang nehmen.

Am 5.5.1955 traten die Pariser Verträge in Kraft, durch die die Bundesrepublik Deutschland eine eingeschränkte Souveränität erhielt. Damit war die Tätigkeit der Hohen Kommissare der Westmächte beendet. Ihre Funktionen übernahmen die Botschafter der Westmächte in Bonn, die nunmehr den Stadtkommandanten von Berlin übergeordnet wurden. Die gleichzeitig veröffentlichte »Erklärung über Berlin« legte fest, daß die alliierten Behörden, »falls sie es für notwendig erachten«, das Recht behielten, Maßnahmen zu ergreifen, die zur »Erfüllung ihrer internationalen Pflichten, zur Sicherung der öffentlichen Ordnung und zur Erhaltung des Status und der Sicherheit Berlins« notwendig sind. Damit blieb Berlin ein Gebiet unter alliierter Kontrolle.

Das Schreiben der Alliierten Kommandantur vom 24.05.1967 legte noch einmal fest, »... it has been and remains the Allied intention and opinion that Berlin is not to be regarded as a land of the Federal Republik and is not to be governed by the Federation ...«

Nach der Erlangung der Souveränität der Bundesrepublik Deutschland im Jahre 1955, errichteten einzelne Staaten Vertretungen, Honorarkonsulate und Konsulate in Berlin. Mit den Namensgebungen dieser Konsulate ließ man manchmal jedoch die Unzufriedenheit mit dem Status der Stadt anklingen. So hieß das Generalkonsulat der Sowjetunion beispielsweise »Generalkonsulat der Union der sozialistischen Sowjetrepubliken in den Westsektoren Berlins«.

Die Hoffnung auf eine Rückkehr der Sowjetunion in den Kontrollrat trieb noch zu dieser Zeit seltsame Blüten. Sollte ein Gesandter oder Konsul akkreditiert werden, so mußte der Entsendestaat jeweils der Bundesregierung und zeitgleich den Botschaften der Westmächte in Bonn diesen Wunsch anzeigen. Das Auswärtige Amt hatte hier lediglich die Funktion, den Wunsch an die zuständige Stelle der Siegermächte weiterzuleiten. Im Falle der Akkreditierung eines Generalkonsuls wurde das Zulassungsschreiben von der Alliierten Kommandantura überreicht. Der förmliche Antrittsbesuch hierzu hatte im Kontrollratsgebäude am Kleistpark zu erfolgen. Das Prozedere war feierlich: Drei alliierte Soldaten standen mit britischer, französischer und amerikanischer Fahne vor dem Gebäude, ein vierter Soldat hielt die sowjetische Fahne hoch. Dann folgten fünf Minuten des wartenden Schweigens als Ausdruck der Hoffnung, daß die Sowjetunion in den Kontrollrat zurückkehren möge. Da, wie zu erwarten, keine Reaktion erfolgte, konnte der Antrittsbesuch nach diesem symbolischen Akt beginnen. Der Generalkonsul wurde akkreditiert.

Die Diplomatie und die Mauer

Die Vorbereitungen des Ostens zur Absperrung der offenen Grenze in und um Berlin wurden im Westen nicht bewußt wahrgenommen. So kamen die Maßnahmen in der Nacht vom 12. auf den 13.8.1961 für die westlichen Diplomaten überraschend. Nachdem klar war, daß sich diese nicht gegen die Westmächte richteten, gab es bei den Regierungen der USA, Großbritanniens und Frankreichs eine gewisse Erleichterung, da man wegen der massiven Kriegsdrohungen des sowjetischen Parteichefs Chruschtschow mit einer militärischen Bedrohung der Zufahrtswege nach West-Berlin gerechnet hatte. Die Politiker in West-Berlin waren in einer schwierigen Situation. Als einziger Bundesminister weilte der für Gesamtdeutsche Fragen, Ernst Lemmer, in der Nacht der Grenzsperrung in Berlin. Er schrieb in seinen Erinnerungen über den Abend zuvor: »Am ... 12.8.1961 saß ich abends noch im Kreise von Berliner Journalisten beim Bier. Wir fühlten alle, daß wir unmittelbar vor einem großen Ereignis standen. Aber meine Freunde von der Presse ... hatten sich ebensowenig wie Diplomaten und Politiker vorstellen können, was dann in der Frühe des 13. August wirklich geschah.«

Der Regierende Bürgermeister Willy Brandt befand sich in jener Nacht auf Wahlkampftour in Westdeutschland. Auf die Meldung von der Grenzsperrung kehrte er unverzüglich per Flugzeug nach Berlin zurück. Bundeskanzler Adenauer reiste nicht an die Spree. Die Berliner Politiker mußten mit den Vertretern der Schutzmächte allein verhandeln. Darüber berichtet Willy Brandt in seinem Buch »Begegnungen und Einsichten« und in seinen Erinnerungen: »... am Vormittag fuhr ich – zum ersten und einzigen Mal während meiner Bürgermeisterjahre – zum Gebäude der Alliierten Kommandantur; sonst traf ich mich mit den westlichen Kommandanten regelmäßig in deren Residenzen, bei mir im Rathaus oder in privatem Rahmen. In der Kommandantur überraschte mich zunächst das Bild des sowjetischen Generals Kotikow, des letzten sowjetischen Stadtkommandanten, der vor mehr als dreizehn Jahren vom Kreml den Befehl erhalten hatte, dieses Feld zu räumen. Die Alliierten ließen sein Foto wohl nicht aus Pietät an seinem Platz, sondern aus pedantischem Respekt vor dem hier noch gültigen Vier-Mächte-Status der Stadt; für den fiktiven Nachfolger wurde ein Platz am Tisch freigehalten.« »Wäre ich, in jenen sonntäglichen Vormittagsstunden des 13. August, kühleren Blutes gewesen, hätte ich bemerkt, daß die verehrten Herren Kommandanten verwirrt, hilflos, ohne Anweisung waren. Der Amerikaner ließ, mit bedenklicher Miene, durchblicken, was ihm aus Washington bedeutet worden war: Es dürfe auf gar keinen Fall zu unüberlegten Reaktionen kommen oder gar trouble gemacht werden, West-Berlin sei ja nicht unmittelbar bedroht. (...) Wirksame Gegenmaßnahmen wußte auch ich nicht vorzuschlagen und rief, die Erregung nicht verbergend, den Kommandanten zu: ›So protestieren Sie doch wenigstens, nicht nur in Moskau, sondern auch in den anderen Hauptstädten des Warschauer Paktes!‹ (...) ›Schickt mindestens sofort Patrouillen an die Sektorengrenze, um dem Gefühl der Unsicherheit zu begegnen und den West-Berlinern zu zeigen, daß sie nicht gefährdet sind!‹

Zwanzig Stunden vergingen, bis an der innerstädtischen Grenze die ersten Militärstreifen gesichtet wurden. Vierzig Stunden vergingen, bis die Rechtsverwahrung auf den Weg zum sowjetischen Kommandanten gebracht war. Zweiundsiebzig Stunden vergingen, bis in Moskau der Protest einging; er klang nach Routine.« Willy Brandt sah schließlich keine andere Möglichkeit mehr, als in einem privaten Brief ohne Absprache mit der Bundesregierung den amerikanischen Präsidenten Kennedy selbst um Hilfe zu bitten. Dazu schreibt Egon Bahr in seinen Erinnerungen: »Dieser Schritt über alle Apparate hinweg entsprach der Dramatik der Situation. Zu Konsultationen mit der Bundesregierung, den beiden anderen Schutzmächten und den vereinigten Bedenkenträgern war keine Zeit.« Kennedy reagierte sofort. In seinem Auftrag reisten Vizepräsident Lyndon Johnson und der Held der Luftbrücke, General Lucius Clay, am 19.8.1961 nach Berlin, um eine Botschaft zu überbringen, in der sich die Vereinigten Staaten von Amerika verpflichten, die Freiheit von West-Berlin zu garantieren. Auf ihrer Fahrt vom Flughafen Tempelhof zum Rathaus Schöneberg wurden die amerikanischen Politiker von Hunderttausenden Berlinern begeistert begrüßt. Ebensolcher Jubel empfing eine 1500 Mann starke Kampfgruppe der amerikanischen Streitkräfte, die demonstrativ über die Autobahn Helmstedt – Berlin fahrend, am 20.8.1961 in Zehlendorf eintraf. Die spontanen aber unmißverständlichen Handlungen der Amerikaner gaben den West-Berlinern das Vertrauen in die Beständigkeit der Schutzmächte zurück. Diese Haltung bekam Präsident Kennedy selbst zu spüren, als er am 26.6.1963 im Rahmen eines Deutschland-Besuches nach Berlin reiste. An der Fahrtstrecke vom Flughafen durch die Stadt jubelten anderthalb Millionen Menschen dem amerikanischen Präsidenten zu. Nach den Erinnerungen des

Kennedy begleitenden Beraters Theodore Sorensen haben die Berliner dem Präsidenten den überwältigendsten Empfang seiner Karriere bereitet. »Diese Menschenmassen, ihre Rufe und der Ausdruck der Hoffnung und Dankbarkeit in ihren Augen rührten manchen in unserer Reisegesellschaft zu Tränen, noch bevor wir über die Mauer gesehen hatten.« Der Höhepunkt des Besuches war die Rede Kennedys vor dem Rathaus Schöneberg, an deren Ende er den berühmt gewordenen Satz sagte: »Alle freien Menschen, wo immer sie leben mögen, sind Bürger dieser Stadt West-Berlin, und deshalb bin auch ich als freier Mann stolz darauf, sagen zu können: Ich bin ein Berliner.« Den deutsch gesprochenen letzten Passus hatte der Präsident zusammen mit seinem Dolmetscher Robert H. Lochner vorher gründlich eingeübt.

In den folgenden Jahren haben immer wieder Staatsoberhäupter der Schutzmächte die Verbundenheit ihrer Staaten mit Berlin durch Besuche an der Spree bekräftigt. Im Jubiläumsjahr 1987 kamen die Staatsoberhäupter aller drei Westmächte nach Berlin. Dabei forderte der amerikanische Präsident Ronald Reagan in seiner Rede am Brandenburger Tor am 12.6.1987 den sowjetischen Parteichef Michail Gorbatschow auf, die Mauer niederzureißen. Gorbatschow folgte dieser Aufforderung nicht, aber er ließ zu, daß es die Berliner selbst zwei Jahre später tun konnten.

Das Vier-Mächte-Abkommen über Berlin

Zu einer endgültigen Regelung der Streitfragen um Berlin begannen im Frühjahr 1970 Verhandlungen über ein Abkommen zwischen den Botschaftern der Westmächte in der Bundesrepublik Deutschland, Kenneth Rush für die USA, Roger Jackling für Großbritannien und Jean Sauvagnargues für Frankreich, sowie dem sowjetischen Botschafter in der DDR, Pjotr Abrassimow. Das erste derartige Treffen fand am 26.3.1970 im Gebäude des Alliierten Kontrollrates am Kleistpark statt. Nach 32 weiteren offiziellen und mehreren inoffiziellen Gesprächen unterzeichneten am 3.9.1971 die genannten Diplomaten an gleicher Stelle das entsprechende Abkommen.

Im Vier-Mächte-Abkommen wurde die völkerrechtliche Anbindung von West-Berlin an die Bundesrepublik Deutschland geregelt, »in Übereinstimmung mit den festgelegten Verfahren (können) völkerrechtliche Vereinbarungen und Abmachungen, die die Bundesrepublik Deutschland schließt, auf die Westsektoren Berlins ausgedehnt werden«. Ferner wurde die Ausübung »der konsularischen Betreuung für Personen mit ständigem Wohnsitz in den Westsektoren Berlins durch die Bundesrepublik Deutschland zugestanden«. Festgelegt wurde die Errichtung eines Generalkonsulates der UdSSR in West-Berlin, jedoch mit der ausdrücklichen Einschränkung, daß die Tätigkeit des Generalkonsulats nur konsularischer Natur sein durfte, keine politischen Funktionen sowie keine mit den Viermächte-Rechten und -Verantwortlichkeiten in Zusammenhang stehenden Angelegenheiten umfaßte. Mit dem Vier-Mächte-Abkommen war die Gefahr eines Krieges der Supermächte wegen Berlin gebannt.

In der Folge des Viermächte-Abkommens konnten die innerdeutschen politischen Kontakte intensiviert werden. So wurden noch im gleichen Jahr 1971 ein Abkommen über den Transitverkehr und eine Vereinbarung über die Erleichterung des Reise- und Besucherverkehrs abgeschlossen. Am 21.12.1972 unterzeichneten

Bundesminister Egon Bahr und Staatssekretär Michael Kohl den Vertrag über die Grundlagen der Beziehungen zwischen der Bundesrepublik Deutschland und der DDR.

Auf der Grundlage des Vier-Mächte-Abkommens wurden in West-Berlin ein Generalkonsulat der UdSSR und ein Büro der sowjetischen Außenhandelsvertretung eröffnet. Außerdem wurden die Vertretungen von »Intourist« und »Aeroflot« vergrößert. 1972 fanden »Tage der sowjetischen Kultur« in West-Berlin statt und im Jahr darauf eine große Handels- und Industrieausstellung.

Den letzten Angriff auf den Vier-Mächte Status der Stadt unternahm die DDR Mitte 1986. Am 21.5.1986 wurden die westlichen Botschaften in der DDR darüber informiert, daß in Ost-Berlin akkreditierte Angehörige von diplomatischen Missionen beim Grenzübertritt nach West-Berlin künftig ihre Diplomatenpässe, anstatt der bisherigen vom DDR-Außenministerium ausgestellten Dienstausweise vorzeigen müßten. Von den West-Mächten und den übrigen NATO-Staaten wurde die Note nicht entgegengenommen, da sie der DDR jedes Recht auf Änderungen der Verfahrenspraxis an der innerstädtischen Sektorengrenze absprachen. Im Namen der Westmächte legte der amerikanische Botschafter in Bonn, Richard Burt, am 29.5.1986, während eines in seiner West-Berliner Residenz geführten Gesprächs mit dem sowjetischen Botschafter in der DDR, Wjatscheslaw Kotschemassow, Protest gegen das neue Verfahren ein. Die DDR beendete die Affäre, indem sie Anfang Juli 1986 neue Dienstausweise für die Diplomaten ausstellen ließ.

Die gesellschaftlichen Kontakte

Die besondere politische Situation im geteilten Berlin hatte ein ungewöhnlich enges Verhältnis zwischen den hier stationierten alliierten Offizieren und Soldaten und der einheimischen Bevölkerung zur Folge. Der während der Luftbrücke zum ersten Mal gezeigte bedingungslose Einsatz der West-Alliierten für die Freiheit West-Berlins ließ aus den Besatzungsmächten Schutzmächte und aus den Besatzern Freunde werden. Ausdruck dieser Freundschaft waren beispielsweise die Volksfeste, die auf Initiative der West-Alliierten alljährlich stattfanden. Eine besondere Festlichkeit waren die Tattoos der britischen Streitkräfte.

Aus Anlaß der Nationalfeiertage bzw. des offiziellen Geburtstages der britischen Königin fanden Paraden der Alliierten statt. Im Anschluß an die Paraden gaben die Stadtkommandanten Empfänge; die Franzosen am 14. Juli im repräsentativen Bereich des Quartier Napoleon, der heutigen Julius-Leber-Kaserne, die Amerikaner am 4. Juli im Harnack-Haus in Dahlem, und die britischen Stadtkommandanten am 21. Juni in der Villa Lemm an der Havel. Die Geburtstagsparade für die britische Königin auf dem Maifeld am Olympia-Stadion, die traditionell von einem Mitglied des britischen Königshauses abgenommen wurde, war der gesellschaftliche Höhepunkt in West-Berlin und auch ein Ereignis für die Modewelt, da hier gemäß der britischen Tradition von den Damen die neuesten Hutkreationen präsentiert werden konnten. Jedes Frühjahr gab es auf der Straße des 17. Juni eine gemeinsame Parade der Alliierten, nach der ein Empfang des Regierenden Bürgermeisters von Berlin im Schloß Charlottenburg stattfand.

Die Kontakte zwischen den Alliierten, den in Berlin akkreditierten Diplomaten und den Vertretern der Berliner Gesellschaft waren seit Ende der siebziger Jahre so intensiv, daß man sich als große Familie fühlte. Ausdruck dieses freundschaftlichen Verhältnisses war auch der Brauch, wonach Angehörige der Schutzmächte von Berliner Familien alljährlich zum Weihnachtsfest eingeladen wurden. In der Adventszeit gab es gemeinsame Gottesdienste in der Kaiser-Wilhelm-Gedächtniskirche, wo in den drei Sprachen Weihnachtslieder gesungen wurden.

Von der West-Berliner Gesellschaft wurden die Zentren der Alliierten anerkennend und scherzhaft als die »Drei Alliierten-Höfe« bezeichnet, zu denen man gern Zugang haben wollte und die von eigenen Protokollchefs der Stadtkommandanten organisiert wurden. Bei den gesellschaftlichen Veranstaltungen gab es nicht nur Gelegenheit zu Kontakten zwischen den Alliierten und den Deutschen, sondern auch zwischen den Berliner Vertretern aus Politik, Wirtschaft und Kultur untereinander. Einladungen der Alliierten erwiderten die Berliner und luden ihrerseits die Stadtkommandanten und ihre Mitarbeiter und die in West-Berlin akkreditierten Diplomaten zu gesellschaftlichen Veranstaltungen ein. Besonders geschätzt wurden die Neujahrsempfänge des Präsidenten der Industrie- und Handelskammer Berlin, an denen manchmal auch die Bonner Botschafter der Westmächte teilnahmen. Die Jüdische Gemeinde von Berlin und ihre führenden Repräsentanten kümmerten sich ebenfalls um die Kontakte zu den Alliierten. Die Stadtkommandanten beteiligten sich am Berliner Kulturleben, so waren sie zum Beispiel bei der Eröffnung der neuen Staatsbibliothek anwesend.

Im Rotary Club und den anderen Service Clubs waren die wichtigsten Alliierten und sonstigen Diplomaten Ehrenmitglieder. Der britische Offiziersclub wurde nach dem Abzug der Briten zum »International Club Berlin« umgewandelt. Der »International Club Berlin« ist zu einem Treffpunkt der Berliner Gesellschaft mit der internationalen Diplomatie geworden. Hier finden die großen Veranstaltungen für die noch in Bonn akkreditierten Botschafter im Anschluß an die Neujahrsempfänge des Bundespräsidenten im Schloß Bellevue statt. Eine Reihe von Botschaftern und Berliner Außenstellenleitern sind bereits Mitglied im »International Club Berlin«. Auf dem Gelände des Clubs befindet sich auch das Büro von »Welcome to Berlin – Berliner Club der Diplomatenfrauen«, der sich bemüht, ein Treffpunkt der Damen der Berliner Gesellschaft mit den Ehepartnern der Diplomaten zu sein, die Diplomaten auf den Umzug von Bonn nach Berlin vorzubereiten und die bereits in Berlin akkreditierten Diplomaten zu integrieren.

Der Golfclub Wannsee und der ehemalige britische Golfclub Gatow, sowie die vielen neuen Golfclubs im Umland, wenden sich heute schon an die golfbegeisterten Diplomaten aus Bonn oder die schon in Berlin ansässigen Diplomaten.

Symptomatisch für das enge Verhältnis zwischen den West-Alliierten, den in Berlin akkreditierten Diplomaten und der Berliner Gesellschaft waren die Umstände der letzten Nacht der Teilung, in der die Mauer fiel. Am Abend des 9.11.1989 fand die Geburtstagsfeier des Berliner Medienunternehmers Ulrich Schamoni statt, an der auch die drei Stadtkommandanten teilnahmen, die nichts von den weltverändernden Vorgängen in jener Nacht ahnen konnten. Auf die Nachricht vom Fall der Mauer eilten die Stadtkommandanten zu ihren Stäben, während der Rest der Festgesellschaft an der ehemaligen Sektorengrenze das Ende der Teilung feierte.

Diplomatie in der »Hauptstadt der DDR« von 1949 bis 1990

Der Neuanfang

Nach der Besetzung Deutschlands 1945 durch die Alliierten und dem daraus resultierenden Zusammenbruch des Deutschen Reiches war auch in Berlin zunächst nur noch ein Hauch an Diplomatie spürbar. Dies änderte sich jedoch, nachdem sich die Unvereinbarkeit der sowjetischen Interessen mit denen der Westalliierten immer deutlicher abzeichnete und die UdSSR beschloß, die ihr zugeteilte Zone getrennt von den anderen nach ihrem politisch-ideologischen Muster zu prägen. Da sich die Alliierten prinzipiell darin einig waren, daß Deutschland als eigenständiges Staatsgebiet erhalten bleiben sollte, regten sich schon bald wieder Kräfte, die deutsche Interessensvertretungen bildeten, welche nach und nach an politischer Kompetenz gewannen. Diese Entwicklung wurde ebenso von den Westalliierten, wie auch von der Sowjetunion in ihrem jeweiligen Gebiet gefördert. Während aber die ersteren in ihrem Bereich auf die Etablierung demokratischer Grundsätze und auf eine Erziehung zur späteren politischen Selbständigkeit abzielten, war diese Zeit in der Sowjetisch besetzten Zone (SBZ) durch die »Sowjetisierung« aller Bereiche gekennzeichnet. Angefangen bei der Zwangsvereinigung von KPD und Teilen der SPD zur SED im April 1946 bis hin zur Gründung des ersten deutschen Staates sozialistischer Prägung am 7.10.1949. Entgegen des für die Stadt vereinbarten Viermächte-Status wurde Ost-Berlin zur Hauptstadt der DDR erklärt. Es befanden sich aber bereits vor dem 7.10.1949 im Ostteil der Stadt Handelsvertretungen von Ländern, die nach dem Ende des Zweiten Weltkriegs kommunistische Regierungen erhalten hatten und Bündnispartner der UdSSR geworden waren, wie Bulgarien, Rumänien, Ungarn und Polen; außerdem gab es ein Büro Finnlands (das sich an der Leipziger/Ecke Mauerstraße befand). Die ebenfalls kommunistisch regierten Staaten Tschechoslowakei und Jugoslawien bildeten hier eine Ausnahme. Erstere hatte nämlich neben einer Handelsvertretung zusätzlich noch ein Generalkonsulat in der Pankower Wollankstraße, welches bei der Sowjetischen Militäradministration in Deutschland (SMAD) [die bis zur Umwandlung in die sowjetische Kontrollkommission 1949 existierte] akkreditiert war. Jugoslawien schließlich siedelte seine Militärmission im Gegensatz zu allen anderen Staaten, die eine gleiche Institution in Berlin unterhielten, im Nobelviertel des Ost-Berliner Bezirks Pankow an. Als jedoch 1948 der jugoslawische Kommunistenchef Tito von der Kominform wegen seines Verhaltens verurteilt wurde, ließ sich die jugoslawische Militärvertretung im Westteil der Stadt nieder. Das kam den Protokollbeamten nicht ganz ungelegen, denn so wurden in der stark zerstörten Stadt Räumlichkeiten frei, die nach der Anerkennung der DDR Ende 1949 an andere Vertretungen vergeben werden konnten. Bis die sowjetische Botschaft Unter den Linden vollkommen wiederhergestellt war, befand sich deren Gesandtschaft in einem alten Schulgebäude in der Tschaikowskistraße 37, in Berlin-Pankow.

Hier soll noch die Ost-Berliner Zweigstelle der Schweizer Heimschaffungsdelegation erwähnt werden, die sich ab Mitte des Jahres 1949 im Haus Friedrichstadt befand und sich bis zu ihrer Schließung durch die DDR-Administration 1953 um die Versorgung der knapp 4500 Schweizer mit Lebensmitteln kümmerte.

Die Gründung der DDR

Das erste diplomatische Schreiben, das die neue Regierung der DDR erhielt, war die Gratulation Stalins vom 13.10.1949 zur Wahl von Wilhelm Pieck zum Präsidenten und von Otto Grotewohl zum Ministerpräsidenten der DDR. Bereits hier wurde deutlich gezeigt, wie sehr die Beziehung der beiden »Bruderstaaten« von der sozialistischen Ideologie geprägt war: »Gestatten Sie mir, Sie und in ihrer Person das deutsche Volk anläßlich der Bildung der Deutschen Demokratischen Republik und ihrer Wahl zum Präsidenten bzw. zum Ministerpräsidenten der Deutschen Demokratischen Republik zu beglückwünschen.

Die Bildung der Deutschen Demokratischen friedliebenden Republik ist ein Wendepunkt in der Geschichte Europas ...

Die Erfahrung des letzten Krieges hat gezeigt, daß das deutsche und das sowjetische Volk in diesem Kriege die größten Opfer gebracht haben, daß diese beiden Völker in Europa die größten Potenzen zur Vollbringung großer Aktionen von Weltbedeutung besitzen. Wenn diese beiden Völker die Entschlossenheit an den Tag legen, für den Frieden mit der gleichen Anspannung ihrer Kräfte zu kämpfen, mit der sie den Krieg geführt haben, so kann der Frieden in Europa als gesichert betrachtet werden.

... Sie brauchen nicht daran zu zweifeln, daß Sie, wenn Sie diesen Weg beschreiten und den Frieden festigen, große Sympathien und die aktive Unterstützung aller Völker der Welt finden werden, darunter des amerikanischen, englischen, französischen, polnischen tschechoslowakischen, italienischen Volkes, schon gar nicht zu reden vom friedliebenden Sowjetvolk. Ich wünsche Ihnen Erfolg auf diesem neuen, glorreichen Weg.«

Es verwundert wohl auch kaum, daß die Sowjetunion am 15.10.1949 als erste ihr deutsches Einflußgebiet als souveränen Staat anerkannte. Am 4.11.1949 empfing Präsident Pieck in seinem Amtssitz Schloß Niederschönhausen den Chef der Diplomatischen Mission der UdSSR, Georg Maximowitsch Puschkin, zur Entgegennahme des Beglaubigungsschreibens. »Eine Ehrenkompanie der Volkspolizei erwies bei An- und Abfahrt des Botschafters die Ehrenbezeigung«, meldete dazu ADN.

Obwohl sich die DDR-Führung sehr darum bemühte, ihr Regierungsgebiet als unabhängigen Staat allgemein bestätigen zu lassen, folgten im Herbst 1949 lediglich die anderen kommunistischen »Bruderstaaten« dem Entschluß der Sowjetunion zur Anerkennung der DDR. Die Aufnahme der diplomatischen Beziehungen zu Bulgarien erfolgte am 17.10.1949, zu Polen und zur Tschechoslowakei am 18.10.1949, zu Ungarn am 19.10.1949, zu Rumänien am 22.10.1949, zur Volksrepublik China am 25.10.1949, zu Nordkorea am 6.11.1949 und zu Albanien am 2.12.1949. Somit war die DDR Ende 1949 von neun Staaten anerkannt. Bis zum August 1953 gab es ausschließlich diplomatische Missionen, deren Leiter unterschiedliche Ränge bekleideten. So hatten die obersten Vertreter Ungarns, Rumäniens und Bulgariens den Rang eines Gesandten und die der UdSSR, der CSSR und Polens den eines Botschafters.

Die sowjetische Repräsentanz in Ost-Berlin und das Verhältnis UdSSR – DDR

Die Botschaft der UdSSR in Berlin, Unter den Linden, war nicht nur das mit Abstand größte exterritoriale Gebäude in der Stadt, sondern mit 60 Diplomaten und weiteren zusätzlichen Mitarbeitern eine ihrer größten Auslandsvertretungen. Sie bot dadurch auch genügend Platz, um in ihrem Bereich Praktikumsstellen anzubieten. So bildete sie z.B. allein 1958 neun Praktikanten in der Diplomatischen Mission aus. Deren große Bewährungsprobe sollte ein Empfang zu Ehren von KPdSU-Generalsekretär Nikita Chruschtschow, der in jenem Jahr die DDR besuchte, sein. Ihnen war der Auftrag erteilt worden, den ersten Mann in der sowjetischen Partei-Hierarchie von unliebsamen Zusammenkünften abzuschirmen.

Im Arbeitszimmer des sowjetischen Botschafters stand ein extra Telefon, über das er sich mit allen Entscheidungsträgern, vom Staatschef bis zum Kreisparteisekretär, verbinden lassen konnte. Davon machte Seine Exzellenz auch regen Gebrauch.

Der letzte sowjetische Botschafter in der DDR, Kotschemassow, hatte außerdem noch jeden Freitag ein Treffen mit Honecker und sprach dabei die Regierungslinie der DDR mit ihm durch, wobei dieser umgekehrt auch über jeden Besuch eines bundesdeutschen Politikers einen Bericht abgeben mußte.

In der letzten Zeit vor der Wende reagierte das greise DDR-Staatsoberhaupt bei dieser Gelegenheit auch des öfteren in der Gegenwart von Kotschemassow mit unbeherrschten Wutanfällen, als in der Presse der UdSSR wiederholt Kritik an Ost-Berlins Verhalten laut wurde. In der UdSSR unter Gorbatschow schien man die Ängste und Vorbehalte der DDR nicht zu verstehen.

Das Ministerium für Auswärtige Angelegenheiten der DDR (MfAA)

Von den nationalen Regierungsstellen des neugeschaffenen Staates befand sich das am 12.10.1949 gegründete Ministerium für Auswärtige Angelegenheiten in der Luisenstraße 56, im Stadtbezirk Mitte. Erst Anfang der sechziger Jahre wurde das neue Haus am Marx-Engels-Platz, gegenüber dem Staatsratsgebäude, bezogen, in dem später regelmäßig Neujahrsbälle unter reger Beteiligung des Diplomatischen Corps stattfanden, bei denen die Diplomaten mit hohen Parteifunktionären die Plätze teilten.

Das MfAA hatte während seiner Existenz insgesamt sechs Dienstherren gesehen, angefangen bei dem CDU-Politiker Georg Dertinger, über den NDPD-Mann Lothar Bolz, gefolgt von Otto Winzer und Oskar Fischer, dessen Macht aber immer mehr durch die mächtigere SED-ZK Abteilung des Politbüromitgliedes Hermann Axen beschnitten wurde. Markus Meckel, der erste frei gewählte Außenminister der DDR, der seinen Dienst am 12.4.1990 antrat und auf Grund des Koalitionsaustrittes der DDR-SPD seinen Sessel bereits wieder am 20.8.1990 räumen mußte, wurde beerbt von Lothar de Maizière, der als Ministerpräsident in Personalunion das Ministerium übernahm und es durch seinen Staatssekretär Kersten Radzimanowski leiten ließ.

Bis zur Wende besaß das MfAA acht stellvertretende Außenminister und hatte insgesamt um die 3000 Mitarbeiter, die je nach Rang das Gebäude durch unterschiedliche Eingänge betraten. Mit dem Regierungsantritt der Koalition unter de Maizière am 17.4.1990 änderte sich auch die Struktur des Ministeriums. Es wurde dem System in der Bundesrepublik Deutschland angepaßt. So gab es dann einen parlamentarischen Staatssekretär und zwei Staatssekretäre.

Von der Staatssicherheit gingen 60 Offiziere im besonderen Einsatz (OibE) ihrem Dienst im Ministerium nach. Besonders sind hier die Stasi-Kuriere mit Diplomatenpaß zu erwähnen, denn der zentrale diplomatische Kurierdienst (ZDKD) des DDR-Außenministeriums war eine getarnte Diensteinheit des MfS, die unter der Leitung von Erich Mielke stand. Bis zur deutschen Vereinigung arbeitete der ZDKD, auch im Meckel-Ministerium, weiter, worüber einer der Staatssekretäre, der selbst zu einem der 1200 ad-hoc-Kuriere gehört hatte, Kenntnis besaß. Der ZDKD war eine völlig selbständig arbeitende Einrichtung der Abteilung »Zentrum für Auslandsverbindungen« im DDR-Außenministerium. Ausschließlich ausgewählte leitende Mitarbeiter des Ministeriums durften die Räume im Erdgeschoß betreten. Die Einrichtung bestand aus sechs leitenden Mitarbeitern und 24 Kurieren, verfügte über einen Jahreshaushalt in Höhe von 5,4 Mio. US-Dollar und 1,2 Mio. DDR-Mark. Mielkes Leute beförderten damals sämtliche diplomatische Post in die zuletzt 96 Botschaften und 11 Generalkonsulate der DDR. Einmal pro Monat reisten die 24 Kuriere jeweils zu zweit um die Welt. Die Ausbildung für einen Posten in diesem Amt erfolgte an der Akademie für Staats- und Rechtswissenschaften in Potsdam-Babelsberg. Hier wurden auch angehende Diplomaten aus Osteuropa und der Dritten Welt ausgebildet.

Diplomatische Vertreter, die eine Zweitakkreditierung für die DDR besaßen, aber auch Delegationen aus den zahlreichen Außenministerien überall auf der Welt, mit denen Honeckers Regierung korrespondierte, waren zu Besuchen und bei großen Ereignissen (z.B. bei Parteitagen) in einem ganz besonderen Gebäude, dem Gästehaus des MfAA am Treptower Park, untergebracht. Hierbei handelt es sich um eine sehr schöne Villa mit einem großzügig angelegten Garten und einer Terrasse.

Auch heute wird dieses Gebäude wieder für diplomatische Zwecke genutzt. Das Auswärtige Amt hat hier eine Ausbildungsstätte für angehende Diplomaten aus Mittel- und Ost-Europa und den GUS-Staaten eingerichtet, die gern genutzt wird und bereits vielversprechende Erfolge, besonders im Bereich vertrauensbildender Maßnahmen, für sich verbuchen kann.

Als das MfAA am 3.10.1990, nach dem Beitritt der DDR zum bundesdeutschen Grundgesetz, seine Tätigkeit einstellte, wurden auch die knapp 3 000 Mitarbeiter arbeitslos.Von den DDR-Diplomaten in höheren Rängen wurden insgesamt nur zwei junge Mitarbeiter übernommen. Die in Ost-Berlin ansässigen Missionen wurden in Außenstellen der Botschaften in der Bundesrepublik, bzw. in Generalkonsulate umgewandelt.

Die Gestaltung des diplomatischen Lebens in Ost-Berlin

Der erste diplomatische Vertreter der UdSSR, Georgi Maximowitsch Puschkin, traf Anfang November 1949 in Ost-Berlin ein und wollte keine Zeit verschwenden. Er bestand darauf, innerhalb von zwei Tagen mit der gesamten DDR-Staatsspitze zusammenzutreffen.

Dem lag zu Grunde, daß wenige Tage später, am 7.11.1949, der sowjetische Nationalfeiertag bevorstand und der neue sowjetische Missionschef bei seinem ersten Empfang auf diesem Posten keinen unbekannten Gesichtern gegenüberstehen wollte. So empfing er bereits am 4. und 5.11.1949 die gesamte Volkskammerspitze und alle Mitglieder der DDR-Regierung, um schon einmal mit allen Bekanntschaft zu schließen. Dabei gaben sich die Minister im halbstündlichen Abstand, abgesehen von einer kleinen Unterbrechung zur Mittagspause, die Klinke in die Hand.

Unter ihnen befand sich auch der bereits erwähnte Georg Dertinger, der erste Außenminister der DDR. Der stellvertretende CDU-Chef war als bürgerlicher Politiker mit weitreichenden Kontakten, auch in den Westen der Stadt, der willkommene Kandidat der Sowjets, die zu jener Zeit noch offen gesamtdeutsche Ambitionen vertraten. Walter Ulbricht, zu jener Zeit stellvertretender Parteivorsitzender der SED, war über die Ernennung Dertingers nicht besonders glücklich, und in der Praxis zeigte sich, daß der Staatssekretär und SED-Politbürokandidat Anton Ackermann im Ministerium politisch nachher das eigentliche Sagen hatte. Teilweise erfuhr der Außenminister erst aus der Presse von personalpolitischen Entscheidungen bezüglich seines Hauses, wie zum Beispiel von der Ernennung des DDR-Vertreters in Ulan Bator. Der Umschwung der Sowjetpolitik auf Ulbrichts Kurs Ende 1952 machte die Person Dertingers überflüssig. Unter dem Vorwurf der Spionage ließ man ihn und die gesamte Familie verhaften und verurteilte ihn zu 15 Jahren Zuchthaus. Paradoxerweise kam dieses Urteil in den Augen seiner Ehefrau einem Freispruch gleich, denn gemessen an der Schwere der Anklage hatte sie eigentlich, wie es auch die Staatsanwaltschaft angedeutet hatte, mit einem Strafmaß von 25 Jahren, wenn nicht sogar mit der Verhängung der Todesstrafe gerechnet. Nach seiner Entlassung mußte der ehemalige Minister einen weiteren herben Schlag hinnehmen. Als er sich nämlich für seine Rente um einen Nachweis über die vierjährige Tätigkeit im MfAA bemühte, wurde ihm lapidar mitgeteilt, daß er in keiner der dortigen Unterlagen zu finden sei.

Der Deutschlandexperte Wladimir Semjonowitsch Semjonow wurde am 27.5. 1953 der erste Botschafter und – durch die Abschaffung der Sowjetischen Kontrollkommission (SKK) zur selben Zeit – auch Hoher Kommissar für Deutschland und vereinte hier somit die militärische und diplomatische Präsenz. Die anderen »sozialistischen Volksdemokratien« folgten ebenfalls kurz darauf und ernannten ihre Gesandten zu Botschaftern.

Der erste bedeutende Empfang, den Wilhelm Pieck für das neu entstandene Diplomatische Corps gab, war jener zu Neujahr 1950. Der Termin für dieses wichtige Ereignis wird in der Regel in die Mitte des Monats Januar gelegt, doch der Präsident vertrat den Standpunkt, daß Neujahr nur am 1. Januar sei und lud deswegen die verwunderten Diplomaten auch zu diesem Tag ein. Diese waren verständlicherweise nicht unbedingt begeistert von dem Gedanken, fast ohne Atempause direkt von der Sylvesterfeier zu einem offiziellen Empfang antreten zu müssen.

Auf der Einladungskarte war übrigens auch die Kleidungsfrage mit dem Hinweis auf einen dunklen Anzug geregelt. Pieck jedoch, der sich in persönlichen Dingen von seiner Tochter, Elli Winter, beraten ließ, folgte anscheinend ihrem Diktat und zog einen Frack an. Als nun die verkaterten Diplomaten am Neujahrsmorgen pflichtgemäß im Schloß Niederschönhausen erschienen, erblickten sie ein Staatsoberhaupt, das schlichtweg für die von ihm selbst vorgeschriebene Kleiderordnung »overdressed« war. Der tschechoslowakische Botschafter, Otto Fischl, der im vorgeschriebenen dunklen Anzug erschienen war, wurde blaß, denn er nahm Piecks Fauxpas persönlich und betrachtete dies als Diskriminierung seines Landes. Daher beschwerte er sich nicht nur umgehend beim Protokollchef Ferdinand Thun, sondern sandte auch eine Protestnote an das MfAA. Der Repräsentant der CSSR hatte sich von dem Präsidenten der DDR in unerhörter Weise vorgeführt gefühlt.

Doch dies sollte nicht der einzige Konflikt zwischen Pieck und dem Vertreter von Präsident Klement Gottwald bleiben. Als er im gleichen Jahr seine Residenz in der Niederschönhausener Hohmeierstraße beziehen wollte, entdeckte Fischl Schwamm im Haus. Für ihn ein Grund, an höchster Stelle zu intervenieren. Nachdem das DDR-Staatsoberhaupt daraufhin persönlich zu einem Ortstermin erschienen war, wies er Fischl zurecht. In seinen Augen mußte der sensible Tscheche noch lernen, sich mit den Nachkriegsgegebenheiten abzufinden. Die Residenz wurde nach dem Präsidentenbesuch dann doch bezogen.

Die Sowjets übertrugen der DDR-Seite ab dem 1.1.1950 die Aufgabe der Versorgung der Diplomaten, doch damit standen der frischgebackene Protokollchef Thun und seine Mitarbeiter vor erheblichen Problemen. Nicht nur daß der stattliche junge Mann von einem fast leeren Büro aus agieren mußte, er war auch für ziemlich alles verantwortlich, was das Wohlbefinden der Diplomaten in der DDR anbetraf. Doch meisterte er so manche Hürde in bewunderungswürdiger Weise, bis 1952 dann ein eigenes Büro zur Betreuung der diplomatischen Vertretungen gegründet und der Hauptabteilung Verwaltung untergeordnet wurde. Dieses war der Vorläufer des in den 60er Jahren eingerichteten Dienstleistungsamtes für ausländische Vertretungen in der DDR (DAV), von dem später noch die Rede sein wird. So bekamen die privilegierten Ausländer immer reibungslos ihre Lebensmittel-, Benzin- und Kohlekarten.

Es kam aber auch vor, daß Angehörige der staatlichen Stellen Genußmittel als Geschenk erhielten.

Als der Kronprinz des Jemen, Emir Seif el-Islam Mohammed el-Badr, vom 25.6. 1956 bis zum 1.7.1956 die DDR besuchte – übrigens der einzige Angehörige eines Königshauses, der die DDR je offiziell betrat –, brachte er große Mengen Rohkaffee als Gastgeschenk für die politische Elite mit. Nach Rang gestuft, wurde dann auch jedem ein Anteil bemessen. Doch durch das plötzliche Auftauchen ungewöhnlicher Mengen Kaffeebohnen in den wenigen existierenden Röstereien wurde natürlich der Zoll alarmiert.

Wieder einmal erwiesen sich die Beamten der Protokoll-Abteilung als Retter in der Not. Sie bescheinigten den des Schmuggels verdächtigten Beamten, daß die Kaffeebohnen ein Geschenk des arabischen Prinzen an die Machthaber in Ost-Berlin waren.

Ende der 50er Jahre konnte die DDR auf ihrer Liste der diplomatischen Beziehungen lediglich drei Staaten mehr verzeichnen, als kurz nach ihrer Gründung knapp zehn Jahre zuvor. Es kam zwar am 10.10.1957 das sozialistische Jugoslawien hinzu, was ein schwerer Schlag für die bundesdeutsche Außenpolitik war und dazu führte, daß die Hallstein-Doktrin zum ersten Mal in ihrer letzten Konsequenz zur Anwendung kam, jedoch gab es bis dahin sonst keinen Staat außerhalb des sozialistischen Blocks, der die DDR anerkannt hatte.

Als die DDR-Botschaft in Moskau zu jener Zeit den Vertreter des westafrikanischen Staates Guinea in der UdSSR empfing, erhofften sich die Spitzendiplomaten den Durchbruch beim Kampf um die weltweite Anerkennung ihrer Republik. Dieser wollte nämlich auch in Ost-Berlin akkreditiert werden und erbat deshalb einen schnellen Empfang bei dem inzwischen sehr alten Präsidenten Pieck, der dazu auch in kurzer Zeit bereit war. Als der Botschafter aber bei dem festlichen Akt während des Zeremoniells nur einen Brief des Präsidenten Sékou Touré an Pieck überreichte, zeigte sich, daß diesmal die Vertreter der Bundesrepublik Deutschland die besseren Karten gehabt hatten als kurz zuvor in Belgrad, denn der guinesische Herrscher hatte sich noch einmal umstimmen lassen.

Diplomatie in Ost-Berlin nach dem Mauerbau

Bei der Errichtung der Mauer 1961, die den östlichen Teil Berlins von der restlichen Stadt trennte, waren nur wenige Übergangsstellen eingerichtet worden, und besonders die Diplomaten konnten diese nur an einem speziellen Punkt passieren, am Checkpoint Charlie, mitten in der Stadt. Erst ab Anfang der 70er Jahre, als die DDR auch von zahlreichen westlichen Staaten anerkannt wurde, bestand die Notwendigkeit weiterer Übergänge für die ausländischen Vertreter mit Immunität. So kamen die Übergänge Bornholmer Brücke, Invaliden- und Heinrich-Heine-Straße hinzu. Diplomaten von in Ost-Berlin nicht akkreditierten Staaten mußten aber weiterhin über den Übergang Checkpoint Charlie an der Koch-/Ecke Friedrichstraße. Dort wurde ihnen ein entsprechendes Visum ausgestellt. Bis zu jeweils 1.000 Personen des Diplomatischen Corps überquerten täglich die Grenze in beide Richtungen.

Den Vertretern von Staaten, die SED-Generalsekretär Erich Honecker gerade besuchte oder von denen sich gerade bedeutende Delegationen in der DDR aufhielten, wurde bei dieser Gelegenheit eine ganz besondere Ehre zuteil: Sie wurden von den Grenzbeamten nicht nur einfach, sondern sogar doppelt gegrüßt.

Ein besonderes Ritual ging vor allem jedes Mal mit der Grenzüberquerung des sowjetischen Botschafters in der Stadtmitte Berlins einher. Im Falle Abrassimows, des höchsten Repräsentanten der UdSSR in den 60er und 70er Jahren, wartete schon vorher der Protokollchef der sowjetischen Botschaft am Grenzübergang, und das Polizeirevier in der Französischen Straße wurde im vorhinein verständigt. Am Checkpoint Charlie mußte dann der komplette Weg freigeräumt und eine »Grüne Welle« an den Ampeln zwischen der Botschaft und dem Checkpoint garantiert werden.

An diesem Kontrollpunkt sollte der Bereich 7 ausschließlich den Angehörigen der Botschaften in Ost-Berlin, sowie denen der ausländischen Vertretungen im Westteil vorbehalten bleiben. Daneben verkehrten aber an den anderen Bereichen ebenso einfache Touristen, wie auch Angehörige der Alliierten Streitkräfte in Deutschland.

Auf dem Gebiet der Hauptstadt der DDR sicherten verschiedene Sperren und Sicherheitsmaßnahmen den illegalen Grenzübertritt von Ost nach West. So gab es für die Diplomaten eine Observationsstelle der Staatssicherheit an der Krausen-/ Ecke Friedrichstraße. Es standen auch mehrere Fahrzeuge der Hauptabteilung 8 des MfS (zuständig für Beobachtung und Ermittlung) in der Nähe des Checkpoints zu Beobachtungszwecken zur Verfügung. Den Betrieb auf östlicher Seite regelte vor 1970 das NVA-Kommando Grenze, bis die Grenztruppen der DDR diese Aufgabe ab 1970 übernahmen, die nach einem 3-Schicht-System arbeiteten. Ab 1964 unterstand dieser Bereich der hauptsächlich für Paßkontrolle, Tourismus und Interhotel zuständigen Hauptabteilung 6 des MfS.

Die in der DDR akkreditierten Diplomaten besaßen neben ihrem jeweiligen Diplomatenpaß noch eine rote Karte, die vom DDR-Außenministerium ausgestellt wurde. Mitarbeiter des technischen und administrativen Personals waren im Besitz eines grünen Ausweises, ebenfalls vom MfAA ausgestellt. Kontrolliert wurde diese Personengruppe in der Regel jedoch nicht, abgesehen von wenigen Ausnahmen, meist bei begründetem Verdacht auf Schleusungen.

Die Kennzeichen der Diplomatenwagen waren weiße Zeichen auf rotem Grund mit dem Aufdruck »CD« und der jeweiligen Ländernummer. An die Sowjetunion war dabei die Nummer 1 vergeben worden, und die Weiterführung richtete sich dann in der Regel nach der Reihenfolge der diplomatischen Anerkennung der DDR durch den jeweiligen Staat. Die Nummern 92–99 waren für Fahrzeuge mit Zweitakkreditierung in der DDR und die Nummern über 100 als Decknummern und Reservenummern, z. B. für Parteitage, vorgesehen. Dienst- und persönliche Fahrzeuge des technischen und administrativen Personals hatten das gleiche System, jedoch anstatt der Buchstaben »CD« die Buchstaben »CY«.

Beim Verlassen des Ostteils, aber auch bei der Wiedereinreise wurden bei akkreditierten Diplomaten die Kennung des Kraftfahrzeugs und die Nummer des Protokollausweises in eine Tageszählkarte eingetragen, bei in der DDR nicht akkreditierten Diplomaten wurden zusätzlich noch die Pässe kontrolliert und der Name auf der Tageskarte eingetragen. Die zentrale Auswertung dieser Karten fand in Berlin-Hohenschönhausen statt, um so die Fahrten der ausländischen Botschaftsangehörigen analysieren zu können und verdächtige Bewegungen (z.B. das Einreisen in kurzen Abständen von in der DDR nicht akkreditierten Diplomaten) ausfindig zu machen.

Um Menschenschmuggel zu verhindern, wurden an den Übergangsstellen Infrarotanlagen eingesetzt, wobei das Fahrzeug auf einer bestimmten Fläche stehen mußte. Weiterhin war der Radabstand ein wichtiges Erkennungskriterium.

Beobachtete man auf dem Gebiet der DDR die Vorbereitung und Durchführung des unerlaubten Menschentransportes, erfolgte bis zum Checkpoint Charlie die Observation, meist durch mehrere MfS-Einsatzfahrzeuge. Die Staatssicherheitsstelle in der Krausenstraße wurde informiert, und bei der Anfahrt an den Kontrollpunkt gab ein Dienstfahrzeug des MfS, das vor dem Diplomatenfahrzeug an den Schlagbaum fuhr, das Kennwort »hat geladen«. Hinter den beiden schloß sich ein weiteres Staatssicherheitsfahrzeug an und beim Passieren des ersten Schlagbaumes kamen alle drei Wagen zum Stehen. Der Grenzkontrollbeamte sprach dann den verdächtigten

Ausländer mit folgenden standardisierten Worten an: »Fahren Sie bitte zur Klärung eines Sachverhaltes in die Garage!«

Daraufhin mußte der Diplomat das Auto verlassen und der Kofferraum wurde geöffnet. Die Fluchtwilligen und der Fahrer mußten anschließend eine ausgiebige Fotodokumentation über sich ergehen lassen, die von einem Mitarbeiter der Diplomatenabfertigung bei jedem Vorfall am Grenzübergang angefertigt wurde.

Die DDR-Bürger, die illegal auszureisen versuchten, wurden verhaftet und der überführte Fluchthelfer wurde einem Mitarbeiter der Botschaft seines Landes übergeben und, sofern er in der DDR akkreditiert war, ausgewiesen.

Die DDR hatte sich mit dem Mauerbau nicht nur nach außen abgegrenzt, auch der Kontakt der DDR-Bürger zu den ausländischen Vertretern im Ostteil Berlins sollte so gering wie möglich gehalten werden.

Räumlich betrachtet, wurde dies den DDR-Behörden dadurch erleichtert, daß sich nach und nach kleinere Wohn- und Arbeitsviertel für das Diplomatische Corps herausbildeten. Hier wären als Wohnviertel für westliche Diplomaten die Leipziger Straße, für die Diplomaten aus östlichen und Dritte-Welt-Staaten das Viertel um die Arnold-Zweig-/Neumannstraße zu nennen und, nicht zu vergessen, die großen Wohntrakte, die an den Dienstgebäuden der Vertretungen einiger sozialistischer Länder, wie z. B. Bulgarien, angebaut waren. In Pankow-Niederschönhausen befanden sich vornehmlich ihre Residenzen, aber auch vereinzelt Kanzleien, wobei hierfür nach 1972 Neubauvillen in Plattenbauweise entstanden. Weitere Kanzleien befanden sich in Pankow-Wilhelmsruh, in der Gegend um die Esplanade, im Lichtenberger Stadtteil Karlshorst und natürlich in der Nähe des Brandenburger Tores.

Das Gesetzblatt der DDR vom 18.5.1963, das die Verordnungen über den Status der Diplomatischen Missionen und der ihnen gleichgestellten Vertretungen ausländischer Staaten in der DDR, sowie über den Verkehr mit ihnen enthielt, regelte auch den Umgang mit ihnen.

Darin wurde u.a. verordnet, daß jegliche Kontakte von DDR-Bürgern mit den Vertretungen ausschließlich über das MfAA zu erfolgen hatten. Bei Zuwiderhandlung wurde eine Ordnungsstrafe bis zu 500 DDR-Mark angedroht. In der Regel machte die DDR davon aber keinen Gebrauch.

Daß das Leben der Diplomaten sich in Ost-Berlin anders gestaltete, als sie es von anderen Posten her gewöhnt waren, zeigt sich auch an dem Beispiel des Regierungskrankenhauses. Hier gab es einen eigenen Diplomatentrakt, damit sich auch in diesem Bereich der Kontakt zu DDR-Bürgern auf ein Minimum reduzierte.

In der Hochphase der Spannungen zwischen der UdSSR und der DDR Ende der 80er Jahre wegen der »Glasnost« und »Perestroika«-Politik erfuhr der sowjetische Kulturattaché Iwanow, während er im Regierungskrankenhaus lag, durch den Referenten des Kulturministers vom Verbot des in der DDR so populären »Sputniks« und anderer sowjetischer Periodika.

Auch die Kinder der in Ost-Berlin ansässigen Diplomaten bekamen die Besonderheiten deutlich zu spüren, die der Posten ihrer Eltern mit sich brachte. So gingen die Diplomatenkinder westlicher Staaten zumeist in West-Berlin zur Schule, wobei sich oft die John-F.-Kennedy-Schule in Zehlendorf als adäquates Ausbildungsinstitut anbot. Die Kinder der osteuropäischen Entsandten und derjenigen aus der Dritten Welt gingen hingegen, sofern die Vertretungen nicht eigene Schulen besaßen, in Niederschönhausen auf die DDR-Schulen und wurden in die normalen Klassenverbände integriert.

Es bestanden aber trotzdem Sonderbedingungen. So durften die Klassenlehrer z. B. keine Hausbesuche bei den Diplomaten machen, und die Diplomatenkinder waren natürlich von den politischen Aktivitäten an der Schule, wie z. B. in den Pionierorganisationen, ausgenommen.

Konsulate in der DDR Außerhalb der in Ost-Berlin befindlichen Zentrale gab es nur wenige Regungen der Diplomatie in der DDR. Immerhin unterhielten noch einige Bruderstaaten Konsulate in Rostock, Karl-Marx-Stadt und Leipzig. In dieser berühmten Messestadt trafen sich zudem jedes Jahr im Frühjahr und Herbst Honoratioren aus aller Welt, um Geschäfte mit der DDR zu betreiben. Diese kurze Zeitspanne war dafür aber umso mehr von emsiger Geschäftigkeit, auch unter den Diplomaten, geprägt. Während dieser, stets eine Woche dauernden, Veranstaltung jagte bei den ausländischen Vertretern regelmäßig ein Termin den nächsten.

Die deutsch-deutschen Beziehungen

Mit der Unterzeichnung des Deutsch-deutschen Grundlagenvertrages und der Aufnahme beider deutscher Staaten in die Vereinten Nationen Anfang der 70er Jahre stellte sich die Frage nach Institutionen, die in der Lage waren, im jeweils anderen Gebiet die Interessen der Regierung wahrzunehmen.

Als 1972 die Bundesrepublik mit der DDR offizielle Beziehungen aufnahm, wurde in der Hannoverschen Straße im Berliner Bezirk Mitte ihre Ständige Vertretung eingerichtet.

Im Gegensatz zu ihrem DDR-Pendant, das in Bonn eine Sonderrolle innerhalb der diplomatischen Vertretungen innehatte und, damit zusammenhängend, vom Bundeskanzleramt betreut wurde, da die Bundesrepublik weiterhin nicht von einer deutschen Zweistaatlichkeit ausging, wurden die Emissäre der Bundesrepublik in Ost-Berlin weitestgehend wie die anderen Diplomaten behandelt. Dies drückte sich dahingehend aus, daß ihr Ansprechpartner in Ost-Berlin – wie für alle Diplomaten – das MfAA war und das Autokennzeichen der westdeutschen Vertreter ebenfalls das Diplomatenkennzeichen »CD« – mit der Länderkennziffer 57 – trug.

Die bundesdeutschen Diplomaten ließen aber keine Gelegenheit aus, durch ihre Haltung zu zeigen, daß sie das Verhalten der ostdeutschen Behörden, die Sonderstellung ihrer Vertretung permanent zu ignorieren, mißbilligten.

Die große bundesdeutsche Auslandsvertretung, mit dem Leiter (Ständiger Vertreter) im Range eines Staatssekretärs, hatte bis zu 90 Mitarbeiter, von denen um die 40 Diplomatenstatus besaßen. Die Mitarbeiter mußten Wohnungen in der »Hauptstadt der DDR« mieten und dafür Quadratmeterpreise von 13–15 DM bezahlen. Andere westliche Staaten, beispielsweise Belgien, konnten die Mieten in Mark der DDR begleichen.

Die meisten Wohnungen befanden sich in den Neubaukomplexen der Leipziger Straße und die Residenz des Ständigen Vertreters in Pankow-Niederschönhausen.

Insgesamt gab es von der Errichtung der Behörde bis zu ihrer Schließung am 3.10.1990 vier Leiter, beginnend mit dem politischen Journalisten Günther Gaus, gefolgt vom ehemaligen Regierungssprecher Klaus Bölling. Anschließend vertrat der spätere brandenburgische Justizminister Hans-Otto Bräutigam die Interessen der Bundesrepublik in Ost-Berlin und zuletzt übernahm der Berufsdiplomat Franz Bertele diese Aufgabe.

In den 80er Jahren kam die Vertretung oft in die Schlagzeilen, da DDR-Bürger dort Zuflucht suchten, um so ihre Ausreise zu erzwingen. Da die bundesdeutsche Behörde in diesen Fällen aber kein Asyl gewähren konnte, wurde des öfteren der DDR-Vertrauensanwalt Wolfgang Vogel eingeschaltet, um diese Problematik auf dem Verhandlungswege zu lösen. In jedem Fall war ihnen zumindest die Öffentlichkeit bei diesen Aktionen durch die westlichen Medien gewiß.

Nach dem Deutsch-deutschen Grundlagenvertrag und dem Viermächte-Abkommen über Berlin, 1971, gab es dann sogar Vertreter der westlichen Alliierten auf DDR Territorium.

Da jedoch Ost-Berlin auf Grund des Viermächte-Status gar nicht Hauptstadt der DDR hätte werden dürfen, wählten die Alliierten für ihre Botschaften in der DDR Bezeichnungen ohne den üblichen Zusatz des Hauptstadtnamens, und statt dessen, wie z.B. die Franzosen, die Betitelung »Französische Botschaft bei der Regierung der DDR«.

Der Umgang der DDR mit den Befreiungsbewegungen

Einen besonderen Status hatten die nationalen Befreiungsbewegungen mit politisch linker Ausrichtung.

So wurde neben der Botschaft von Nord-Vietnam am 30.12.1967 auch die Mission der Befreiung Süd-Vietnams in der Pankower Pfeilstraße 24 eingerichtet. Somit hatte der Vietkong auch ein Sprachrohr auf deutschem Boden.

Teile der DDR-Staatsführung glaubten mitunter, die Angehörigen der fremden Staaten bevormunden zu können. Zum Beispiel wurde nicht nur auf den Sitzungen des DDR-Ministerrates beschlossen, wer welchen Empfang zum Nationalfeiertag eines Staates zu besuchen hatte, sondern dieses Gremium wollte auch dem vietnamesischen Botschafter in der DDR vorschreiben, daß er am 1.9.1967 einen Empfang zum höchsten Ehrentag seines Landes zu geben habe, nämlich zum 22. Jahrestag der Gründung Nord-Vietnams. Kluge Köpfe im Protokoll des MfAA wiesen aber auf die Unmöglichkeit dieses Vorhabens hin, welches daraufhin nicht zur Ausführung gelangte.

Auch die 1976 von Robert Mugabe gegründete »Patriotische Front von Rhodesien«, die sich gegen die weiße Minderheitsregierung Ian Smith erhob, besaß in Ost-Berlin diplomatischen Status. 1980, nach der Gründung Simbabwes, wurde daraus die Botschaft der Republik Simbabwe.

Auch der ANC und die namibische Swapo waren in Ost-Berlin mit Büros vertreten.

Die intensiven Beziehungen der DDR zu den arabischen Staaten sowie deren antizionistische Politik führten zu einem freundschaftlich-intensiven Verhältnis mit der PLO des Yassir Arafat. So eröffnete diese Organisation 1973 ein Büro, das ab 1978 diplomatischen Status und ab 1988 den Rang einer Botschaft des Staates Palästina erhielt. Die Kanzlei befand sich in der Schönholzer Straße 19 und die Residenz des Botschafters Kamel Salem im Schönholzer Weg 18.

Die DDR orientierte sich in ihrem Verhalten gegenüber der PLO, wie auch in ihrer gesamten Politik, an der UdSSR.

Nach dem Sturz von Präsident Salvator Allende kam es zwar zum Abbruch der diplomatischen Beziehungen mit Chile, aber es gab noch ein Büro der Allende-Partei am Heinrich-Mann-Platz, das sich um die vielen chilenischen Flüchtlinge in Ost-Berlin kümmerte. Später kam dann noch ein chilenisches Handelsbüro im Internationalen Handelszentrum hinzu.

Die Angehörigen dieser Befreiungsbewegungen, die diplomatischen Status besaßen, konnten übrigens über die Außenhandelsbank der DDR DDR-Mark gegen D-Mark eintauschen.

Das Dienstleistungsamt für die ausländischen Vertretungen in der DDR (DAV)

Das DAV stellte oftmals das technische Personal für viele der in Ost-Berlin befindlichen Botschaften. So wurden beispielsweise Fahrer, Sekretärinnen und Putzfrauen an die Vertretungen vermittelt. Aber auch diesen Personen waren Privatkontakte mit den Botschaftsangehörigen generell verboten.

Ein Vermerk der Protokollabteilung vom Februar 1964 zeigt jedoch, daß an der Botschaft Kubas und der Handelsvertretung Ghanas die Mitarbeiter des DAV dennoch »plump«-vertrauliche Verhältnisse aufgebaut hatten.

So kam es dazu, daß sich die Mitarbeiter bald mehr als Vertreter der Interessen dieser Länder, denn als DDR-Bürger empfanden, was teilweise zu Spannungen zwischen den Diplomaten jener Vertretungen und einigen Angehörigen der Regierungsstellen der DDR führte, da die betreffenden »Leih-Mitarbeiter« »im Umgang mit Mitarbeitern der zentralen Staatsorgane der DDR wie auch mit Vertretern der Grenzsicherungsorgane einen anmaßenden, überheblichen Ton an den Tag [legten] und Forderungen [stellten], die ihnen nicht [zukamen]«, wie in dem oben genannten Vermerk kritisch beklagt wurde. Es war weder dem MfAA, noch dem DAV damals effektiv möglich, einen korrigierenden Einfluß darauf auszuüben.

Verständlicherweise rief dies den Unmut des Ministeriums hervor, das sich dadurch einer wichtigen Informationsquelle über interne Vorgänge in den Vertretungen beraubt sah, denn wie es in dem Vermerk weiter heißt, »[konnten diese] nur auf auffälliger Basis der Zusammenarbeit zwischen Protokoll-Abteilung bzw. der zuständigen Länder-Abteilung mit einzelnen dieser Personen erlangt werden«. Das war in den Augen des Verfassers dieses Vermerks aber »keine ordentliche Regelung für eine so delikate Frage.«

Es wurde zudem die fehlende, bzw. unzureichende Zusammenfassung des betreffenden Personals in Grundorganisationen bemängelt, wodurch der Zugriff durch das MfAA und das DAV zusätzlich erschwert war. Deshalb wurde in dem Vermerk weiter darauf hingewiesen, wie ungünstig es sei, »daß die vom Dienstleistungsamt an die Vertretungen zu vermittelnden deutschen Mitarbeiter in keiner Weise vorher von zuständigen Stellen des Ministeriums für Auswärtige Angelegenheiten überprüft und bestätigt [wurden].« Dieses Problem wurde dann aber in den späteren Jahren von der DDR-Seite aus für sie zufriedenstellend gelöst.

In der Botschaft der USA arbeiteten bis zu 25 Bedienstete des DAV, die jedoch in einem kalten Arbeitsklima, getrennt von den amerikanischen Mitarbeitern, arbeiten mußten und Ende der 80er Jahre auf Grund amerikanischer Sicherheitsbestimmungen entlassen wurden. Für einen Mitarbeiter in einer Fachabteilung mußte die amerikanische Vertretung an das Amt monatlich 3 600 DM bezahlen, wobei der DDR-Arbeitnehmer dafür aber lediglich 1 000 DDR-Mark erhielt. Es hielt sich aber lange das Gerücht, daß einige dieser Angestellten dies durch Naturalien ausglichen, die sie sich aus der Botschaft für den Eigenbedarf abzweigten.

Höhere Mitarbeiter besaßen Dienstpässe der DDR und konnten in ausgesuchten Fällen Diplomaten nach West-Berlin begleiten, wenn dies, wie z. B. bei Fahrern, notwendig war. Auch die Angestellten der Kulturabteilungen, die öfter in West-Berlin dienstlich zu tun hatten, waren im Besitz eines mehrfachen Ausreisevisums.

Das DAV sorgte aber auch für das Wohl der Diplomaten. So konnten Pauschal-Arrangements mit einem »All-Inclusive-Service« für die Urlaubsdörfer in Menz und Loddin, aber auch in Klein-Wasserburg, einem beliebten Jagdgebiet, in DDR-Mark gebucht werden.

Außerdem betrieb das Amt, das seinen Sitz in der Schadow-/Ecke Clara-Zetkin-Straße hatte, einen Diplomatenklub, der sich in Zeuthen bei Berlin befand. Hier wurde für das sportliche, wie für das leibliche Wohl gesorgt. Weiterhin ist das Diplomaten-Restaurant in der Schadowstraße zu erwähnen sowie das internationale Pressezentrum, das auch dem DAV unterstand. Im Diplomaten-Einkaufsladen »Versina« wurden besonders Spirituosen und Tabakwaren (auch westliche Marken) sehr preisgünstig angeboten. Dieses Geschäft befand sich zuerst in der Leipziger-, Ecke Otto-Grotewohl-Straße, zog später dann aber nach Marzahn um. Doch wurde dieser nicht vom DAV betrieben, sondern vom DDR Devisenbeschaffer Alexander Schalck-Golodkowski, in seiner Funktion als Chef des Bereichs Kommerzielle Koordinierung.

Neben den vielen Funktionen, die das DAV ausübte, unterstützte es auch die sogenannten Soli-Länder (sozialistische Staaten der Dritten Welt, die von der DDR Entwicklungshilfe erhielten) logistisch, z. B. mit der Bereitstellung von Fahrzeugen.

Die Diplomaten und die Staatssicherheit

Die diplomatischen Vertreter in der DDR waren natürlich ein beliebtes Observationsobjekt des Staatssicherheitsdienstes. In einem Forschungsbericht der Hochschule des MfS in Potsdam vom 17.2.1989 zur Problematik der oppositionellen Tätigkeit in der DDR wird unter Punkt 31 auf die Kontakte Oppositioneller zu Mitarbeitern der Botschaften in der DDR eingegangen und diese als Gefahrenpotential eingestuft, da Diplomaten auch als mögliche Kuriere angesehen wurden.

Somit hatte der DDR-Geheimdienst nicht nur im MfAA Kontaktpersonen sitzen, sondern auch im DAV informelle Mitarbeiter (»IM«) installiert, mit Vorliebe bei Angestellten wie Fahrern, Putzkräften oder Köchen, die auch gut vertraut mit dem Privatleben der ausländischen Vertreter waren. Zudem gab es in jeder Hinsicht deutliche Anzeichen, daß Privat- und Dienstleitungen der Telefone überwacht wurden und in den Gebäuden Abhöranlagen installiert waren. Fokussiert wurde auch der private Kontakt dieser Personengruppe mit DDR-Bürgern, wie die oben aufgeführte Studie zeigt.

Die Diplomatie und das kulturelle Leben

Um das jüdische Leben im Ostteil der Stadt wiederzubeleben, traf 1986 der Rabbiner Stern aus den USA ein. Er war während seines Aufenthalts formell Mitglied der Botschaft seines Landes. Nach diversen Streitigkeiten mit DDR-Behörden, aber auch innerhalb der Gemeinde, reiste er indes bald wieder ab.

Zunächst hatten nur die meisten sozialistischen Länder kulturelle Vertretungen in der Hauptstadt der DDR. Später, in den 80er Jahren, richtete auch die französische Regierung neben dem bereits existierenden »Maison de France« am Kurfürstendamm in Berlin(West) ein »Institut Culturel Francais« am Lindenboulevard ein.

Nur die Botschaften der USA und Großbritanniens unterhielten für DDR-Bürger zugängliche Bibliotheken und führten Filmabende durch. Es wurde aber streng darauf geachtet, daß in den Lesesälen nur amerikanische Presseerzeugnisse verfügbar waren, westdeutsche Medien konnten hier nicht eingesehen werden.

Die Listen mit den eingeladenen DDR-Gästen mußten dem MfAA stets im vorhinein vorliegen. Der Kontakt zu diesen sogenannten »imperialistischen« Vertretungen war den Behörden der DDR jedoch ein Dorn im Auge. Daher wurden DDR-Bürger regelmäßig nach dem Verlassen der Gebäude von Volkspolizisten angesprochen und nach dem Personalausweis befragt, mit der Begründung, daß in dem besagten Gebiet ein Fahndung durchgeführt würde. Die so ermittelten Daten wurden dann über ein Sprechfunkgerät, das der Polizist bei sich trug, zum Zwecke einer zentralen Registrierung durchgegeben.

Diplomatie kurz vor und während der Wendezeit

Seit September 1988 erschienen immer mehr westeuropäische Politiker in Ost-Berlin, so auch der Premierminister des Königreiches Dänemark, Poul Schlüter. Dies war übrigens seit dem Deutsch-Dänischen Krieg im vergangenen Jahrhundert der erste Besuch eines dänischen Ministerpräsidenten in Berlin.

Im Vorfeld kam es am 9.9.1988 zur Besetzung der dänischen Botschaft Unter den Linden 41. Eine Gruppe von 18 Ausreisewilligen aus dem thüringischen Ilmenau wollte mit dem Plakat »In Freiheit wollen wir uns wähnen und zwar genauso wie die Dänen«, das sie in den Botschaftsräumen aufhängten, auf ihre Situation aufmerksam machen.

Als am Vormittag das exterritoriale Gebiet besetzt wurde, waren alle noch zuversichtlich, doch dann zeigte es sich, daß den Erwartungen der DDR-Bürger nicht entsprochen werden konnte.

In zähen Verhandlungen mit dem dänischen Botschaftsrat Becker-Hansen – der dänische Botschafter zog es vor, hier nicht persönlich in Erscheinung zu treten – wurde klar, daß für die nach Westdeutschland und nicht nach Dänemark Ausreisewilligen nichts getan werden konnte.

Auch Verhandlungen mit dem inzwischen eingeschalteten Rechtsanwalt Vogel und der Ständigen Vertretung der Bundesrepublik scheiterten, und die Dänen forderten die ungebetenen Gäste nachdrücklich zum Verlassen ihres Geländes auf. Da deren Lage aussichtslos war und sie alles auf diese eine Karte gesetzt hatten, konnten sie den Rückzug aber als Option nicht in Erwägung ziehen. Gegen 2 Uhr 30 morgens wurde das Protest-Szenario auf Bitten des dänischen Botschafters durch Einsatzkräfte der Staatssicherheit und der Volkspolizei beendet, die Männer wurden in das Stasi-Untersuchungsgefängnis Hohenschönhausen verbracht und später auf Bewährung verurteilt. Im Frühjahr des darauffolgenden Jahres konnten dann die meisten von ihnen in den Westen übersiedeln.

In Dänemark wurde die Angelegenheit zu einer großen innenpolitischen Affäre, da westdeutsche und dänische Medien das Handeln der Botschaftsvertreter kritisierten. Zeitgleich tauschte der dänische Botschafter Eric Krog-Meyer seinen Posten in der DDR mit dem in Helsinki residierenden Vertreter Dänemarks.

Im übrigen verlief der Besuch des dänischen Ministerpräsidenten reibungslos und wurde nicht durch das unerwartete Intermezzo überschattet.

Es gab in Ost-Berlin sogar eine kleine dänische Kirchengemeinde, die sich an den Wochenenden in der Pfingstkirche in Friedrichshain traf. Der Pfarrer, aus Kopenhagen entsandt, betreute die Gläubigen von West-Berlin aus und besaß diplomatische Immunität.

Bei einem im Januar 1989 stattfindenden Besuch des schwedischen Regierungschefs Ingvar Carlsson war die Staatssicherheit klüger. Sie traf im Vorfeld diverse Maßnahmen, um den Kontakt möglicher Botschaftsbesetzer mit der schwedischen Vertretung unmöglich zu machen.

Der Toast des peruanischen Botschafters in seiner Funktion als Doyen des Diplomatischen Corps, den er während einer Diplomatengala Honeckers anläßlich der jährlichen Prozession zu den Gräbern von Rosa Luxemburg und Karl Liebknecht im Januar 1988 ausbrachte, läßt sich entweder so verstehen, daß die Wende auch von den Diplomaten nicht vorauszuahnen war, oder daß ein Diplomat auch unter heiklen Rahmenbedingungen sich stets darum bemüht, dem Gastgeber Höflichkeit zu zollen: »Mit Genugtuung verfolgen wir täglich das Voranschreiten der Deutschen Demokratischen Republik auf allen Gebieten.«

Ganz unerwartet konnte dann knapp zwei Jahre später sein spanischer Amtskollege Alvarez de Toledo am 9.11.1989 die Maueröffnung am Grenzübergang Bornholmer Straße als einer der ersten Diplomaten hautnah miterleben ebenso wie das Ende des ostdeutschen Staates. Als fantastischer Analytiker hatte er den Sprengstoff in dieser Situation erkannt und deutete bereits in seinen damaligen Tagebuchaufzeichnungen auf die baldige Wiedervereinigung hin.

Das Ende der »Ära Breschnew« in der Sowjetunion, 1982, hatte für den in Ost-Berlin akkreditierten Botschafter Abrassimow schmerzliche persönliche Konsequenzen. Obwohl er von seinem Lebensalter her durchaus in den Ruhestand hätte versetzt werden können, wurde er im Frühsommer 1983 auf den Posten des Vorsitzenden des neu gebildeten Staatskomitees der UdSSR für Ausländer-Tourismus versetzt, ohne daß gleichzeitig ein Nachfolger für ihn benannt wurde.

Hinter dieser faktischen Degradierung und der damit verbundenen persönlichen Demütigung standen aller Wahrscheinlichkeit nach zwei drängende politische Motive: Erstens wollte die neue politische Führung in der Sowjetunion, die in der Politik andere Wege als Breschnew beschreiten wollte, generell nach und nach alle Amtsträger der vorangegangenen Epoche aus ihren Posten verdrängen, und zweitens wollte sie die Gewißheit haben, daß sie in Ost-Berlin durch einen Botschafter vertreten sein würde, der es verstand, ihre Absichten der DDR-Führung gegenüber so darzustellen, daß es zu keinen Mißverständnissen und Fehlinterpretationen kommen konnte.

Besonders in solch heiklen Fragen wie z. B. einem möglichen Besuch Honeckers in der Bundesrepublik sollte eine völlige Identität zwischen Moskauer und Ost-Berliner Interessen gewährleistet sein.

Vielleicht macht das folgende Zitat diese personelle Maßnahme etwas verständlicher, da es Rückschlüsse auf Abrassimows politische Einstellung seinem Botschafter-Posten gegenüber zuläßt: Während der Viermächte-Verhandlungen soll er zu seinem amerikanischen Amtskollegen Kenneth Rush gesagt haben: »Passen Sie auf Ihre Deutschen auf, wir achten schon auf unsere!«

Die Verhandlungen zwischen dem ungarischen Außenminister Gyula Horn und Oskar Fischer zur Lösung der Probleme der nach der Grenzöffnung Ungarns nach Österreich flüchtenden DDR-Bürger und der Besetzung der bundesdeutschen Botschaft in Budapest zeigten deutlich, daß die Einheit im sozialistischen Block nicht mehr gegeben war. Dies bekamen auch ungarische Diplomaten an ihrem Arbeitsplatz zu spüren, durch Drohanrufe von sogenannten »Betriebskollektiven« oder anderen staatlich gelenkten Provokateuren. Aber auch Zeichen des Dankes wie Blumensträuße kamen an deren Botschaftsgebäude am Brandenburger Tor an.

Angesichts der Unruhen, die in der DDR seit der Grenzöffnung in Ungarn entstanden waren, war das größte Anliegen der Honecker-Führung und der Bezirkseinsatzleitungen, unter allen Umständen den 40. Jahrestag der DDR ohne größere Zusammenstöße begehen zu können, um der ganzen Welt und den eingeladenen, verbündeten Gästen, darunter als prominentester Michail Gorbatschow, eine ungetrübte Harmonie zwischen Volk und Führung demonstrieren zu können, die so wohl überhaupt nur in ihrer Vorstellung existiert hatte.

Ein Beweis hierfür sind die Feiern, die unbeirrt im üblichen Stil weitergeführt wurden und zu denen Delegationen aus allen Ostblockländern geladen waren, die aber durch massive Sicherheitskräfte gegen eine Vielzahl demonstrierender Bürger abgeschirmt werden mußten.

Zu diesem Anlaß ließ Honecker auch wieder seine üblichen Phrasen über den unverbrüchlichen Sieg des Sozialismus verlauten, wohl einer der Gründe, die Gorbatschow zu seiner vor dem SED-Politbüros fast prophetischen und inzwischen vielzitierten Äußerung »Wer die Zeit versäumt, den bestraft das Leben« veranlaßte.

Diplomatie im wiedervereinigten Berlin

Veränderungen im Status der in Ost-Berlin akkreditierten Diplomaten

Mit der Wiedervereinigung Deutschlands am 3.10.1990 begann eine neue Ära für die Diplomatie in Berlin. Im Einigungsvertrag von 1990 ist Berlin als Hauptstadt des vereinigten Deutschlands festgeschrieben worden, Regierungssitz blieb vorerst weiterhin Bonn. Für die 92 in der DDR akkreditierten Staaten bedeutete dies, daß die bis dahin als Botschaften fungierenden Vertretungen ihren völkerrechtlichen Status verloren. Das Auswärtige Amt und die zuständigen Abteilungen innerhalb der Berliner Senatskanzlei verständigten sich aber schnell darüber, den Vertretungen in Berlin den Status von »Außenstellen der Botschaften« einzuräumen, wenn jene dies wünschten. Die Außenstellen sind Bestandteile der bundesrepublikanischen Botschaften und werden von der Bundesregierung zugelassen, um den Hauptstadtcharakter Berlins zu unterstreichen und den ehemals bei der Regierung der DDR akkreditierten Botschaften die Weiterarbeit auf diplomatischer Ebene zu ermöglichen. Mittlerweile hat ein Großteil der Staaten, die zuvor mit einer Botschaft in Ost-Berlin bzw. mit einem Konsulat in West-Berlin vertreten waren, diese Möglichkeit genutzt. Botschaftsaußenstellen sind im internationalen diplomatischen Verkehr recht ungewöhnlich, deshalb ist deren Dauer auf die Zeit bis zum Regierungsumzug begrenzt.

Der Abzug der Alliierten

Ein besonderes Kapitel in den internationalen und diplomatischen Beziehungen um Berlin nimmt der Abschied der Alliierten Streitkräfte im Juni 1994 ein. Bewußt wurden die Feierlichkeiten voneinander in Ost und West getrennt, »um Russen und West-Alliierte nicht über einen Kamm zu scheren«, wie Bundeskanzler Helmut Kohl begründete.

Am 17.6.1994 kamen ca. 75 000 Interessierte zur Straße des 17. Juni, um sich von den Amerikanern, den Briten und den Franzosen zu verabschieden. Es war die 27. gemeinsame Parade der drei Westmächte seit 1964 und die einzige nach dem Fall der Mauer 1989. Höhepunkt des großen Volksfestes war eine Truppenparade von 1 950 Soldaten, 750 Amerikanern und jeweils 600 Franzosen und Briten, die vom Charlottenburger Tor bis zum Kleinen Stern zog. Am Himmel wurde sie begleitet von Helikoptern, Flugzeugen und Fallschirmspringern, am Wegesrand von Flaggenschmuck. Als Ehrengäste waren die Botschafter der drei Nationen anwesend, die eigens dazu aus Bonn angereist waren.

Gut eine Woche später, am 25.6.1994, feierte die russische Berlin-Brigade ihren Abschied. Über 40 000 Zuschauer kamen in die Wuhlheide nach Köpenick, um diesen Tag gemeinsam mit den langjährigen Gästen und Freunden zu begehen. Neben einer Militärparade, die lautstark durch das russische Soldatenorchester begleitet wurde, gab es als Krönung ein gemeinsames Volksfest im angrenzenden Freizeitpark.

Der Umzug des Auswärtigen Amtes

Das Auswärtige Amt bezieht das ehemalige Reichsbankgebäude am Werderschen Markt. »Den Geist eines Gebäudes prägen seine Bewohner«, merkte Bundesaußenminister Klaus Kinkel bei der Grundsteinlegung für den Erweiterungsbau am 7.4. 1998 an, in Anspielung auf die bedenkliche Vorgeschichte des Gebäudes. Er versicherte jedoch, daß am Werderschen Markt die bewährte Politik fortgesetzt werde, für die die Deutschen weltweit geschätzt werden. Da das 60000 qm umfassenden Hauptgebäude, in das am 15.11.1999 das Auswärtige Amt einziehen soll, für die über 2 000 Mitarbeiter zu klein gewesen wäre, wird ein Teil der Belegschaft in den Erweiterungsneubau ziehen. Insgesamt sind 540 Millionen Mark für Um- und Anbau eingeplant. Um den Neubauentwurf gab es Streit, weil der Siegerentwurf des Architektenwettbewerbs von Max Dudler von den Bauherren verworfen wurde. Statt dessen beauftragte man die Berliner Architekten Müller und Reimann, die den zweiten Preis im Wettbewerb gewonnen hatten.

Die dem Auswärtigen Amt angegliederte Aus- und Fortbildungsstätte für Nachwuchsdiplomaten wird zum Jahrtausendwechsel ihre Pforten in Bonn schließen und in die Nebengebäude des ehemaligen Gästehauses der DDR-Regierung, Schloß Niederschönhausen, umziehen. Nach geringfügigen Sanierungsarbeiten könne das Haus den Jungdiplomaten ab dem Jahr 2000 zur Verfügung stehen, war aus dem Auswärtigen Amt zu vernehmen. Proteste gab es seitens der Stadt Bonn und der Staatskanzlei in Nordrhein-Westfalen, die einen Verbleib der Institution am Rhein oder finanzielle Kompensationen einforderten. Außenminister Klaus Kinkel setzte dem entgegen, daß »die Integration der Aus- und Fortbildung aller Laufbahnen des Auswärtigen Dienstes unter einem Dach die entscheidende Voraussetzung für die wirksame Vertretung« deutscher Interessen in der Außenpolitik sei.

Neben der Diplomatenschule für den eigenen Dienst unterhält das Auswärtige Amt eine weitere Ausbildungsstätte am Treptower Park.

Die Honorarkonsuln Honorarkonsuln sind Berufsdiplomaten gleichgestellt. Sie besitzen einen Diplomatenpaß, genießen diplomatische Immunität und dürfen das Autokennzeichen CC für »Corps consulaire« an ihrem Fahrzeug führen. In Berlin gibt es gegenwärtig 30 Honorarkonsuln. Sie vertreten meistens kleinere und ärmere Länder, die sich neben ihrer Botschaft nur wenige oder keine konsularischen Vertretungen im Gastland leisten können, denn der Honorarkonsul stellt sowohl die Räumlichkeiten wie auch das benötigte Personal. Dem Entsendestaat entstehen somit im Prinzip keine weiteren Kosten. Die Honorarkonsuln kommen sogar für Empfänge und Cocktails, die sie im Namen ihres Landes veranstalten, selber auf.

So endet also die Tätigkeit der Berliner »Ehrendiplomaten« mit dem Umzug der Botschaften dieser Länder nach Berlin. Einige werden nach Potsdam umziehen können, wenn sie bei der Brandenburgischen Landesregierung für die Neuen Bundesländer akkreditiert werden. Dort hat man bereits das »Konsulatshaus Potsdam« gegründet, welches zukünftig die neue Amtsstätte sein wird.

Der Umzug der diplomatischen Vertretungen

Am 20.6.1991 votierten die Abgeordneten des Deutschen Bundestages in einer namentlichen Abstimmung mit der knappen Mehrheit von 338 zu 320 Stimmen für Berlin als zukünftigem Parlaments- und Regierungssitz. Damit wurde indirekt auch beschlossen, daß das Gros der 184 Staaten, mit denen die Bundesrepublik Deutschland derzeit diplomatische Beziehungen unterhält, im Laufe der kommenden Jahre den Sitz ihrer Botschaften nach Berlin verlegt. Denn obwohl es gemäß der Wiener Konvention über diplomatische Beziehungen keine völkerrechtliche Verpflichtung dafür gibt, gehört es doch zum diplomatischen Brauch, daß die Botschaften dort angesiedelt sind, wo die Regierung des Gastlandes und deren Außenministerium residieren. Aber nur 143 dieser Staaten sind momentan mit diplomatischen Missionen direkt in Bonn vertreten, 8 unterhalten diese außerhalb und 26 lassen bislang ihre Interessen von Botschaften in anderen westeuropäischen Hauptstädten, die meisten davon in Brüssel, wahrnehmen. In Deutschland verfügen diese Staaten meist über Honorarkonsulate.

Hinsichtlich des Umzuges hat es die Bundesregierung den Staaten freigestellt, ihre Botschaften nach Berlin zu verlegen oder in Bonn zu belassen. Als Argument für letzteres wird auf den Verbleib des Bundesministeriums für Wirtschaftliche Zusammenarbeit verwiesen, welches als Ansprechpartner gerade für Staaten aus Entwicklungsländern besonders wichtig ist. Darüber hinaus sollen sogar weitere diesbezügliche Institutionen nach Bonn verlegt werden, das zu einem Zentrum für Entwicklungspolitik ausgebaut werden soll.

Für viele kleine und ärmere Staaten, die mit ihren Botschaften nach Berlin umziehen, bedeutet das eine finanzielle Belastung. So haben diese Missionen eine Unterstützung durch die Bundesregierung eingefordert. Doch das Auswärtige Amt betonte in den letzten Jahren wiederholt, daß finanzielle Hilfen für den Umzug der Missionen nicht leistbar seien. »Wir leisten Beratungshilfe, unterstützen die Suche nach Grundstücken oder Gebäuden, aber öffentliche Mittel stehen nicht zur Verfügung«, sagte der Sprecher des Auswärtigen Amtes, Martin Erdmann, im Februar 1997.

Als Mittler und Vermittler bei der Suche nach Botschaften und Residenzen hat sich der Senat von Berlin eingesetzt. Mit direkter Unterstützung in Form von Preisrabatten bis zu 25 Prozent lockte der damalige Finanzsenator Pieroth die ausländischen Missionschefs im Januar 1995. Voraussetzung dafür war, daß die Gesandtschaften bis Mitte des Jahres einen Kaufvertrag über landeseigene Liegenschaften abschließen würden und nachweisen könnten, daß sie schnell zu bauen gedächten und das Gebäude auch anschließend selbst nutzen würden. Von dieser Regelung konnten unter anderem die fünf skandinavischen Länder mit ihrem gemeinschaftlichen Botschaftsprojekt am Klingelhöfer-Dreieck profitieren.

In Kooperation mit anderen Senatsverwaltungen und Institutionen hat die Senatskanzlei drei Anlaufstellen für die ausländischen Missionen eingerichtet, die sich mit den Problemen des Erwerbs von Liegenschaften für diplomatische Zwecke befassen: zum einen die Botschaftsbörse, ferner die Clearingstelle des Gemeinsamen Ausschusses und des Kooperationsausschusses und drittens den Öffentlichen Grundstückspool.

Die Botschaftsbörse wurde auf Initiative des Regierenden Bürgermeisters von Berlin, Eberhard Diepgen, in Kooperation mit der Landesregierung Brandenburg im Juni 1995 eingerichtet. Sie dient der Vermittlung von Kontakten zwischen privaten Anbietern von geeigneten Liegenschaften und nachfragenden ausländischen Staaten. Auf Anregung der Industrie- und Handelskammer Berlin/Brandenburg wurde der »Landesverband Freier Wohnungsbauunternehmen Berlin/Brandenburg« mit der Einrichtung einer Geschäftsstelle für die Botschaftsbörse betraut. Diese befindet sich seit Anfang 1996 in eigenen Büroräumen im Haus Kurfürstenstraße 84.

Die Auftaktveranstaltung fand am 27.6.1995 in Bonn statt und wurde durch Berlin-Besuche der Botschafter ergänzt. Daneben wurden zahlreiche weitere Informationsveranstaltungen und Rundfahrten von der Botschaftsbörse organisiert. Es blieb keine Frage ungestellt, denn die Botschaftsangehörigen interessierten sich nicht nur für Residenzen und Wohnungen, sondern auch für Schulen und andere Einrichtungen. Eigens zu diesem Zweck wurde ein umfassender Atlas erstellt. Da immer wieder von rechtsradikalen Übergriffen auf Ausländer in Brandenburg zu hören war, kommen von den Missionsbeschäftigten Fragen bezüglich der persönlichen Sicherheit, wenn es um Wohn- und Lebensverhältnisse in Potsdam und Umgebung geht. Es könne jedoch »nicht sein, daß Diplomaten und deren Angehörige vor S-Bahn-Fahrten ins Umland unserer Hauptstadt gewarnt werden« müßten, so Cornelia Schmalz-Jacobsen, Ausländerbeauftragte der Bundesregierung, im Januar 1998. In der Potsdamer Landesregierung ist man sich dieses Problems durchaus bewußt und entwickelte für interessierte Botschaften und deren Angehörige deshalb spezielle Vorschläge.

Die Clearingstelle koordiniert die Arbeit der zuständigen Bundes- und Landesverwaltungen. Teilnehmer sind auf seiten des Bundes das Bauministerium, das Auswärtige Amt und das Bundesfinanzministerium. Auf Berliner Seite nehmen unter anderem die Senatskanzlei, die Senatsbauverwaltung und die Senatsverwaltung für Stadtentwicklung teil. In ihren vierteljährlichen Tagungen beschäftigt sich die Clearingstelle im wesentlichen mit der Abstimmung über das Vorgehen beim Verkauf von bundes- und landeseigenen Liegenschaften. Im Mittelpunkt stand dabei bislang vor allem die Vergabepraxis im ehemaligen Diplomatenviertel, zum Beispiel beim Verkauf der Flächen im Bereich Klingelhöfer-Dreieck Süd, dessen Eigentümer das Land Berlin ist, und im Raum Pankow, wo der Bund Grundstücke besitzt. Daneben werden regelmäßig auch aktuelle Informationen über den Stand der Ansiedlungen von ausländischen Missionen in Berlin ausgetauscht.

Der Öffentliche Grundstückspool bietet Grundstücke aus Landes- und Bundesbesitz zum Verkauf, Berlin hat insbesondere bezirklich genutzte Flächen in den Pool gegeben. Die Vermarktung der Grundstücke wurde der Treuhandliegenschaftsgesellschaft TLG überlassen. Bei einem Kaufabschluß werden von ihr 3 Prozent des Kaufpreises als Entgelt berechnet. Ein erstes Angebotspaket, 36 Liegenschaften enthaltend, wurde den Botschaften Anfang Oktober 1995 übersandt, dem unregelmäßig weitere gefolgt sind.

Der Pariser Platz Die exklusivste Adresse in Berlin ist wohl unzweifelhaft der Pariser Platz am Brandenburger Tor. Doch die Grundstücksflächen in unmittelbarer Nähe sind begrenzt, und so können sich die Staaten glücklich schätzen, die schon vor der Wende hier eine Repräsentanz besaßen und Anspruch auf das Gelände haben. Dazu zählen die diplomatischen Vertretungen Frankreichs und der Vereinigten Staaten von Amerika, die unmittelbar am Pariser Platz liegen, und die Großbritanniens, die sich ganz in seiner Nähe, hinter dem »Hotel Adlon«, befindet.

»Der einstige und zukünftige Sitz der Amerikanischen Botschaft in Berlin«, so kündet eine metallene Platte auf dem Grundstück Pariser Platz 2. Bei der feierlichen Enthüllung der Gedenktafel am 9.1.1993 eröffnete der damalige Botschafter der USA in Bonn, Robert M. Kimmit, die Perspektive für die neue Präsenz der Amerikaner in Berlin, denn ihm zufolge werden die zukünftigen »amerikanischen Streitkräfte Diplomaten, Geschäftsleute, Akademiker, Studenten, Künstler und Touristen sein«.

Doch erst im April 1995 wurde ein Architektenwettbewerb zum Neubau der amerikanischen Botschaft ausgelobt, der erste internationale und begrenzt offene Wettbewerb für eine amerikanische diplomatische Vertretung seit den 60er Jahren. Den Zuschlag für den Neubau erhielt im Juni 1996 das kalifornische Architektenbüro Moore/Ruble/Yudell in Kooperation mit Gruen Associations. Entsprechend der Vorgabe, eine »Botschaft zum Anfassen« zu gestalten, gibt sich der Entwurf als sehr offen und vielseitig. Interessante Details sind die Tag und Nacht leuchtende Laterne auf der Kuppel des Gebäudes, die die gemeinsamen demokratischen Werte beider Nationen symbolisieren soll, oder der gläserne Pavillon, der über der Konsularabteilung thront, von dem aus sich bei Empfängen und anderen Ereignissen ein Blick auf das Brandenburger Tor, den Tiergarten und den Reichstag eröffnet. Vor dem Eingang zum Konsulat, der den Publikumsverkehr auf die Behrenstraße führen wird, soll ein viereckiger, freistehender Pfeiler Zitate aus der amerikanischen Verfassung tragen, während über dem Besuchereingang Äußerungen deutscher Schriftsteller über Amerika zu lesen sein werden.

Die Geschichte der amerikanischen Botschaft am Pariser Platz begann im September 1931, als Botschafter Sackett das Palais Blücher für knapp 1,7 Millionen Dollar erwarb. Der Kauf dieses Hauses wurde deshalb ins Auge gefaßt, weil die USA in dieser Zeit damit begannen, ihre Auslandsvertretungen umzustrukturieren. Erstmalig sollte in Berlin ein Gebäude sowohl den Konsularbetrieb wie auch den diplomatischen Dienst vereinen.

Auch mit dem Neubezug ihrer Botschaft am Pariser Platz soll der diplomatische Dienst in eine neue Zukunft gehen. »Mission 2000« heißt das Konzept, mit dem die Botschaft zum Dienstleistungszentrum umfunktioniert werden soll. Ob es um den Verlust eines Reisepasses oder um den Rat bei einer Millioneninvestition geht, in Zukunft werden Touristen, Geschäftsleute und Diplomaten durch dieselbe Tür gehen dürfen. »So sollen Synergieeffekte unter Vertretern der verschiedenen Behörden erzielt werden«, erläuterte der amtierende Botschafter John Kornblum, »um nicht nur intern effizienter arbeiten zu können, sondern auch in den Beziehungen zu Deutschland«. Das beinhaltet zum einen eine Verkleinerung des Personals, welches 1989 noch ungefähr 2 000 Mitarbeiter in beiden deutschen Staaten umfaßte und bis zur Jahrtausendwende auf ganze 900, davon etwa 280 in der Berliner Botschaft, konzentriert werden soll. »Auch die neustrukturierte, verkleinerte Botschaft in Berlin wird bei weitem noch die größte Vertretung der USA im Ausland sein«, versicherte Kornblum. Zum anderen mußten sich die Vereinigten Staaten auf Grund erhöhter Sparzwänge, die auch vor dem State Departement nicht halt machten, von mehreren Liegenschaften und Immobilien trennen, darunter die Generalkonsulate in Düsseldorf, Stuttgart und Hamburg sowie zwei Amerika-Häuser. Der mit 125–140 Millionen Dollar veranschlagte Neubau am Pariser Platz sollte ursprünglich nur aus dem Verkauf von amerikanischem Besitzstand finanziert werden. Das Land Berlin hat allerdings im Frühjahr 1997 ein Angebot, das ehemalige RIAS-Gelände zusammen mit dem Gelände des Sendemastes zu kaufen, aus Interessemangel zurückgewiesen. Auch der Preisverfall auf dem Immobilienmarkt machte den Amerikanern einen Strich durch die Rechnung, denn der Verkauf der Konsulate blieb mit knapp 17 Millionen Dollar weit hinter den Erwartungen zurück. Die Schwierigkeiten liegen aber vor allem bei den erforderlichen Sicherheitheitsmaßnahmen, wofür von seiten des Berliner Senats erst noch die Vorraussetzungen geschaffen werden müssen.

Trotzdem wird die Botschaft pünktlich mit der Regierung umziehen, man wird sich mit den Räumlichkeiten der ehemaligen US-Botschaft in der DDR, in der Neustädtischen Kirchstraße 4, dem Generalkonsulat Clayallee 170 und diversen Liegenschaften in Dahlem behelfen.

Direkt neben dem »Hotel Adlon«, auf dem Grundstück Wilhelmstraße 70/71, wird die britische Regierung zukünftig ihre diplomatischen Geschäfte in Berlin wieder aufnehmen. Nach einem Entwurf des Londoner Architekturbüros Michael Wilford and Partners soll hier die Botschaft Großbritanniens auf 2 700qm Fläche entstehen.

Bislang einmalig in Berlin, wird der Botschaftsneubau ausschließlich von privaten Investoren finanziert werden. Das Grundstück bleibt in britischem Besitz, doch wird der Staat die Räumlichkeiten für seine Botschaft von den Investoren anmieten. Obwohl sich das »Arteos«-Konsortium der deutschen Bebcon-Gruppe, bestehend aus der Dresdner Bank, der Kluh-Gruppe, dem Bauunternehmen Bilfinger und Berger sowie der BDW-Beteiligungsgruppe, schon vor geraumer Zeit zusammengefunden hat, verursachten die Verhandlungen über die komplizierten Verträge weitere Verzögerungen. Am 29.6.1998 konnte jedoch der britische Staatsminister im Außenministerium, Derek Fatchett, zusammen mit dem Regierenden Bürgermeister Eberhard Diepgen und Botschafter Sir Paul Lever die offizielle Bauphase eröffnen. Die Bauzeit wird mit etwa 18 Monaten veranschlagt, die Kosten auf etwa 60 Millionen Mark geschätzt. In der Übergangszeit vom Umzug mit der Bundesregierung bis zur endgültigen Fertigstellung der Botschaft, werden die britischen Amtsgeschäfte aus der jetzt schon als Außenstelle dienenden Vertretung im Haus Unter den Linden 32 geführt werden.

Die von Premierminister Tony Blair im Frühjahr 1998 angekündigte neue Ära britischer Architektur soll unter dem Motto »Cool Britannia« durch den Botschaftsneubau erstmalig im Ausland repräsentiert werden. Blair berief eigens eine Sonderkommission, die die Eröffnungsfeierlichkeiten der Botschaft im Jahr 2 000 zur Promotion der gebotenen Bestleistungen britischen Designs nutzen soll. Doch den Prestigegewinn kann Blair sich nicht gänzlich selbst zuschreiben, sind die Pläne zum Neubau der Mission doch schon 1995 vom konservativen Außenminister Douglas Hurd genehmigt worden.

Die sechsstöckigen Botschaft folgt dem Stil der ehemaligen Palais an der Wilhelmstraße und zeichnet sich durch eine postmoderne Außenfassade in den Farben des Brandenburger Tores und einen eleganten, zweigeteilten Innenhof aus, der auch dem diplomatischen Zeremoniell dienen soll. Um den Besuchern ein wenig angelsächsisches Flair zu vermitteln, wird eine eigens aus Windsor Castle herbeigeschaffte Eiche den Innenhof zieren. Auch die Briten beabsichtigen eine Öffnung der Botschaft für den Publikumsverkehr, so daß der zukünftige Wintergarten als Veranstaltungsort für Ausstellungen, Konferenzen und sogar Modenschauen dienen soll. Architekt Wilford ist von dem »demokratischen Prinzip« der Eingangshalle begeistert: »Vom Botschafter bis zu den Büroangestellten wird jeder durch dasselbe Tor in den Innenhof gelangen. Die Diplomaten können von ihren Schreibtischen aus das Treiben bei den Veranstaltungen im Wintergarten beobachten.« Darüber hinaus wird das Gebäude auch die Residenz des Botschafters umfassen, welche in den Etagen oberhalb des Eingangsbereichs gelegen ist, selbstverständlich mit direktem Blick auf den heimischen Baum im Innenhof.

Frankreich baut seine diplomatische Vertretung am Pariser Platz gegenüber dem gläsernen Neubau der Akademie der Künste.

Mit der Entscheidung für den Entwurf von Christian de Portzamparc wurde im Mai 1997 der letzte Architekturwettbewerb am Pariser Platz abgeschlossen. Am 10.7. 1998 erfolgte der Spatenstich zum Botschaftsneubau, und Außenminister Hubert Védrine nutzte diesen Anlaß am »verfrühten Nationalfeiertag«, um ihn als Symbol für die deutsch-französische Freundschaft herauszustellen. Zusammen mit Außenminister Kinkel und dem Regierenden Bürgermeister Diepgen legte er unter den Augen zahlreicher Schaulustiger den Grundstein. Bauende für das etwa 100 Millionen Mark teure Projekt wird voraussichtlich erst im Jahre 2001 sein, da man jetzt witterungsbedingt bis zum Frühjahr 1999 warten müsse, um mit den großen Baumaßnahmen beginnen zu können. Als Grund für die lange Verzögerung im Vorfeld nannte der Leiter der Außenstelle der Französischen Botschaft, Gérard Pruvost, das lange bürokratische Verfahren »bis man in Deutschland eine Baugenehmigung erteilt bekommt.«

Das 8400 qm große Gebäude wird nicht nur Arbeitsplatz für 250 Diplomaten und ihre Mitarbeiter sein, sondern wird auch eine Zweigstelle des Französischen Kulturzentrums sowie ein Cafe und eine Bibliothek beherbergen. Die beiden Innenhöfe des Botschaftskomplexes werden den Botschaftsgarten und einen öffentlich zugänglichen Skulpturenhof umschließen, der auch für kulturelle Veranstaltungen genutzt werden soll. Der Botschafter wird seine Privaträume im selben Haus haben, natürlich mit attraktivem Blick direkt aufs Brandenburger Tor.

Bis zur Fertigstellung der neuen Räumlichkeiten wird die Französische Botschaft erst einmal in angemieteten Büros, unter anderem in der jetzigen Außenstelle der Botschaft im Haus Französische Straße 23, wo sie ein sehr unauffälliges Zwischenquartier in einem Seitenflügel des Kaufhauses Galerie Lafayette bezogen hat, sowie im Maison de France, im Haus Kurfürstendamm 211, ein Provisorium beziehen.

Die Straße Unter den Linden Der traditionsreichste Botschaftsstandort Berlins ist das Grundstück Unter den Linden 63-65, wo sich heute die diplomatische Vertretung der Russischen Föderation befindet. Einst befand sich hier das Kurländische Palais, das Kaiser Nikolaus I. von Rußland 1837 als Sitz seiner Gesandtschaft ankaufte. Als »Fundament« für seine Gesandtschaft ließ der Zar seinerzeit russischen Mutterboden auf 146 Pferdegespannen nach Berlin karren. Nach der Oktoberrevolution, 1917, diente das Rokoko-Palais als Botschaft der Sowjetunion, wurde jedoch im Zweiten Weltkrieg zerstört. An seiner Stelle wurde in den fünfziger Jahren der klassizistische Bau neu errichtet. Von hier aus bestimmte die Sowjetunion maßgeblich die Geschehnisse in der DDR mit. Mit der Auflösung der UdSSR ging mittels eines Dekrets von Boris Jelzin von 1991 die Liegenschaft, wie alle in- und ausländischen Besitztümer des ehemaligen sowjetischen Außenministeriums, in den Besitz Rußlands über. So residiert die Vertretung der russische Föderation, wie auch die der anderen Weltkriegs-Alliierten, in exponierter Lage in der neuen deutschen Hauptstadt.

Mittlerweile sind in der Botschaft die Reliquien aus sowjetischer Zeit nahezu verschwunden. Die mannshohe Büste Lenins, die den Vorgarten der Botschaft zierte, wurde als eindrucksvolles Zeugnis der Geschichte jedoch nicht vernichtet, sondern umgesiedelt und steht nun im Garten des 350 Zimmer umfassenden Gebäudekomplexes.

Schon vor dem Umzug der Botschaft nach Berlin arbeitet der amtierende Außenstellenleiter Jewgenij Schmagin daran, die Außenstelle auf den neuen Geist vorzubereiten, der hier einmal charakteristisch sein soll. »Wir wollen offen sein für die Berliner«, sagte er, und sieht die Botschaft als mögliches Zentrum zur Förderung der deutsch-russischen Beziehungen. So erfreute sich das altehrwürdige Gebäude im März 1998 eines ungewohnt lebhaften Treibens, als zahlreiche Kinder und Jugendliche im Rahmen eines Austauschprogramms zwischen Berlin und Moskau hier zusammenkamen. Den krönenden Abschluß stellte eine Disco-Veranstaltung unter der 24 Meter hohen Kuppel des Festsaals dar, für die es ausnahmsweise keine protokollarischen Auflagen gab.

Schräg gegenüber der Außenstelle Rußlands befindet sich der ehemalige und zukünftige Sitz der polnischen Botschaft im Haus Unter den Linden 72. Das Botschaftsgebäude an dieser repräsentativen Stelle in Berlins historischer Mitte wurde 1975 von der DDR zur Verfügung gestellt, soll jetzt aber einem solideren Neubau weichen. Unweit davon, Unter den Linden 76, residieren seit den sechziger Jahren die Diplomaten Ungarns, deren Gebäude ebenfalls komplett modernisiert und dessen Außenfassade renoviert wird.

An außenpolitisch historischer Stelle, Wilhelmstraße 44, befand sich seit Mitte der siebziger Jahre die Botschaft der Tschechoslowakei. Nach der staatlichen Trennung verblieb die ehemalige Handelsvertretung der CSSR, Leipziger Straße 36, bei den Slowaken, das große Botschaftsgebäude am Wilhelmplatz erbte die Tschechische Republik. Deren Belegschaft ist seit der Wende drastisch, von vormals 200 Angestellten auf nunmehr 7 Diplomaten plus Mitarbeiter, zusammengeschrumpft. Und auch mit der Rückkehr der Botschaft in ihre alten Räumlichkeiten wird sich diese Zahl nicht großartig erhöhen, weshalb weite Teile des Gebäudes anderweitig vermietet sind bzw. werden sollen.

Das Gemälde von Anton von Werner
zeigt die Schlußszene des Berliner Kongresses am 13. 7. 1878.
V.l.n.r.: Freiherr Heinrich von Haymerle, Graf Aloys Karolyi, Graf Edoardo von Launay,
Fürst Alexander Gortschakow, William Henri Waddington, Benjamin Disraeli, Joseph Maria von Radowitz,
Fürst Chlodwig Hohenlohe, Graf Luigi Corti, Graf Karl von Moy de Sons, Graf Charles Raymond
von Saint Vallier, Paul von Oubril, Felix Hippolyte Desprez, Graf Julius Andrássy,Lothar Bucher,
Fürst Otto von Bismarck, Friedrich von Holstein, August Busch, Graf Herbert von Bismarck,
Graf Peter Schuwalow, Sadullah Bey, Odo Russell, Bernhard von Bülow,
Graf Robert von Salisbury, Alexander Karatheodory Pascha, Mehemed Ali Pascha.
Das Bild befindet sich heute im Depot des Deutschen Historischen Museums
und soll bald wieder an die Stelle, für die es geschaffen wurde,
den Festsaal des Berliner Rathauses, zurückkehren.

Der Berliner Amtsitz des Bundespräsidenten ist das Schloß Bellevue im Tiergarten, das Ende des 18. Jahrhunderts vom Architekten Michael Philipp Daniel Boumann für den Bruder Friedrichs des Großen, den Prinzen Ferdinand von Preußen, errichtet wurde.

Der Festsaal im Schloß Bellevue. Hier finden die Neujahrsempfänge für das Diplomatische Corps statt.

Der Langhans-Saal im Schloß Bellevue.

Grundsteinlegung für den Neubau der Französischen Botschaft
am Pariser Platz durch die Außenminister der Bundesrepublik Deutschland
und der Französischen Republik, Klaus Kinkel und Hubert Vedrine,
und den Regierenden Bürgermeister von Berlin, Eberhard Diepgen,
am 10. 7. 1998.

Rechte Seite oben:
Der Bauplatz der künftigen Französischen Botschaft.

Rechte Seite unten:
Die Französische Botschaft wird nach einem Entwurf des französischen Architekten
Christian de Portzamparc errichtet.

FRANKI

Erster Spatenstich für den Neubau der Britischen Botschaft in der Wilhelmstraße durch den Staatsminister im britischen Außenministerium, Derek Fatchett, und den Regierenden Bürgermeister von Berlin, Eberhard Diepgen, am 29. 6. 1998.

Rechte Seite oben:
Der Bauplatz der künftigen Britischen Botschaft.

Rechte Seite unten:
Die Britische Botschaft wird nach einem Entwurf des Architektenbüros Michael Williams and Partners errichtet.

THE BRITISH EMBASSY

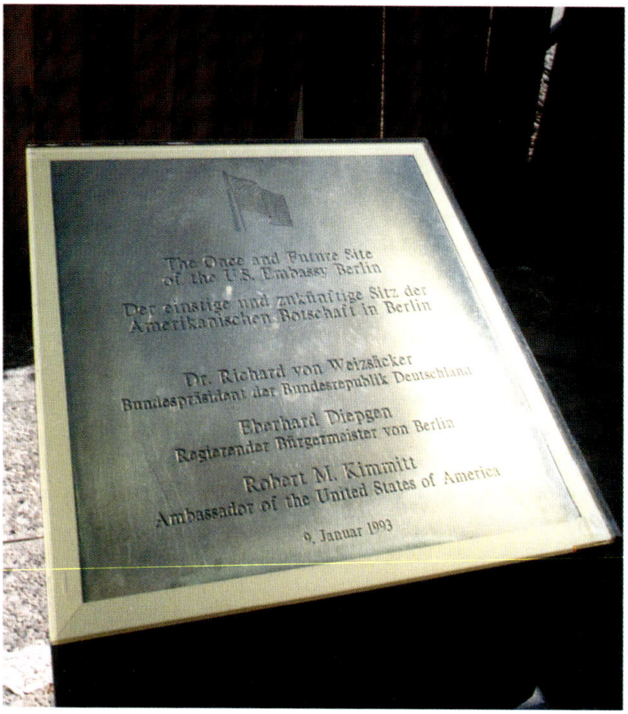

Der Bauplatz der künftigen Botschaft
der USA am Pariser Platz,
die nach einem Entwurf des
kalifornischen Architekturbüros
Moore Ruble Yudell
errichtet wird.

Die auf dem obigen Grundstück
befindliche Tafel.

Ruine der
Griechischen Botschaft
in der Hiroshimastraße.

Ein Beispiel für repräsentative sozialistische Architektur ist die Botschaft der Tschechischen Republik, Wilhelmstraße 44, die in den Jahren 1975 bis 1978 von den Architekten Vera Machonina, Vladimir Machonin und Klaus Pätzmann errichtet wurde.

Bauareal der künftigen Botschaften Österreichs und Ägyptens in der Stauffenbergstraße.

Bauareal der künftigen Botschaften Indiens, Südafrikas und der Türkei
in der Tiergartenstraße.

Neujahrsempfang für das Diplomatische Corps
am 12. 1. 1996 im Langhans-Saal von Schloß Bellevue.
Der Botschafter von Bahrain, Ahmed Abbas Ahmed, im Gespräch mit
Bundespräsident Roman Herzog und Bundesaußenminister
Klaus Kinkel.

Neujahrsempfang für das Diplomatische Corps am 15. 1. 1998
im Festsaal von Schloß Bellevue.
Rechts der Staatsminister im Auswärtigen Amt,
Helmut Schäfer.

Die Baustelle des gemeinsamen Botschaftskomplexes von Dänemark, Finnland, Island, Schweden und Norwegen am Klingelhöfer-Dreieck.

Die frühere Botschaft der USA in der DDR, Neustädtische Kirchstraße 4.

Die frühere Polnische Botschaft in der DDR,
Unter den Linden 72.

Am 29. 10. 1998 stellte der israelische Botschafter Avi Primor
den Neubau der israelischen Botschaft in Berlin vor, der auf den Grundstück
Auguste-Viktoria-Straße 74 – 78 in Schmargendorf nach einem Entwurf
der israelischen Architektin Orit Willenberg-Giladi errichtet wird.
Nach Aussage von Botschafter Primor werde dieses Gebäude
»die schönste Botschaft Israels in der Welt«.

Aber auch die Slowaken haben seit April 1998 mit Problemen zu kämpfen, denn ihr Gebäude in der Leipziger Straße wurde per Gerichtsentscheid den Erben der jüdischen Alteigentümer zurückgegeben; laut Urteil des Verwaltungsgerichtes Berlin genießt nur die eigentliche Botschaftstätigkeit völkerrechtlichen Schutz, nicht aber das Botschaftsgebäude. In den zwanziger und dreißiger Jahren befand sich hier das exklusive Modekaufhaus Kersten und Tuteur, dessen Besitzer, Jacob Tuteur, von den Nazis in den Ruin getrieben worden war und der anschließend Selbstmord beging. Seine Ehefrau sah sich später dazu gezwungen, die Liegenschaft an eine Prager Firma zu verkaufen. Mit dem jetzt ergangenen Rückgabeurteil ist den Diplomaten der Slowakei eine ungewisse Zukunft beschert. Für die Nutzung des Grundstückes gibt es bislang noch keine Pläne, eine Zwangsräumung ist durch die Immunität der Botschaft jedoch ausgeschlossen. Die Botschaft ihrerseits plant nun, in die Berufung zu gehen.

Die Ukraine konnte im April 1998 Kaufverträge für das neue Botschaftsgebäude, Albrechtstraße 26, im Stadtbezirk Mitte, und für die Residenz des Missionschefs im Haus Erlenbusch 16, in Dahlem, abschließen. Ihre diplomatischen Geschäfte werden also künftig in kultureller Nachbarschaft, zwischen Friedrichstadtpalast und Deutschem Theater, getätigt werden.

Die neue niederländische Botschaft wird fernab ihres ehemaligen Standortes im Tiergartenviertel ihren Standort in der Klosterstraße im Bezirk Mitte finden. Nachdem man das Grundstück Rauchstraße 10 bereits 1957 verkauft hatte, bezog die Außenstelle der Botschaft nach dem Fall der Mauer erst einmal Quartier im Internationalen Handelszentrum an der Friedrichstraße, wo die Diplomaten momentan im 23. Stock bei vorzüglicher Aussicht residieren. Aber nur langsam wird man sich in Richtung Rolandufer bewegen, denn der Baubeginn für den gläsernen Kubus ist erst für 1999 angesetzt, die Fertigstellung soll bis 2 001 abgeschlossen sein. Ausschlaggebend für das Grundstück an der Spree war, nach den Worten des niederländischen Außenministers Carel van Mierlo, ganz klar die Lage, die »mit einiger Phantasie an die Amstel in Amsterdam« erinnere.

Auch Kanada hat sich schließlich gegen den Standort seiner Vertretung im Tiergarten entschieden. War man anfänglich noch an den freien Grundstücken an der Köbisstraße/Ecke Reichpietschufer interessiert, fiel die Entscheidung doch für die Errichtung am Vorkriegs-Standort, dem heute erst noch komplett neu herzustellenden Leipziger Platz.

Für eine Rückkehr an ihren Vorkriegsstandort im Stadtbezirk Mitte haben sich die Belgier entschlossen. Die Botschaft wird ihr Domizil in der Jägerstraße, in unmittelbarer Nähe eines der schönsten Plätze Berlins, dem Gendarmenmarkt, finden. Momentan befindet sich dort schon die Außenstelle der Botschaft.

Unweit des Auswärtigen Amtes am Werderschen Markt werden ab Mitte 2 000 die Diplomaten Brasiliens vertreten sein. Im Februar 1998 legte man sich nach langwieriger Suche auf das Gelände des stillgelegten Spree-Hotels an der Wallstraße fest. Mit rund 7000 Quadratmetern wird das Haus einmal eine der weltweit größten Vertretungen des Landes sein.

Der Botschafter der Schweiz wird nach dem Regierungsumzug genau zwischen dem Bundeskanzleramt und dem Reichstag residieren. Als einziger Zeuge des verschwundenen Alsenviertels überlebte das seit 1919 von den Helvetiern als Gesandtschaftsgebäude genutzte klassizistische Bauwerk an der Fürst-Bismarck-Straße 4 die Wirren der Zeit. Einer Legende zufolge sei es von den britischen Bombern 1945 gezielt ausgespart worden. Daher bedurfte es nur leichter Renovierungsarbeiten, um seit 1949 wieder als Sitz für die »Schweizerische Delegation« dienen zu können. Seit 1973 fungierte der Sitz als Generalkonsulat für West-Berlin und besitzt seit 1992 den Status einer Außenstelle der Schweizerischen Botschaft. Um genügend Platz für die zurückkehrende Mission bieten zu können, wird der Altbau in den Jahren 1998/99 durch einen Anbau für den Kanzleibetrieb und die diplomatischen und konsularischen Dienste ergänzt. Zuvor mußte das Gebäude jedoch vorübergehend geräumt werden, da erst die »Deckelung« des sich genau darunter befindlichen Tiergartentunnels abzuwarten ist. Im Jahr 2000 soll der volle diplomatische Dienst hier wiederaufgenommen werden.

Das Tiergartenviertel Noch bis Anfang der neunziger Jahre lag das einstige Diplomatenviertel halb vergessen im Dornröschenschlaf, in das es nach dem Ende des Zweiten Weltkrieges versunken war. Nur wenige der Botschaften, die den Bombenhagel überstanden hatten, wurden weiterhin als diplomatische Vertretungen genutzt. Noch im Jahre 1990 wurde ein Gutachten der Senatsbauverwaltung vorgestellt, welches für die Nutzung des 22 Hektar großen Areals den Bau von 1400 Wohnungen, eines Freibads, einer Schule, von Verwaltungs- und Dienstleistungsbetrieben sowie die Anlage eines Parks vorschlug.

Doch seit 1993 erwacht das ehemalige Gesandtschaftsviertel wieder zu diplomatischem Leben, denn die Botschaften kehren in diese nach dem Pariser Platz und den Linden begehrteste Gegend Berlins zurück. Eine Ghettoisierung der internationalen Missionen wird es allerdings, nach den Worten des Hauptstadtreferenten der Senatsverwaltung für Stadtentwicklung, Peter Syll, am Rand des Tiergartens nicht geben. Außerdem sah das Konzept des Senats von Anfang an vor, die umziehenden Botschaften der momentan 184 bei der Bundesregierung akkreditieren Staaten auf verschiedene Standorte in der ganzen Stadt zu verteilen. Auch der damalige Umzugsbeauftragte, Bundesbauminister Klaus Töpfer, betonte im Herbst 1995, daß er sich eine Verteilung der Residenzen und Kanzleien über die ganze Stadt wünsche.

Mehr als 20 ausländische Vertretungen werden sich im Tiergartenviertel bis zum Jahr 2000 wieder angesiedelt haben. Die Staaten Japan, Italien, Spanien, Estland und Griechenland werden ihre alten Botschaftsgebäude aus der Vorkriegszeit wieder herrichten und beziehen.

Die weiterhin eingehenden Nachfragen nach Liegenschaften in diesem Gebiet stehen in keinem Verhältnis zum verbleibenden Angebot. So wurde im Auftrag des Senats ein Bau- und Landschaftskonzept für das gesamte Areal südlich des Tiergartens entwickelt, welches Natur und Architektur in ein gesundes Verhältnis miteinander stellt, um zu vermeiden, daß sich im historischen Diplomatenviertel irgendwann Haustür an Haustür reiht.

Für Japan hat sich die grundlegende Renovierung seiner ehemaligen Botschaft in den achtziger Jahren bezahlt gemacht. 1983 entstand auf Initiative von Bundeskanzler Kohl und des japanischen Premierministers Nakasone die Idee, das zum Teil zerstörte Gebäude wiederaufzubauen, um als Sitz einer wissenschaftlichen Begegnungsstätte dienen zu können. Dazu wurde in den folgenden Jahren der Kanzleiflügel restauriert, der frühere Residenzteil ersetzt und statt dessen ein japanischer Landschaftsgarten angelegt. 1987 konnte das Japanisch-Deutsche Zentrum Berlin, JDZB, eröffnet werden. Doch schon 10 Jahre darauf, am 3.6.1998, bezog das JDZB seine neuen Räumlichkeiten in der Saargemünder Straße/Ecke Clayallee in Zehlendorf, um der zukünftigen japanischen Botschaft in Berlin nicht im Wege zu stehen. Eine Erweiterung des Komplexes ist durch ein angrenzendes Grundstück, welches sich im Besitz der japanischen Regierung befindet, möglich.

Auch das italienische Kulturinstitut, das erst im Oktober 1991 in die ehemalige italienische Botschaft, Tiergartenstraße 21-23, gezogen war, muß sich im Laufe des nächsten Jahres ein neues Domizil suchen. Denn auch die italienischen Diplomaten nutzen die Chance, hierher zurückzukehren. Noch bis zur Wende versuchte man, das 13.000 qm große Gebäude, in dessen Kanzleiflügel seit 1950 das italienische Generalkonsulat angesiedelt ist, zu verkaufen. Im Herbst 1998 sollen die Umbauarbeiten für das über 300 Räume umfassende und zum Teil stark beschädigte Gebäude beginnen, wofür rund 25 Millionen Mark veranschlagt worden sind. Zuvor jedoch stimmte der griechische Künstler Markopoulos im Mai 1998 das Gebäude auf sein neues Leben ein. Mit seiner Installation »Italienische Botschaft«, bei der lebensgroße, erleuchtete Pferde aus Latex an Seilen an den Außenwänden herabgehängt waren, sollte das Haus »aus seinem jahrzehntelangen Schlaf wachgeküßt« werden.

Am äußersten westlichen Ende des Tiergartenviertels, Lichtensteinallee 1, befindet sich die Halbruine der ehemaligen Botschaft Spaniens. Auch hier waren die Kriegsschäden über Jahrzehnte allgegenwärtig, lediglich ein Drittel des Gebäudes wurde bislang als Generalkonsulat genutzt. Im nachhinein sind die Spanier froh darüber, daß aus den Plänen, das Areal mit in die Anfang der achtziger Jahre vollzogene Erweiterung des Zoologischen Gartens einzubeziehen, nichts geworden ist. Auch ein Verkauf an die kurzzeitig interessierte Konrad-Adenauer-Stiftung, die jetzt gegenüber den skandinavischen Botschaften ihre Berliner Vertretung errichtet hat, sowie ein Komplettabriß standen zeitweise zur Debatte. Noch 1998 soll hier die Renovierung beginnen, damit das Königreich Spanien pünktlich zum Umzug des Auswärtigen Amtes im November 1999 ebenfalls in Berlin präsent ist.

Einen besonderen Fall stellt die ehemalige Gesandtschaft der Republik Estland, Hildebrandtstraße 5, dar. Im Gegensatz zu den Botschaftsgebäuden der anderen Staaten sind in diesem Haus, dem alten Gebäude von 1878, seit Jahren gut 10 Mietparteien wohnhaft. Auf Grund des Viermächte-Status von Berlin und weil die Briten, in deren Sektor der Tiergarten lag, die Annexion Estlands durch die Sowjetunion nicht akzeptierten, verblieb das Gebäude in estnischem Besitz. Wie in solchen Fällen üblich, wurde vom Senat ein Abwesenheitspfleger bestellt, der die Vertretung des nicht existenten Besitzers wahrnahm. Nach der Wiederherstellung der Souveränität der Republik Estland im Jahre 1990 konnte das Anwesen zurückgegeben werden und soll wieder seine ursprüngliche Funktion als diplomatische Vertretung von Estland in Berlin übernehmen. Das Gebäude ist renovierungsbedürftig. Da sich aber die Bewohner weigern, ihre Wohnungen ohne Entschädigung zu verlassen, ist im September 1998 eine Räumungsklage ausgesprochen worden.

Direkt angrenzend an die estnische Vertretung befindet sich die halbverfallene und teilweise sogar ausgebrannte Gesandtschaft von Griechenland. Trotzdem ist man in der griechischen Botschaft gewillt, wieder an den historischen Standort zurückzukehren. Ob das verfallene Haus aus dem 19. Jahrhundert erhalten werden kann, wird nach Abschluß eines Architekturwettbewerbs festgelegt, dessen Ende noch aussteht.

Einen der aufsehenerregendsten Botschaftsneubauten, der dazu auch weltweit einmalig ist, stellt das Gemeinschaftsprojekt der fünf skandinavischen Staaten am Klingelhöfer-Dreieck dar. Dänemark, Schweden, Finnland, Norwegen und Island werden dort 1999 einen Komplex aus fünf einzelnen Botschaften und einem Gemeinschaftshaus, dem sogenannten »Felleshus«, beziehen. Ursprünglich wollten lediglich die Schweden und die Finnen an ihrem alten Botschaftsstandort Neubauten errichten. Die Norweger waren ebenfalls gewillt, konnten aber nicht nachziehen, da Hessen bereits das verbleibende Drittel des nördlichen Klingelhöfer-Dreiecks für seine Landesvertretung gekauft hatte. Doch nach intensiven Verhandlungen, in deren Verlauf ein Ersatzgrundstück für Hessen gefunden werden konnte, stand dem gemeinsamen Botschaftskomplex nichts mehr im Wege. Neben Finnland fügte sich auch das Königreich Dänemark dankbar in das Gemeinschaftsprojekt ein, nachdem es seine ehemalige Botschaft, welche sich direkt neben der spanischen Gesandtschaft befand, an die Telekom verkauft hatte. Diese hat hier mittlerweile ihre Führungsakademie eingerichtet.

In einem europaweit ausgeschriebenen, städtebaulichen Wettbewerb für ein Gesamtkonzept entschieden sich die fünf Nationen im Dezember 1995 unter 223 Arbeiten für den Entwurf des Wiener Architektenbüros Berger/Parkkinen. Sichtbarstes Merkmal ist ein 16 Meter hohes Kupferband, welches das gesamte 7200 qm große Gelände umschließt und nicht nur zur Zierde, sondern auch als Schutzzaun dienen soll. Der gemeinschaftliche Gebäudeteil an der barrierefreien Südseite entlang der Rauchstraße soll als Raum für Kunstausstellungen, kulturelle Aufführungen, Seminare und größere Empfänge zur Verfügung stehen. Integriert sind die gemeinsame Konsularabteilung und ein skandinavisches Restaurant. Die Botschaftsgebäude der einzelnen Länder innerhalb dieses Komplexes wurden von nationalen Büros gestaltet und halten sich in ihrer Auswahl an Baumaterialien wie Holz, Glas und Kalkstein ganz an die skandinavische Linie. Die finnische Vertretung soll sogar über eine Sauna verfügen. Am 6.5.1997 führten die fünf Botschafter mit einer Schaufel mit fünf Griffen den ersten Spatenstich auf dem Klingelhöfer-Dreieck aus und gaben damit dem 116 Millionen Mark teuren Projekt den offiziellen Startschuß. Das Ende der Baumaßnahmen ist für April 1999 angesetzt, so daß die Skandinavier mit zu den ersten Diplomaten zählen werden, die bereits vor dem Regierungsumzug in Berlin präsent sein werden.

Die neue Botschaft Österreichs wird das »Tor zum Diplomatenviertel« im Tiergarten. Nur wenig entfernt von der jetzigen Liegenschaft, im Hause Bendlerstraße 15, waren die Österreicher seit 1919 vertreten. Der Neubau wird von dem Wiener Architekturprofessor Hans Hollein gestaltet, der sich im Mai 1997 als Sieger eines europaweiten Architektenwettbewerbs durchsetzen konnte. Die Botschaft wird neben den Amtsräumen des Botschafters und der Konsularabteilung auch die Residenz umfassen und ist von Hollein in drei Bauteile untergliedert worden.

Entlang der Tiergartenstraße werden außerdem die Türkei, Südafrika und Indien ihre diplomatischen Vertretungen errichten. Letztere feierte am 9.9.1998 die Grundsteinlegung. Zum Stadtgespräch avancierte Ende 1994/Anfang 1995 die Frage über den Verbleib eines Robinienwäldchen, das in der Nachkriegszeit auf den jetzigen Grundstücken der Türkei und Südafrikas gewachsen war. Der Bezirk Tiergarten und die Bündnisgrünen setzten sich zwar stark für einen Erhalt der außergewöhnlichen Baumansammlung ein, gaben aber im Zuge des neuen Landschaftskonzeptes für das ehemalige Diplomatenviertel, welches viel Grün und Freiräume vorsieht, nach. Bislang genießen die Bäume jedoch weiterhin eine Schonfrist, denn die Bautätigkeiten werden frühestens Ende 1998 beginnen.

Ähnlich sieht es auf den anderen Botschaftsgeländen im Tiergartenviertel, den Grundstücken von Ägypten, Mexiko, Portugal, den Vereinigten Arabischen Emiraten und Saudi-Arabien, aus, denn hier stehen die Bauarbeiten erst noch bevor.

Weniger Glück bei ihrer Suche nach einer Liegenschaft hatte anfänglich die Republik Litauen. Zwar konnten sich die Balten ebenfalls glücklich schätzen, noch Besitz aus Vorkriegszeiten im äußersten südlichen Tiergarten ihr Eigen zu nennen. Doch ähnlich wie im Falle Estlands wurde das Grundstück nach 1945 einem Abwesenheitspfleger zugewiesen, und dieser hatte das Areal 1987 für 20 Jahre an einen Wohnwagenhändler verpachtet. Auf dessen Angebot, die Freifläche gegen die Summe von einer Million Mark frühzeitig zu räumen, müssen die Balten allerdings nicht mehr eingehen. Durch eine Gerichtsentscheidung vom Februar 1997 wurden ihnen die sofortigen Nutzungsrechte zurückgegeben, so daß einem Botschaftsneubau an der Kurfürstenstraße nichts mehr im Wege steht.

Pankow Der nordöstliche Stadtbezirk Pankow besitzt noble Wohnviertel wie Dahlem in West-Berlin und beherbergte das Gros der diplomatischen Vertretungen in der DDR. Mit der Modifizierung der Hallstein-Doktrin Ende der sechziger Jahre stieg auch die Zahl der ausländischen Gesandtschaften in der DDR, die von der Regierung vornehmlich in Pankow angesiedelt wurden. Heute ist vom diplomatischen Glanz vergangener Tage nicht mehr viel übrig. Knapp 30 Botschaftshäuser, die der Staat in Plattenbauweise hier für die Diplomaten errichtete, stehen leer und bieten teilweise einen trostlosen Anblick. Doch der erste Schein trügt, denn Pankow sieht wieder einer internationalen Zukunft entgegen. Im Auftrag der Stadtentwicklungsbehörde wurde 1995 ein Gutachten erstellt, das zu dem Schluß kommt, daß Teile von Niederschönhausen, Gebiete am Volkspark Schönholzer Heide und an der Esplanade hervorragende Voraussetzungen für diplomatische Einrichtungen bieten. Hohe Erschließungsqualität, Nähe zu attraktiven Grünanlagen und repräsentative Bebauungsstruktur gelten als klare Standortvorteile, darüber hinaus liegen die Grundstückspreise hier bei weitem unter denen von Zehlendorf, Wilmersdorf und Tiergarten. Trotzdem fehlt dem Bezirk das nötige Prestige, um den anderen Botschaftsstandorten ernsthafte Konkurrenz zu machen. Bevorzugt werden der Bezirk Mitte oder die südlichen Bezirke.

Zudem hat sich eine Kontroverse zwischen Bund und Land entwickelt, denn dem Bestreben des Bezirks und des Senats, die Entwicklung des Gebietes durch die Ansiedlung von Botschaften zu fördern, stellt der Bund die Forderung nach Wohnungen für Bundesbedienstete entgegen. Deswegen wird nun eine Mischlösung von beiden Seiten angestrebt.

Allen voran hat sich die Volksrepublik China schon Anfang 1996 für einen Verbleib in gewohnter Umgebung ausgesprochen. Die chinesische Botschaft in der

Heinrich-Mann-Straße wird zur Zeit als Außenstelle und später wohl auch als Übergangsquartier genutzt werden, bis die neue Vertretung in der Arnold-Zweig-Straße/Ecke Neumannstraße in den Jahren 2 000/2 001 fertiggestellt sein wird. Den Verkauf des 16.000 qm großen Grundstücks hatte die Bundesregierung von einer Gegenseitigkeitsvereinbarung abhängig gemacht, denn von deutscher Seite bestand schon lange der Wunsch nach einer zentralen Liegenschaft in der chinesischen Hauptstadt Peking als Standort für eine neue Botschaft. Während einer China-Reise 1996 konnte die Angelegenheit zur Zufriedenheit beider Seiten durch Außenminister Kinkel persönlich geklärt werden.

Eine erhöhte Konzentration von kleineren Botschaften scheint sich zwischen Esplanade und Bornholmer Straße herauszukristallisieren. Im Hause Stavanger Straße 19 befindet sich schon seit geraumer Zeit die Außenstelle Ghanas, in deren Nachbarschaft demnächst die Botschaften Kubas und Eritreas ziehen werden, welche ihre Liegenschaften aus dem Öffentlichen Grundstückspool der TLG erworben haben. In der angrenzenden Gotlandstraße 12 haben vor kurzem die Mongolen ihre Vertretung bezogen. Die Missionen Indonesiens und Libanons haben sich durch Zukauf von Grundstücken ihren weiteren Verbleib an der Esplanade gesichert, wogegen Tunesien und Brasilien aus Platzmangel für ihre Botschaften andere Liegenschaften erworben haben. Die Tunesier werden nach Charlottenburg in die Lindenallee umziehen, die Brasilianer wurden an der Wallstraße in Mitte fündig.

Zehlendorf, Wilmersdorf und Neukölln »Wenn der Umzug von Bundestag, Bundesrat, Bundesregierung und dem Diplomatischen Corps ein Wettrennen gewesen sein sollte, so steht der Sieger seit heute fest.« Mit diesen Worten eröffnete der Regierende Bürgermeister Eberhard Diepgen am 1.7.1997 die Feierlichkeiten zur Einweihung des neuen Botschaftsgebäudes von Makedonien in der Koenigsallee 2, im Stadtbezirk Halensee. Damit wurde gleichzeitig die überhaupt erste diplomatische Vertretung der jungen osteuropäischen Republik errichtet. Botschafter Srgjan Kerim wird bis zum Umzug der Bundesregierung also noch viel zur Außenstelle in Bonn reisen müssen. Der 2,4 Millionen Mark teure, in typisch makedonischem Stil erstellte Flachbau mit rotem Dach beherbergt mit seinen derzeit drei Mitarbeitern eine der kleinsten Botschaften in der Bundesrepublik Deutschland.

Ganz in die Nähe, an die Auguste-Viktoria-Straße 74–78/Ecke Reinerzstraße 46–48, wird zukünftig auch der Botschafter Israels ziehen. Das Land wird das leerstehende Gebäude des evangelischen Oberlin-Seminars für seine diplomatische Mission in Berlin nutzen und durch Neubauten ergänzen. Die Bezirksverordnetenversammlung von Wilmersdorf unterstützte das Projekt fraktionsübergreifend, und Ende Juni 1998 erging ein Bauvorbescheid durch die zuständige Bauverwaltung. Ende Oktober 1998 konnte Botschafter Avi Primor den Entwurf für die neue Berliner Botschaft vorstellen, welche, seinen Worten zufolge, die schönste Auslandsvertretung Israels sein wird.

Als neuer Hausherr im ehemaligen Wissenschaftszentrum an der Griegstraße 5–7 in Grunewald wird ab 1999 der Botschafter Kuwaits residieren. Das Ölscheichtum erwarb das 5.800 qm große Gelände, das noch ein Nachbargrundstück umfaßt, bereits 1995. Das feudale Gebäude wird die Amtsräume der Diplomaten beherbergen und durch zwei Neubauten mit Wohnungen ergänzt werden.

Botschafter Berhane Tensay aus Äthiopien konnte sich eine lange Grundstückssuche ersparen, denn sein Land bekam von der Bundesregierung zwei Villen, in Wilmersdorf und in Steglitz, geschenkt. Vorausgegangen war eine ähnliche Großzügigkeit seitens der Ostafrikaner im Jahre 1905/06, als das Deutsche Reich ein Grundstück (»a big one«, laut Botschafter Tensay) geschenkt bekam, was beide Staaten damals dazu veranlaßte, eine Gegenseitigkeitsvereinbarung abzuschließen. Die Bundesregierung kam dieser nun mit der Übereignung der beiden Liegenschaften in der Boothstraße 20a, vorgesehen für die Kanzlei, und im Goldfinkenweg 46, als Residenz für den Missionschef, nach.

Noch tiefer im Süden der Stadt, in der Zehlendorfer Albertinenstraße, hat die Botschaftsaußenstelle von Bosnien-Herzegowina eine Heimstätte gefunden. Doch reagierten jüngst die Anwohner wiederholt verärgert über Belästigungen durch Lärm und Menschenmassen. Obwohl sich die Diplomaten alle Mühe gaben, die Auflagen der Baudirektion zu erfüllen, erwägen die Anwohner eine Klage vor dem Verwaltungsgericht, damit wenigstens der Konsularbetrieb in die City ausgelagert wird.

Kurz nachdem Anfang Juni 1997 bekannt wurde, daß sich der künftige Sitz der diplomatischen Vertretung des Vatikans direkt neben der größten katholischen Kirche Berlins, der Sankt-Johannes-Basilika an der Lilienthalstraße, befinden wird, gründete sich die erste Bürgerinitiative. Die ca. 15 Mitglieder befürchten, daß der öffentliche Zugang zur Hasenheide, einem der wenigen Parkanlagen im dichtbesiedelten Bezirk, eingeschränkt werden wird. Darüber hinaus rechnen die aufgebrachten Anwohner auf Grund der Sicherheitsvorkehrungen für die päpstliche Mission mit Straßensperrungen und erhöhter Polizeipräsenz. Auch der alte Baumbestand des Grundstücks macht ihnen Sorgen. Doch der Apostolische Nuntius, Erzbischof Giovanni Lajolo, versicherte mehrfach, daß die Belastungen der Anwohner durch das Botschaftsprojekt minimal sein werden. Weder Zugangsbeschränkungen zur Hasenheide noch großartige Straßensperren werden für die Hauptstadt-Vertretung nötig sein. »Die Nuntiatur wird auch nur ein kleiner Bau sein und das ökologische Gleichgewicht nicht stören«, versicherte Lajolo. Nur ein kleiner Nußbaum muß für das dreiteilige und fünfgeschossige Bauwerk, das zugleich Kanzlei und Residenz ist, versetzt werden. Finanziert werden soll der 15 Millionen Mark teure Neubau aus dem Verkauf der Bonner Vertretung und eventuellen Sponsorengeldern.

Potsdam Was den Zuzug diplomatischer Vertretungen nach Potsdam anbetrifft, äußerte der Protokollchef der Brandenburger Staatskanzlei, Martin Loer: »Wir müssen realistisch bleiben, da gibt es leider zuviele Hindernisse«. Aber auf ein kleines Stück vom Umzugskuchen spekuliert man in der Landeshauptstadt an der Havel schon. Denn Potsdam hat viele interessante Immobilien. Alte, luxuriöse und schön gelegene Villen am Heiligen See, am Neuen Garten oder am Griebnitzsee, außerdem viele Bauten preußischer Kultur und Geschichte. Dabei gestaltet sich das Angebot vergleichbar attraktiv wie in Zehlendorf und Dahlem, liegt vom Preisniveau aber deutlich darunter. Kostet der Quadratmeter in Grunewald ca. 2 000 DM, liegt der Preis dafür am Griebnitzsee zwischen 900 und 1 300 DM, repräsentative Villen fangen in Dahlem bei 2 Millionen Mark an, in Potsdam sind sie bis zu einem Fünftel billiger zu haben. Ähnliches gilt für Mietpreise von Büros und Wohnungen, die hier bis zu 20 Prozent geringer ausfallen als in Berlin.

Als größtes Handicap stellt sich jedoch die Distanz zum Berliner Regierungsviertel dar. Manche Missionschefs äußerten bei einer Besichtigungstour der Botschaftsbörse schon ihren Unmut über die beträchtliche Entfernung zwischen Pankow und Mitte, da läuft Potsdam dann außer Konkurrenz. Weiterhin mangelt es in Potsdam bislang an internationalen Schulen, von einer Ausnahme abgesehen.

Trotzdem gibt man sich noch lange nicht geschlagen. Venezuela hatte sich schon Anfang 1996 für die Villa Bachmayr, am Neuen Garten, als zukünftigen Sitz des Botschafters festgelegt. Für 2,7 Millionen Mark kaufte der südamerikanische Staat das 1872 im Schinkel-Stil erbaute Anwesen in der Großen Weinmeisterstraße 53, welches pünktlich bis zum Umzug des Auswärtigen Amtes bezugsfertig sein wird.

Mit einer Handvoll weiterer Staaten aus Südamerika und Afrika sei man in intensiven Verhandlungen, versicherte Sabine Pentrop von der Treuhand Liegenschaftsgesellschaft TLG, die viele Immobilien im Auftrag des Bundesvermögensamtes Potsdam vermarktet. Doch insgesamt mache man sich nichts vor, »in Potsdam hat die internationale Diplomatie eben keine Tradition«, wie der Historiker Thomas Wernicke zu Bedenken gibt.

Aus Anlaß des ersten Neujahrsempfangs für das Diplomatische Corps
im wiedervereinigten Berlin am 12.1.1994 versammelte der Regierende Bürgermeister Diepgen
130 Botschafter am Brandenburger Tor.

Vollständige Übersicht
über die in Berlin bis 1945 akkreditierten Botschafter und Gesandten, ohne die Sondergesandten und die Gesandten der deutschen Länder. Zusammengestellt nach den amtlichen Unterlagen

ÄGYPTEN

Seifullah Yusri Pascha	1925 – 1928
Hassan Nachat Pascha	1929 – 1938
Mourad Sid-Ahmed Pascha	1938 – 1939

Die diplomatischen Beziehungen wurden am 4.9. 1939 abgebrochen. Die Wahrnehmung der ägyptischen Interessen übernahm die schweizerische Gesandtschaft.

Die ägyptische Gesandtschaft war zuerst im Haus Delbrückstraße 8 im Stadtteil Grunewald untergebracht und seit 1929 im Haus Tiergartenstraße 18 b im Tiergartenviertel. Die neue ägyptische Botschaft wird auf dem Grundstück Stauffenbergstraße 6–7 unweit des alten Standortes errichtet.

AFGHANISTAN

Ghulam Siddig Khan	1922 – 1925
Ahmed Ali Khan	1925 – 1928
Mohammed Amin Khan	1928 – 1930
Abdul Hadi Khan Dawey	1930 – 1931
Ghulam Siddiq Khan Jusuf Sayi	1931 – 1932
Sirdar Mohammed Azziz Khan	1933
Allah Nawaz Khan	1935 – 1945

Die afghanische Gesandtschaft war seit 1925 im Haus Lessingstraße 9 im Hansaviertel untergebracht und ab 1940 im Haus Ahornallee 40 – 41 in Charlottenburg.

ALBANIEN

Raouf Fico	1938 – 1939

Die albanische Gesandtschaft war im Haus Lützowufer 5 a am Landwehrkanal untergebracht.

ARGENTINIEN

Carlos Calvo	1884 – 1899
Lucio Victor Mansilla	1899 – 1902
Vicente Quesada	1902 – 1905
Indalecio Gomez	1905 – 1911
Luis Molina	1911 – 1924
Federico Quintana	1925 – 1928
Ernesto Restelli	1928 – 1932
Eduardo Labougle	1932 – 1939
Ricardo Olivera	1939 – 1944

Die diplomatischen Beziehungen wurden am 27.1. 1944 abgebrochen.

Die argentinischen Gesandten wechselten oft das Quartier. Nach der Umwandlung der Gesandtschaft in eine Botschaft am 12.11.1936 erhielt der argentinische Staat von der Deutschen Reichsregierung am 8.4.1937 das nach Plänen von Otto Rieth für den Kaufmann Wilhelm Staudt 1897–1899 errichtete Haus Tiergartenstraße 9a zur Unterbringung der Botschaft geschenkt. Das Gebäude wurde im Zweiten Weltkrieg zerstört. Die Reste waren am 12.9.1960 beseitigt.

BELGIEN

Maurice Ignace Marie Joseph de Merckx	1831 – 1832
Graf Joseph François Jean Nepomucene von Baillet	1836
Baron Jean Pierre Christine Willmar	1840 – 1845
Baron Jean Baptiste Nothomb	1845 – 1881
Graf August von der Straten-Ponthoz	1881 – 1888
Baron Jules Greindl	1888 – 1912
Baron Eugene Napoleon Beyens	1912 – 1914

Die diplomatischen Beziehungen wurden im August 1914 abgebrochen. Die Wahrnehmung der belgischen Interessen übernahm die spanische Gesandtschaft.

Graf Georges della Faille de Leverghem	1920 – 1924
Robert Everts	1925 – 1932
Graf André de Kerchove de Denterghem	1932 – 1935
Vicomte Jacques Davignon	1936 – 1940

Von 1840 bis 1860 war die belgische Gesandtschaft im Mietshaus Unter den Linden 78 untergebracht.

Der Gesandte Greindl residierte im Haus Roonstraße 12. Kurz vor dem Ersten Weltkrieg wurde das Haus Jägerstraße 53 für die Gesandtschaft erworben, nach der Umwandlung zur Botschaft am 21.11.1938 zusätzlich dazu das Nachbarhaus Jägerstraße 52. Dort soll auch künftig die belgische Botschaft untergebracht werden.

BOLIVIEN

Francisco Argandoña	1898 – 1909
Luis Salinas Vega	1910 – 1917

Die diplomatischen Beziehungen wurden am 27.4. 1917 abgebrochen. Die Wahrnehmung der bolivianischen Interessen übernahm die niederländische Gesandtschaft.

Jose Gabino Villanueva	1926 – 1928
Carlos Anze Soria	1928 – 1936
Julio Sanjinés	1936 – 1939
Hugo Ernst Rivera	1939 – 1942

Die diplomatischen Beziehungen wurden am 27.1. 1942 abgebrochen. Die Wahrnehmung der bolivianischen Interessen übernahm die spanische Botschaft.

Die bolivianische Gesandtschaft war in oft wechselnden Quartieren am Kurfürstendamm und in seinen Nebenstraßen untergebracht.

BRASILIEN

Miguel Calmon du Pin e Almeida	
Marquis de Abrantes	1846
Paulo Barboza da Silva	1849 – 1850
Marcos Antonio de Araujo e Abreu	1857 – 1868
Cesar Sauvan Vianna de Lima	
Baron de Jauru	1868 – 1890
Marcos Antonio de Araujo e Abreu	
Baron de Itajuba	1891 – 1898
Cyro de Azevedo	1898 – 1900
Jose Maria da Silva Paranhos	
Baron Rio Branco	1901 – 1902
José Pereira da Costa Motta	1903 – 1908
Brasilio Itibirê da Cunha	1908 – 1914
Oskar de Treffé von Hoonholtz	1914 – 1916
Gurgel do Amaral	1916 – 1917

Die diplomatischen Beziehungen wurden am 12.4. 1917 abgebrochen. Die Wahrnehmung der brasilianischen Interessen übernahm die schweizerische Gesandtschaft.

Adalberto Guerra-Duval	1921 – 1933
Artur Guimaraes de Araujo Jorge	1933 – 1935
José Joaquim de Lima e Silva	
Moniz de Aragao	1936 – 1939
Cyro de Freitas-Valle	1939 – 1942

Die diplomatischen Beziehungen wurden am 28.1. 1942 abgebrochen. Die Wahrnehmung der brasilianischen Interessen übernahm die portugiesische Gesandtschaft.

Um die Mitte des 19. Jahrhundert war die brasilianische Gesandtschaft im Mietshaus Unter den Linden 78 untergebracht. Danach wechselten die brasilianischen Gesandten oft das Quartier. Seit 1933 residierten sie im Haus Tiergartenstraße 25. Nach dem Abriß des Gebäudes für den Neubau der japanischen Botschaft wurde die brasilianische Gesandtschaft im Haus Koenigsallee 16 untergebracht. Die neue brasilianische Botschaft wird in der Wallstraße 56–59 untergebracht, das dazu von den Berliner Architekten Pysall, Stahrenberg & Partner umgebaut wird.

BULGARIEN

Nikifor Nikiforow	1909 – 1910
Iwan Geschow	1910 – 1914
Peter Markow	1914 – 1915
Dimitri Rizow	1915 – 1918
Methodi Popow	1925 – 1931
Swetoslaw Pomenow	1931 – 1934
Theodore Christow	1935 – 1936
Parwan Draganow	1938 – 1942
Slawtscho Sagorow	1942 – 1944

Die diplomatischen Beziehungen wurden am 5.9. 1944 abgebrochen.

Die bulgarische Gesandtschaft war vor dem Ersten Weltkrieg im Haus Kurfürstendamm 37 untergebracht, seit 1925 im Haus Budapester Straße 28 und seit 1937 im Haus Kaiserallee 184/185 in Wilmersdorf.

CHILE

Guillermo Matta	1882 – 1887
Vicente Santa Cruz	1887 – 1888
Domingo Gana Cruz	1888 – 1891
Joaquín Godoy	1891 – 1892
Gonzalo Bulnes	1892 – 1895
Francisco Antonio Pinto	1895 – 1897
Ramon Subercaseaux	1897 – 1902
Francisco Antonio Pinto	1902 – 1906
Augusto Matte	1906 – 1913
Miguel Cruchaga Tocornal	1913 – 1920
Alfredo Irarrazaval Zanartu	1920 – 1925
Luis Varnhagen de Porto-Seguro	1925 – 1927
Arturo Alemparte	1927 – 1928
Luis Varnhagen de Porto-Seguro	1928 – 1940
Tobias Barros Ortiz	1940 – 1943

Die diplomatischen Beziehungen wurden am 20.1. 1943 abgebrochen. Die Wahrnehmung der chilenischen Interessen übernahm die schweizerische Gesandtschaft.

Zur Unterbringung der chilenischen Gesandtschaft wurde 1926 das Haus Tiergartenstraße 34 angekauft. Das Gebäude wurde im Zweiten Weltkrieg zerstört. Die Reste waren am 14.10.1959 beseitigt.

CHINA

Liu Hsi-hung	1877 – 1878
Liu Ta-tem	1878
Li Feng-pao	1878 – 1884
Hsü Ching-cheng	1884 – 1887
Hung Chün	1887 – 1890
Hsü Ching-cheng	1891 – 1898
Lü Hai-huan	1898 – 1901
Yin-chang	1901 – 1905
Sung Pao-ki	1907 – 1908
Yin-chang	1909 – 1910
Liang Cheng	1910 – 1913
Yen Hiu-ching	1913 – 1917

Die diplomatischen Beziehungen wurden am 14.3. 1917 abgebrochen. Die Wahrnehmung der chinesischen Interessen übernahm die dänische Gesandtschaft.

Wei Chen-tsu	1921 – 1929
Tsiang Tso-ping	1929 – 1931
Liu Von-tao	1932 – 1933
Liu Chung-chieh	1934 – 1936
Cheng Tien-fong	1936 – 1938
Chen Chieh	1938 – 1941

Die chinesische Gesandtschaft war bis 1890 in der ehemaligen Villa des Ministers Freiherrn August von der Heydt untergebracht. Zur Jahrhundertwende wurde die chinesische Gesandtschaft in das Haus Kurfürstendamm 218 verlegt, wo sie auch nach ihrer Umwandlung zur Botschaft am 27.2.1936 verblieb. Die neue chinesische Botschaft wird auf dem Areal Heinrich-Mann-Straße 9–13 in Pankow errichtet.

COSTA RICA

Manuel Maria de Peralta	1889 – 1917

Die diplomatischen Beziehungen wurden am 28.9. 1917 abgebrochen. Die Wahrnehmung der costaricanischen Interessen übernahm die spanische Gesandtschaft.

Nach dem Ersten Weltkrieg wurden die costaricanischen Interessen im Deutschen Reich durch Konsuln vertreten. Die diplomatischen Beziehungen wurden am 11.12.1941 abgebrochen.

DÄNEMARK

Friedrich von Gabel	1682 – 1685
Johann Hugo von Lente	1685 – 1690
Baron Anton Wolf Haxthausen	1690 – 1692
	1694
Johann Hugo von Lente	1696 – 1697
Hans Heinrich von Ahlefeldt	1698 – 1700
	1701 – 1706
Franz vom Hagen	1709
Graf Christian Detlef zu Rantzau	1709 – 1710
Hans Adolf von Ahlefeldt	1711 – 1714
Hans Georg Westphalen	1714
Bendix Meyer	1714 – 1721
Poul Vendelbo Lövenörn	1722 – 1726
	1730
Andreas August von Preatorius	1740 – 1742
Frederic de Cheusses	1745 – 1746
Frederik Christian Rosenkrantz	1749 – 1750
Heinrich von Thienen	1750 – 1753
Johann Heinrich von Ahlefeld	1754 – 1763
Wilhelm Christoph von Diede zum Fürstenstein	1763 – 1767
Siegfried Viktor von Raben	1768 – 1770
Freiherr Anton von Larrey	1771 – 1776
Marcus Gerhard Londeman Freiherr von Rosencrone	1776 – 1780
Friedrich Ludwig Juel	1781 – 1784
Graf Friedrich von Baudissin	1784 – 1787
Graf Friedrich Leopold zu Stolberg	1789 – 1791
Graf Christian von Bernstorff	1791 – 1794
Niels Rosenkrantz	1796 – 1800
Graf Carl von Baudissin	1801 – 1808
Friedrich von Eyben	1810 – 1816
Graf Christian von Bernstorff	1817 – 1818
Graf Friedrich von Reventlow	1818 – 1828
Graf Eugen von Reventlow	1828 – 1846
Lehnsgraf Wulff von Scheel-Plessen	1847 – 1848
Rudolph Bielke	1852 – 1854
Baron Ulrich von Brockdorf	1855 – 1860
George Quaade	1860 – 1864
	1865 – 1884
Emil Vind	1884 – 1902
Johan Hegermann-Lindencrone	1902 – 1912
Graf Carl Moltke	1912 – 1924
Herluf Zahle	1924 – 1941
Otto Carl Mohr	1941 – 1945

Seit der Zeit des Gesandten Vind befand sich die dänische Gesandtschaft im Haus Alsenstraße 4. Das Haus wurde im Dritten Reich abgerissen, und die Gesandtschaft zog in das 1938/1940 von Johann Emil Schaudt Tiergartenstraße 48 errichtete Haus. Die neue dänische Botschaft wird im skandinavischen Botschaftskomplex am Klingelhöfer-Dreieck von den Architekten Nielsen, Nielsen + Nielsen errichtet.

DOMINIKANISCHE REPUBLIK

Johann Wilhelm Kück	1882 – 1914
Roberto Kück	1931 – 1934
Ernesto Bonetti Burgos	1934 – 1936
Alfredo Ricart Olives	1936
Roberto Despradel	1938 – 1941

Die diplomatischen Beziehungen wurden am 15.12. 1941 abgebrochen. Die Wahrnehmung der Interessen der Dominikanischen Republik übernahm die schweizerische Gesandtschaft.

Der Gesandte Johann Wilhelm Kück residierte im Haus Eichhornstraße 6. Nach dem Ersten Weltkrieg wechselten die Gesandten der Dominikanischen Republik oft das Quartier.

ECUADOR

Antonio Flores Jijon	1887 – 1888
Miguel de Ycaza	1928 – 1931

Die diplomatischen Beziehungen wurden am 27.1. 1942 abgebrochen. Die Wahrnehmung der ecuadorianischen Interessen übernahm die schweizerische Gesandtschaft.

ESTLAND

Karl Menning	1923 – 1934
Friedrich Akel	1934 – 1936
Karl Tofer	1936 – 1939
Rudolf Möllerson	1939 – 1940

Für die Unterbringung der estnischen Gesandtschaft wurde das Haus Hildebrandstraße 5 erworben. Das Gebäude wird für die künftige Unterbringung der estnischen Botschaft von dem Talliner Architekten Olavi Nömmik saniert.

FINNLAND

Edvard Hjelt	1918 – 1919
Juho Jännes	1919 – 1920
Harri Holma	1921 – 1927
Wäinö Wuolijoki	1927 – 1933
Aarne Wuorimaa	1933 – 1940
Toivo Kivimäki	1940 – 1944

Die diplomatischen Beziehungen wurden am 3.9. 1944 abgebrochen.

Für die Unterbringung der finnischen Gesandtschaft wurde das Haus Alsenstraße 1 erworben und bis zu dessen Abriß im Dritten Reich genutzt. Danach wurde die finnische Gesandtschaft im Haus Rauchstraße 1 untergebracht. Die neue finnische Botschaft wird im skandinavischen Botschaftskomplex Klingelhöfer-Dreieck von dem Helsinkier Architekturbüro VIIVA Arkkitehtuuri OyArchitekten errichtet.

FRANKREICH

François de Pas Graf von Rébénac	1680 – 1688
Jules de Gravel	1688 – 1689
Pierre Puchot Marquis des Alleurs	1698 – 1701
Graf Konrad Alexander von Rothenburg	1714 – 1728
Guy Louis Henri de Valory	1740 – 1750
François Elie Marquis de Moustier	1790 – 1791
Antoine Bernard Caillard	1795 – 1798
Emmanuel Joseph Sieyès	1798 – 1799
Pierre de Riel Marquis de Beurnonville	1800 – 1802
Graf Antoine Mathurin von Laforest	1803 – 1804
Filippo Antonio Asinari Marchese di San Marzano	1808 – 1813
Victor Louis Charles de Riquet Herzog von Caraman	1814 – 1815
Marquis Charles François de Bonnay	1816 – 1821
Vicomte François René de Châteaubriand	1821
François Maximilien Gérard de Rayneval	1821 – 1825
Emmanuel Louis Marie Giugnard Vicomte de Saint-Priest	1825 – 1827
Graf Hector Philippe d'Agoult	1828 – 1830
Auguste Charles Joseph Flahaut de la Billarderie	1831
Charles Joseph Bresson	1831 – 1844
Hector Napoléon Soult Marquis de Dalmatie	1844 – 1848
Graf Adolphe Marie Pierre von Circourt	1848
Emmanuel Arago	1848
Charles de Ludre	1849
Jean Gilbert Victor Fialin de Persigny	1850
Vicomte Marie Barthélemy de Castelbajac	1850
Armand Edouard Lefebvre	1850 – 1852
Jacques Edouard Burignot de Varennes	1852 – 1853
Marquis Desle Marie Rene François Leonel de Moustier	1853 – 1859
Prinz Henri de La Tour d'Auvergne-Lauraguais	1860 – 1862
Baron Angélique de Talleyrand-Périgord	1862 – 1864
Vincent Benedetti	1864 – 1870
Elie de Gontaut-Biron	1872 – 1877
Charles de La Croix de Chevrieres Graf von Saint-Vallier	1878 – 1881
Alphonse Chodron Baron de Courcel	1882 – 1886
Jules Gabriel Herbette	1886 – 1896
Marquis Emmanuel Henri Victurnien de Noailles	1896 – 1902
Paul Louis Georges Bihourd	1903 – 1907
Jules Martin Cambon	1907 – 1914

Die diplomatischen Beziehungen wurden am 4.8. 1914 abgebrochen. Die Wahrnehmung der französischen Interessen übernahm die spanische Gesandtschaft.

Charles Laurent	1920 – 1922
Pierre Jacquin de Margerie	1922 – 1931
André François-Poncet	1931 – 1938
Robert Coulondre	1938 – 1939

Die diplomatischen Beziehungen wurden am 3.9. 1939 abgebrochen.

Zur Unterbringung der diplomatischen Vertretung Frankreichs wurde am 23.9.1860 das Palais Pariser Platz 5 angekauft. Das Gebäude wurde im Zweiten Weltkrieg zerstört. An seiner Stelle entsteht nach den Plänen des französischen Architekten Christian de Portzamparc der Botschaftsneubau.

GRIECHENLAND

Fürst Alexandros Mavrokordatos	1833 – 1838
Konstantin Schinas	1852 – 1857
Freiherr Simon von Sina zu Hodos und Kizdia	1858 – 1864
Fürst Gregor Ypsilanti	1867 – 1874
Alexandros Rizos Rangabes	1874 – 1887
Angelos Vlachos	1887 – 1890
Kleon Rizos Rangabes	1890 – 1893
	1895 – 1910
Nikolaos Theotokis	1914 – 1917

Die diplomatischen Beziehungen wurden am 30.6. 1917 abgebrochen. Die Wahrnehmung der griechischen Interessen übernahm die niederländische Gesandtschaft.

Apostolos Alexandri	1920 – 1921
Euthymios Kanellopulos	1924 – 1930
Jean Politis	1930 – 1933
Alexandros Rizos Rangabes	1933 – 1941

Die diplomatischen Beziehungen wurden am 6.4. 1941 abgebrochen.

Zur Zeit des Kaiserreiches bevorzugten die griechischen Gesandten Quartiere in der Rankestraße. Nach dem Ersten Weltkrieg wurde das Haus Hohenzollernstraße 22 erworben. Dort soll auch wieder die griechische Botschaft untergebracht werden.

GROSSBRITANNIEN

Thomas Wentworth Baron Raby	1701 – 1711
Charles Whitworth	1716 – 1720
Charles Du Bourgay	1724 – 1730
John Carmichael Graf von Hyndford	1741 – 1744
Sir Charles Hanbury Williams	1750 – 1751
Sir Andrew Mitchell	1766 – 1771
James Harris	1772 – 1776
Hugh Elliot	1777 – 1782
Sir John Stepney	1782 – 1784
John Dalrymple	1785 – 1787
Joseph Ewart	1788 – 1791
Morton Eden	1791 – 1793
Thomas Bruce Graf von Elgin	1795 – 1798
John Joshua Proby Baron Carysfort	1800 – 1801
Francis James Jackson	1802 – 1806
George Henry Rose	1815 – 1823
Richard Charles Francis Meade	1823 – 1827
George William Chad	1827 – 1832
Gilbert Elliot Graf von Minto	1832 – 1834
Lord George William Russell	1835 – 1841
John Fane Graf von Westmorland	1841 – 1851
John Arthur Douglas Bloomfield	1851 – 1860
Lord Augustus William Frederick Spencer Loftus	1860 – 1862
Sir Andrew Buchanan	1862 – 1864
Sir Francis Napier	1864 – 1866
Lord Augustus William Frederick Spencer Loftus	1866 – 1871
Odo William Leopold Russell Baron Ampthill	1871 – 1884
Sir Edward Baldwin Malet	1884 – 1895
Sir Frank Cavendish Lascelles	1895 – 1908
Sir William Edward Goschen	1908 – 1914

Die Diplomatischen Beziehungen wurden am 4.8. 1914 abgebrochen. Die Wahrnehmung der britischen Interessen übernahm die niederländische Gesandtschaft.

Sir Edgar Vincent Baron D'Abernon	1920 – 1926
Sir Charles Ronald Lindsay	1926 – 1928
Sir Horace George Montagu Baron Rumbold	1928 – 1933
Sir Eric Clare Edmund Phipps	1933 – 1937
Sir Nevile Meyrick Henderson	1937 – 1939

Die diplomatischen Beziehungen wurden am 3.9. 1939 abgebrochen.

Die britische Botschaft befand sich seit 1864 im Haus Leipziger Straße 137. Am 18.12.1884 wurde das 1867/68 von August Orth für Bethel Henry Strousberg errichtete Palais Wilhelmstraße 70 erworben. Dort befand sich die britische Botschaft mit der Unterbrechung im Ersten Weltkrieg bis zum Beginn des Zweiten Weltkrieges. Auf dem Grundstück des kriegszerstörten Gebäudes entsteht der Botschaftsneubau nach einem Entwurf des Architektenbüros Michael Wilford and Partners.

GUATEMALA

Crisanto Medina	1880 – 1886
Negrete	1887 – 1888
Ramon Salazar	1888 – 1891
Fernando Cruz	1891 – 1902
Juan Barrios	1912 – 1913

Die diplomatischen Beziehungen wurden am 30.4. 1917 abgebrochen. Die Wahrnehmung der guatemaltekischen Interessen übernahm die spanische Gesandtschaft.

Carlos Federico Mora	1928 – 1930
Adán Manrique-Rios	1938 – 1941

Die diplomatischen Beziehungen wurden am 12.12. 1941 abgebrochen. Die Wahrnehmung der guatemaltekischen Interessen übernahm die schweizerische Gesandtschaft.

HAITI

Demesvar Delorme	1891 – 1897
Dalbémar Jean Joseph	1899 – 1909
Callisthene Fouchard	1909 – 1914
Léon Audain	1914 – 1915

Die diplomatischen Beziehungen wurden am 5.6. 1917 abgebrochen. Die Wahrnehmung der haitianischen Interessen übernahm die spanische Gesandtschaft.

Georges Gentil	1926 – 1928
Luc Dominique	1928 – 1931
Louis-Edouard Pouget	1931 – 1934
Constantin Fouchard	1934 – 1941

Die diplomatischen Beziehungen wurden am 18.12. 1941 abgebrochen. Die Wahrnehmung der haitianischen Interessen übernahm die schweizerische Gesandtschaft.

HAWAI

Henry Alpheus Peirce Carter	1878 – 1879

Der hawaianische Gesandte Carter residierte im Hotel d'Angleterre, Schinkelplatz 2.

IRAK

Prinz Zeid el-Hussein	1935 – 1938

Die diplomatischen Beziehungen wurden am 6.9. 1939 abgebrochen. Die Wahrnehmung der irakischen Interessen übernahm die afghanische Gesandtschaft.

Die irakische Gesandtschaft befand sich im Haus Fasanenstraße 3, in Charlottenburg.

IRLAND

Charles Bewley	1933 – 1939

Die irische Gesandtschaft war zuerst im Haus Tiergartenstraße 34a untergebracht, seit 1937 im Haus Drakestraße 3.

ITALIEN

Graf Edoardo von Launay	1862 – 1865
Graf Giulio Camillo di Barral de Monteauvrard	1865 – 1867
Graf Edoardo von Launay	1867 – 1892
Graf Carlo Lanza	1892 – 1906
Alberto Pansa	1907 – 1913
Ricardo Bollati	1913 – 1915

Die diplomatischen Beziehungen wurden am 28.8. 1916 abgebrochen. Die Wahrnehmung der italienischen Interessen übernahm die schweizerische Gesandtschaft.

Giacomo De Martino	1920
Alfredo Frassati	1921 – 1922
Graf Alessandro von Bosdari	1922 – 1926
Graf Luigi Aldrovandi-Marescotti	1926 – 1929
Luca Orsini-Baroni	1929 – 1932
Vittorio Cerruti	1932 – 1935
Bernardo Attolico	1935 – 1940
Dino Alfieri	1940 – 1943
Filippo Anfuso	1943 – 1945

Die italienische Botschaft war zuerst im Mietshaus Wilhelmstraße 66 untergebracht, ab dem 1.4.1908 im Haus Viktoriastraße 36 und seit 1934 im Haus Matthäikirchstraße 31/31 a. Nach der Umbenennung des Straßenabschnitts in Standartenstraße erhielt der Gebäudekomplex die Hausnummern 9–11. In den Jahren 1940 bis 1941 errichtete Friedrich Hetzelt auf dem Grundstück Tiergartenstraße 23 einen Neubau, der zur Zeit nach Plänen des römischen Architekten Vittorio de Feo zur neuen Botschaft umgebaut wird.

JAPAN

Hisanobu Samejima	1873 – 1874
Shuzo Aoki	1874 – 1886
Vicomte Yajiro Shinagawa	1886 – 1887
Marquis Kimmochi Saionji	1887 – 1892
Vicomte Shuzo Aoki	1892 – 1897
Katsunosuke Inoue	1898 – 1907
Baron Sutemi Chinda	1908 – 1911
Toraichi Sugimura	1911 – 1914

Die diplomatischen Beziehungen wurden am 23.8. 1914 abgebrochen. Die Wahrnehmung der japanischen Interessen übernahm die spanische Gesandtschaft.

Masu Hioki	1921 – 1923
Kumataro Honda	1924 – 1926
Harukazu Nagaoka	1926 – 1930
Torikitchi Obata	1931 – 1933
Matsuzo Nagai	1933 – 1934
Vicomte Kintomo Mushakoj	1935 – 1937
Shigenori Togo	1937 – 1938
Hiroshi Oshima	1938 – 1939
Saburo Kurusu	1939 – 1941
Hiroshi Oshima	1941 – 1945

Für die Unterbringung der japanischen Gesandtschaft wurde im Jahre 1898 das von Friedrich Hitzig für den Grafen Karl von Pourtalès errichtete Palais am Königsplatz 4 angekauft. Am 2.9.1919 wurde das Haus Tiergartenstraße 3 erworben. 1938–1942 errichtete Ludwig Moshamer auf dem Grundstück Tiergartenstraße 26 ein neues Botschaftsgebäude, das auch künftig für diesen Zweck genutzt wird.

JUGOSLAWIEN

Jova Marković	1922 – 1923
Zivojin Balugdžić	1924 – 1925
	1927 – 1935
Aleksandar Cincar-Marković	1935 – 1939
Ivo Andrić	1939 – 1940

Für die Unterbringung der jugoslawischen Gesandtschaft wurde das Haus Regenstraße 17 im Tiergartenviertel erworben.

KOLUMBIEN

Sergio Camargo	1880 – 1881
Luis Cárlos Rico	1884 – 1886
Palacio	1886 – 1889
Lazaro Maria Perez	1890 – 1892
Manuel Casabianca	1894 – 1895
Ignacio Gutierrez Ponce	1901 – 1904
Luis Carlos Rico	1904 – 1907
Ignacio Gutierrez Ponce	1907 – 1910
Gustavo Michelsen	1910 – 1918
Luis Enrique Bonilla	1921 – 1923
Miguel Jimenez Lopez	1925 – 1928
Laureano Gomez	1930 – 1932
Rafael Obregon Arjona	1934 – 1937

KOREA

Min Chül Hun	1901 – 1905

Die koreanische Gesandtschaft befand sich im Haus Meineckestraße 18.

KROATIEN

Branko Benzon	1941 – 1942
Mile Budak	1942 – 1943
Stjepan Ratković	1943 – 1944
Vladimir Kosak	1944 – 1945

Für die Unterbringung der kroatischen Gesandtschaft wurde das vom Deutschen Reich erworbene Palais Brahmsstraße 8–10 zur Verfügung gestellt.

KUBA

Rafael Montoro y Valdes	1904 – 1910
Gonzalo de Quesada	1910 – 1915

Die diplomatischen Beziehungen wurden am 10.4. 1917 abgebrochen. Die Wahrnehmung der kubanischen Interessen übernahm die spanische Gesandtschaft.

Aristides de Agüero y Bethancourt	1920 – 1933
Carlos de Armenteros	1933 – 1934
Aurelio Fernandez Concheso	1934 – 1945

LETTLAND

Oskar Woit	1921 – 1932
Edgars Kreewinsch	1932 – 1935
Hugo Celminš	1935 – 1938
Edgars Kreewinsch	1938 – 1940

Für die Unterbringung der lettischen Gesandtschaft wurde das Haus Burggrafenstraße 13 erworben.

LITAUEN

Venceslas Sidzikauskas	1924 – 1931
Jurgis Šaulys	1931 – 1938
Kazys Skirpa	1939 – 1940

Für die Unterbringung der litauischen Gesandtschaft wurde das Haus Kurfürstenstraße 134 erworben.

MANDSCHUKUO

Lü I-Wen	1938 – 1945

MEXIKO

José Lopez Uraya	1853 – 1854
Basilio Guerra	1855
Thomas Murphy	1865
Gregorio Barandiarán	1866 – 1867
Gabino Barreda	1878 – 1880
Ignacio Romero Vargas	1887 – 1894
Manuel Iturbe	1894 – 1899
Pedro Rincon Gallardo	1900 – 1903
Francisco de Icaza	1905 – 1913
Miguel de Beistegui	1913 – 1916
Rafael Zubaran Capmany	1916 – 1918
Alfredo Caturegli	1921 – 1923
Juan Manuel Alvarez del Castillo	1923
Pascual Ortiz Rubio	1923 – 1925
Ramon De Negri	1926 – 1929
Primo Villa Michel	1929 – 1932
Javier Sanchez Mejorada	1932 – 1934
Leopoldo Ortiz	1934 – 1936
Leonides Andreu Almazán	1936 – 1937
Juan Azcárate	1937 – 1941

Die diplomatischen Beziehungen wurden am 26.12. 1941 abgebrochen. Die Wahrnehmung der mexikanischen Interessen übernahm die schwedische Gesandtschaft.

Vor dem Zweiten Weltkrieg befand sich die mexikanische Gesandtschaft im Haus Landgrafenstraße 13. Die neue mexikanische Botschaft errichten die mexikanischen Architekten Teodoro Gonzáles de Léon und Francisco Serrano auf dem Grundstück Klingelhöferstraße 3/Rauchstraße 27.

NIEDERLANDE

Godard Adriaan van Reede	1679 – 1681
Jacob Hop	1687 – 1688
Baron Jacob van Wassenaer	1689
Johan Ham	1692 – 1699
Baron Jacob van Wassenaer	1699 – 1701
Baron Christiaan Karel van Lintelo	1704 – 1716
Baron Reinhard van Reede-Ginckel	1730 – 1737
Graf Bertram Filip Sigismond von Gronsfeld-Diepenbroek	1747 – 1758
Dirk Hubert Verelst	1758 – 1774
Reinhard Adriaan Wilhelm Carel van Heyden	1774 – 1781
Baron Arend Willem van Reede	1782 – 1795
Carel Gerard Hultman	1801 – 1803
Baron Anton Boudewijn Gijsbert van Dedem	1803 – 1806
Graf Heinrich von Perponcher-Sedlnitzky	1814 – 1842
Baron Alexander Carel Jacob Schimmelpenninck van der Oye	1842 – 1861
Graf Julius Philip Jacob Adriaan van Zuylen van Nijevelt	1861 – 1865
Graf Charles Malcolm Ernest George von Bylandt	1865 – 1871
Jonkheer Willem Frederik Rochussen	1871 – 1881
Jonkheer Friedrich Philip van der Hoeven	1881 – 1894
Jonkheer Dirk Arnold Willem van Tets van Goudriaan	1894 – 1906
Baron Willem Alexander Frederik Gevers	1906 – 1927
Graf John von Limburg Stirum	1927 – 1936
Carel van Rappart	1937 – 1938
Jonkheer Hendrik Maurits van Haersma de With	1938 – 1940

Seit der Zeit des Gesandten Tets van Gondriaan war die niederländische Gesandtschaft im Haus Voßstraße 16 untergebracht. Im Jahre 1921 wurde die Villa Rauchstraße 10 angekauft. Die neue niederländische Botschaft errichtet der niederländische Architekt Rem Koolhaas in der Klosterstraße.

NICARAGUA

Tomas Francisco Medina	1936 – 1941

Die diplomatischen Beziehungen wurden am 13.12. 1941 abgebrochen. Die Wahrnehmung der nicaraguanischen Interessen übernahm die schweizerische Gesandtschaft.

NORWEGEN

Michael Ström Lie	1905 – 1906
Thor von Ditten	1906 – 1920
Johan Herman Wollebaek	1920 – 1921
Arne Scheel	1921 – 1940

Für die Unterbringung der norwegischen Gesandtschaft wurde das Haus Alsenstraße 2 im Alsenviertel erworben und bis zu dessen Abriß im Dritten Reich genutzt. 1940/41 errichteten Otto von Esdorf und Gerhard Winckler auf dem Grundstück Rauchstraße 11 den Neubau der norwegischen Gesandtschaft. Die neue norwegische Botschaft wird im skandinavischen Botschaftskomplex am Klingelhöfer-Dreieck vom Osloer Architektenbüro Snöhetta errichtet.

ÖSTERREICH UND ÖSTERREICH-UNGARN

Freiherr Johann Philipp von Wessenberg-Ampringen	1809 – 1811
Graf Stephan Zichy zu Zich und Vasonykeö	1811 – 1827
Graf Joseph von und zu Trauttmansdorff-Weinsberg	1827 – 1849
Freiherr Anton Prokesch von Osten	1849 – 1852
Graf Friedrich von Thun und Hohenstein	1852 – 1855
Graf Georg Esterhazy Freiherr von Galantha	1855 – 1856
Freiherr August von Koller	1857 – 1859
Graf Aloys Karolyi von Nagy-Karoly	1860 – 1866
Graf Felix von Wimpffen	1866 – 1871
Graf Aloys Karolyi von Nagy-Karoly	1871 – 1878
Graf Emmerich Szechenyi von Sarvar-Felsövidek	1879 – 1892
Graf Ladislaus Szögyeny-Marich von Magyar-Szögyen und Szolgaegyhaza	1892 – 1914
Prinz Gottfried zu Hohenlohe-Schillingsfürst	1914 – 1918
Ludo Moritz Hartmann	1918 – 1920
Richard Riedl	1921 – 1925
Felix Frank	1925 – 1932
Stephan Tauschitz	1933 – 1938

Für die Unterbringung der österreichisch-ungarischen Botschaft wurde 1889 das in den Jahren 1873 bis 1875 von Wilhelm Neumann für den Herzog von Ratibor errichtete Palais Moltkestraße 3 erworben. Nach dem Ende der Donaumonarchie wurde das Gebäude am 16.12.1920 verkauft. Für die Unterbringung der österreichischen Gesandtschaft wurde am 31.12.1920 das Haus Bendlerstraße 15 erworben. Es wurde 1969 verkauft. Die neue österreichische Botschaft wird auf dem Grundstück Stauffenbergstraße 1–4/Tiergartenstraße 12–14 vom Wiener Architekten Hans Hollein errichtet.

PANAMA

Nicanor Alba de Obarrio	1925 – 1927
Francisco Arias	1927 – 1929
Narciso Garay	1929 – 1931
Francisco Villalaz	1931 – 1941

Die diplomatischen Beziehungen wurden 18.12.1941

abgebrochen. Die Wahrnehmung der panamaischen Interessen übernahm die schweizerische Gesandtschaft.

PARAGUAY

Jose Irala	1904 – 1905

Die diplomatischen Beziehungen wurden am 27.1. 1942 abgebrochen. Die Wahrnehmung der paraguayischen Interessen übernahm die spanische Botschaft.

PERSIEN UND IRAN

Mirza Malcom Khan	1874 – 1886
Mirza Reza Khan	1886 – 1901
Hadji Mirza Mahmud Khan	1901 – 1908
Hovhannes Khan	1911 – 1915
Hussein Kuli Khan Nawab	1915 – 1922
Abdul Ali Khan Sadigh Sadri	1923 – 1926
Mirza Mohamed Ali Khan Farzine	1930 – 1932
Enayatollah Khan	1932 – 1933
Abolghassem Khan Nadjm	1934 – 1935
Mohsen Rais	1935 – 1937
Nadir Arasteh	1937 – 1940
Moussa Noury-Esfandiary	1940 – 1945

Für die Unterbringung der persischen Gesandtschaft wurde das Haus Tiergartenstraße 33 erworben.

PERU

Anibal Villegas	1896 – 1899
Toribio Sanz	1902 – 1904
Alejandro von der Heyde	1915 – 1917

Die diplomatischen Beziehungen wurden am 8.10. 1917 abgebrochen. Die Wahrnehmung der peruanischen Interessen übernahm die spanische Gesandtschaft.

Augustin Ganoza	1921 – 1922
Celso Gil Pastor	1929 – 1931
Enrique Gildemeister	1931 – 1937
Manuel Ugarteche	1937 – 1938
Enrique Gildemeister	1938 – 1942

Die diplomatischen Beziehungen wurden am 27.1. 1942 abgebrochen. Die Wahrnehmung der peruanischen Interessen übernahm die schweizerische Gesandtschaft.

POLEN

Jerzy Wiktor Madeyski	1921 – 1923
Kazimierz Olszowski	1923 – 1928
Roman Knoll	1928 – 1930
Alfred Wysocki	1931 – 1933
Józef Lipski	1933 – 1939

Zur Unterbringung der polnischen Gesandtschaft wurde das Haus Kurfürstenstraße 136 erworben. Künftig wird die polnische Botschaft im Gebäude Unter den Linden 72 untergebracht, das als Botschaft der Volksrepublik Polen in der DDR 1963–1964 von Leibold/Seyfarth errichtet worden war.

PORTUGAL

Alexandre de Sousa Holstein	1789 – 1790
José Antonio de Sa Pereira e Meneses Graf von Anadia	1791 – 1801
Fernão José de Correa Henriques Noronha	1801 – 1807
Joaquim José Lobo da Silveira Graf von Oriola	1815 – 1821
Simão da Silva Ferraz de Lima e Castro Baron von Rendufe	1842 – 1845
Nuno de Barboza Figueiredo	1846 – 1849
Jose Antonio Soares Real Vicomte de Santa Quiteria	1856 – 1858
Baron Joaquim de Roboredo	1858 – 1860
Jose de Vasconcellos e Souza	1860 – 1862
Dom Luiz Victorio de Noronha	1862 – 1869
Joao Gomes de Oliveira e Silva Rilvas Bandeira de Melo Graf von	1870 – 1881
Antonio Jose de Serra Gomes Marquis de Penafiel	1881 – 1891
Matias de Carvalho e Vasconcelos	1892 – 1893
Vicente Pinheiro Lobo Machado de Melo e Almada Visconde de Pindela	1893 – 1910
Sidonio Pais	1912 – 1916

Die diplomatischen Beziehungen wurden im März 1916 abgebrochen. Die Wahrnehmung der portugiesischen Interessen übernahm die spanische Gesandtschaft.

Lambertini Pinto	1920 – 1921
Francisco Manuel Conceiro da Costa	1921 – 1922
Alberto da Veiga Simões	1922 – 1926
Jose Batalha de Freitas	1926 – 1928
Antonio Maria Bartolomeu Ferreira	1928 – 1929
Antonio Dias e Sousa da Costa Cabral	1930 – 1933
Alberto da Veiga Simões	1933 – 1940
Francisco José Nobre Guedes	1940 – 1941
Graf Pedro von Tovar	1941 – 1945

Für die Unterbringung der portugiesischen Gesandtschaft wurde das Haus Rauchstraße 16 erworben. Das Grundstück wurde 1976 verkauft. 1996 wurde für die neue portugiesische Botschaft das Grundstück Hiroshimastraße 23–25 erworben.

RUMÄNIEN

Varnaw Liteano	1880 – 1888
Gregor Ghika	1888 – 1896
Alexander Beldiman	1896 – 1916

Die diplomatischen Beziehungen wurden am 28.8. 1916 abgebrochen. Die Wahrnehmung der rumänischen Interessen übernahm die spanische Gesandtschaft.

Constantin Nano	1921 – 1927
Nicolas Petresco Comnen	1928 – 1930
Georg Tasca	1930 – 1932
Nicolas Petresco Comnen	1932 – 1938
Radu Djuvara	1938 – 1939
Radu Crutzescu	1939 – 1940
Constantin Grecianu	1940 – 1941
Raoul Bossy	1941 – 1943
Ion Gheorghe	1943 – 1944

Die diplomatischen Beziehungen wurden im August 1944 abgebrochen.

Für die Unterbringung der rumänischen Gesandtschaft wurde das Haus Rauchstraße 26 erworben.

RUSSLAND UND SOWJETUNION

Albrecht von der Lith	1706 – 1711
Graf Alexander Gawrilowitsch Golowkin	1711 – 1730
Kasimir Christoph von Brackel	1733 – 1742
	1744 – 1746
Graf Hermann Karl von Keyserlingk	1747 – 1748
Fürst Wladimir Sergejewitsch Dolgorukow	1763 – 1786
Graf Sergej Petrowitsch Rumjanzew	1786 – 1788
Graf Maximilian Julius Wilhelm Franz von Nesselrode	1788 – 1796
Stefan Alexejewitsch Kolytschew	1796 – 1797
Graf Nikita Petrowitsch Panin	1797 – 1799
Burchard von Krüdener	1799 – 1802
Baron Maximilian Maximowitsch Alopeus	1802 – 1806
Graf Gustav von Stackelberg	1807 – 1810
Graf Christoph von Lieven	1810 – 1812
Graf David Maximowitsch Alopeus	1813 – 1831
Alexander von Ribeaupierre	1831 – 1839
Freiherr Peter von Meyendorff	1839 – 1850
Freiherr Andreas von Budberg	1851 – 1856
Baron Philipp Iwanowitsch Brunnow	1856 – 1858
Freiherr Andreas von Budberg	1858 – 1862
Paul Petrowitsch von Oubril	1863 – 1880
Peter Alexandrowitsch Saburow	1880 – 1884
Fürst Nikolai Alexejewitsch Orlow	1884 – 1885
Graf Paul Andrejewitsch Schuwalow	1885 – 1895
Graf Nikolai Dimitrijewitsch von der Osten- Sacken	1895 – 1912
Sergej Nikolajewitsch von Swerbejew	1912 – 1914
Adolf Abramowitsch Joffe	1918
Nikolai Nikolajewitsch Krestinski	1922 – 1930
Leo Michailowitsch Chintschuk	1930 – 1934
Jakob Sacharowitsch Suritz	1934 – 1937
Alexej Fjodorowitsch Merekalow	1938 – 1939
Alexander Schkwarzew	1939 – 1940
Wladimir Georgijewitsch Dekanosow	1940 – 1941

Für die Unterbringung der russischen Gesandtschaft wurde am 9.1.1837 das Kurländische Palais Unter den Linden 7 angekauft. In diesem Gebäude wurden später die russische Botschaft und die sowjetische Botschaft untergebracht. Bei der Umnummerierung der Straße Unter den Linden erhielt das Gebäude die Nummer 63. An der Stelle des kriegszerstörten Hauses wurde 1949 bis 1953 nach dem Entwurf des sowjetischen Architekten Anatoli Jakowlewitsch Strischewski die Botschaft der UdSSR bei der DDR errichtet. Künftig ist dieses Gebäude die russische Botschaft.

EL SALVADOR

Torres Caicedo	1881 – 1889
Ismael Fuentes	1927 – 1931

Die diplomatischen Beziehungen wurden am 18.12. 1941 abgebrochen. Die Wahrnehmung der salvadorianischen Interessen übernahm die schweizerische Gesandtschaft.

Der Gesandte Caicedo war zugleich in Paris akkreditiert und wohnte dort. Der Gesandte Fuentes residierte im Haus Hitzigstraße 4.

SARDINIEN

Marchese Grisella di Rosignano	1775 – 1778
Graf Filippo Fontana	1778 – 1789
Marchese Provana de Parella di San Martino	1789 – 1798
Graf Paolo Giovacchino Carlo Luigi Amico von Castellalfero	1799 – 1802
	1812 – 1819
Graf Paolo Francesco von Sales	1819 – 1825
Venceslao Arborio Gattinara di Breme	1825 – 1833
Cesare Ambrogio San Martino Graf von Aglie	1833 – 1843
Graf Carlo Rossi	1843 – 1849
Marchese Alberto Ricci	1850 – 1853
Graf Edoardo von Launay	1853 – 1862

SCHWEDEN

Graf Christoph Carl Schlippenbach	1654
Heinrich Coelestin von Sternbach	1662 – 1665
Eberhard von Graffenthal	1682 – 1687
Graf Gabriel Oxenstierna	1686
Peter Macklier	1688
Fredrik Wilhelm Horn	1689 – 1690
Anders Leijonstedt	1698 – 1700
	1704 – 1710
Baron Carl Gustav von Friesendorff	1712 – 1715
Graf Carl Posse	1720 – 1724
Otto Wilhelm Klinckowström	1726 – 1731

Freiherr Gustaf Vilhelm von Höpken	1747 – 1748
Freiherr Karl Gustaf von Höpken	1748 – 1749
Gustaf Wulfvenstierna	1749 – 1757
Graf Karl Julius Bernhard von Bohlen	1763 – 1766
Freiherr Otto Jacob Zoege von Manteuffel	1766 – 1779
Freiherr Gustaf Johan Ehrensvärd	1782 – 1783
Graf Fredric Adolph Löwenhielm	1784 – 1787
Christian Ehrenfried von Carisien	1787 – 1794
Freiherr Carl Gustav Schoultz von Ascheraden	1796 – 1798
Lars von Engeström	1798 – 1803
Baron Karl Wilhelm von Taube	1810 – 1820
Genseric Brandel	1822 – 1834
Freiherr Abraham Constantin Mouradgea d'Ohsson	1834 – 1850
Freiherr Carl Hochschild	1850 – 1855
Freiherr Karl von und zu Mannsbach	1855 – 1859
Karl August Jaerta	1859 – 1865
Carl Johan Albert Sandströmer	1866 – 1869
Fredric Georg Knut Due	1871 – 1873
Freiherr Gillis Bildt	1874 – 1886
Alfred Lagerheim	1886 – 1899
Graf Arvid Taube	1900 – 1909
Eric Trolle	1909 – 1912
Graf Arvid Taube	1912 – 1916
Freiherr Hans Henrik August von Essen	1917 – 1923
Freiherr Sten Gustaf Fredrik Troil Ramel	1923 – 1925
Einar af Wirsen	1925 – 1937
Arvid Richert	1937 – 1945

Für die Unterbringung der schwedischen Gesandtschaft wurde am 27.6.1912 die Villa Tiergartenstraße 36 angekauft. Das Gebäude wurde im Zweiten Weltkrieg zerstört. Die Reste waren am 15.1.1957 beseitigt. Die neue schwedische Botschaft wird im skandinavischen Botschaftskomplex am Klingelhöfer-Dreieck vom Göteborger Architektenbüro Winghard Arkitektkontor errichtet.

SCHWEIZ

Joachim Heer	1867 – 1868
Bernhard Hammer	1868 – 1876
Arnold Roth	1877 – 1904
Alfred de Claparede	1904 – 1917
Robert Haab	1917
Philippe Mercier	1918 – 1919
Alfred von Planta	1919 – 1922
Gaston Carlin	1922
Hermann Rüfenacht	1922 – 1932
Paul Dinichert	1932 – 1938
Hans Frölicher	1938 – 1945

Für die Unterbringung der schweizerischen Gesandtschaft wurde am 15.10.1919 das Haus Fürst-Bismarck-Straße 4 erworben. Als einziges Haus neben dem Reichstagsgebäude überstand es das Abrißprogramm in der Zeit des Dritten Reiches und den Zweiten Weltkrieg. Nach Sanierung und Ausbau wird das Haus wieder als Botschaft der Schweizerischen Eidgenossenschaft genutzt.

SERBIEN

Milan Petronievic	1881 – 1888
Milan Christić	1888 – 1890
Pantelić	1896
Milan Bogicević	1896 – 1901
Peter Stejić	1901 – 1903
Michel Milicević	1903 – 1906

Die diplomatischen Beziehungen wurden am 6.8. 1914 abgebrochen. Die Wahrnehmung der serbischen Interessen übernahm die spanische Gesandtschaft.

SIAM UND THAILAND

Prinz Prisdang	1884 – 1887
Damrong Rajabolakhandh	1887 – 1892
Nond Buri	1892 – 1901
Visutr Kosa	1901 – 1907
Sridhamasasana	1907 – 1913
Prinz Traidos Prabandh	1914 – 1917

Die diplomatischen Beziehungen wurden am 25.7. 1917 abgebrochen. Die Wahrnehmung der siamesischen Interessen übernahm die dänische Gesandtschaft.

Prinz Damras Damrong	1925 – 1927
Prinz Pridi Debyabongs Devakula	1931 – 1932
Rajawangsan	1935 – 1939
Prasasna Joudhin	1939 – 1945

SIZILIEN

Fürst von Partanna	1820 – 1822
Domenico Severino Longo Marchese de Gagliati	1823 – 1826
Don Paolo Ruffo Fürst von Castelcicala	1827 – 1833
Emidio Antonini	1834 – 1849
Vincento Ramirez	1850
Graf Luigi Grifeo Fürst von Partanna	1850 – 1859
Antonio La Grua Fürst von Carini	1859 – 1862

SLOWAKEI

Matuš Černak	1939 – 1944

Die slowakische Gesandtschaft wurde im Haus Rauchstraße 9, im Tiergartenviertel, untergebracht.

SPANIEN

Simon de las Casas	1782 – 1784
Antonio de Orcasitas	1785 – 1786
Miguel de Galvez	1786 – 1788
Horacio Borghese	1789 – 1797

Ignacio de Múzquiz	1797 – 1799
Gonzalo O'Farrill y Herrera	1799 – 1804
Benito Pardo de Figueroa	1806 – 1808
José García de León y Pizarro	1813 – 1815
Mondel Hierro	1826 – 1828
Luis Fernandez de Cordoba	1829 – 1832
Camille Gutierrez de los Rios	1832 – 1834
Don Antonio Ramon Zarco del Valle	1848 – 1849
Don Juan Donoso Cortes Marquis de Valdegamas	1849 – 1850
Don Luiz Armero y Millares	1850 – 1851
Don Gaspar Aquilera y Contreras Marquis de Benalua	1851 – 1854
Don Juan Jimenez Sandoval Marquis de la Ribera	1854 – 1855
Pascual de Oliver	1855 – 1856
Don Juan Jimenez Sandoval Marquis de la Ribera	1856 – 1862
Manuel Rances y Villanueva	1862 – 1867
Don Miguel Tenaro de Castilla	1867 – 1869
Juan Antonio Rascón Navarro Sena y Redondo	1869 – 1872
Patricio de la Escosura y Morrogh	1873 – 1875
Francisco Merry y Colon Graf von Benomar	1875 – 1888
Juan Antonio Rascon Navarro Sena y Redondo Graf von Rascón	1888 – 1890
Don Miguel de los Santos Bañuelos Graf von Bañuelos	1890 – 1893
Felipe Mendez de Vigo	1893 – 1900
Angel Ruata y Sichar	1900 – 1906
Luis Polo de Bernabé	1906 – 1919
Pablo Soler y Guardiola	1920 – 1926
Fernando Espinosa de los Monteros	1927 – 1931
Americo Castro	1931 – 1932
Luis Araquistain y Quesado	1932 – 1933
Luis de Zulueta	1933 – 1934
Francisco Agramonte y Cortijo	1935 – 1936
Antonio Magaz y Pers Marquis de Magaz	1937 – 1940
Eugenio Espinosa de los Monteros	1940 – 1941
Don Jose Finat y Escriva de Romani Graf von Mayalde	1941 – 1942
Gines Vidal y Saura	1942 – 1945

Zur Unterbringung der spanischen Botschaft wurde 1898 das in den Jahren 1872 bis 1876 von Gustav Ebe und Julius Benda für den Grafen von Tiele-Winckler errichtete Palais Regentenstraße 15 angekauft. Von 1938 bis 1943 errichteten Johannes Krüger und Walter Krüger auf dem Grundstück Tiergartenstraße 49 – 51 die neue spanische Botschaft.

SÜDAFRIKA

Jonkheer Gerard Jacob Theodoor Beelaerts van Blokland	1889 – 1897
Willem Johannes Leyds	1898 – 1902
Stefanus François Naudé Gie	1934 – 1939

Die diplomatischen Beziehungen wurden am 4.9. 1939 abgebrochen.

Zur Unterbringung der südafrikanischen Gesandtschaft wurde am 21.12.1934 das Haus Tiergartenstraße 17a angekauft. Auf dem Grundstück des kriegszerstörten Gebäudes soll das neue Botschaftsgebäude errichtet werden.

TSCHECHOSLOWAKEI

Vlastmil Tusar	1921 – 1924
Kamil Krofta	1925 – 1927
František Chvalkovský	1927 – 1932
Vojtěch Mastný	1932 – 1939

Für die Unterbringung der tschechoslowakischen Gesandtschaft wurde das Haus Rauchstraße 27 erworben.

TÜRKEI

Kiamil Pascha	1839 – 1840
Talat Effendi	1845
Chevket Bey	1846 – 1847
Sami Effendi	1848
Fürst Constantin Caradja	1851 – 1852
Kemal Effendi	1854 – 1857
Ihsan Bey	1857 – 1859
Sait Effendi	1834 – 1856
Aristarchi Bey	1860 – 1876
Edhem Pascha	1876 – 1877
Sadullah Bey	1877 – 1883
Said Pascha	1883 – 1885
Tewsik Bey	1886 – 1896
Galip Bey	1896 – 1898
Ahmet Tewsik Pascha	1898 – 1908
Osman Nizami Pascha	1908 – 1912
Mahmut Muchtar Pascha	1913 – 1915
Ibrahim Hakki Pascha	1915 – 1918
Rifaat-Pascha	1918 – 1920
Kemaleddin Sami Pascha	1925 – 1934
Mehmet Hamdi Arpag	1934 – 1939
Husrev Gerede	1939 – 1942
Saffet Arikan	1942 – 1944

Die diplomatischen Beziehungen wurden am 2.8. 1944 abgebrochen.

Für die Unterbringung der türkischen Botschaft wurde am 24.5.1918 das Haus Tiergartenstraße 19 erworben. Das Gebäude wurde im Zweiten Weltkrieg zerstört. Die Reste waren am 14.7.1956 beseitigt.

UKRAINE

Baron Theodor von Steinheil	1918 – 1919
Mykola Porsch	1919 – 1920
Woldemar Aussem	1922 – 1923

Die künftige ukrainische Botschaft wird im Gebäude der ehemaligen jugoslawischen Botschaft in der DDR im Haus Albrechtstraße 26, im Stadtbezirk Mitte, untergebracht, die Residenz im Haus Erlenbusch 16, in Dahlem.

UNGARN

Gustav Emich von Emöke	1920 – 1925
Koloman von Kanya	1925 – 1933
Konstantin von Masirevics	1933 – 1935
Döme Sztójay	1935 – 1945

Für die Unterbringung der ungarischen Gesandtschaft wurde das Haus Corneliusstraße 8 am Landwehrkanal erworben. Für die künftige ungarische Botschaft soll am Standort der ehemaligen ungarischen Botschaft in der DDR, Unter den Linden 76, nach Plänen des ungarischen Architekten Adam Sylvester ein Neubau errichtet werden.

URUGUAY

Gregorio Perez Gomar	1884 – 1886
Luis Garabelli	1896 – 1912

Die diplomatischen Beziehungen wurden am 11.10. 1917 abgebrochen. Die Wahrnehmung der uruguayischen Interessen übernahm die schweizerische Gesandtschaft.

Federico Susviela Guarch	1923 – 1925
Antonio Bachini	1925 – 1927
Pedro Cosio	1927 – 1932
Enrique Buero	1933 – 1934
Virgilio Sampognaro	1934 – 1942

Die diplomatischen Beziehungen wurden am 27.1. 1942 abgebrochen. Die Wahrnehmung der uruguayischen Interessen übernahm die schweizerische Gesandtschaft.

VENEZUELA

Juan Pietri	1896 – 1897
Santos Anibal Dominici	1910 – 1914
Manuel Revenga	1921 – 1923
Demetrio Lossada Dias	1923 – 1927
Eduardo Dagnino Penny	1927 – 1936
Silvestre Tovar	1936 – 1937
Gustavo Herrera	1937 – 1939
Alberto Zerega Fombona	1939 – 1941

Die diplomatischen Beziehungen wurden am 31.12. 1941 abgebrochen. Die Wahrnehmung der venezuelanischen Interessen übernahm die schweizerische Gesandtschaft.

Die künftige venezuelanische Botschaft wird in Potsdam, in der Villa Bachmayr, am Neuen Garten, angesiedelt.

VATIKAN

Eugenio Pacelli	1920 – 1929
Cesare Orsenigo	1930 – 1945

Für die Unterbringung der apostolischen Nuntiatur wurde das Haus Rauchstraße 21 erworben. Die neue apostolische Nuntiatur wird auf dem Grundstück Lilienthalstraße 3a, neben der Sankt-Johannes-Basilika, von dem Münsteraner Architekten Dieter-Georg Baumewerd errichtet.

VEREINIGTE STAATEN VON AMERIKA

John Quincy Adams	1797 – 1801
Henry Wheaton	1837 – 1845
Andrew Jackson Donelson	1846 – 1849
Edward Allen Hannegan	1849 – 1850
Daniel Dewey Barnard	1850 – 1853
Peter Dumont Vroom	1853 – 1857
Joseph Albert Wright	1857 – 1861
Norman Buel Judd	1861 – 1865
Joseph Albert Wright	1865 – 1867
George Bancroft	1867 – 1874
Nicholas Fish	1874 – 1877
John Chandler Bancroft Davis	1874 – 1877
Bayard Taylor	1878
Andrew Dickson White	1879 – 1881
Aaron Augustus Sargent	1882 – 1884
John Adam Kasson	1884 – 1885
George Hunt Pendleton	1885 – 1889
William Walter Phelps	1889 – 1893
Theodore Runyon	1893 – 1896
Edwin Fuller Uhl	1896 – 1897
Andrew Dickson White	1897 – 1902
Charlemagne Tower	1902 – 1908
David Jayne Hill	1908 – 1911
John Leishman	1911 – 1913
James Watson Gerard	1913 – 1917

Die diplomatischen Beziehungen wurden am 4.2. 1917 abgebrochen. Die Wahrnehmung der nordamerikanischen Interessen übernahm die schweizerische Gesandtschaft.

Alanson Bigelow Houghton	1922 – 1925
Jacob Gould Schurman	1926 – 1930
Frederic Moseley Sackett	1930 – 1933
William Edward Dodd	1933 – 1937
Hugh Robert Wilson	1938

Für die Unterbringung der amerikanischen Botschaft wurde 1931 das Haus Pariser Platz 2 erworben. An der Stelle des kriegszerstörten Gebäudes soll der Neubau der amerikanischen Botschaft nach den Plänen des kalifornischen Architekturbüros Moore Ruble Yudell errichtet werden.

Zeittafel

Europa/International	Deutschland	Brandenburg/Preußen
		2. Hälfte des 12. Jahrhunderts: Eroberung der Mark Brandenburg durch die Askanier und Anlage neuer Siedlungen, darunter Berlin und Kölln
	1410 – 1437: Kaiser Sigismund von Luxemburg Residenz: Prag	**1415/1417:** Übernahme der Regierung in der Mark Brandenburg durch die Hohenzollern
	1438 – 1439: Kaiser Albrecht II. von Habsburg; Bis 1740 Habsburger als deutsche Kaiser; Residenz: Wien	**1539:** Durch Kurfürst Joachim II. von Brandenburg Einführung des lutherischen Glaubens
	1576 – 1612: Kaiser Rudolf II. von Habsburg; Anhänger der Gegen-reformation; Residenz: Prag	**1613:** Kurfürst Johann Sigismund von Brandenburg (1608-1619) tritt zum Calvinismus über
1618 – 1648: Dreißigjähriger Krieg	**1619 – 1637:** Kaiser Ferdinand II. von Habsburg **1637 – 1657:** Kaiser Ferdinand III. von Habsburg. Residenz: Wien	**1640 – 1688:** Kurfürst Friedrich Wilhelm von Brandenburg (Großer Kurfürst)
	1658 – 1705: Kaiser Leopold I. von Habsburg	**1688 – 1713:** Kurfürst Friedrich III. von Brandenburg. Seit 18.1.1701: König Friedrich I. von Preußen
	1711 – 1740: Kaiser Karl VI. von Habsburg	**1713 – 1740:** König Friedrich Wilhelm I. (Soldatenkönig)
	1742 – 1745: Kaiser Karl VII. von Bayern **1745 – 1765:** Kaiser Franz I. von Lothringen	**1740 – 1786:** König Friedrich II. (Friedrich der Große)
1775 – 1783: Unabhängigkeitskrieg Nordamerikas **14.7.1789:** Beginn der Französischen Revolution **1799:** Napoleon führt die Französische Republik	**1765 – 1790:** Kaiser Joseph II. von Habsburg-Lothringen	

Europa/International	Deutschland	Brandenburg/Preußen
1804: Napoleon I., Kaiser der Franzosen	**6.8.1806:** Kaiser Ferdinand II. von Habsburg legt die deutsche Kaiserkrone nieder	**1806:** Besetzung Berlins durch die Franzosen
	1813 – 1815: Befreiungskriege **1815 – 1866:** Deutscher Bund **1848:** Märzrevolution; Verfassung- gebende Nationalversammlung in Frankfurt/Main	
	1866: Norddeutscher Bund **18.1.1871:** Gründung des Deutschen Reiches **1888 – 1918:** Kaiser Wilhelm II.	**1862 – 1890:** Bismarck: Preußischer Ministerpräsident, Kanzler des Norddeutschen Bundes; Reichskanzler
1914 – 1918: Erster Weltkrieg		
	28.11.1918: Ende des Deutschen Kaiserreiches **1919:** Weimarer Verfassung **1923 – 1929:** Stresemann (August-November 1923 Reichskanzler) Reichsaußenminister **30.1.1933:** Machtergreifung durch die Nationalsozialisten	
1939 – 1945: Zweiter Weltkrieg		
	1949: Politische Teilung Deutschlands: Gründung der Bundesrepublik Deutschland und der Deutschen Demokratischen Republik **13.8.1961:** Absperrung der DDR-Grenze	Errichtung der Berliner Mauer
Seit 1986: UdSSR: Ministerpräsident Gorbatschows »Perestroika«- und »Glasnost«-Politik	**9.11.1989:** Allgemeine Ausreiseerlaubnis für DDR-Bürger	Öffnung der Berliner Mauer
	3.10.1990: Wiedervereinigung Deutschlands **20.6.1991:** Beschluß des Deutschen Bundestages zur Verlegung von Parlament und Regierung nach Berlin **1999:** Dienstbeginn von Parlament und Regierung in Berlin	

Schlusswort

Berlin war für die Diplomatie zu allen Zeiten ein anspruchsvolles Terrain. Die hier akkreditierten Diplomaten bemühten sich in der wechselhaften Geschichte Brandenburgs, Preußens und Deutschlands stets, eine Verständigung zwischen den Staaten und Menschen zu erzielen. Mehr als Politiker müssen Diplomaten besonders in krisenhaften Situationen vermittelnd wirken. Aggressives Handeln darf nicht zum diplomatischen Repertoire gehören, denn die friedliche Lösung zwischenstaatlicher Konflikte ist die Hauptaufgabe der Diplomatie. Vielleicht läßt sich so das Phänomen erklären, daß die Diplomaten, auch wenn sie für diktatorische Regime arbeiteten, in aller Regel nicht zu den Kriegstreibern gehörten.

Untrennbar mit der Diplomatie verbunden ist die zeremonielle Atmosphäre, die in der Zeit des Kaiserreiches besonders glanzvoll war. Dabei waren diese höfischen Rituale keineswegs sinnentleert, sondern bildeten für die politische Verständigung einen förderlichen Rahmen. Die Gewaltherrschaft der Nationalsozialisten zerstörte auch diese diplomatische Tradition. In der Zeit der Teilung Deutschlands und der Stadt war die Diplomatie in Berlin stark eingeschränkt.

Mit der Bundesregierung und dem Parlament kehrt 1999 die große Diplomatie nach Berlin zurück. Mit diesem Umzug wird das Interesse an der Geschichte der Diplomatie in Berlin steigen. Dieses Buch will mit seinen Informationen über die Licht- und Schattenseiten der diplomatischen Tradition in Berlin einen Beitrag zur Vermittelung der wichtigen Fakten an alle Interessierten leisten.

Mit der Rückkehr der Diplomatie an die Spree bietet sich die Chance für eine Bereicherung des kosmopolitischen Lebens in der Stadt. So gilt auch für die Zukunft der Diplomatie in Berlin der Satz des Kunsthistorikers Karl Scheffler, der schon im Jahre 1910 Berlin beschrieb als eine Stadt, die nie ist, sondern immer nur wird.

ANJA KNOTT ENRICO SEEWALD

Literaturverzeichnis

(Auswahl)

Akteneditionen der Außenministerien Preußens, Deutschlands, Frankreichs, Großbritanniens, Italiens, Österreichs, der Schweiz und der Vereinigten Staaten von Amerika

Tageszeitungen

»Berliner Morgenpost«
»Berliner Tageblatt«
»Vossische Zeitung«

Sachliteratur

Pjotr Abrassimow: Das Haus Unter den Linden, Dresden 1978
Pietro Gerbore: Formen und Stile der Diplomatie, Reinbek 1964
Otto Krauske: Die Anfänge der ständigen Diplomatie, Berlin 1885
Carlos von Wallis: Die Botschafter und Gesandten am Berliner Hof
Edgar von Schmidt-Pauli: Diplomaten in Berlin, Berlin 1930
Dieter Schröder: Die ausländischen Vertretungen in Berlin, Baden-Baden 1983
Paul Widmer: Die Schweizer Gesandtschaft in Berlin, Zürich 1997

Memoiren

Otto von Bismarck: Gedanken und Erinnerungen, Stuttgart 1898
Bernhard von Bülow: Denkwürdigkeiten, Berlin 1930/31
Lucius D. Clay: Entscheidung für Deutschland, Frankfurt am Main 1949
Robert Coulondre: Von Moskau nach Berlin, Bonn 1950
Edgar D'Abernon: Botschafter der Zeitenwende, Leipzig 1929/30
Birger Dahlerus: Der letzte Versuch, München 1948
William Edward Dodd: Diplomat auf heißem Boden, Berlin 1964
Bella Fromm: Als Hitler mir die Hand küßte, Berlin 1993
James Watson Gerard: Meine 4 Jahre in Deutschland, Lausanne 1919
Elie de Gontaut-Biron: Meine Botschafterzeit am Berliner Hofe 1872 - 1877, Berlin 1909
Sir Neville Henderson: Fehlschlag einer Mission, Zürich 1940
Bogdan von Hutten-Czapski: 60 Jahre Politik und Geschichte, Berlin 1936
Sir Edward Baldwin Malet: Diplomatenleben, Frankfurt am Main 1901
Francisco de Reynoso: 50 Jahre Diplomat in der großen Welt, Dresden 1935
Paul Schmidt: Statist auf diplomatischer Bühne, Bonn 1949
Hildegard von Spitzemberg: Tagebuch, Göttingen 1960
Edgar Stern-Rubarth: Aus zuverlässiger Quelle, Stuttgart 1964
Gustav Stresemann: Vermächtnis, Berlin 1932/33
Andrew Dickson White: Aus meinem Diplomatenleben, Leipzig 1906

Personenregister

Abdul Ali Khan Sadigh Sadri 165
Abeken, Heinrich 62
Abrassimow, Pjotr 230, 239, 247, 248
Ackermann, Anton 237
Akel, Friedrich 188
Adams, John 41
Adenauer, Konrad 141, 228
Adlon, Hedda 218
Adlon, Lorenz 66
Aga, Mustapha 38
Agüero y Bethancourt, Aristides de 167
Ahmed Effendi 38, 39, 40
Albert I., König von Belgien 119
Albert, Heinrich 137
Albrecht III., Markgraf von Brandenburg 13
Albrecht, Markgraf von Brandenburg-Ansbach 15
Aldrovandi-Marescotti, Graf Luigi 139, 149
Alexander I., Kaiser von Rußland 46, 48, 49
Alexander II., Kaiser von Rußland 96, 99
Alexander III., Kaiser von Rußland 102, 106
Alexandri, Apostolos 164
Ali Aziz Effendi 44
Allende, Salvator 244
Amalie, Prinzessin von Preußen 41
Amalie Elisabeth, Raugräfin 26
Aman Ullah, König von Afghanistan 172
Andrássy, Graf Julius 86, 87, 92, 93, 98
Aoki, Shuzo 82, 83
Arafat, Yassir 244
Arago, Emmanuel 52
Araquistain y Quisado, Luis 149
Araujo-Jorge, Artur 188
Arias, Francisco 167
Arikan, Saffet 209
Aristarchi Bey 44
Arnim, Achim von 95
Arnim, Bettina von 52, 95
Arnim, Graf Harry von 70
Aschmann, Gottfried 168
Astan, Aga 22
Attlee, Clement 221
Attolico, Bernardo 205, 206
August der Starke 26, 31, 32
Augusta, Kaiserin 56, 102
Auguste Viktoria, Kaiserin 137
Axen, Hermann 236

Bachini, Antonio 167
Bahr, Egon 229, 231
Balugdzic, Zivojin 161, 188
Bancroft, George 70, 78
Bartholdi, Christian Friedrich von 24
Bassewitz, Graf Rudolf von 129
Bauer, Gustav 128
Bauer, Otto 126, 127
Baumgarten, Paul 202
Becker-Hansen 247
Beckerle, Adolf-Heinz 195
Behrens, Peter 137
Bell, Johannes 128
Benda, Julius 78
Benedetti, Vincent 58, 62, 65
Benzon, Branko 214
Bergmann, Gustav von 137, 141
Bernis, François Joachim de Pierre de 37
Bernadotte, Jean Baptiste Jules 46
Bernstorff, Graf Albrecht von 60
Bernstorff, Graf Albrecht von 216
Bernstorff, Graf Christian von 50, 52
Bernstorff, Gräfin Magdalene Hedwig von 43
Bersarin, Nikolai Erastowitsch 220
Bertele, Franz 243
Berthier, Louis 46
Bethmann-Hollweg, Theobald von 116–119, 121
Beust, Freiherr Ferdinand von 59
Bewley, Charles 188
Bienvenu-Martin, Jean Baptiste 117
Bihourd, Georges 73
Bildt, Gillis 102
Birgel, Willy 204
Bischoffwerder, Hans Rudolf von 43, 44
Bismarck, Fürst Otto von 50, 54, 56–64, 66, 67, 70, 71, 74, 78, 80, 86–88, 92, 93, 95, 97, 98, 100, 101–104, 107, 108, 124, 133
Bismarck, Fürst Otto von (Enkel) 179
Bismarck, Graf Herbert von 91, 107
Blair, Tony 254, 255
Blomberg, Werner von 150, 180
Böhmer, Franz 194
Bollati, Riccardo 78, 119
Bölling, Klaus 243
Bolz, Lothar 235
Bonilla, Luis Enrique 166
Borchardt, Friedrich Wilhelm 65
Borcke, Adrian Bernhard von 32
Boris III., König von Bulgarien 192
Bosdari, Graf Alessandro von 148, 149
Bosdari, Gräfin Giovanna von 148
Böß, Gustav 172, 174
Bothmer, Hans Kaspar von 27
Botta Adorno, Marchese Antonio 35
Boumann, Michael Philipp Daniel 36
Brandt, Willy 228, 229
Braun, Eva 190, 219
Braun, Otto 132, 141, 171, 172, 174, 175, 177
Bräutigam, Hans-Otto 243
Brenner von Felsach, Freiherr Adolf 58
Briand, Aristide 138, 169, 170, 177
Brockdorff-Rantzau, Graf Ulrich 126–128, 154, 169
Brüning, Heinrich 171, 175, 177, 178, 186
Bühring, Johann Gottfried 38
Bülow, Bernhard von, Reichskanzler 72, 73, 110
Bülow, Bernhard von, Staatssekretär 87, 88, 92, 93

Bülow, Bernhard Wilhelm von 180, 187, 190
Bülow-Schwante, Vicco von 194
Bürckel, Josef 201
Burt, Richard 231
Busch, August 101
Busch, Moritz 62, 63
Byrnes, James 221

Caillard, Antoine Bernard 45
Calles, Plutarco Elias 171
Calonder, Felix 125
Calvo, Carlos 84
Cambacérès, Jean Jacques Régis de 46
Cambon, Jules 73, 117, 119, 120, 139
Cann, François 221
Caprivi, Leo von 56, 107, 108, 110
Carlsson, Ingvar 247
Carmichael, John, Graf von Hyndford 35
Casas, Simon de las 41
Cassirer, Paul 137
Castro, Americo 149
Černak, Matuš 202
Cerruti, Vittoro 149, 180, 186
Chamberlain, Sir Austen 169
Chamberlain, Neville 196, 205
Charlotte von Sachsen-Hildburghausen, Prinzessin 45
Charlton, Sir Edward 138
Chateaubriand, Vicomte François René de 50
Chetardie, Joachim Jacques Trotti Marquis de La 33
Chintschuk, Leo Michailowitsch 154, 158, 184, 186
Christian IV., König von Dänemark 15
Chruschtschow, Nikita 235
Churchill, Winston 179, 221
Chvalkovský, František 160, 201, 202
Circourt, Adolphe Marie Pierre 52
Claparede, Alfred von 80
Clay, Lucius D. 223, 226, 227, 229
Comnen, Nicolas Petresco 161
Corbett, Robert 221
Cordoba, Luis Fernandez de 52
Corti, Graf Luigi 92, 93
Cosio, Pedro 167
Coulondre, Robert 158, 196, 202, 205, 207
Courcel, Alphonse Chodron Baron de 72, 102
Cuno, Wilhelm 154
Curtius, Julius 142, 170, 175, 177

D'Abernon, Baron, Sir Edgar Vincent 140, 141, 143, 145, 146, 160, 168–170
D'Abernon, Helen 145
Dahlerus, Birger 205, 206
Daladier, Edouard 196
Damrong, Prinz Damras 146
Danckelmann, Eberhard von 23, 25, 26
Dard, Emil 143
Darget, Claude Etienne 36
Davignon, Vicomte Jacques 210
Dawes, Charles Gates 169
Dekanosow, Wladimir Georgijewitsch 211, 212, 214
Denis, Marie Louise 36
Dertinger, Georg 235, 237
Desprez, Felix Hippolyte 92
Dias, Demetrio Lossada 167
Dieckhoff, Hans-Heinrich 195
Diepgen, Eberhard 252, 254, 255, 262
Diestelmeyer, Lambrecht 15
Dinichert, Paul 164
Disraeli, Benjamin, Graf von Beaconsfield 92–95
Dix, Otto 133
Dodd, William Edward 186–189, 195
Dönitz, Karl 219, 222
Dörnberg, Freiherr von 199
Drax 138
Dresel, Ellis Loring 151
Dressel, Rudolf 65
Droysen, Gustav 79
Drummond, Sir Eric 168
Dudler, Max 250
Duncker, Franz 60
Dupont, Charles Joseph 139
Duroc, Geraud Christophe 46

Ebe, Gustav 78
Ebert, Friedrich 124–130, 133, 137, 140, 141, 145, 148, 149, 151, 153, 154, 159–165, 171, 186
Eden, Anthony 190, 191, 221
Eduard VII., König von Großbritannien 72
Eger, Philipp 17
Egger, Karl 125
Eichmann, Arnold 125
Einstein, Albert 157
Eisenhower, Dwight David 220
Elisabeth Charlotte, Herzogin von Orleans 26
Elisabeth, Kaiserin von Rußland 31, 37
Emich von Emöke, Gustav 159
Emineh, Prinzessin von Ägypten 149
Enayatollah Khan 166
Ende, Hermann 84
Erdmann, Martin 251
Erzberger, Matthias 137
Estorff, Otto von 197
Eugen, Prinz von Savoyen 29
Eulenburg, Fürst Philipp zu 108
Everts, Robert 163
Eyck, Erich 157

Faille de Leverghem, Graf Georges 163
Falkenhayn, Erich von 118
Fatchett, Derek 254
Favre, Jules 63
Feer, Eduard 134
Fehrenbach, Konstantin 143, 145
Feldman, Wilhelm 160
Ferdinand III., Kaiser 19
Ferdinand, Prinz von Preußen 36, 46
Ferdinand, Prinz von Sachsen-Coburg und Gotha 102
Finck von Finckenstein, Graf Karl Wilhelm 37, 38, 40
Fischer, Oskar 235, 248
Fischl, Otto 238
Fleury, Kardinal André Hercule de 35
Foch, Ferdinand 128
Fornerod, Constant 80
Foucault de Mondion, Adalbert-Henri 102
François-Poncet, André 147, 178, 182, 190, 191, 196
Frank, Felix 159
Franklin, Benjamin 41
Franz I., Kaiser 20
Franz II., Kaiser 46
Franz I., Kaiser von Österreich 48
Franz Joseph I., Kaiser von Österreich 58, 76, 86, 106, 117
Franz Joseph II., Fürst von Liechtenstein 201
Frick, Wilhelm 187, 191
Fridag, Freiherr Franz Heinrich von 21, 22
Friedeburg, Hans Georg von 220
Friederike, Prinzessin von Preußen 45
Friedrich der Große 12, 27, 32–42, 47, 98, 181
Friedrich I., König (vormals Kurfürst Friedrich III.) 23–27, 31, 55
Friedrich II., Kurfürst von Brandenburg 13
Friedrich IV., König von Dänemark 26
Friedrich VI., Burggraf von Nürnberg 13
Friedrich Wilhelm I., König von Preußen 27–33, 42, 50
Friedrich Wilhelm II., König von Preußen 42, 43
Friedrich Wilhelm III., König von Preußen 44–46, 48–50, 52, 78

Friedrich Wilhelm IV. König von Preußen 53–55, 98
Friedrich Wilhelm, Kronprinz (später Kaiser Friedrich III.) 62, 76, 88, 94, 99, 103, 104
Friedrich Wilhelm, Kurfürst von Brandenburg 19–22, 29
Fritsch, Freiherr Thomas von 38
Fromm, Bella 129, 134, 141, 152, 157, 170
Fuad I., König von Ägypten 173, 174
Fuchs, Paul von 21
Fürst von Kupferberg, Carl 12
Furtwängler, Wilhelm 181

Ganoza, Augustin 167
Garay, Narciso 167
Gaus, Günther 243
Geffken, Friedrich Heinrich 59
Georg V., König von Großbritannien 118, 119
Georg Wilhelm, Kurfürst von Brandenburg 17, 18
Gérard, Auguste 102
Gerard, James Watson 80, 113–116, 120, 121
Geray, Aslan 38
Gerhus, Wolfgang 214
Gerlach, Leopold von 48, 50
Gerlach, Philipp 50
Gerolt, Dorothea von 82
Gerolt, Friedrich von 82
Gevers, Baron Willem Alexander Frederik 162, 163
Gheorghe, Ion 209
Ghulam Siddig Khan 164
Gibson, Hugh 179
Giesl von Gieslingen, Freiherr Wladimir 117
Gildemeister, Enrique 167
Glaßbrenner, Adolf 52
Goebbels, Joseph 189, 190, 192, 204, 219
Goebbels, Magda 190
Goess, Freiher Johann von 21
Goethe, Johann Wolfgang von 78
Golowkin, Graf Alexander Gawrilowitsch 26, 30, 31
Goltz, Freiherr Bernhard Wilhelm von der 37
Goltz, Graf August Friedrich Ferdinand von der 47
Goltz, Graf Robert von der 60
Gomar, Gregorio Perez 84
Gomez, Laureano 166
Gontaut-Biron, Elie de 72
Gorbatschow, Michail 230, 233, 248
Göring, Hermann 189–193, 201, 202, 205, 213
Gortschakow, Fürst Alexander 86–88, 92, 93, 95, 100
Goschen, Sir Edward 72, 73, 119, 121
Gotter, Graf Gustav Adolph von 35
Gottwald, Klement 238
Govone, Giuseppe 58
Gramont, Herzog Anton von 62
Granville, George 70
Greindl, Baron Jules 81, 106
Grey, Sir Edward 72
Groener, Wilhelm 125
Grosz, George 133, 155
Grotewohl, Otto 234
Grumbkow, Friedrich Wilhelm von 29
Gruner, Wolf Dieter 85
Guarch, Federico Susviela 167
Gülich, Ferdinand von 129, 160
Guerra-Duval, Adalberto 166
Gustav II. Adolf, König von Schweden 17, 18

Haab, Robert 80
Hacha, Emil 201, 202
Haddock, Raymond 221
Hadik von Futak, Andreas 37
Haeften, Hans-Bernd von 216
Haersma de With, Jonkheer Hendrik Maurits van 210
Haguenin, Emile 138
Halder, Franz 205
Halifax, Edward 205, 206
Hammer, Bernhard 80
Hammerstein-Equord, Freiherr Kurt von 175
Hanfstaengl, Ernst 184, 186
Hardenberg, Freiherr Karl August von 46, 48
Harnack, Arvid 216
Harrach, Graf Ferdinand Bonaventura von 24
Hartmann, Ludo Moritz 126, 127, 138
Hartwig, Nikolaus von 117
Hassan Hachat Pascha 165
Hassell, Ulrich von 216
Hatzfeld, Graf Paul von 101
Haugwitz, Kurt von 46
Hay, Victor Alexander Sereld, Lord Kilmarnock 139
Haymerle, Freiherr Heinrich von 92, 93
Heer, Johann 80
Heine, Heinrich 52
Heinrich III., König von Frankreich 12
Heinrich, Prinz von Preußen 37, 40
Henderson, Arthur 175, 177, 179
Henderson, Sir Neville 195, 196, 202, 203–207
Herbette, Jules Gabriel 72, 73, 107
Hergt, Oskar 172
Herrick, Myron 169
Herriot, Edouard 168, 179
Hertling, Georg von 122, 152
Hertzberg, Ewald von 38
Hertzog, Rudolph 130
Herz, Henriette 52
Herzog, Roman 64
Hesnard, Oswald 138
Heß, Rudolf 187, 192, 211
Hetzelt, Friedrich 197
Heuss, Theodor 227
Heyden, Adolph 85
Heydt, Freiherr August von der 84
Hilger, Gustav 184, 211, 212
Hiller, Karl 65
Hindenburg, Margarete von 133
Hindenburg, Oskar von 133, 180
Hindenburg, Paul von 129, 130, 132–134, 141, 142, 145, 147, 149, 151, 152, 154, 159–166, 170–174, 177, 178, 180, 181, 185
Hioki, Masu 151
Hitler, Adolf 129, 136, 160, 179–197, 199, 201–202, 204–215, 218, 219, 222
Hjelt, Edvard 162
Hoeven, Friedrich Philip van der 102
Hohenlohe-Ingelfingen, Prinz Kraft zu 54
Hohenlohe-Schillingsfürst, Fürst Chlodwig zu 92, 93, 97, 98, 103, 107, 108, 110, 111
Hohenlohe-Schillingsfürst, Prinz Gottfried zu 76, 123
Hohenthal und Bergen, Graf Wilhelm von 85
Hollein, Hans 260
Holtzendorff, Henning von 121
Honecker, Erich 233, 239, 247, 248
Hörbiger, Paul 204
Horn, Gyula 248
Houghton, Alanson Bigelow 151
Hull, Cordell 195
Humbert I., König von Italien 77, 106
Hurd, Douglas 255
Hutten-Czapski, Graf Bogdan von 66, 77

Ilgen, Heinrich Rüdiger von 29, 32
Innhausen und Knyphausen, Freiherr Friedrich Ernst zu 32
Isabella, Königin von Spanien 61

Jackling, Roger 230
Jagow, Dietrich von 195
Jagow, Gottlieb von 118, 119
Jefferson, Thomas 41
Jelzin, Boris 256
Jijon, Antonio Flores 84
Joachim Friedrich, Kurfürst von Brandenburg 16

Joachim I. Nestor, Kurfürst von Brandenburg 14
Joachim II. Hektor, Kurfürst von Brandenburg 14, 15
Joffe, Adolf Abramowitsch 122, 123, 157, 158
Johann Georg, Kurfürst von Brandenburg 15
Johann Kasimir, König von Polen 20
Johann Kasimir, Pfalzgraf 17
Johann Sigismund, Kurfürst von Brandenburg 16, 17
Johann, Kurprinz 13
Johnson, Lyndon B. 229
Jordan, Charles Etienne 35
Joseph II., Kaiser 41
Jouy, Louis Rouille, Graf von 37

Kahr, Gustav von 143
Kalinin, Michail 154
Kamd, Sayed 186
Kameke, Ernst Boguslav von 27
Kameke, Paul Anton von 27
Kanellopulos, Euthymios 164
Kanya, Koloman von 159
Kapnist, Graf Peter 102
Kapp, Wolfgang 139
Karatheodory Pascha, Alexander 92, 98
Kardorff, Siegfried von 137
Kardorff, Ursula von 218
Karl der Große 12
Karl Eduard, Herzog von Sachsen-Coburg und Gotha 195
Karl I., Kaiser von Österreich 123
Karl IV., Kaiser 12, 13
Karl V., Kaiser 62
Karl VI., Kaiser 31, 34
Karolyi von Nagy-Karoly, Graf Aloys 55, 58, 75, 86, 92
Kasche, Siegfried 195
Kasson, John 102
Katharina II., Kaiserin von Rußland 37
Kaunitz, Graf Dominik Andreas von 24
Kaunitz, Graf Wenzel Anton von 37
Keitel, Wilhelm 202, 205, 211, 220
Kellog, Frank 169
Kemaleddin Sami Pascha 149, 150
Kennan, George 210
Kennedy, John F. 227, 229, 230
Keppler, Wilhelm 201
Kerchove de Denterghem, Graf André de 139, 163
Kessler, Graf Harry von 132, 147, 160, 178
Ketteler, Freiherr Klemens von 111
Kiep, Otto Karl 216
Killinger, Freiherr Manfred von 195
Kimmit, Robert M. 253
Kinkel, Klaus 250, 255
Kirk, Alexander 207
Klapp, Ludwig 59
Klinggräff, Johann Samuel von 39
Knoblauch, Eduard 51
Knoll, Roman 160
Köster, Roland 129
Kohl, Helmut 249, 258
Kohl, Michael 231
Kornblum, John 254
Korotkow, Alexander 216
Kosak, Vladimir 219
Kotschemassow, Wjatscheslaw 231, 235
Kowa, Viktor de 204
Krebs, Konrad 14
Kreewinsch, Edgars 162, 209
Krestinski, Nikolai Nikolajewitsch 142, 153–156, 158, 169, 173
Krofta, Kamil 160
Krog-Meyer, Eric 247
Krüger, Johannes 199
Krüger, Walter 199
Krzeminsky, Paul 145, 146
Kück, Johann Wilhelm 84
Kühne, Wilhelm 141
Kusserow, Heinrich von 101
Kyllmann, Walter 85

Laforest, Graf Antoine Mathurin von 46
Lagerfeld, Karl 214
Lagerheim, Alfred 81
Lajolo, Giovanni 263
Lambermont, Baron August 101
Lammers, Hans Heinrich 187, 195, 215
Langenheim, Erasmus 18
Langhans, Carl Gotthard 43
Langwerth von Simmern, Freiherr Ernst 119
Lanza, Graf Carlo 77
Lascelles, Sir Frank 71, 72
Lattre de Tassigny, Jean de 220
Lauer-Münchhoven, Freiherr Rudolf Eduard Friedrich Wilhelm von 59
Launay, Graf Edoardo von 55, 76, 77, 92, 102
Laurent, Charles 140, 143, 145, 146
Laval, Pierre 177
Le Coq, Paul Ludwig 48
Leander, Zarah 204
Leibniz, Georg Wilhelm 25
Leider, Frida 192
Leishmann, John 80
Lemmer, Ernst 228
Lenin 122, 123, 156, 211, 256
Leopold II., König von Belgien 101
Leopold von Anhalt-Dessau, Fürst 30
Leopold von Habsburg 20
Leopold, Prinz von Hohenzollern-Sigmaringen 61
Lerchenfeld, Hugo von und zu 56, 85
Le Sourd, Georges 62
Lever, Sir Paul 254
Levetzow, von 190
Ley, Robert 188
Lichnowsky, Fürst Karl Max von 118
Lie, Michael Ström 81
Liebknecht, Karl 123
Limburg-Stirum, Graf John von 163
Lindsay, Ronald 145
Lintelo, Baron Christiaan Karel van 32
Lipski, Jozef 184, 185, 188, 190, 296
Lisola, Freiherr Franz Paul von 20
Liteano, Varnaw 82
Lith, Albert von der 26
Litwinow, Maxim Maximowitsch 153, 184
Liu Hsi-hung 84
Liu Von tao 164
Löbe, Paul 133, 134, 145, 172, 174
Lochner, Louis Paul 135, 188
Lochner, Robert H. 230
Loen, Johann Michael von 28
Loer, Martin 263
Löhneysen, Freiherr Friedrich von 59
Lopez, Miguel Jimenez 166
Lubbe, Marinus van der 180
Lucchesini, Marchese Girolamo 46
Lucius von Ballhausen, Freiherr Robert 102
Ludin, Hanns 195
Ludwig XIV., König von Frankreich 24
Ludwig XVI., König von Frankreich 45
Luther, Hans 129, 137, 147, 155, 168, 175
Lutter, Christoph 52

Mably, Gabriel de 43
Macdonald, James Ramsay 175, 177
Madeyski, Jerzy Wiktor 160
Maiziere, Lothar de 236
Malcom, Sir Neill 139
Malet, Sir Edward Baldwin 51, 71, 102
Maltzan, Adolf Georg Otto (Ago) von 134, 153, 160, 169
Manger, Heinrich Ludwig 38
Manteuffel, Freiherr Otto von 54
March, Werner 189, 197

Marcilly, Henri Chassaine de 139
Margerie, Pierre de 138, 146, 147, 168
Maria-Eleonore 17
Marie Josepha von Sachsen 37
Maria Theresia von Österreich 35, 36, 41
Marie, Prinzessin von Preußen 61
Markopoulos 259
Markovic, Jova 161
Martino, Giacomo De 140
Marwitz, Friedrich August Ludwig von der 41, 45
Marx, Wilhelm 132, 160, 168, 171, 172
Masirevics, Konstantin von 187
Mastermann, Edward Alexander Dimsdale 138
Mastny, Vojtech 160
Matsuoka, Yosuke 213, 214
Maximilian, Prinz von Baden 122–124
Mayalde, Graf von 209
Mazarin, Kardinal Jules 21
Meckel, Markus 236
Medici, Cosimo von 12
Mehemed Ali Pascha 92, 95, 98
Mehemed Said Pascha 102
Meißner, Otto 129, 150, 160, 173, 186, 192, 199, 201, 209, 211, 217
Mendelssohn-Bartholdy, Ernst von 81
Menning, Karl 162, 189
Mercier, Philippe 80
Merekalow, Alexej Fjodorowitsch 204
Merry y Colom, Don Francisco 78, 102
Metternich, Fürst Clemens von 44, 49
Meyendorff, Freiherr Peter von 53
Mielke, Erich 236
Mierlo, Carel van 257
Millerand, Alexandre 146
Mirabeau, Gabriel de Riqueti Graf von 42
Mirza Malcom Khan 82
Mirza Mohamed Ali Khan Farzine 165
Mitchell, Sir Andrew 38
Mohammed Assad Effendi 44
Mohammed el-Badr, Emir Seif el-Islam 238
Mohr, Otto Carl 209
Möllendorff, Wichard von 46
Moller, Georg Friedrich 26
Möllerson, Rudolf 209
Molotow, Wjatscheslaw Michailowitsch 204, 211, 212
Moltke, Graf Helmuth von 118
Momper, Walter 221
Monteros y Bermejillo, Fernando Espinosa de los 149
Montgomery, Bernhard Law 220
Morell, Theodor 202
Morris, Leland 215
Moshamer, Ludwig 197
Motta, Giuseppe 139, 141
Mugabe, Robert 243
Müller, Georg Alexander von 116
Müller, Hermann 128, 139, 170, 174
Müller-Grote, Gustav 221
Münchhausen, Hieronymus von 33
Murat, Joachim 46
Mushakoji, Vicomte Kintomo 214
Mussolini, Benito 192–194, 196, 205, 206, 214, 219

Nadolny, Rudolf 129
Nagaoka, Harukazu 151
Nakasone, Yasuhiro 258
Nano, Constantin 161
Napoleon Bonaparte 45–47, 49, 107
Nering, Johann Arnold 25
Nesselrode, Graf Karl von 53
Neumann, Wilhelm 75, 83, 85
Neurath, Konstantin von 150, 178, 180, 184, 186, 189–191, 193–195
Nicolson, Arthur 73
Nikiforow, Nikifor 82
Nikolaus I., Kaiser von Rußland 51, 256
Nikolaus II., Kaiser von Rußland 75
Nikolaus, Großfürst von Rußland 49
Noailles, Marquis Emmanuel Henri de 73
Nollet, Claude Marie 138
Nöpfel, Daniel 15

Obario, Nicanor Alba de 167
Obata, Torikitchi 151
Ogilvie-Forbes, Sir George 206
Oheimb, Alexander von 59
Oheimb, Katharina von 137
Olszowski, Kazimierz 160
Opper, Heinrich Georg Stefan 92
Oriola, Gräfin Maximiliane von 95
Orlow, Fürst Nikolai Alexejewitsch 74
Orlow, Fürstin Katharina 74
Orsenigo, Cesare 142, 150, 199
Orsini-Baroni, Luca 149
Orth, August 51
Oskar I., König von Schweden 104
Osten-Sacken, Graf Nikolai Dimitrijewitsch von der 75
Otto V., Markgraf von Brandenburg 13
Otto VI., Markgraf von Brandenburg 13
Oubril, Paul Petrowitsch von 70, 74, 86, 92
Oven, Wilfred von 218
Oxenstierna, Graf Axel 18

Pacelli, Eugenio (später Papst Pius XII.) 140, 141, 168, 172, 184
Pacu, Laza 117
Pansa, Alberto 77, 78
Papen, Franz von 163, 178, 179, 184
Pasic, Nikola 117
Pastor, Celso Gil 167
Patzak, Julius 192
Paul, Kronprinz von Griechenland 192
Paul-Boncour, Joseph 182
Pavelic, Ante 214
Pawlow, Iwan 211
Penalver, Maria de 108–110
Penny, Eduardo Dagnino 167
Petacci, Clara 219
Peter der Große 23, 24, 26, 31
Peter III., Kaiser von Rußland 37
Petronievic, Milan 82
Pfeiffer, Maximilian 153
Philipp, Herzog von Anjou 24
Phipps, Sir Eric 190
Pieck, Wilhelm 234, 237–239
Pieroth, Elmar 251
Planta, Alfred von 139, 141
Podewils, Heinrich von 32, 34, 35, 38
Politis, Jean 164
Pöllnitz, Freiherr Karl Ludwig von 21, 40
Polo de Bernabé, Luis 149
Pomenow, Swetoslaw 161, 188
Pompadour, Marquise von 37
Popow, Methodi 161
Poroschin, Fjodor Fjodorowitsch 22
Portzamparc, Christian de 255
Pourtalès, Graf Friedrich von 118
Pourtalès, Graf Karl von 83
Praetorius, Andreas August von 33, 34
Preger, Konrad von 167
Preuß, Hugo 126
Prisdang, Prinz 84
Prittwitz und Gafron, Friedrich-Wilhelm von 175, 180
Prokesch von Osten, Freiherr Anton 54
Pruvost, Gerard 255
Pünder, Hermann 178
Puschkin, Georgi Maximowitsch 234, 237

Quaade, George 70
Quintana, Federico 166
Quisling, Vidkun 218

Raby, Thomas Wentworth Baron 25–27
Radek, Karl 152, 153, 158
Radowitz, Joseph Maria von 91, 93, 99
Radzimanowski, Kersten 236
Radziwill, Fürstin Marie 67
Radziwill, Prinzessin Katharina 102
Ramek, Rudolf 171
Ramel, Freiherr Sten Gustaf Fredrik Troil 164
Rangabes, Alexandros Rizos 81
Rangabes, Kleon Rizos 81
Ranke, Leopold von 57
Rantzau, Graf Ernst zu 154
Rathenau, Walther 151–154
Ratković, Stjepan 209
Reagan, Ronald 230
Rebenac, Francois de Pas, Graf von 21
Reede-Ginckel, Baron Reinhard van 30
Reibnitz, Freiherr Kurt von 137
Reichenheim, Julius 141
Reinhard, Ludwig von 54
Renner, Karl 127
Reuter, Ernst 226
Revenga, Manuel 167
Revol, Louis de 12
Reymann, Hellmuth 219
Rhade, Elisabeth von 83
Ribbentrop, Joachim von 182–184, 192, 194, 195, 199, 201, 204–207, 210–215, 219
Ribeaupierre, Alexander von 51
Ribot, Alexandre 107
Richthofen, Freiherr Oswald von 112
Riedl, Richard 127, 159
Robertson, Sir Brian 223
Rochow, Hans Friedrich von 37
Romberg, Freiherr Konrad-Gisbert von 152
Roon, Albrecht von 56
Rosen, Friedrich 151
Rosenberg, Alfred 184, 187
Rosengolz, Arkadi Pawlowitsch 154, 158
Rössing, Peter Friedrich Ludwig von 59
Roth, Arnold 80
Rudolf, Kronprinz von Österreich 105
Rüfenacht, Hermann 164
Rumbold, Sir Horace 145, 177, 179, 181
Rumjanzew, Graf Sergej Petrowitsch 42
Rusdorf, Johann Joachim von 18
Rush, Kenneth 230, 248
Russell, Odo 70, 71, 88, 92
Saburow, Peter Alexandrowitsch 74
Sackett, Frederic Moseley 152, 175, 179, 253
Sadullah Bey 78, 93
Saenger, Samuel 160
Saint Valier, Graf Charles Raymond von 72, 92, 93
Salem, Kamel 244
Salisbury, Graf Robert von 92, 93
Sameshima, Naonobu 82
Sandford, Henry 102
Sasonow, Sergej Dimitrijewitsch 118
Sauerbruch, Ferdinand 138, 186
Saulys, Jurgis 162
Sauvagnargues, Jean 230
Sayn-Wittgenstein, Graf Augustus zu 27
Sayn-Wittgenstein, Graf Johannes von 19
Schadow, Johann Gottfried 43
Schalck-Golodkowsky, Alexander 245
Schamoni, Ulrich 232
Schaudt, Johann Emil 199
Scheel, Arne 164
Scheidemann, Philipp 124, 127
Scheliha, Rudolf von 216
Schiffer, Eugen 139, 140
Schinkel, Karl Friedrich 48, 49
Schkwarzew, Alexander 208
Schleicher, Kurt von 149, 178, 180
Schleinitz, Freiherr Alexander von 67
Schleinitz, Maria von 67
Schlieben, Eustach von 15
Schlüter, Andreas 25, 27
Schlüter, Poul 246
Schmagin, Jewgenij 256
Schmalz-Jacobsen, Cornelia 252
Schmidt, Paul 175, 182, 190, 191, 194, 202, 205–208, 211, 213–215, 217
Schmidt-Pauli, Edgar von 130, 134, 138, 141, 146, 148, 149, 152, 163, 165
Schoen, Freiherr Wilhelm von 119
Schönburg-Waldenburg, Prinz Heinrich von 111
Schröter, Kurt von 136
Schukow, Georgi Konstantinowitsch 220, 221, 223
Schulenburg, Friedrich Wilhelm von der 46
Schulenburg, Graf Werner von der 216
Schulthess, Edmund 80
Schulze-Boysen, Harro 216
Schurman, Barbara 152
Schurman, Jacob Gould 151, 152, 168, 169
Schuwalow, Graf Paul Andrejewitsch 74, 75
Schuwalow, Graf Peter Andrejewitsch 74, 92, 93, 99, 100
Schwarzenberg, Fürst Felix zu 48, 54
Schwarzenberg, Graf Adam zu 18
Schweinitz, Lothar von 88
Schwerin, Graf Kurd Christoph von 34
Schwerin von Krosigk, Lutz 180
Schwetschke, Gustav 98
Seckendorff, Graf Friedrich Heinrich von 29, 30, 32
Seebach, Freiherr Camillo Richard von 59
Seeckt, Hans von 154–156
Seifullah Yusri Pascha 165
Seipel, Ignaz 127, 171
Semjonow, Wladimir Semjonowitsch 237
Serpa Pimentel, Anton von 102
Serra Gomes, Antonio José de, Marquis de Penafiel 81, 102
Seyß-Inquart, Arthur 219
Sforza, Francesco 12
Sicamber, Rogerius 14
Sidzikauskas, Venceslas 162
Siedler, Eduard Jobst 178
Sieyès, Emmanuel Joseph 45
Sigismund I., Kaiser 13
Sigismund I., König von Polen 15
Sigismund II. August, König von Polen 15
Sigismund III., König von Polen 16
Sigismund, Markgraf von Brandenburg 17
Simon, Hugo 137
Simon, Sir John 178, 190, 191
Simons, Walter 143, 145
Simson, Eduard 54, 63
Sirdar Mohammed Azziz Khan 186
Skirpa, Kazys 209
Skoropadski, Hetman Pawel 122
Smith, Ian 243
Sokolowski, Wassili Danilowitsch 223
Soler y Guardiola, Pablo 149
Solf, Hanna 216
Solf, Wilhelm 122, 123, 126, 216
Sonnemann, Emmy 189
Sophie Charlotte 25, 27
Sophie Dorothea 28
Sophie von Hannover 27
Sorensen, Theodore 230
Spaatz, Carl Andrew 220
Spanheim, Ezechiel 21
Speer, Albert 197, 199
Spitzemberg, Hildegard von 63, 85, 107
Spitzemberg, Karl Hugo von 85
Stalin 123, 158, 204, 218, 221, 234
Starhemberg, Graf Georg Adam von 37

Steengracht von Moyland, Baron Adolf 182, 194, 208
Stein, Karl vom und zum 48
Steinheil, Baron Theodor von 162
Stendhal 47
Stern-Rubarth, Edgar 132, 133, 138
Steuben, Friedrich Wilhelm von 41, 151
Sticke, Heinrich 18
Stieber, Wilhelm 58
Stimson, Henry Lewis 175
Stinnes, Hugo 151
Stöbe, Ilse 216
Stockhausen, Max von 147, 157, 171
Stolberg, Graf Friedrich Leopold zu 43
Stratemann, Wilhelm 33
Straten-Ponthoz, Gabriel van der 101
Strauß, David Friedrich 53
Strauss, Richard 174, 191
Streckfuß, Adolf 48
Stresemann, Gustav 130, 134, 136, 137, 151, 155–157, 160, 168–170, 172, 175, 177, 182, 186
Studnitz, Hans Georg von 217–219
Stumpff, Hans-Jürgen 220
Swerbejew, Sergej Nikolajewitsch von 75, 118
Swerdlow 123
Sybel, Heinrich von 79
Syll, Peter 258
Szechenyi von Sarvar-Felsövidek, Graf Emmerich 75, 76, 101
Szögyeny-Marich von Magyar-Szögyen und Szolgaegyhaza, Graf Ladislaus 76, 105, 117

Talleyrand, Charles Maurice de 46, 47, 49
Tasca, Georg 161
Tattenbach, Graf Franz von 129, 175, 177
Tauschitz, Stephan 195
Tedder, Arthur W. 220
Tensay, Berhane 263
Tets van Goudriaan, Dirk Arnold Willem van 81
Theyß, Caspar 14
Thibouville, Marquis de 36
Thiers, Adolphe 72
Thulemeyer, Friedrich Wilhelm von 41
Thun, Ferdinand 238
Thurn und Taxis, Prinzessin Therese von 45
Tirpitz, Alfred von 110, 118
Tiso, Jozef 201
Tito 233
Todt, Fritz 189
Togo, Shigenori 196
Toledo, Alvarez de 247
Töpfer, Klaus 258
Touré, Sekou 239
Tovar, Graf Pedro von 209, 217
Tower, Charlemagne 79
Tranchedini, Nicodemo 12
Treuberg, Gräfin Henriette von 137
Trittheim, Johann 14
Tschirschky und Boegendorff, Heinrich von 116
Trott zu Solz, Adam von 216
Trotzki, Leo 122, 152, 155, 157
Truman, Harry S. 221
Tschechowa, Olga 204
Tschiang Tso-ping 164
Tschitscherin, Georgi Wassiljewitsch 153–155, 157
Tschung Tsaifong, Prinz 111, 112
Tusar, Vlastimil 160
Tuteur, Jacob 257

Ulbricht, Walter 237
Unschlicht, Josef Stanislawowitsch 154, 158
Urbig, Franz 221

Valory, Guy Louis Henri de 38
Varnhagen de Porto Seguro, Luis 166
Varnhagen von Ense, Karl August 166
Varnhagen, Rahel 52
Védrine, Hubert 255
Verdroß, Alfred von 126
Vetsera, Mary 105
Vianna de Lima, Cesar Sauvan 70
Vidal y Saura, Gines 209, 217
Viktor Emmanuel II. 55
Viktoria, Kronprinzessin von Preußen 124
Viktoria, Königin von Großbritannien 70, 71, 103, 104
Villalaz, Francisco 167
Vind, Emil von 102
Viviani, René 119
Vogel, Wolfgang 243, 247
Voltaire 34, 36

Waddington, William Henri 92, 93
Waesemann, Hermann Friedrich 56
Wagner, Cosima 67
Wagner, Richard 67
Waldersee, Graf Alfred von 111
Wallenstein, Albrecht von 17, 18
Wallis, Carlos von 71–73, 77, 81, 82, 85, 86
Walter, Bruno 137
Walz, Ernst 152
Wartenberg, Gräfin Katharina von 27
Wartenberg, Johann Kasimir Kolb von 23, 24, 27
Wartensleben, Graf Alexander Hermann von 27
Wedel, Graf Botho von 121, 126
Wegner, August Friedrich 52
Wei Chen-tsu 164
Weidling, Helmuth 219
Weizman, Ezer 214
Weizsäcker, Ernst von 202, 204–206, 209, 217
Weizsäcker, Richard von 201
Werner, Anton von 100
Werner, Arthur 220
Wernicke, Thomas 264
Werther, Freiherr Karl von 58, 60
Werthern-Beichlingen, Freiherr Georg von 61
Wheaton, Henry 78
White, Andrew Dickson 78, 79
Wicquefort, Abraham van 21
Wied, Prinz Viktor zu 180
Wilhelm I. 54–64, 66, 70–72, 74–76, 78, 80, 84, 86, 88, 100, 103
Wilhelm II., Kaiser 64, 69, 71–82, 104–118, 121–124
Wilhelm von Preußen, Kronprinz 137
Wilhelmine, Prinzessin von Preußen 37
Wilke, Adolf von 67, 69, 73, 74, 80, 85
Wilson, Hugh Robert 195, 196
Wilson, Woodrow 121, 122, 151
Winkler, Gerhard 197
Winter, Elli 238
Winzer, Otto 235
Wirsen, Einar af 164
Wirth, Joseph 127, 145, 153
Witt, Margarete 159
Woellner, Johann Christof von 43, 44
Woermann, Ernst 209
Woit, Oskar 162
Wolff, Heinrich 25
Wrangel, Friedrich von 54
Wyschinski, Andrej Januarjewitsch 158
Wysocki, Alfred 160

Ypsilanti, Fürst Gregor 70

Zahle, Herluf 164, 187
Zeechi, Carlo 186
Zelle, Robert 107
Zimmermann, Arthur 121
Zimmermann, Ludwig 110
Zuckmayer, Carl 132, 133